21世纪全国高等院校财经管理系列实用规划教材

商 法 学

主　编　周龙杰
副主编　侯德斌　齐秀梅
　　　　王　寒　于海斌
　　　　王　娟

北京大学出版社
PEKING UNIVERSITY PRESS

内 容 简 介

本书立足于我国现行的商法制度，在总结和比较研究国内外同类教材的基础上，在坚持教材通说性和规范性的前提下，吸纳学科研究的最新成果，突出前沿性和开放性，强调理论性和实务性的兼容，全面系统地介绍了当前商事立法与商法理论的基本内容，构建了较为完整的商法学体系。本书共分 6 编 26 章，包括商法总论、公司法、证券法、票据法、保险法和破产法等内容。

本书不仅适合于本科院校法学专业的教学应用，而且还可供其他专业学生和社会读者阅读。

图书在版编目(CIP)数据

商法学/周龙杰主编. —北京：北京大学出版社，2013.1
(21 世纪全国高等院校财经管理系列实用规划教材)
ISBN 978-7-301-21478-7

Ⅰ. ①商… Ⅱ. ①周… Ⅲ. ①商法—法的理论—中国—高等学校—教材 Ⅳ. ①D923.991

中国版本图书馆 CIP 数据核字(2012)第 255105 号

书　　名：商法学
著作责任者：周龙杰　主　编
策 划 编 辑：李　虎　王显超
责 任 编 辑：魏红梅　葛　方
标 准 书 号：ISBN 978-7-301-21478-7/D · 3197
出　版　者：北京大学出版社
地　　址：北京市海淀区成府路 205 号　100871
网　　址：http://www.pup.cn　http://www.pup6.cn
电　　话：邮购部 62752015　发行部 62750672　编辑部 62750667　出版部 62754962
电 子 信 箱：pup_6@163.com
印　刷　者：三河市博文印刷厂
发　行　者：北京大学出版社
经　销　者：新华书店
787 毫米×1092 毫米　16 开本　22.5 印张　510 千字
2013 年 1 月第 1 版　2013 年 1 月第 1 次印刷
定　　价：43.00 元

丛　书　序

我国越来越多的高等院校设置了经济管理类学科专业，这是一个包括经济学、管理科学与工程、工商管理、公共管理、农业经济管理、图书档案学 6 个二级学科门类和 22 个专业的庞大学科体系。2006 年教育部的数据表明，在全国普通高校中，经济类专业布点 1518 个，管理类专业布点 4328 个。其中除少量院校设置的经济管理专业偏重理论教学外，绝大部分属于应用型专业。经济管理类应用型专业主要着眼于培养社会主义国民经济发展所需要的德智体全面发展的高素质专门人才，要求既具有比较扎实的理论功底和良好的发展后劲，又具有较强的职业技能，并且又要求具有较好的创新精神和实践能力。

在当前开拓新型工业化道路，推进全面小康社会建设的新时期，进一步加强经济管理人才的培养，注重经济理论的系统化学习，特别是现代财经管理理论的学习，提高学生的专业理论素质和应用实践能力，培养出一大批高水平、高素质的经济管理人才，越来越成为提升我国经济竞争力、保证国民经济持续健康发展的重要前提。这就要求高等财经教育要更加注重依据国内外社会经济条件的变化，适时变革和调整教育目标和教学内容；要求经济管理学科专业更加注重应用、注重实践、注重规范、注重国际交流；要求经济管理学科专业与其他学科专业相互交融与协调发展；要求高等财经教育培养的人才具有更加丰富的社会知识和较强的人文素质及创新精神。要完成上述任务，各所高等院校需要进行深入的教学改革和创新。特别是要搞好有较高质量的教材的编写和创新工作。

出版社的领导和编辑通过对国内大学经济管理学科教材实际情况的调研，在与众多专家学者讨论的基础上，决定编写和出版一套面向经济管理学科专业的应用型系列教材，这是一项有利于促进高校教学改革发展的重要措施。

本系列教材是按照高等学校经济类和管理类学科本科专业规范、培养方案，以及课程教学大纲的要求，合理定位，由长期在教学第一线从事教学工作的教师编写，立足于 21 世纪经济管理类学科发展的需要，深入分析经济管理类专业本科学生现状及存在的问题，探索经济管理类专业本科学生综合素质培养的途径，以科学性、先进性、系统性和实用性为目标，其编写的特色主要体现在以下几个方面：

(1) 关注经济管理学科发展的大背景，拓宽理论基础和专业知识，着眼于增强教学内容与实际的联系和应用性，突出创造能力和创新意识。

(2) 体系完整、严密。系列涵盖经济类、管理类相关专业以及与经管相关的部分法律类课程，并把握相关课程之间的关系，整个系列丛书形成一套完整、严密的知识结构体系。

(3) 内容新颖。借鉴国外最新的教材，融会当前有关经济管理学科的最新理论和实践经验，用最新知识充实教材内容。

(4) 合作交流的成果。本系列教材是由全国上百所高校教师共同编写而成，在相互进行学术交流、经验借鉴、取长补短、集思广益的基础上，形成编写大纲。最终融合了各地特点，具有较强的适应性。

(5) 案例教学。教材具备大量案例研究分析内容，让学生在学习过程中理论联系实际，特别列举了我国经济管理工作中的大量实际案例，这可大大增强学生的实际操作能力。

(6) 注重能力培养。力求做到不断强化自我学习能力、思维能力、创造性解决问题的能力以及不断自我更新知识的能力，促进学生向着富有鲜明个性的方向发展。

作为高要求，财经管理类教材应在基本理论上做到以马克思主义为指导，结合我国财经工作的新实践，充分汲取中华民族优秀文化和西方科学管理思想，形成具有中国特色的创新教材。这一目标不可能一蹴而就，需要作者通过长期艰苦的学术劳动和不断地进行教材内容的更新才能达成。我希望这一系列教材的编写，将是我国拥有较高质量的高校财经管理学科应用型教材建设工程的新尝试和新起点。

我要感谢参加本系列教材编写和审稿的各位老师所付出的大量卓有成效的辛勤劳动。由于编写时间紧、相互协调难度大等原因，本系列教材肯定还存在一些不足和错漏。我相信，在各位老师的关心和帮助下，本系列教材一定能不断地改进和完善，并在我国大学经济管理类学科专业的教学改革和课程体系建设中起到应有的促进作用。

2007 年 8 月

刘诗白 现任西南财经大学名誉校长、教授，博士生导师，四川省社会科学联合会主席，《经济学家》杂志主编，全国高等财经院校资本论研究会会长，学术团体“新知研究院”院长。

前　言

随着我国社会主义市场经济的逐步完善和全球经济一体化的日益加强，商事活动和商事关系在社会生活中占据着越来越重要的地位，社会的需要构成了推动中国商法发展的强劲动力。中国商事立法的不断完善催生了商法学理论研究的繁荣与创新。虽然在立法体例上，存在着民商分立和民商合一的争论，但在大陆法系的法律教育中，商法作为一门独立的法学学科，是一个不争的事实，法学家们均认同了商法学科的独立性。目前，商法学已被教育部列入法学本科教育专业的核心课程，成为高等院校法学专业学生的必修课程之一。提高商法学教学和研究的水平，培养高质量的商法人才，是商法学者义不容辞的神圣职责，而要提高商法学教学的水平和人才培养的质量，高质量的商法学教材是不可或缺的前提。长春理工大学法学院历来非常重视商法学教材的选择，同时锐意进取，不断摸索商法学教学的基本规律。本书编写组成员均长期从事商法学的教学与研究工作，经过多年的不懈努力，形成了一些行之有效的独特的教学内容和方法，取得了较好的教学效果，本书即在此基础上形成。

本书共分 6 编 26 章，第一编商法总论主要介绍了商法的基本理论、商主体、商行为、商事登记、商业名称与商事账簿的相关内容；第二编公司法主要介绍了公司与公司法的基本理论、公司的设立、公司资本制度、股东与股权及公司的组织机构的相关内容；第三编证券法主要介绍了证券与证券法的基本理论、证券市场主体制度、证券发行制度及证券交易制度的相关内容；第四编票据法主要介绍了票据与票据法的基本理论、票据行为、票据权利、票据义务与票据抗辩、票据关系与票据基础关系、票据瑕疵、票据的丧失与救济、涉外票据法律关系、汇票、本票与支票的相关内容；第五编保险法主要介绍了保险法基本理论、保险合同、财产保险合同以及人身保险合同的相关内容；第六编破产法主要介绍了破产与破产法的基本理论、破产管理人与债权人会议、债务人财产、破产费用与共益债务制度及破产程序的相关内容。总之，本书立足于我国现行的商法制度，全面系统地介绍了当前商事立法与商法理论的基本内容，构建了较为完整的商法学体系。

本书在商法学教材编写风格方面进行了诸多有益尝试，主要具有以下特色。

第一，定位于高等学校的法科教材。在撰写内容上，遵循教材编撰的通说性，在主要观点上，均采通说，符合教材的规范性。严格遵守教育部高等教育司颁布的《全国高等学校法学专业核心课程教学基本要求》中对商法教学的基本要求。全书详略得当，涵盖了最基础的内容，而作者并未作过多的扩展，给教师的讲课留下了适度的讲授和发挥空间。

第二，取向实践。商法学是一门实践性很强的学科，本书在扼要介绍商事活动基本环节的同时，充分关注司法实践中遇到的疑难问题，并注意从法律的视角提出相应的解决方案，着力于培养学生应用法律规定解决实际问题的能力。

第三，在撰写内容上，紧紧围绕现行法典，最大限度地将部门商法现有法典的内容纳入教材，同时注重与司法考试相衔接，能够较好地服务于司法考试的复习与准备。

第四，在撰写体例上，独具特色。每章开始均有本章教学要点及引例，在总括本章主要内容的前提下，以案例引出正文的叙述，并在章末附有引例分析。同时在章节间穿插大量的案例及实例，以达到理论与案例有机融合的目的。每章末附有本章小结、名词与概念、思考题，配有大量的练习题。

本书由周龙杰负责全书结构的设计，草拟写作提纲，组织编写工作，并负责最后统稿和定稿。各编具体分工如下：第一、第五编由王寒、齐秀梅(长春理工大学)撰写，第二编由周龙杰撰写，第三编由王娟撰写，第四编由侯德斌撰写，第六编由于海斌撰写。

本书在编写过程中，参考了与商法学相关的教材、专著、期刊文献等资料，在此向其作者表示衷心的感谢！本书在出版过程中，得到长春理工大学和北京大学出版社的大力支持，在此一并表示诚挚的谢意！

由于作者水平所限，书中难免有疏漏之处，敬请广大读者批评指正。

编　者

2012 年 9 月

目　录

第一编　商法总论

第一编　商法总论

第1章　商法概述

本章教学要点

知识要点	掌握程度	相关知识
商法的概念 商法的调整对象	熟悉	商法的法律内涵 商事关系
商法的渊源	了解	商事法律，行政法规，地方性法规及司法解释，国际商事，国际商事惯例
商法与其他法律部门的关系	了解	商法与民法、商法与经济法、商法与行政法之间的联系与区别
商法的特征	掌握	商法的营利性、技术性、公法性、国际性
商法的基本原则	重点掌握	商法基本原则的内容

基本概念

商　商法　商法调整对象　公示主义　外观主义

引例

丢车主状告看车人案

李某为某企业下岗女工，下岗后为了谋生，经街道办事处许可，在一家公共娱乐城前面的场地看管车辆并收费，同时向街道办事处交纳一定的管理费。一天夜晚，王某带朋友驾驶一辆帕萨特轿车(价值20万元)到该娱乐城消费，李某对其收取了5元的看车费。两小时后，王某及其朋友准备开车回家时，却发现自己的帕萨特轿车不见了。经向李某和娱乐城的相关人员查问得知期间并没有发现异常情况，可能是有人不知用什么方法打开车门启动而去。王某责怪李某看车不严，向其索赔。李某却称自己一向很认真负责，车是如何被开走的，她无法得知和阻止，让她赔车没有道理，也赔不起。双方经街道办事处调解无果，王某便将李某起诉到法院，请求判令李某赔偿车辆丢失损失费20万元。

请结合本案例思考商法的特征及基本原则。

资料来源：http://china. Findlaw. cn/info/lunmen/shangfa/259240. html.

1.1　商法的概念及特征

1.1.1　商法的概念

理解商法的概念，必先明晰“商”的内涵。“商”或“商事”作为一个历史范畴，是人类社会生产力发展到一定阶段的产物。在原始社会后期，随着两次社会大分工的出现，使社会成员的物质生产活动逐步专业化，每个商品生产者都无法生产出自己所需要的全部产品；另一方面，由于生产工具的改进和生产力的发展，商品生产者生产的产品除了能满足自身的需要之外，剩余的产品越来越多，因此产生了进行商品交换的需要，导致了最早的商和商人的出现。现代汉语中“商”一词，在英语和法语中表述为“commerce”，在德语中表述为“der handel”，在拉丁语中表述为“commerium”，在日语中表述为“商”。在现代社会，人们常常在不同层次上使用“商”一词，商的概念已经逐渐发展成为社会学、经济学、法学等多学科、多层次的概念。法律意义上的商，是一种特指的经营活动，而非一般的贸易活动。从法律上理解商，重点不在于商的方式，即是否处于流通和生产，而在于理解商的目的，即是否属于营利性活动，以及商的主体资格，即从事这种营利性活动的行为人是否具有法律所赋予的能力。

商法是指调整商事交易主体在其商行为中所形成的法律关系，即商事关系的法律规范的总称。它通常可以从广义和狭义两个方面理解。在狭义上，商法仅仅指商法典及其附属法规，如商法典及其施行法等。在广义上，商法包括全部商事法律部门，它不仅包括商法典，即商人身份法和商行为法等内容，而且包括与商事经济密切相关的各种法律，如公司、票据、银行、运输、代理、信托、消费者保护、工商权利保护等法律。在有些商法学著作中，它还包括劳工法、破产法、反不正当竞争法等内容。

1.1.2 商法的调整对象

特定的调整对象是商法作为部门法存在的前提，也是建立和研究商法的基础。商法的调整对象是商事关系，商事关系就是平等主体之间基于营利性活动所形成的社会关系。

1. 商事关系是平等主体的关系

在社会生活中，各种社会关系的主体是千差万别的，他们之间的地位存在平等和不平等两种情况，但商事关系是在平等主体之间形成的社会关系。商法是私法，商事关系只能发生在具有平等地位的主体之间，在这一点上，商事关系与民事关系具有相同的特点。

2. 商事关系是基于营利性行为而形成的社会关系

商事关系只能发生在以营利为目的而进行的商事活动过程中，这是商事关系区别于其他社会关系，尤其是区别于普通民事关系的最重要的特点。

从内容上分析，商事关系可以分为商事组织关系和商事行为关系。商事组织关系是围绕商事主体形成的商事关系，是基于商事主体的设立、组织、管理、变更、解散、破产、清算而发生的法律关系。商事行为关系是基于各种商事行为的实施而形成的商事关系。商事行为关系十分广泛，其中包括票据行为、证券行为、保险行为和海商行为等。

典型案例 1-1

合伙企业的债务承担

甲、乙、丙、丁成立了一家普通合伙企业，1年后甲转为有限合伙人。此前，该合伙企业已欠银行债务30万元，该债务至合伙企业破产时仍未偿还。银行要求合伙人甲、乙、丙、丁对债务承担偿还责任。甲拒绝承担责任。《中华人民共和国合伙企业法》规定，普通合伙人转为有限合伙人的，对其作为普通合伙人期间合伙企业发生的债务承担无限连带责任。因此，该债务应由甲、乙、丙、丁各合伙人承担无限连带责任。

1.1.3 商法的特征

商法的特征是指商法区别于其他法律部门的主要标志，是商法本质的外在表现形式；商法具有哪些特征，学者们所持观点并不完全一致。多数学者认为，商法的特征主要如下。

1. 商法的营利性

营利性是指经济主体通过经营活动而获取经济利益的特性。营利性是商事活动的主要特性。商主体身份之确立、商行为之界定、商活动之目的及商立法和司法之原则，无不与营利有关。因此，商法中的一些重要制度的构造，如商主体设立、变更和终止，商事登记，商事账簿，商名称等，以及商行为中的一些重要规则的确立，如买卖、代理、票据、证券、保险、海商等，都必须考虑营利性特征。此外，商法所特有的一些法律原则和法律规定，如关于商法规则的灵活性、迅捷性、合同形式、利率、结算、税收等方面的特殊规定，也无不以营利之特性为出发点。

2. 商法的技术性

商法是一个实践性极强的法律体系，它对商行为中的行为方式、行为环节、行为规则都做了具体、翔实的规定，具有可操作性和技术性，与民法中偏重于理性规范的特点颇不一样。

3. 商法的公法性

商法作为调整商事交易主体关系的法律，作为民法的特别法，从根本上说属于私法规范。但是，它又不同于普通私法，是一种特别的私法规范体系。它是以私法规范为核心，同时包含大量的公法性条款，即国家通过立法形式干预商事交易活动的规范，如商事登记、商号等。

4. 商法的国际性

20 世纪以来，随着资本主义的进一步发展和贸易全球化趋势愈益加强，商法国际化呼声日益高涨，出现了两种趋势：①国际商事立法得到加强，制定和缔结了大量的国际商事法律、国际条约、国际惯例；②各国不断修改本国的商法规则，使彼此之间以及与国际商事法律、惯例之间更为协调。正因为如此，各国商法都带有较强的国际性色彩①。

1.1.4 商法的渊源

在我国，商法的渊源主要为制定法、立法和司法解释、商事自治法等。一般来说，它可以分为以下几种。

1. 法律

法律即全国人民代表大会及其常务委员会制定、颁布的规范性文件，如《中华人民共和国公司法》(以下简称《公司法》)、《中华人民共和国票据法》(以下简称《票据法》)、《中华人民共和国证券法》(以下简称《证券法》)、《中华人民共和国保险法》(以下简称《保险法》)、《中华人民共和国海商法》(以下简称《海商法》)、《中华人民共和国合伙企业法》(以下简称《合伙企业法》)、《中华人民共和国商业银行法》(以下简称《商业银行法》)、《中华人民共和国民法通则》(以下简称《民法通则》)、《中华人民共和国民事诉讼法》(以下简称《民事诉讼法》)、《中华人民共和国合同法》(以下简称《合同法》)等。

2. 行政法规

行政法规即国务院及其所属机构制定的规范性文件，如《中华人民共和国公司登记管理条例》、《中华人民共和国企业法人登记管理条例》、《企业名称登记管理规定》、《国有企业财产监督管理条例》、《国务院关于股份有限公司境内上市外资股的规定》、《股份有限公司国有股股东行使股权行为规范意见》等。

3. 地方性法规

地方性法规即地方国家权力机关和行政机关制定的规范性文件，如《深圳经济特区商事条例》等。

---

① 范建．商法[M]．2 版．北京：高等教育出版社，北京大学出版社，2002：5.

4. 国际条约、国际惯例

国际条约、国际惯例即我国参加的国际条约，如《1966年国际船舶载重线公约》、《1972年国际海上避碰规则公约》、《1979年国际海上搜寻救助公约》、《联合国国际货物销售合同公约》、《国际商事合同通则》、《国际贸易术语解释通则》等。

5. 立法解释

立法解释即全国人大常委会关于商事法律的立法解释。

6. 司法解释

司法解释即最高人民法院对商事立法的解释。

7. 商事自治规则

商事自治规则即商主体就其组织、运作、成员的权利与义务、相对人的权利与义务等内容自主制定的，不与国家法律和行政规章制度相冲突的规则。其具体形式主要有：①公司章程；②交易所业务规则；③一些商主体预先制定的定型合同条款。

至于商事判例和商法学说，虽然不是我国商法的渊源，但它们在审判实践中已经越来越受到重视。

1.2 商法的基本原则

商法的基本原则是指反映商法的本质，体现商法的基本精神和根本价值，对商事立法和司法起指导作用的原理和准则。无论是在民商分立国家以独立法典形式存在的形式商法，还是在民商合一国家不以独立法典形式存在的实质商法，商法都是作为民法的特别法而存在的，因此，民法的基本原则如私权神圣原则、意思自治原则、诚实信用原则等都适用于商法。然而，商法所调整的商事关系又具有不同于民法所调整的一般民事关系的特征，因此，商法具有自己特有的原则。对于商法具体有哪些基本原则，商法学者间存在“二原则说”、“三原则说”、“四原则说”、“五原则说”、“七原则说”、“八原则说”等不同的观点[①]。笔者认为商法有以下几个基本原则。

---

① 具体可参阅下列著作中的相关内容：

傅鼎生．论商法的基本原则[J]．政治与法律，1997，5.

张秀全．商法基本原则研究[J]．现代法学，1999，5.

雷兴虎．略论我国商法的基本原则[J]．中外法学，1999，4.

徐学鹿．论现代商法的基本原则[J]．法学杂志，2003，1.

覃有土．商法学[M]．北京：中国政法大学出版社．1999.

赵中孚．商法总论[M]．北京：中国人民大学出版社．1999.

董安生，等．中国商法总论[M]．长春：吉林人民出版社．1994.

柳经纬．商法(上)[M]．厦门：厦门大学出版社．2002.

顾功耘．商法教程[M]．上海：上海人民出版社．2001.

1.2.1 商主体法定原则

商主体法定原则是传统商事交易行为之自由主义向现代商事活动之国家干预转变的结果，是现代商事管理制度的核心，是商事登记制度的基础，它充分反映了作为私法的商法所含有的公法性成分。商主体法定原则主要包括商主体类型法定、商主体内容法定和商主体公示法定 3 个方面。商主体类型法定是指可以进行经营活动的商主体在组织形式上由法律予以明确设定，非经法律设定者不得享有商主体资格，当事人不得创设法定类型之外的商事组织形式；商主体内容法定是指可以进行经营活动的商主体的财产关系和组织关系由法律予以明确规定，当事人不得创设非规范性的财产关系和组织关系；商主体公示法定是指商主体之成立必须按照法定程序予以公示，以便交易第三人及时知晓，未经法定公示者，不得用以对抗善意第三人。[①]

1.2.2 公平交易原则

公平交易原则是指，商主体应本着公平的原则从事商行为，正当行使权利和履行义务；在商事交易中兼顾他人利益和社会公共利益。公平交易原则的内容主要体现为以下两个方面。

1. 平等交易原则

平等交易原则主要是指商事交易主体的地位平等，在交易过程中，任何一方不得享有法律上的特权。此种地位平等是实现交易公平的前提，是现代商品经济作用于商法的体现。平等交易是市场经济必不可少的原则，离开了商事主体之间的地位平等，商事活动中的公平公正、等价有偿都将难以实现。

2. 诚实信用原则

诚实信用原则是现代民商法领域中的“帝王条款”，它对民事活动和商事活动的公平进行具有普遍性的控制作用。在商法中，诚实信用原则要求商事交易主体在从事商行为时应该讲诚实、守信用，以善意的方式互为交易、履行义务，不得规避法律和合同的约定，以维护交易之公平。诚实信用原则重在通过实现当事人之间的利益关系和当事人与社会之间的利益关系这两者的平衡来实现交易之公平。在当事人之间的利益关系中，诚实信用原则要求尊重他人的利益，以对待自己事务的谨慎与重视的态度来对待他人事务，保证法律关系的当事人都能得到自己应得的利益；在当事人与社会的利益关系中，要求当事人在从事商行为时，必须在法定范围内以符合社会经济发展规律的方式行使自己的权利，不得因自己的行为损害第三人和社会的利益。

1.2.3 交易迅捷原则

各国立法都将交易迅捷作为商事立法的一个重要原则，并将其贯穿于各具体商事法规和商事惯例的全部内容之中。它主要体现在以下几方面。

1. 短期时效主义

商法对于各类商事请求权，如票据请求权、货物买卖中的瑕疵责任等，普遍采取不同

---

① 范建．商法[M]．2 版．北京：高等教育出版社，北京大学出版社，2002：8．

于民法上时效期间的短期时效；短期时效制的目的在于促使当事人迅速行使权利，以保证交易的迅捷。

2. 定型化交易规则

交易定型化是保障交易迅捷的前提，包括交易形态定型化和交易客体定型化两个方面。所谓交易形态定型化，是指商法通过强行法规则预先规定若干类型的典型交易方式，使得任何个人和组织，无论何时从事该类交易行为，均可以获得同样的法律效果；所谓交易客体定型化，主要是交易客体的商品化，即当交易的物品属于有形物品时，则给予其统一的规格或特定的标记，使交易者易于识别商品，从而实现交易迅捷。

3. 权利的证券化

为了加速商品的流转和权利的让渡，商法采取了权利证券化制度。即当交易的客体为无形权利时，则通过一定方式将权利证券化，证券的流通实现权利的转移，从而简化权利转让程序。

4. 行为的要式性

各国商法在商行为方面一般采取要式行为方式和文义行为方式，并通过强行法和推定法对其内容预先予以确定。如在商事买卖中采用交互计算，以及在商事租赁、商事借贷、商事居间、商事行纪等商行为中设有大量的强行法推定条款和任意法推定条款，使这类商行为在法律效力上具有可推定性。

1.2.4 鼓励交易原则

虽然现代商法具有很强的公法色彩，加强了国家对商事活动的干预，但这种干预的根本目的不是限制交易、妨碍交易，而是通过建立良好的交易秩序保障交易、促成交易。商法以鼓励交易为其基本原则之一，目的在于通过最大化地优化和利用资源，最大可能地促成社会经济的交往。鼓励交易原则充分体现在商法的其他一系列原则和制度之中，主要表现为以下几方面：①通过确立商法的其他基本原则，如短期时效、交易简便、迅捷、交易自由、意思自治，在合法前提之下最大限度地尊重当事人的交易意愿等，促进交易；②最大可能维护交易的有效性，如合同法中的可撤销制度、效力待定的合同制度等；③对于有过错或失误的交易行为，最大可能地为交易行为人提供补救机会，如破产重整制度等。

1.2.5 交易安全原则

商事交易行为贵在简便迅捷，并应具有较大弹性，但商事交易同样需要注重安全。交易安全原则是指必须保障商事交易活动中交易各方对其行为内容予以充分提示，使相对人能够全面知晓，并加强法律监管，维护交易安全。它包括以下几个方面。

1. 强制主义

强制主义是指国家运用公法手段对商事关系施以强行法规则。

2. 公示主义

公示主义是指商事活动的交易当事人，对于涉及利害关系人利益的所有营业上的事实，须进行登记并负有公示告知义务的一种法律要求。

3. 外观主义

外观主义是指以交易当事人行为的外观为标准，确定其行为所产生的法律效果。即公示于外表的事实，纵与真实的情形不符，对于依该外表事实所进行的商行为，亦需加以保护，以维护交易安全。

4. 严格责任主义

实行严格责任主义是保障交易安全的一项重要举措。商事交易的严格责任主义主要包括连带责任和无过错责任①。

1.3 商法的地位

探讨商法的地位，主要解决两个问题，一是商法是否是一个独立的法律部门；二是商法与其他法律部门之间的关系。

1.3.1 商法是一个独立的法律部门

法律是否具有独立性，取决于其是否具有独立的调整对象及调整方法。商法具有自己的独立的调整对象及调整方法，有自己的丰富内容和体系，这些对象和内容与其他法律部门有不同的性质，因此商法具有独立性。目前世界各国均认为商法具有独立性。

商法是我国社会主义法律体系中的独立的法律部门。商法是调整商人或商行为的行为规范，即调整商事主体之间的商事关系的法律。公司法、票据法、海商法和保险法是商法的重要内容。无论实行民商分立，还是民商合一，商法都是一个独立的法律部门。但是，承认商法的独立性，并非否定其与民法的共性，即民法是商法的普通法，而商法始终是民法的特别法，二者之间存在着一种无法割裂的私法结构上的关联。

1.3.2 商法与其他法律部门的关系

1. 商法与民法

商法与民法是特别法与普通法的关系。民法所规定的内容是一般社会生活的原则性规定，而商法所规定的内容则是特殊社会生活的具体性或技术性规定，故相对于民法，商法处于特别法的地位。就对市场经济的法律调整而言，民法提供的是一般规则，商法提供的是具体规则，所以民法是一般私法，而商法则是特别私法。民法与商法的区别主要有以下几点。

1) 立法价值取向不同

民法的价值取向是公平，即当公平原则与民法的其他基本原则发生冲突与矛盾时，民法首先会选择公平，在处理公平与民法其他原则的关系时采取的是公平至上兼顾效益与其他的办法；而商法的价值取向则是效益，在处理效益与其他法律原则的关系时采取的是效

① 赵万一. 商法[M]. 北京：中国人民大学出版社，2003：9.

益至上兼顾公平与其他的办法，商法不但以效益作为其最高价值目标，而且为了实现效益甚至在某种程度上会牺牲公平。

2) 产生的经济基础不同

民法产生的经济基础是商品经济，有商品经济就应当有法律，就应当有调整商品经济的基本法律——民法；而商法产生的经济基础则是市场经济，市场经济主张市场是实现社会资源配置、满足人们需要的手段。市场包括人的要素、物的要素和行为要素几个方面。其中人的要素即市场主体，是纯粹的经济人，物的要素是货币资本。市场经济的基本要求与商法的基本内容相吻合。因此，可以笼统地说，民法是商品经济的基本法，而商法则是市场经济的基本法。

3) 适用主体不同

民法在适用主体上具有广泛性，可以适用于一切社会大众，是所有公民主体的基本权利保障法；而商法的适用对象则通常仅限于商人。作为商事主体，商人最主要的特征在于他是以营利为目的的经济组织，是以从事营利性活动为其唯一存在目的的经济人。除此之外，商人的范围比较特定，要求有较高的专业知识和技能，这些都直接影响到商法的规则体系和规则内容。

2. 商法与经济法

商法以个别经济主体的利益为基础，主要调整的是经济主体之间的利益关系；经济法则以社会经济利益为基础，着眼于整体经济利益的协调和保护，即着重于所有商事主体利益的全局性调整。因此，商事法和经济法之间存在诸多不同。

1) 调整对象的性质不同

商法主要调整的是商人之间的以平等性为特征的社会经济关系；经济法则调整的是国家与公民、国家与企业(商人)之间的社会关系，这种关系主要体现为管理与被管理、指挥与被指挥的纵向关系。

2) 调整内容不同

商法主要规定的是商人和其他经营者的法律地位、组织形式、商事交易行为规则和行为后果等内容，这些内容反映在法律上即为公司法、票据法和保险法等法律制度；经济法主要规定了商事活动中商事主体的竞争行为规范、竞争规则以及政府如何对不正当竞争行为和垄断行为进行调整，以维护正常的经济运行环境和运行条件；反映在法律上则为计划法、投资法、反垄断法、反不正当竞争法、消费者保护法等。

3) 法律理念不同

商法是属于具有公法因素的私法，其自由、平等、公平、效益、安全等法律理念侧重于从私法方面来理解和阐释，即强调个体的自由、个体之间的平等、个体相互关系的公平以及个体行为的效益和安全；经济法是具有公法内容的社会法，其自由、平等、公平、效益、安全、秩序等法律理念，侧重于从社会的角度去理解和阐释，强调社会整体效益和交易安全。

3. 商法与行政法

行政法主要调整行政主体在行政管理活动中和其他国家机关、社会团体、企业事业单位以及公民之间的关系，即行政关系，所要保护的是国家利益；而商事法调整的对象是商事关系，所保护的主要是商事主体的合法利益。因此，商法、行政法两者之间的界限是清晰的。同时二者亦存在联系，尤其是在市场经济条件下，为了平衡社会经济运作中各方的利益和协调性地维护权利，保障社会经济的正常秩序，促进商事交易的发展，国家不仅从行政的角度对商事交易实施管理，而且从宏观调控的角度介入商事自治领域进行行政干预，出现了商法的公法化趋势，使商法和行政法之间发生了密切的关系[①]。

引例分析

丢车主状告看车人案

本案可从民法角度加以分析，亦可从商法基本原则及商法与民法的关系角度加以分析。商事关系的重要特点是其主体的商人性、目的的营利性、方式的营业性。商法的调整对象有其自身的特点。本案中李某只收取看车费 5 元，在出现意外和风险时，却要承担 20 万元钱的损失，其权利、义务存在明显的不对等和不公平，亦缺少抵御意外风险和赔偿的经济能力。李某的行为不具有营利性，也不具有抵御风险的积蓄和基金——赢利的目的之一即在于此。所以结合民法和商法不同的分析角度，要求李某承担车辆丢失的损失都是有悖民法和商法的基本原则的。

本章小结

商法是历史悠久的法律制度，本章主要阐述了有关商法的一般性理论。商法有特定的调整对象，这是商法作为部门法存在的前提，也是建立和研究商法的基础。商法的调整对象是商事关系，商事关系就是平等主体之间基于营利性活动所形成的社会关系。商法是规范商事主体的商事组织关系和商事行为关系的法律规范，其所具有的营利性、技术性、公法性和国际性是由其调整对象所决定的。商法的商主体法定原则、公平交易原则、交易迅捷原则、鼓励交易原则、交易安全原则反映了商法的本质，体现了商法的基本精神和根本价值，对商事立法和司法起指导作用。

思考题

1．商法的调整对象是什么？
2．商法的特征有哪些？
3．商法有哪些基本原则？
4．交易迅捷原则在商法中有哪些体现？
5．商法与民法的关系是什么？
6．商法与经济法的关系是什么？
7．商法与行政法的关系是什么？

① 赵万一．商法[M]．北京：中国人民大学出版社，2003：20.

练 习 题

1. 不定项选择题

(1) 下列法律中可归入商法范畴的是(　　)。

A.《合同法》、《中华人民共和国企业破产法》、《中华人民共和国民事诉讼法》

B.《公司法》、《票据法》、《保险法》、《合伙企业法》

C.《中华人民共和国个人独资企业法》、《中华人民共和国信托法》、《证券法》、《商业银行法》

D.《中华人民共和国劳动法》、《中华人民共和国行政诉讼法》、《中华人民共和国中外合作经营企业法》

(2) 商法的渊源主要包括(　　)。

A．法律　B．行政法规　C．商事自治规则　D．国际条约

(3) 商法的特征是(　　)。

A．营利性　B．技术性　C．公法性　D．国际性

第2章 商主体

本章教学要点

知识要点	掌握程度	相关知识
商主体的概念	熟悉	我国商主体的概念
商主体的构成		商主体的构成要素
商主体的种类	了解	商法人、商个人、商合伙、商中间人及商辅助人
商主体的特征	掌握	商主体不同于民事主体的特征
商事能力	重点掌握	商事能力的概念、特征与限制

基本概念

商主体　商事能力　商事合伙　商中间人　商辅助人

引例

有限合伙企业债务清偿案

汪某、钱某、潘某和刘某4人经过协商，共同投资设立一个有限合伙企业，经营家具加工业务。其中汪某和钱某为普通合伙人，潘某和刘某为有限合伙人。该有限合伙企业经合法注册后即开展业务，运营初期，企业生产效益较好，连续三年赢利。后因市场行情发生变化，该合伙企业所生产的家具出现滞销，并受原材料涨价等诸多因素的影响，该有限合伙企业不能及时回收货款，缺乏流动资金，开始拖欠供货商货款，且企业现有资产不足以清偿到期债务。供货商多次向该合伙企业催讨货款未果，遂依法向人民法院提起诉讼，要求该合伙企业及汪某、钱某、潘某和刘某4人偿还拖欠的货款。

请结合本案分析有限合伙企业合伙人的责任形式。

资料来源：http://www. flymote. Com/archiver/qone-130480. html.

2.1　商主体概述

2.1.1　商主体的概念与特征

商主体，又称商事主体或商人，是指依照法律规定，独立参加商事法律关系，享有商事权利并承担商事义务的人。简言之，商主体是商法上的权利与义务的归属者。

传统商法典中，称商主体为“商人”。早期的商法为商人法，属身份法，商法与商人密不可分。随着社会的发展，商主体范围不断扩大，商人的特殊地位日渐消失。现代各国商法对商主体进行概括时，除注重商主体的形式特征外，更强调商主体的实质要件。法律要求商主体必须以持续地从事营利性行为为基本要素，规定凡以从事商行为作为其经常性职业的个人或组织，均可以依法取得商人资格，反映了各国商法从早期商人法向现代商行为法的转变。

商主体不完全等同于民事主体，具有以下特征。

1. 商主体须同时具备权利能力和行为能力

商主体是商事法律关系的参加者，在商事法律关系中享有权利和承担义务，这与民事主体具有质的相同性。不同的是商主体不仅须具有权利能力还须具备一定的行为能力，有权利能力而不具备相应的行为能力者不得从事商行为，不能取得商主体资格。民事主体不以具备行为能力为必要，其权利能力可以独立于行为能力而存在，具有权利能力即可成为民事主体，无行为能力人亦可为民事主体，可见，商主体应属于特殊的民事主体。

2. 商主体是从事以营利为目的的商事活动的主体

商主体是从事商事活动的主体。所谓商事活动，即商行为，是指以赢利为目的而从事的营业行为，不从事商事活动的人，不属于商主体。商事与经营是商事主体概念的本质和核心，是把握商主体概念的关键[①]。“商事”是指进行商务活动的行为，既包括生产、买卖业，也包括服务、中介业。“经营”是指以营利为目的、持续不间断的职业性经济活动，从事非营利性活动者不属于商主体，且商主体须以营业为职业，只是偶尔实施商业交易行为，不属于商主体。

3. 商主体应符合商法规定

商主体法定是商法的基本原则。各国商法均对商主体作出严格的规定。主要表现如下。

1) 商主体资格须依法取得

商主体资格一般须经国家主管机关认可，履行商业登记手续。考察各国商法对商主体的要求，无论是自然人还是法人，凡欲取得商主体资格者，首先必须履行特定的商业登记程序，并通过商业登记明确其具体的经营范围。

2) 商主体类型须符合法律规定

各国商法均规定，不得任意设立商主体类型，而须由法律明确规定适合于本国的商主体类型。

2.1.2 商主体的构成

商主体是法律关系的参加者，其本质含义就是能够享受商事权利、承担商事义务。在现代意义的商法中，商主体的构成须具备以下要件。

1. 具有独立名义

无论是何种商主体类型，是商自然人还是商法人，首先必须拥有自己的姓名或名称，并能够以此名义与第三人发生法律关系。对于商自然人而言，既可以自己的姓名作为商号，也可以另起商号。对商法人意味着能够以组织的名称与第三人进行商事活动，而非以法定代表人或组织成员的名义。

2. 具有独立意志

具有独立意志是指商主体按照自己的意愿，自主选择活动。对商个人强调不受他人制约，对商组织体强调对外发生商事关系，是组织体的共同意志而不是个人意志或成员意志的简单相加。

3. 具有独立财产

商主体须拥有独立的财产，独立财产是商主体从事商事活动的物质基础。商个人的财产应能与他人的财产相分离，商事组织应与其成员的个人财产相区别，拥有独立财产或共同财产，该财产与作为成员的出资相脱离，为组织体共同利益所支配。

4. 具有独立责任

商主体对自己的行为后果承担独立责任。商个人以其财产依法承担无限责任，商事组织以其全部财产承担责任。[②]

---

① 范建．德国商法[M]．北京：中国大百科全书出版社，1993：50．

② 赵万一．商法[M]．北京：中国人民大学出版社，2003：24．

2.2 商主体的分类和种类

2.2.1 商主体的分类

在不同的历史时期、不同法系、同一法系的不同国家，商主体表现出不同的样态。考察各国商事立法与理论研究，商主体有以下分类。

1. 按照组织结构形态或特征不同，可将商主体分为商个人、商法人和商合伙

1) 商个人

商个人又称商自然人，是指依法从事商事活动，享有权利和承担义务的自然人。原则上，具有权利能力和行为能力的自然人，均可以从事商事活动，享有权利并承担义务。商个人可以表现为一个自然人，也可以表现为一户家庭，或一个自然人投资设立的独资企业。

2) 商法人

商法人又称营利性法人，是指依法成立的从事商事活动的具有法人资格的组织体。在我国，企业法人当然属于商法人，事业法人可以依法律、法规的规定成为商法人，机关法人和非营利性社团不得成为商法人，国家不得直接从事商活动，但可以授权投资机构或部门投资设立公司并经营国有资产。

3) 商合伙

商合伙是指两个或两个以上的合伙人以营利为目的，按照法律和合伙协议的规定共同出资、共同经营、共享收益、共担风险，合伙人对合伙经营所产生的债务承担连带无限责任的商事组织。

2. 按照是否以履行注册登记为要件，可将商主体分为法定商人、注册商人和任意商人

1) 法定商人

法定商人又称必然商人，是指以法律规定的特定商行为为营业内容并经特别程序而设立的商主体。该种商人不以登记为要件，而以从事特定的商事行为为要件，只要是从事法律规定的特定的商事行为，即主动取得商事主体的资格。

2) 注册商人

注册商人又称应登记商人，是指以注册登记为要件的商人。该种商人只有在登记后才能从事商事活动，商人资格的取得以须经登记为原则。

3) 任意商人

任意商人又称自由登记商人，是指依法不需要进行商业登记而存在的商主体。任意商人所从事的活动就其性质来说，或者不当然具有营利性，或者不具有营业性组织特征，其活动往往变动性大，缺乏持续性。

3. 按照是否以从事商行为为业，可将商主体分为固有商人和拟制商人

固有商人，是指以自己的名义，以从事商法及特别法规定的商行为为业的商人；拟制商人，是指虽不以从事商行为为业，但依据其营业设备、组织等，法律上也视其为商人。

4. 按照经营规模为标准，可将商主体分为大商人与小商人

1) 大商人

大商人又称为完全商人，是指以法律规定的商行为为其营业范围，并根据商业登记的

程序和条件而设立的商主体。大商人的资本金、规模须达到一定的条件，应当履行商业登记、账簿管理等手续。

2) 小商人

小商人又称为不完全商人，是指资本金、规模未能达到一定条件的商人。小商人所从事的主要是农牧业、服务业和手工业。在现代社会中，以个人提供有偿服务、摆设摊点的赢利活动对解决社会就业、提高经济收入不可缺少，因此，小商人的权利也必须予以保护。

此外，按照经营种类，可将商主体分为制造商、加工承揽商、销售商、保险商、代理商、居间商、行纪商等；按照资产的权利状态，可将商主体分为个体经营者、企业、商业使用人等。

在我国，商主体的种类没有以商法典的形式作出明确规定，而是散见于民法、企业法、公司法及税法等中。根据上述法律、法规的规定，在我国，商主体主要表现为商法人、商个人、商合伙、商中间人及商辅助人等类型。

2.2.2 商法人

1. 商法人的概念与特征

商法人，是指按照法定构成要件和程序设立的，参与商事法律关系，依法独立享有权利和承担义务的法人，具有以下特征。

1) 法人性

商法人属于法人的一种，应当具有法人的基本特征，即依法设立、具有一定的财产、设有组织机构、有责任能力。

2) 团体性

商法人一般应由两个或两个以上的出资人组成。

3) 营利性

商法人的营利性是指商主体必须从事以营利为目的的经营活动。

2. 商法人的分类

在外国商法中，商法人主要分为无限公司、有限责任公司、两合公司、股份有限公司和股份两合公司。在我国以往的法学分类和立法研究中，对商法人的划分多沿袭经济学意义上的分类方法，即将商法人依所有制形式、规模大小、组织方式、地域或城乡差别、行业和部门、对总体经济所提供的产品种类等标准加以分类，此分类在经济学上有经济意义，但在法学上，采用这样的分类标准就容易造成企业法律的重叠和体系的混乱，带来法律适用的困难，也与主体地位平等原则相矛盾。目前，我国现行《公司法》确认了有限责任公司和股份有限公司两种公司类型。

2.2.3 商个人

1. 商个人的概念与特征

商个人又称商个体、商自然人，是指依照法定构成要件和程序取得商事主体资格，独立从事商行为，享受权利并承担义务的个体。其特征如下。

1) 商个人身份的双重性

商个人应当具有商人身份和自然人双重身份。作为自然人应当具有权利能力和行为能力，作为商人应当具有与其经营规模相适应的资本金或物质基础。

2) 商个人资格的适法性

个人从事商事活动必须符合法定程序，一般须登记，获得法律认可，只有通过法律认可后方可实施商行为。

3) 商个人责任的无限性

商个人须以个人的财产承担无限责任，商个人无论是自然人、个体工商户，还是农村承包经营户、私营企业均要承担无限责任。

4) 商个人行为的营利性

个人参加商业活动可能以消费者的身份进行商品交易，也可能以经营者的身份参与。只有当个人以营利的动机参与商业活动时才受商法的规范，成为商个人。如果个人以消费者的身份进行商品交易，则受民法调整。

2. 商个人的分类

按照我国《民法通则》、《中华人民共和国个人独资企业法》(以下简称《个人独资企业法》)及《城乡个体工商户管理条例》等法律、法律的规定，商个人主要有个人独资企业、个人工商户和农村承包经营户三种。

1) 个人独资企业

个人独资企业是指在中国境内设立，由一个自然人投资，财产为投资人个人所有，投资人以其个人财产对企业债务承担无限责任的经营实体。个人独资企业具有以下特点：

(1) 个人独资企业是由一个自然人投资的企业。

个人独资企业对投资主体的要求为自然人，对投资形式的要求为只能是一个自然人的投资，这是个人独资企业的显著特征，也是决定其本质属性的特征。

(2) 个人独资企业的财产为投资人个人所有。

由于个人独资企业的财产只来源于一个自然人的投资，且个人独资企业的经营成果亦归其个人所得，因此，个人独资企业投资人对所投资企业的财产与其个人财产并无实质的区别，个人独资企业完全为一人所拥有，其全部财产权利归属于投资人一人。

(3) 个人独资企业的投资人以其个人财产对企业债务承担无限责任。

个人独资企业为投资人一人所拥有，收益为其个人所得，企业的风险、债务均应由其个人承担，且由于个人独资企业的财产与其投资人的个人财产是不可分离的，企业负有债务，投资人的个人财产也同样作为偿付债务的标的。因此，个人独资企业的投资人用于投资在个人独资企业的财产和其他个人财产作为清偿债务的保证，共同构成了清偿企业债务的基础。个人独资企业的投资人作为债务人，要以其全部个人财产对其所投资的个人独资企业债务承担责任。这是个人独资企业在责任形式上的特点。

(4) 个人独资企业是一个经营实体。

个人独资企业在设立时及成立后均须作为一个经营实体存在。个人独资企业是一个实际存在的从事生产经营的实体，具有独立的利益，是能够实际享有权利、履行义务和承担责任的主体。

设立个人独资企业应当具备下列条件。

(1) 投资人为一个自然人。

对个人独资企业的投资主体的要求有两方面：一是投资主体的数量是一人；二是投资主体的种类是自然人，且为具有中华人民共和国国籍的自然人。

(2) 有合法的企业名称。

个人独资企业的名称必须符合法律的相关规定。个人独资企业的名称应当与其责任形式及从事的营业相适应，名称中不得使用“有限”、“有限责任”和“公司”字样。

(3) 有投资人申报的出资。

资本是企业存续的重要物质基础，也是企业赢利的物质条件。任何企业的设立均须具有一定的资本，个人独资企业亦不例外。个人独资企业作为一个生产经营性实体，从事的是经营活动，投资人必须投入相当的出资。

(4) 有固定的生产经营场所和必要的生产经营条件。

任何企业的设立均须具有一定的生产经营场所和必要的生产经营条件，个人独资企业亦不例外。个人独资企业需要进行生产经营，就需要一定的场地和生产经营设施。这是个人独资企业存续和经营的基本物质条件。

(5) 有必要的从业人员。

个人独资企业投资人可以自行管理企业事务，也可以委托或者聘用其他具有民事行为能力的人负责企业的事务管理。因此，个人独资企业必要的从业人员主要包括个人独资企业投资人本人及依法招用的职工。

个人独资企业历史悠久，历时数千年，农业、商业、手工业、渔业、家庭作坊等多数采用这种形式。可见，个人独资企业的优势显著，主要体现为个人投资，设立简易；规模较小，灵活多样；个人经营，效率较高；有利于扩大社会投资等。同时，个人独资企业亦具有局限性，如投资人须负无限责任；经营规模受限；经营管理知识和能力上具有局限性等。

典型案例 2-1

个人独资企业投资人变更后债务承担纠纷案

被告徐州水泵厂系个人独资企业，2000—2002 年间曾多次向原告购买配件。2002 年 6 月，双方结欠货款 57 259 元，在支付 2 万元后，被告投资人李某以水泵厂名义和原告于 2002 年 8 月达成还款计划，约定余款于 2003 年 5 月前还清。2002 年 11 月 8 日，李某(甲方)与王某(乙方)达成转让协议，甲方决定将徐州水泵厂转让给乙方，协议约定：①至转让之后所发生的债权债务由乙方承担。②乙方自签字之日起方能有自由经营权。③本协议自签字之日起生效。协议签订的当日，徐州水泵厂即在工商部门办理了企业投资人变更登记。原告依还款计划要求被告徐州水泵厂偿还到期债务，但被告以投资人变更为由拒绝偿还。原告诉至人民法院，要求徐州水泵厂承担到期债务的清偿责任。法院经审理后判决被告徐州水泵厂向原告支付货款。

资料来源：http://www.doc88. com/p-807118292135. html.

2) 个体工商户

个体工商户是指公民个人或家庭依法经核准登记，以个人财产或家庭财产为经营资本，在法律允许的范围内从事经营的一种商主体。

3) 农村承包经营户

农村承包经营户是指农村集体经济组织的成员，在法律允许的范围内，按照农村承包合同的规定，使用集体所有的土地和其他生产资料，独立从事经营活动的商主体。

2.2.4 商合伙

1. 商合伙的概念与特征

商合伙是指为实现共同营利之目的，由两个或两个以上的合伙人按照合伙协议的规定共同出资、共同经营、共享收益、共担风险，合伙人对合伙经营所产生的债务承担无限连带责任的商事组织。商合伙是合伙的一种，具有以下特征。

(1) 商合伙须由两个或两个以上的合伙人共同组建。合伙人一般应具有完全民事行为能力，至于合伙人是否必须是自然人，法人或其他经济组织可否成为合伙人，各国法律的规定不尽相同。

(2) 商合伙成立的基础是合伙合同。商合伙是合伙人之间的自愿联合，合伙存在的前提是合伙人就出资、利润分享等事项达成一致的协议。

(3) 合伙人对合伙体的债务承担连带无限责任。合伙是自然人之间的联合，自然人对自己的债务承担无限责任。

(4) 合伙不具有法人资格。在法律上，合伙为自然人的联合体，非为独立的法律主体，不具有法人资格。合伙财产为全体合伙人的财产，合伙责任由全体合伙人承担。

2. 商合伙的类型

商合伙有以下几种类型。

1) 个人合伙

个人合伙是指两个以上的自然人，按照合伙协议，各自提供资金，实物、技术等，合伙经营，共同劳动，投入的财产属个人所有，由合伙人共同使用，合伙经营积累的财产归合伙人共有，发生亏损应由合伙人负连带清偿责任的商事组织。

2) 合伙型联营

合伙型联营是指企业事业单位之间依照联营合同组建的共同出资、共同经营、共享利润、共同承担连带无限责任的商事组织。

3) 合伙企业

合伙企业是指自然人、法人和其他组织依法在中国境内设立的普通合伙企业和有限合伙企业。合伙企业是以合伙协议为设立的前提，是由各合伙人共同出资、共同经营、共担风险、共享收益，对合伙企业债务承担无限连带责任的多人的联合经营。

(1) 普通合伙企业。是指由普通合伙人组成，合伙人对合伙企业债务承担无限连带责任的合伙企业。设立普通合伙企业，应当具备下列条件。

① 有两个以上合伙人。对普通合伙企业的合伙人的要求：一是合伙人的数量为二人以

上；二是合伙人的种类为自然人、法人和其他组织，其中合伙人为自然人的，应当具有完全民事行为能力。

② 有书面合伙协议。在书面合伙协议中应当载明的事项：合伙企业的名称和主要经营场所的地点；合伙目的和合伙经营范围；合伙人的姓名或者名称、住所；合伙人的出资方式、数额和缴付期限；利润分配、亏损分担方式；合伙事务的执行；入伙与退伙；争议解决办法；合伙企业的解散与清算；违约责任。合伙协议经全体合伙人签名、盖章后生效。合伙人按照合伙协议享有权利，履行义务。修改或者补充合伙协议，应当经全体合伙人一致同意；但是，合伙协议另有约定的除外。

③ 有合伙人认缴或者实际缴付的出资。合伙人可以用货币、实物、知识产权、土地使用权或者其他财产权利出资，也可以用劳务出资。合伙人以实物、知识产权、土地使用权或者其他财产权利出资，需要评估作价的，可以由全体合伙人协商确定，也可以由全体合伙人委托法定评估机构评估。合伙人以劳务出资的，其评估办法由全体合伙人协商确定，并在合伙协议中载明。合伙人应当按照合伙协议约定的出资方式、数额和缴付期限，履行出资义务。以非货币财产出资的，依照法律、行政法规的规定，需要办理财产权转移手续的，应当依法办理。

④ 有合伙企业的名称和生产经营场所。企业名称是与其他企业相区别的标志，具有识别功能和经济、文化等多方面的意义。普通合伙企业的名称应当符合法律的相关规定，应当在名称中标明“普通合伙”字样。普通合伙企业还需要有一定的生产经营场所。

⑤ 法律、行政法规规定的其他条件。

(2) 有限合伙企业。是指由普通合伙人和有限合伙人组成，普通合伙人对合伙企业债务承担无限连带责任，有限合伙人以其认缴的出资额为限对合伙企业债务承担责任的合伙企业。

有限合伙企业及其合伙人除适用有关普通合伙企业及其合伙人的规定外，还应遵守以下特别规定：

① 有限合伙企业由 2 个以上 50 个以下合伙人设立，有限合伙企业至少应当有一个普通合伙人。

② 有限合伙企业名称中应当标明“有限合伙”字样。

③ 有限合伙企业的合伙协议还应当载明的事项有：普通合伙人和有限合伙人的姓名或者名称、住所；执行事务合伙人应具备的条件和选择程序；执行事务合伙人权限与违约处理办法；执行事务合伙人的除名条件和更换程序；有限合伙人入伙、退伙的条件、程序以及相关责任；有限合伙人和普通合伙人相互转变程序。

④ 有限合伙人可以用货币、实物、知识产权、土地使用权或者其他财产权利作价出资，不得以劳务出资。

⑤ 有限合伙企业登记事项中应当载明有限合伙人的姓名或者名称及认缴的出资数额。

⑥ 有限合伙企业由普通合伙人执行合伙事务，执行事务合伙人可以要求在合伙协议中确定执行事务的报酬及报酬提取方式。有限合伙人不执行合伙事务，不得对外代表有限合伙企业。

典型案例 2-2

合伙企业债务承担案

2008年1月，赵、钱、孙、李4人决定设立合伙企业，并签订书面协议，约定赵、钱、孙、李4人按2∶2∶1∶1比例分配利润和承担风险。2009年1月李提出退伙，2009年3月李经清算退伙。4月新合伙人周出资4万元入伙。2009年5月，合伙企业的债权人绿光公司就合伙人李退伙前的24万元债务要求合伙企业与李偿还。李以自己退伙为由拒绝承担。根据《合伙企业法》的规定，退伙人对基于其退伙前的原因发生的合伙企业债务，承担无限连带责任。因此李的理由不成立。

资料来源：http://zhidao. baidu. com/question/87230219. html.

2.2.5 商中间人

商中间人是指以从事间接商行为或中介商行为为业者，在商事登记中，其名称中常冠以“中介公司”、“代理公司”或“经纪公司”等，以示职业特征。在工商业高度发达的社会，商中间人已经成为商品交换不可缺少的一环。商中间人为商主体之一，从事经营性行为，但与直接从事商品生产和商品交换的商主体在经营方式、权利能力、行为能力和责任能力方面有明显的差异。因此，在法律上确立商中间人的法律地位具有十分重要的意义。

商中间人主要有以下几种。

1. 代理商

代理商是指接受委托，固定地为其他业主促成交易或以其他业主的名义缔结交易的商事经营者。代理商是独立的商人类型，通行于世界，在我国也大量存在。代理商的特点：商事代理权来源于被代理人之委托；代理商的行为具有营利性，这是区别于民事代理的根本所在；代理商须经过注册并进行连续性经营；代理商不以显名为必要，既可以以被代理人名义，也可以以自己的名义从事商事活动；代理商须受商事习惯之约束；代理商是完全商人，其行为具有独立性。

2. 居间商

居间商是指为获取佣金而积极促成契约缔结的商人。从法律规定及行为特征来分析，居间商具有以下法律特征：居间商是合同缔结的积极促成者；居间商是合同的中介人，并不受委托人与第三人所订合同之约束。居间人仅给委托人提供订约的机会，或充当委托人与第三人订立合同的媒介桥梁，使双方得以订立合同，并不参加委托人与第三人的订约洽谈过程，对其促成活动所导致的后果也不负有义务；居间商有权收取佣金；居间商应承担据实介绍的义务，不得恶意促成或从中盘剥渔利；居间商是一种完全商人，其活动是自由的、独立的。

典型案例 2-3

居间合同纠纷案

向某是某市房地产经纪有限公司经理，2005 年向某得知某安置房项目要招商引资，并将信息告诉了该市新大陆房地产开发公司。2005 年 6 月 1 日，向某与新大陆房地产开发公司签订了“居间协议书”，确定了双方权利义务关系。经向某联系，新大陆房地产开发公司签订了安置项目合同。但该房地产公司并未按协议支付报酬，向某起诉至法院。法院审理认为，原被告之间属于居间合同关系，被告应支付原告居间报酬。

资料来源：http://wenku. baidu. com/view/0ulf0329e2bd960590x671f2. html.

3. 行纪商

行纪商是指以自己的名义为委托人从事贸易活动的商主体。其特点表现为行纪商以自己的名义实施商行为；行纪商为委托人的利益从事贸易活动。行纪商虽然以自己的名义从事贸易活动，但因此所产生的权利和义务最终由委托人承受，风险也由委托人承担；行纪商必须遵从委托人的指示，不得超越权限；行纪商在办理行纪事务时所产生的一切费用由委托人负担；行纪商须从事职业性的行纪经营。

2.2.6 商辅助人

商辅助人又称商使用人，是指在商事交易过程中，受商主体委任或雇佣，辅助商主体从事商事经营活动的人，可分为经理人和代办商。

1. 经理人

经理人是指接受商人授权而为其进行商务管理及经营的人。其特征为：①经理人的经理权来源于商人的直接授权，并非法律规定，是典型的直接代理人，并以被代理人的名义为商行为。②经理人的主要职责是对内管理商人的日常经营活动，对外代理商人处理各类业务。③经理人对外全权代表商人。经理人的权限，在其营业范围内，原则上不受限制。④经理人应尽心尽责，谨慎履行职责，维护商人利益，不得谋私利；因失职造成损失，应承担赔偿责任。

2. 代办商

代办商是指非经理人而受商人委托，在一定处所或一定地区内，以商人的名义办理其事务之全部或一部分的人。代理商与经理人相似，其权利均来源于商人的直接授权。但两者具有较大的区别：①经理人的权利广泛，对内有管理权，对外有代表权。在法律上，经理人的行为对商人直接生效，而代办商的权限较小，一般均被限定在对外业务范围内。②经理人的权利必须通过明示授予，代办商则可以通过默示授予。③代办商可以为数个商人代理，而经理人仅隶属于一个商人。

2.3 商事能力

2.3.1 商事能力的概念及特征

商事能力又称商主体资格，是指法律赋予商主体从事商事活动，享有权利和承担义务的资格，也即商主体所具有的特别权利能力和行为能力的总称。商主体本质上属于民事主体，商事能力以民事能力为基础；是民事能力的特殊表现形式，具有民事主体的权利能力和行为能力，是获得商主体资格的条件和基础。但是，与民事能力相较，商事能力具有特殊性，主要表现为以下几点

1. 商事能力具有统一性

商主体资格的基本特征是须同时具备权利能力和行为能力，仅有权利能力而无行为能力的人不能成为商主体。具有商事能力，表明商主体有权在核准的经营范围内从事经营活动，并可以在商事法律关系中享有权利和承担义务。无论独资企业还是公司企业，除了在清算期间其行为能力受限制外，均具有权利能力和行为能力。在这一点上，商主体的资格与一般民事主体不同，民事主体不要求同时具备权利能力和行为能力，无民事行为能力人、限制民事行为能力人亦属民事主体，仍可享有权利和承担义务。

2. 商事能力的内容具有特定性

商事能力是一种特殊的权利能力和行为能力，其特殊性体现在其营业性质，商主体可以也必须依法在其核准的营业范围内从事经营活动，并取得权利和承担义务。由于商主体是在核准的营业范围内从事商事活动，因此不同的商主体因其核准的营业性质和范围不同而具有不同的商事能力，商主体的资格不具有等同性。商主体的商事能力，是在一般民事能力的基础上，依商事特别法附加于商主体的能力。

3. 商事能力以法律授权范围为限并依商业登记而确定

商事能力以法律授权为前提，在我国，商主体须按照工商登记管理的规定办理商业登记手续，未经登记不得从事经营活动。商业登记包括设立登记、变更登记和注销登记。商主体于设立登记时取得商事能力，其商事能力因营业性质或范围变更登记而变更，因商主体注销登记而消灭。商事能力的这一特征，与民事能力有明显的区别，自然人民事权利能力始于出生，终于死亡，其民事行为能力基于年龄的增长而取得，因精神疾病而丧失。而国家在授予商主体商事能力时，以授权起止为权利存续期限。

2.3.2 商事能力的限制

各国民商法从行为主体的意思表示能力以及是否具备必要的财产能力两方面考虑，对于商事能力，特别是商事行为能力的取得，均有一定的法律限制，主要有以下几个方面。

1. 对未成年人商事能力的限制

未成年人包括无民事行为能力人和限制民事行为能力人。由于未成年人智力发育尚未健全，不具有完全的民事行为能力，不能充分判别商事活动的风险，对自己的行为及其法

律后果还缺乏识别能力和判断能力，因此商事能力理应受到限制。如对其商事能力不加限制，势必会造成从事经营活动的未成年人承担本不应由其承担的商业风险，从而遭受不利。

对未成年人商事能力的限制，各国法律规定不尽相同。在我国，《合伙企业法》第 9 条明确规定，合伙人应当具备完全民事行为能力；但依《民法通则》第十一条规定，完全行为能力人包括两种：一是成年人，二是 16 周岁以上未满 18 周岁“能以自己的劳动收入为主要生活来源”的人。因此，从法律上理解，未成年人符合上述条件而获得完全行为能力的，依法可以设立企业，具有商事能力。

2. 对公务人员商事能力的限制

各国公务员法大都规定，凡公务人员不得直接或间接经营商业或其他投机事业。公务人员的具体内涵，在不同国家法律中有不同规定。有的国家规定范围较广，包括一切领取工薪的行政人员，甚至包括公立学校的校长及其他兼有行政职务的教师。美国的公务人员服务规程中规定：“无论直接或间接，均不得发生商业上的关系，致影响公职上的忠诚。”

我国对党政机关(包括党委机关、国家权力机关、行政机关、审判机关、检察机关以及隶属这些机关编制序列的事业单位)及其干部从事商事经营活动，进行了严格的限制。1985 年，中共中央、国务院《关于禁止领导干部的子女、配偶经商的决定》规定：“凡县、团级以上领导干部的子女、配偶，除在国营、集体、中外合资企业，以及在为解决职工子女就业而兴办的劳动服务性行业工作者外，一律不得经营”； 1988 年，中共中央办公厅、国务院办公厅作出的《关于县以上党和国家机关退(离)休干部经商办企业问题的若干决定》规定“党和国家机关的退休干部，不得兴办商业性企业……”；1995 年，中共中央纪律检查委员会下达的《关于国有企业领导干部廉洁自律“四条规定”的事实和处理意见》，规定国有企业的领导干部“不准个人私自经商办企业”。

由于国家公务人员具有特殊的权力和地位，如果允许其从事商事经营，可能导致其滥用权力、官商不分、以权谋私、滋生腐败，从而妨碍公平竞争。因而，各国法律基本都对这类主体的商事能力予以限制。

3. 对外国人商事能力的限制

在民法上，除法律有特别规定外，外国人、无国籍人的法律地位与本国公民相同，有关本国公民的规定适用于外国人和无国籍人。此为民事主体平等原则之基本内涵。然而，在商法上，各国法律对外国人、无国籍人以及外国法人的商事能力，基本都有限制性规定。

按照我国法律规定，外国的自然人、法人以及其他组织，在我国从事商事活动，须经我国有关部门批准，并办理登记手续。具体来说，其商事活动主要采取以下 4 种形式：

(1) 按照我国法律设立的具有我国商事主体资格的外商投资企业。外国自然人、法人以及其他组织在我国境内，依照我国法律规定设立中外合资经营企业、中外合作经营企业和外资企业，以此取得我国商事主体资格和商事能力，在依法核准的经营范围内从事经营活动。

(2) 外国企业依法设立分支机构从事经营活动。这主要依据我国《公司法》和其他相关法规规定，由外国企业在我国境内设立具有独立商事主体资格的分支机构，从事商事经营活动，其行为的最终结果由外国企业承担。

(3) 外国企业依法设立常驻代表机构。外国企业依国务院《关于管理外国企业常驻代表机构的暂行规定》，可以在我国设立常驻代表机构，如办事处或代表处，从事与派出公司、企业或经济组织的业务相关的联络、咨询和服务。但是，如果两国间签订有协议，规定可以对等原则互设代表机构，则可以据此直接从事经营活动。例如，外国航空公司根据两国间的协议设立的办事处，经批准可以从事与航空公司业务有关的售票业务。

(4) 外国企业经批准直接从事生产经营活动。例如，外国企业经我国有关部门批准，直接从事海洋、陆上石油及矿产资源的勘探开发，从事工程承包和承包经营等。

对于外国投资者进行商事经营的范围，各国在不同时期，出于国内经济发展情况和国家主权、安全的考虑，都会予以限制，在商事活动中虽有所谓国民待遇原则，但在任何国家，完全的国民待遇都是不存在的，外国人要进入他国进行商事活动，必须受到该国法律、政策对外资进入范围和规模的限制。

引例分析

有限合伙企业债务清偿案

在本案中，汪某、钱某、潘某和刘某4人共同投资设立的是有限合伙企业，其中汪某和钱某为普通合伙人，潘某和刘某为有限合伙人。由此决定了汪某、钱某、潘某和刘某4人对该合伙企业的债务承担不同的责任。依照我国相关法律的规定，合伙企业不能清偿到期债务的，债权人可以依法向人民法院提出破产清算申请。该案中，债权人供货商可以申请该合伙企业破产。该合伙企业为有限合伙，普通合伙人对企业债务承担无限连带责任，有限合伙人以其认缴的出资额为限对合伙企业债务承担责任。因此，本案中，汪某和钱某需要对该合伙企业的债务承担无限连带责任，而潘某和刘某仅以其认缴的出资额为限对该合伙企业的债务承担责任，债权人供货商只能要求汪某和钱某清偿全部债务。

本 章 小 结

本章主要介绍商主体的基础理论。在不同的历史时期、不同法系、同一法系的不同国家，商主体表现出不同的样态。在我国，商主体的种类有商个人、商法人、商合伙、商中间人、商辅助人。商主体应具备独立的名义、独立的意志、独立的财产、独立的责任。商主体之所以能从事商行为是因为其具有商事能力，又称商主体资格，这是法律赋予商主体从事商事活动、享有权利和承担义务的资格，是商主体所具有的特别权利能力和行为能力的总称。商事能力作为商主体从事营业性商行为的特殊的权利能力和行为能力，各国民商法从行为主体的意思表示能力以及是否具备必要的财产能力两方面考虑，对于商事能力，特别是商事行为能力的取得，均有一定的法律限制。

思 考 题

1．商主体的特征有哪些？
2．商主体的构成有哪些？
3．商个人的概念、特征及分类各是什么？
4．商合伙的概念、特征及分类各是什么？

5. 商事能力有哪些特征？
6. 商事能力的限制有哪些？

练 习 题

1. 单项选择题

(1) 下列不是民事主体与商主体区别的是(　　)。

A．商主体必须同时具有权利能力和行为能力，而民事主体未必如此

B．民事主体的权利能力和行为能力可以不同时产生，商主体必须同时产生

C．公法上的主体如政府部门可以成为商主体，但不能成为民事主体

D．商主体的构成一般必须是行为人积极法律行为的构成

(2) 甲、乙、丙合伙经营汽车运输业务。因生意好，甲想让其弟弟丁参加合伙，乙同意，但丙反对。甲以多数人同意为由安排丁参与经营。后合伙经营的汽车发生交通事故，造成5万元损失。4人为5万元损失的分担问题诉至法院。本案应(　　)。

A．由甲、乙、丁分担5万元

B．由甲、乙、丙、丁分担5万元

C．由甲、乙、丙分担5万元

D．由甲、乙、丙承担大部分，丁承担小部分

2. 多项选择题

国有企业甲、合伙企业乙、自然人丙协商，拟共同投资设立一合伙企业从事贸易业务。根据《合伙企业法》的规定，下列选项错误的是(　　)。

A．拟设立的合伙企业可以是普通合伙企业也可以是有限合伙企业

B．乙不能以劳务作为出资方式

C．三方可以约定丙按固定数额分配红利而不承担亏损

D．三方可以约定不经全体合伙人同意而吸收新的合伙人

第3章 商　行　为

本章教学要点

知识要点	掌握程度	相关知识
商行为的概念	熟悉	商行为的法律内涵
商行为的法律性质		商行为的法律性质
商行为的分类	了解	双方商行为与单方商行为、绝对商行为与相对商行为、基本商行为与附属商行为、纯然商行为与推定商行为
商行为的立法原则		主观主义原则、客观主义原则、折中主义原则
商行为的特征	掌握	商行为有不同于一般民事行为的特征
商行为的法律规制	重点掌握	商行为的法律规制方式

基本概念

商行为　双方商行为　基本商行为　绝对商行为　纯然商行为　推定商行为

引例

商事代理纠纷案

A是生产办公用品的公司，为了使自己公司的产品有更好的销路，A公司于2005年1月与B公司签订了商事代理合同。在合同中，双方作如下约定：由B公司独家代理A公司的产品，A公司按照B公司的要求随时供货，B公司负责一切A公司的产品推销工作，由此产生的费用由B公司负责，合同期限为3年。合同签订后，B公司开始积极推销A公司的产品，A公司亦按照B公司的要求供货。2006年年底，A公司认为B公司的推销工作不理想，遂单方面终止合同，致使B公司货物短缺，无法继续开展工作。B公司多次与A公司就赔偿问题进行协商，双方未能达成一致意见。为此，B公司起诉至人民法院，要求A公司赔偿其经济损失。

请结合本案例思考商行为的法律性质、特征及法律规制。

3.1　商行为概述

3.1.1　商行为的概念

商行为是相对于民事行为而言的概念，同时也是与商主体密切联系的概念。它是导致商法从一般民事法律中独立出来，形成商法独立性的根本原因。商行为一词是大陆法系国家商法中的法定用语。由于大陆法系国家商事立法原则的差异，即以商主体为中心还是以商行为为中心的立法原则的差异，不同国家商法对商行为概念的界定有所不同。在我国，由于没有商法典，商行为不是法定概念。

商行为又称为商业行为，是指以营利性营业为目的和内容的行为。

商行为是对现代社会实践中至关重要的经营性活动的法律概括，其目的在于对此类行为实施商特别法的规制。就内容和性质而言，商行为可以大体分为3类：一是各国商法直接以列举方式概括的具有确定性质的绝对商行为；二是各国商法以营利性营业标准或商主体标准而推定成立的营业商行为和主观商行为；三是各国商法依商主体标准和辅助营业行为标准而确定的附属商行为。不同类型的商行为，均需要商法给予不同的关注和调整。

3.1.2　商行为的法律性质

民事行为有法律行为和事实行为之分。法律行为是一种表示行为(表现行为)，即行为人企图发生一定私法效果而表示其意思，因此意思表示是不可或缺的要素；事实行为则是不以表现内心的意思内容为必要，因此并不适用关于意思表示的规定，尤其是关于行为能力的规定。商行为就其法律性质而言，究竟属于法律行为，或是事实行为，或者是法律行为和事实行为的总和，这在民商法理论上有不同的认识。一些学者认为，商行为是指某种商事法律行为，它仅以意思表示为必备要素，是主体为了确立、变更或终止商事法律关系而实施的行为。而另一些学者认为，商行为本质上不限于法律行为，凡以赢利为目的的商品交换行为以及与商品交换行为有关的活动都可以称为商行为。

我们认为后一种观点更能反映商行为的法律本质，更有助于揭示商行为的营利性活动之属性。概括地说，商行为概念是为商特别法规则的适用而创制的，它对于解决民商法规则的适用范围和顺序具有重大意义。因此，商行为概念中不仅应包括商事法律行为，而且必须包括商业性事实行为。从大陆法系各国商法看，大部分商法规范是为了规制营利性事实行为而设立的，如商事交易管理规则、商业账簿规则、保护消费者权益规则、禁止不正当竞争规则等。相反，各国商法对于商事法律行为的规制则主要是通过商业交易推定条款制度辅助民法中的法律行为制度实现的。显然，将事实行为排除在商行为概念之外，不仅会造成此类行为在商法上适用的障碍，而且会曲解商法对营利性营业行为规制的本意。

3.1.3 商行为的特征

商行为作为营利性营业活动，它仅仅是民事活动中的一类。商行为不同于一般的民事活动的本质就在于行为的营利性质。具体而言，商行为的法律特征主要表现在以下几个方面。

1. 商行为是主体以赢利为目的而从事的行为

这一特征指明了商行为所普遍包含的营利性目的或经济性目的，而不问某一特定的行为事实上是否能够实现赢利。在商法实践中，判断某一行为是否具有赢利目的往往要借助法律推定规则。这一判断对于商人来说很容易解决，按照许多国家的规定，凡商人所为的营业性行为原则上推定具有营利性目的。但对于非商人来说，则较难确定，这通常需根据同类行为的客观目的和商业习惯加以确定。

2. 商行为原则上是某种营业性行为

该特征表明主体至少在一段时间内连续不断地从事同一性质的赢利活动，因而具有营业性或职业性。按照大多数国家的规定，偶尔从事的赢利行为不属于商行为，也不适用商特别法的规则规制。现代商法中有关商主体登记规则、商业账簿规则、商业税收规则、商行为规制规则和商人责任规则主要着眼于对经营性的经济活动加以规制，而对非经商业登记的一般民事主体间断的营利性活动之规制只具有从属意义。在实践中，不少国家的商法往往将某些交易行为初步推定为营业性行为，如在公开市场上从事的交易行为、证券交易行为、票据行为等。

3. 商行为本质上是具有商行为能力的主体从事的营利性活动

在采取严格商人法主义的国家中，民事主体欲从事商事活动必须首先履行商业登记程序，核定其特定的营业范围，取得特殊的商行为能力；而采取严格商行为法中自由主义的国家，商法实际上承认民事主体在民事行为能力之外，同时具有商行为能力，因而非经商业登记的主体从事的营利性营业行为也应受到商法规则的支配。

4. 商行为是体现商事交易特点的行为

商行为也往往被称为市场行为、交易行为或市场交易行为，系以商事交易为内容的法律行为，较为清晰地表现出商事交易的一些重要特点：①商行为具有较高的技术性。商事交易行为尤其是票据行为、保险行为等不仅要求行为人熟悉法律规定，而且要精通操作技术，严格依照相应规范活动。②商行为强调公开性。商主体在经营活动中往往会形成其特有的商业秘密，必须通过一定的措施确保商业秘密不至泄漏。然而，商事交易影响到交易相对人甚至社会公众的利益，因此，为了维护交易安全，必须以一定的方式使交易相对人或社会公众获得对方的情况、交易的内容等相关信息。为此，往往设立强制性交易规范，如商事登记制度、商事年检制度、上市公司信息披露制度等，以确保行为的公开性。③商行为注重商事效率与外观主义。商行为要求简便、迅捷，因而往往确立交易形态定型化范式，并采用短期消灭时效规则。与民法中强调行为人的真实意思表示不同，商行为特别注重外观主义，以维护交易安全。①

3.1.4 商行为的立法原则

各国商事法编撰理念不同，因此对商行为的立法所采取的原则也不相同，主要有以下几种立法原则。

1. 主观主义原则

主观主义原则即以商人概念为前提，并在此基础上推导出商行为。采用此原则的国家，其商事法均持商人的营业行为是商行为的立场，强调商人的经营方法在确定商事行为中的意义。德国新商法是率先采用此原则的代表，它不仅将商人作为确定商事行为的核心概念，而且依照商人经营的不同形式，将商事行为分为不同的类型。《德国商法典》第 343 条规定，商行为是只属于经营商人的营业的一切行为。瑞士债务法亦采取此原则，强调商人的经营方法在确定商事行为上的意义，并认为商业、制造业以及其他采取商人经营方法的营业行为是商行为。

2. 客观主义原则

客观主义原则即以行为的客观性为基础，并据此确定商行为。采取此原则的国家，其商事法均不强调商人概念在揭示商事行为中的地位和作用，而是依据行为的客观性质确定一定的行为是否属于商行为。《法国商法典》是创设这一行为立法模式的先驱，如原《法国商法典》第 623、第 633 条对商行为作出了详尽的规定：判断法律行为是否属于商行为，应根据其内容和形式，而不管其是否是商人所实施的。《西班牙商法典》继承和发展了这一原则。

3. 折中主义原则

折中主义原则即在上述两原则的基础上，以折中的立场确定商行为。一方面，一些商行行为是根据一定行为的客观性质确定；另一方面，一些商事行为根据商人的经营方法，在营业的场合加以确定。显然，折中主义原则实际上是客观主义原则和主观主义原则的并用。法国修改后的商法典和日本现行的商法典采取了折中主义原则。《日本商法典》第 501 和第 502 条分别对任何主体基于任何目的而从事的“绝对商行为”与商主体基于营利性营业目的而从事的“营业商行为”作了详细的列举规定，同时又在第 503 条就“附属商行为”规定：①商人为其营业实施的行为；②商人的行为推定为其为营业而实施的行为。《韩国商法典》也作了类似的规定。

---

① 范建．商法[M]．2 版．北京：高等教育出版社，北京大学出版社，2002：50.

上述3项原则，由于其产生的背景不同，各有其自己的特点。主观主义原则以列举的方式揭示了商行为的范围，客观主义原则以商行为的客观性质揭示了商行为的范围。前者有较强的确定性，但客观存在的商事行为举不胜举，通过立法方式直接规定商行为的种类有力不从心之感。后者有较强的概括性，但缺乏应有的明确性，也会使法律适用出现质疑。相对来说，折中主义原则更为客观和科学一些。

3.2 商行为的分类

3.2.1 双方商行为与单方商行为

双方商行为和单方商行为是依据行为人的主体资格进行的分类。这一分类在采取商人法主义的立法体例下具有重要的意义。

双方商行为是指行为人双方均为商主体所从事的营利性营业行为，如制造商与销售商之间的购销行为、批发商与零售商之间的买卖行为、商业居间和代理行为等。一般来说，双方商行为的法律性质和法律适用，各国理论和实践均无异议。

单方商行为是指行为人一方为商主体而另一方为非商主体所从事的交易行为，又称为“混合交易”行为，如销售商与消费者之间的买卖行为、银行与顾客之间的存贷行为、运输商与旅客之间的交易行为等。对于单方商行为的法律性质和法律适用，各国的立法和实践中的认识不尽相同。其中许多国家认为单方商行为在本质上仍属于商行为，应当受到商法的统一规制。例如，《德国商法典》和《日本商法典》均规定，当事人一方所为的行为是商行为，对于双方均适用商法。在当事人一方为数人的场合，其中的一人所为的行为是商行为时，对其全体适用商法。而法国和英美等国家的法律则认为，单方商行为本质上是商行为和一般民事行为的结合，因此商法中的许多规制性规定仅应适用于商人一方当事人而不适用于非商人一方当事人。这一法律认识对于现代各国的商事责任制度和标准合同制度均有重要的影响。从理论上说，单方商行为的法律性质与法律适用问题集中体现了民法和商法的关系，以及民法的一般调整与商法的特殊调整之间的关系。

3.2.2 绝对商行为与相对商行为

绝对商行为和相对商行为是依据商行为确认标准和条件所作的分类。这一分类在采取折中商法主义和商行为主义的国家具有重要的意义。

绝对商行为又称为客观商行为，是指依照法律规定无条件属于商行为的行为。这就是说，此类行为无论是由商人实施还是由非商人实施，也无论行为人是否具有营利性营业目的，均应依法认定为商行为，其判断标准具有客观性和无条件性。按照多数国家商法的规定，票据行为、证券上市交易行为、保险行为和海商行为等均属于绝对商行为，而在某些国家中，绝对商行为的实际范围往往更加广泛。绝对商行为的确定不受行为主体和具体行为目的的影响，其标准具有客观性和确定性，这给司法实践带来便利，但此类商行为的范围的确定往往关系到一国的立法政策，其理论仍源于事实推定原则。

相对商行为又称为主观商行为或营业商行为，它是指在法律所列举的范围内，仅由商人实施时以及仅基于营利性营业目的实施时方构成商行为的行为。这就是说，相对商行为概念依不同国家的立法政策可有内涵上的差异。它可以是在法律列举范围内，仅商人实施方可构成商行为的行为，我们称之为主观商行为；也可以是仅基于营利性营业目的方可构成商行为的行为，我们称之为营业商行为；还可以是仅由商人基于营利性营业目的实施方可构成商行为的行为。相对商行为的基本特征在于其性质具有相对性和条件性，此类行为并非当然具有商行为的性质，只有在行为主体或行为目的符合法定条件时，该行为方构成商行为，并适用商法的特别规制，而在行为主体或行为目的不符合法定条件时，其行为仅构成一般的民事活动，适用民法的一般规定。

3.2.3 基本商行为与附属商行为

基本商行为和附属商行为是依据同一营业内商行为的内容进行的分类。这一分类对于商事实践中确认具体商行为的性质具有重要意义。

基本商行为是指在同一营业内直接以营利性交易为内容的商行为。传统商法学者多强调基本商行为的“直接媒介商品交易”属性，现代商法学者则多强调基本商行为的直接营利性内容，认为在专业分工极度发达的社会中，任何商事营业内均存在具有直接营利内容的基本商行为和附属商行为。

附属商行为又称为辅助商行为，是指在同一商事营业中虽不具有直接的营利性内容，但却能够起到协助基本商行为实现作用的辅助行为。传统商法理论中称附属商行为为“间接媒介商品交易”的行为，而现代商法理论则认为，附属商行为仅仅相对于基本商行为而存在，在商事概念不断扩展的社会中，任何商事营业内部都存在有基本商行为和附属商行为。

3.2.4 纯然商行为与推定商行为

纯然商行为与推定商行为是根据法律对商行为的不同确认方式进行的分类。这一分类对于司法实践中商行为性质的认定具有意义。

所谓纯然商行为是指依据法律规定或法律列举可以直接认定的商行为。在商法基本规范健全的条件下，对于大部分商行为的确认不需要通过司法推定或事实推定。纯然商行为的范围较为明确，按照现代商法理论和实践，绝对商行为与商人营业直接有关的商行为均属于纯然商行为。

推定商行为又称为非纯然商行为。它是指不能直接根据法律规定或法律列举加以认定，而必须通过事实推定或法律推定方可确认其商行为性质的行为。推定商行为与商人的营利性营业行为必然有间接的联系，它通常包括商人通过非商人所为的行为、商人在营业范围之外从事的与营业密切相关的行为、在法律列举范围之外的营利性营业行为等。

3.3 商行为的法律规制

3.3.1 商行为法律规制概述

1. 商行为法律规制的意义

在法治社会，任何行为都必须在法律许可的范围内进行，换言之，任何行为都直接或间接地受到法律的调控，商行为也不例外。除此以外，对商行为进行法律规制还有以下重要的意义。

(1) 对商行为进行法律规制是保证交易迅速、方便，提高交易效率和促进交易的需要。商法的营利性属性客观上要求交易迅捷，减少交易成本，提高交易效率。如果任何交易都必须由当事人充分、自由协商，必不能达此目的。因此，商法通过大量的技术性制度设计来规制商行为，如定型化交易，大大地降低了交易成本，促进了交易。

(2) 对商行为进行法律规制是保护交易安全的需要。商人对利润的追逐，往往会不择手段，没有法律的规制，就没有交易安全，商人的赢利目的也难以实现。最早的商人习惯法主要是对商行为的约束，它是商人在长期的交易实践中自发产生的，应该说是商人自我省悟的结果。

(3) 对商行为进行法律规制是维护社会公共利益和社会弱者利益的需要。在市场经济条件下，整个社会的联系日趋紧密，单个主体的商行为不仅影响到交易相对人，而且也会影响到社会公共利益，另外，在消费者与商人的交易中，消费者往往处于弱者地位，需要法律给予特殊保护。基于对公共利益和弱者利益的保护，需要对商行为加以规制，防止其损害公共利益和弱者利益。

2. 商行为法律规制的方式

商法属民法的特别法，对商行为的规制基本承袭民法对民事法律行为的规制，但基于以上特别需要，商法对商行为的规制采取严格主义的立场，即在商法中规定大量的强行性规范，对当事人意思的认定采取外观主义、推定主义等。从法律规制方式上说，有以下两种。

1) 强行法的规制方式

强行法是指不依当事人的意志，无条件适用的法律规范，分为直接规制和间接规制。直接规制是直接规定商行为的有效性标准，对其作出效力性评价。间接规制是指除商行为制度本身强行法规则外，商法其他规范对商行为的效力均有间接的强制性规制作用。直接规制对商行为的成立要件及效力要件只作了最基本的限制，而间接规制则补充了对其内容的限制。

2) 推定法的规制方式

推定法包括意思推定的法律规范和事实推定的法律规范两种。意思推定是指根据行为外观及环境推定行为内容，即意思表示，除非行为人作出相反的意思表示；事实推定是指强行法规范对内容不明确或无法证明的法律事实直接加以认定。基于商事交易的独特性，商法注重交易的外观，在很多情况下，对行为人的意思是推定出来的，而不顾及行为人的真实意思，行为人的责任也较民法规定更为严格。

3.3.2 对垄断和限制性贸易的法律规制

商法上所称的垄断，是指特定种类的商品生产销售、特定种类服务的提供或其他特定种类的商事营业被控制在一个或少数几个大企业手中，由此形成的该类商品或服务在一定的市场范围内自由流转受到限制的情况。而限制性贸易则是指少数几个大企业，为实现其垄断利益而进行的关于生产销售一体化或联合控制市场的不正当约定和贸易活动。这类限制性贸易活动包括限制生产、限制供应、限制销售和最低限价等内容。

垄断和限制性贸易行为破坏了市场经济条件下竞争机制的调控作用和公平的商事交易

秩序。因此各国对垄断和限制性贸易行为实施特别法规制。从各国立法看，商法对垄断和限制性贸易行为的法律规制主要有以下几个方面。

(1) 通过单行法规禁止或严格限制商业垄断及因企业合并导致垄断的可能性。

(2) 以行政法规中的严格规定禁止大型企业不正当地行使其支配能力，或从事不正当地限制贸易行为。

(3) 通过商法典或商事特别法对于劣势的小商人、中小企业给予扶植的政策性保护。

(4) 通过公法干预形式对于非法的商业垄断和限制性贸易行为课以多重的法律责任。

3.3.3 对不正当竞争行为的法律规制

市场经济运行的基本规律是合理竞争的存在。因为竞争是市场经济实现优胜劣汰、合理配置社会资源的基本方式，也是发展商品经济的动力机制。而各种不正当竞争的存在对整个社会经济造成了极大的损害，必须借助法律的力量保障竞争的公开性和公平性，防止和制裁不正当竞争行为。

现代各国对于不正当竞争行为的法律控制，主要有3种立法类型。

(1) 通过法律一般规则制止不正当竞争，以法国为典型。

(2) 基于反不正当竞争特别法制止不正当竞争，以德国、日本为代表。

(3) 折中主义，以比利时为代表。

3.3.4 对标准合同条款的法律规制

标准合同条款，又称一般交易条款、格式合同条款，是指未经合同双方当事人磋商，由一方当事人事先拟订，对方当事人只能对该条款全盘接受或者拒绝交易的合同条款。它具有事先性、附和性、标准性的特点。

综观各国对标准合同条款的规制内容，主要包括以下几点。

1. 对标准合同形式的规制

合同的形式关系到对方当事人能否了解并理解合同条款的确切内容。在实践中，标准合同主要表现为以下形式：当事人签字认可的合同文本；记载于收据上的标准合同条款；以店堂告示、用户须知等形式悬挂于商行为发生地的文字材料；记载于商品包装、产品使用说明书、保修单等涉及当事人权利义务的文字材料。这些形式存在的标准合同条款，对方当事人往往难以注意到。为此，各国商法一般规定，合同的形式必须使一般的交易相对人能够注意到，并能够意识到他们属于合同的组成部分。

2. 对标准合同条款解释的规制

对标准合同条款的理解产生歧义、可以作多种解释时，各国商法一般规定应作不利于合同条款制定方的解释。例如，《合同法》第四十一条规定：“对格式合同的理解发生争议的应当按照通常理解予以解释。对格式条款有两种以上解释的，应当作出不利于提供格式条款一方的解释。”

典型案例 3-1

代理合同纠纷案

1998 年 12 月 2 日，原告江苏南通某律师事务所接受被告浙江某建设公司的委托，担任其诉盐城某建筑安装工程公司工程款纠纷一案的一审诉讼代理人。律师事务所与建设公司签订《委托代理合同》一份，其中约定代理费按“收回金额的 15%，判决后一个月内给付”。后律师事务所指派该所律师为该建设公司的代理人参加诉讼。2001 年 1 月 6 日，法院作出一审判决，判令建筑安装工程公司给付建设公司工程款 96 109.89 元。建筑安装公司不服，提起上诉。同年 7 月 26 日，二审法院作出终审判决，判令建筑安装工程公司给付浙江某建设公司工程款 12 945.16 元。此后，因律师事务所向建设公司催要代理费未果，遂于 2001 年 11 月提起诉讼，请求法院判令建设公司按 96 109.89 元的 15%支付代理费。法院审理认为，在当事人对格式合同的解释不一致或有矛盾时，应作出不利于提供格式条款一方的解释。因此，本案应当认定“收回金额”为发生法律效力判决书所确定的金额，即 12 945.16，判决被告给付原告 12 945.16 元的 15%，即 1942 元的代理费。

资料来源：http://china.findlaw.cn/hetomgfa/hetongd.Edingl:/gsht/23453. htm.

3. 对标准合同条款内容的规制

标准合同的内容虽然由一方单独制定，但其并不能任意制定，合同的内容需要受到法律的特别约束。按照《合同法》的规定，这些约束除了包括一般合同均应当受到的约束外，还应当遵守以下特别规则：①标准合同条款不得不恰当地免除合同提供方的责任、加重对方的责任、排除对方的主要权利，否则该条款无效；②对于标准合同中的免责、限制责任条款必须采取合理的方式提请对方注意，并有责任按对方要求对该条款作出解释，否则，该条款不发生法律效力；③当标准合同条款与非标准合同条款发生冲突时，应当采用非标准合同条款。

4. 对标准合同条款的行政规制

行政规制是指对标准合同条款在公开使用前的监督和事先核准。一些国家法律规定，对于某些标准合同条款，必须经过主管机关事先核准才能合法使用。

3.3.5 对消费品的法律规制

大量消费品的出现是生产力高度发达的标志，但消费品品质的问题也接踵而来。为保护消费者的利益，商法主要规定如下制度，以规制单方商事法律行为中的消费品生产和经销商。

1. 对消费品品质的说明义务

消费品说明语言如果不详细，就会剥夺消费者在商品上选择的权利，在损害发生时也难以找到责任人。因此，商事立法一般规定企业厂商对消费品进行合理完善的说明，以便消费者能够较完全了解有关商品，并在商品出现问题时能够及时得到补正。我国法律对于使用虚假的产品合格证、说明书、优质标志、认证标志进行欺诈的行为课以民事、行政直至刑事责任。

2. 对消费品质量的规制

消费品质量的规制分为一般和特殊两类。前者主要是指民事一般法对消费品的基本规制，后者是指商特别法对某些消费品的质量和生产过程及流通过程的特殊规制。民商法对消费品品质的规制主要有大陆法系中的瑕疵担保制度和英美法系中的担保。特殊的消费品规制是在民商法一般规定的基础上对某些消费品的品质及生产、流通过程作特殊的规定，凡与特殊规定不符的消费品，无论其是否与民商法一般规定相符，均不得在市场上销售。

3.3.6 对产品责任的法律规制

狭义上的产品责任是指因商品的缺陷而给消费者造成人身或财产上的不合理损害而产生的责任。广义上的产品责任包括商人之间的产品责任。本书仅论狭义上的产品责任。产品责任制度确立和发展是近现代的事情，其根本宗旨在于通过责任的严格化，保护消费者的安全权。产品责任严格性表现在以下几个方面：

(1) 归责原则严格化是产品责任严格化的最根本表现。

(2) 产品责任严格化还表现在产品责任人的范围及承担责任的方式上。

(3) 产品责任严格化还表现为责任人免责事由上。

引例分析

商事代理纠纷案

在本案中，A公司与B公司签订了商事代理合同，A公司违反合同约定的期限，擅自单方面终止合同，给B公司造成了巨大的经济损失。依照我国法律规定，A公司应当承担违约责任，人民法院应当保护B公司按照合同约定所应享有的合法权益，A公司应当赔偿商事代理商B公司所有人民法院可以认定的损失。在本案中，B公司所遭受的损失不仅仅包括商事代理费，还包括B公司从谈判、签订商事代理合同、制定营销策略、培训人员、建设销售网点、推广产品等一系列的损失，对此，A公司均应负有一定的责任。因此，A公司应赔偿人民法院认定的B公司因A公司的行为所遭受的一切相关损失。

本 章 小 结

商行为制度是商法中的重要法律制度，商行为是商主体所从事的以营利为目的、体现商事交易特点的营业性行为。各国商法对商行为采取的立法原则各不相同，主要有以商人概念为前提的主观主义原则，以行为的客观性为基础的客观主义原则，以及折中主义原则。商行为按照不同的标准可以分为双方商行为与单方商行为、绝对商行为与相对商行为、基本商行为与附属商行为、纯然商行为与推定商行为。对商行为进行法律规制是提高交易效率、促进交易、保护交易安全的需要。通过强行法和推定法可以对各种商行为进行有效的规制。

思 考 题

1．商行为的概念是什么？商行为有哪些特征？
2．商行为的法律性质有哪些？
3．商行为的法律规制有哪些方式？
4．商行为是怎样分类的？
5. 商行为的立法原则有哪些？

练 习 题

1．单项选择题

(1) 关于商行为的法律特征，表述最准确的是(　　)。
　A．商行为是商主体所为的以赢利为目的的经营性活动
　B．商行为是以交易为目的的一切行为
　C．商行为是秘密性活动
　D．商行为是一切民事主体可以从事的行为
(2) 不体现“商行为是体现商事交易特点的行为”这一属性的是(　　)。
　A．商行为是与风险和风险防范紧密联系的
　B．商行为是保密性与公开性并存的行为
　C．商行为是注重效率的行为
　D．商行为是非固定也非持续的行为

2．多项选择题

下列选项中，属于绝对商行为的是(　　)。
　A．汇票的出票
　B．不动产出租
　C．在证券交易所买卖股票
　D．专业咨询服务

第4章 商事登记

本章教学要点

知识要点	掌握程度	相关知识
商事登记的概念	熟悉	商事登记的特征
商事登记的种类	了解	设立登记、变更登记、注销登记
商事登记的程序		申请、受理、审查、核准发照、公告
商事登记的意义	掌握	保障商主体的合法权益、维护商事交易的安全
商事登记的效力	重点掌握	商事登记的法律后果

基本概念

商事登记　设立登记　变更登记　商事登记机关

引例

交通银行沈阳分行诉宝亨集团借款合同纠纷案

在原告交通银行沈阳分行城内支行诉辽宁宝亨集团有限责任公司(以下简称宝亨集团)、沈阳市沈空电器厂(以下简称沈空厂)等六被告借款合同欠款纠纷案件中，沈空厂为宝亨集团借款提供了连带责任保证。该笔借款在办理展期时，沈空厂因未按法律规定参加年检，于1995年10月6日被沈阳市东陵区工商行政管理局吊销了企业法人营业执照。虽然如此，沈空厂仍在该贷款展期合同的保证栏中加盖了本单位的公章和法定代表人的名章，出具了连带责任保证的承诺。不仅如此，在辽宁省高级人民法院审理本案过程中，沈空厂始终以自己的名义参加诉讼。

请结合本案思考商事登记的特征及效力。

资料来源：http://bbs. chinacount. Org/index. Php?showtopic23941.

4.1　商事登记概述

4.1.1　商事登记的概念和特征

商事登记是指商主体或商主体的筹办人为了设立、变更或终止商事主体资格，依照法律规定向商事登记主管部门提出申请，经登记机关审查核准，将登记事项记载于登记簿的法律行为。商事登记的对象为商主体，多数国家法律规定，一切商主体都必须履行商事登记手续，未经商事登记，不得从事商事经营行为。

商事登记是对商事经营中重要的或与经营的开展有直接关系事项的记载。根据法律规定，商事登记的必要事项主要有商事名称、商主体的住所、经营场所、法定代表人、经营方式、注册资金、从业人数、经营期限、分支机构、所有权人、财产责任等。

商事登记主要有以下特征。

1. 商事登记是一种创设、变更或终止商主体资格的法律行为

商事登记的目的在于设立、变更或终止商主体的资格。根据多数国家法律规定，特定商主体的资格及其商事能力实质上是具体商事登记行为发生的法律效果，因此，特定商事能力的起始取决于商事登记行为生效的时间。①

2. 商事登记本质上是一种公法行为

商事登记是申请人的申请登记行为和登记主管机关的审核登记注册行为的结合。商事

① 赵中孚，邢海宝．商法总论[M]．北京：中国人民大学出版社，1999：151.

登记中就申请人的行为而言，具有私法性质，申请人依自己的意愿从事申请登记行为；而登记机关的行为是一种职权行为，具有明显的公法特征，商法的公法化在此得到体现。

3. 商事登记是一种要式法律行为

商事登记行为必须依法定程序向法定的登记主管机关履行，登记注册的注意事项和内容也有法律规定，属于强行法内容。申请人对登记事项和内容没有选择权。

4.1.2 商事登记的意义

商事登记作为国家调整商事交易行为的一个重要手段，对于保障商主体的合法权益、维护商事交易的安全具有重要意义。具体表现为以下几点。

1. 确认商主体的商事活动资格，保护商主体的合法营业活动

通过商事登记，核准商主体的名称、住所、法定代表人、注册资本、企业类型、经营范围、营业期限等，使其取得合法的商主体资格，并在法律规定和确认的范围内独立从事商事活动，享有商法上的权利，承担商法上的义务，维护自己的合法权益。

2. 保护社会公共利益，维护交易安全

商事登记的基本作用不仅在于通过法律程序创制或确定经营性主体，而且在于确认登记事项的效力，向社会公开经营性主体的信用、能力和责任。商事登记便于社会公众了解商主体的信息和资料，维护交易安全。通过商事登记公示商主体的经营身份、经营状况、经营能力，确立经营信誉，可以为商事活动的参加人提供交易相对人的准确信息，使其明智地选择和决定自己的交易行为，进而保护交易相对人和社会公众的利益。商主体的登记事项与事实有实质性差别的，将构成商业欺诈。

3. 有利于国家的监督管理，维护良好的社会经济秩序

商事登记可以使国家取得各项必要的统计资料，有利于国家及时了解商主体的经营状态，有利于对各种不同企业的设立和经营进行必要的国家监督，从而实现国家对商主体的法律调整和整个国家商事活动的宏观规划，维护良好的社会经济秩序。

4.1.3 商事登记立法

商事登记立法是指规范商事登记的行为，确定商事登记主管机关、登记内容、登记程序等事项，调整商事登记关系的法律规范的总称。

在现代各国商事立法中，商事登记立法有形式意义上的商事登记法和实质意义上的商事登记法之分。形式意义上的商事登记法是指以商事登记而命名的统一成文法。实质意义上的商事登记法是指调整商事登记行为的法律规范的总称，即指一切与商事登记相关的法律规定，它不仅包括以商事登记命名的专门法律，而且包括散见于其他各种法律、法规之中的有关商主体登记的规范。

在不同历史时期和不同国家，商事登记奉行的立法原则并不一样，主要有以下 5 种：

(1) 放任设立原则。欧洲中世纪后期商业兴盛时期奉行此原则，政府对商主体不规定任何条件和形式要求，对当事人的自由选择不予任何干涉和限制。此原则完全否定政府对商事登记管理的必要性，产生诸多弊端，现已基本不被采用。

(2) 特许原则。早期欧洲国家公司设立时较多奉行此原则。此原则对商主体设立干涉

限制较多，不利于商事交易的发展，目前基本不被采用。

(3) 行政核准原则。奉行此原则，商主体设立和存续，既要符合法律规定的条件，还需经行政机关许可，行政机关可以根据实际需要作出自由裁量决定。此原则用行政特许权代替君主特许权，但对商主体的限制没有特许原则严格。

(4) 准则原则。在这一原则下，法律预先设定商主体成立和存在的必要条件。只要符合这些条件，行为人就可以获得商主体资格，无须取得行政机关的核准。

(5) 严格准则原则。目前大多数国家奉行此原则。法律不仅规定商主体成立和存在的必要条件，同时规定商主体的严格责任，登记机关对商主体设立和存续没有自由裁量权，商主体设立程序较为宽松，但商主体在设立和存续期间对第三人、对社会的责任却加大了。在我国，商事登记立法奉行以严格准则为主、特许为辅的原则。

4.1.4 商事登记机关

商事登记机关，是指按照商事登记法的规定，接受商事登记申请并进行审核，具体办理商事登记事务的国家主管机关。关于商事登记机关的规定，世界上有3种模式：

(1) 法院为商事登记机关。德国和韩国商法规定，商事登记由地方法院办理。

(2) 法院和行政机关共同担任商事登记机关。法国商法规定，法院办理一般商主体的商事登记事务，行政机关办理公司的商事登记事务。

(3) 行政机关为商事登记机关。美国、英国的商事登记均由行政机关办理。我国的商事登记机关属于第三种模式，国家工商行政管理机关为我国商事登记的主管机关。

我国商事登记管理机关由以下3级组成：国家工商行政管理局和省、自治区、直辖市工商行政管理局及市、县、区工商行政管理局。这种分工模式，一方面有利于商事主体登记，另一方面也有利于工商管理机关对所属区域内的商主体进行管理。①

在具体涉及登记管理事项上，我国的工商行政管理机关采用分级登记的管理制度。级别不同的工商行政管理机关，其登记管辖的内容有所不同。

4.2 商事登记的种类

各国商事法对商事登记的种类所作的规定不尽相同。《中华人民共和国企业法人登记管理条例》(以下简称《企业法人登记管理条例》)及其施行细则将企业法人的登记分为设立登记、变更登记、注销登记。《公司法》中规定的登记分为设立登记、变更登记、注销登记、分公司的设立登记。其他商主体的登记种类与企业法人登记相类似。

1. 设立登记

商主体的设立登记，又称开业登记，是指商主体的创设人为设立商主体而向登记机关提出申请，由登记机关办理登记手续的法律行为。开业登记包括商事组织的开业登记和商个人的开业登记。商个人的开业登记是自然人取得商能力的前提；商事组织的开业登记则是其成立的标志。开业登记由申请人提出申请，登记机关经审查后，对符合成立条件的，依法核准登记，颁发营业执照；对不符合成立条件的，作出不予核准登记的决定，并通知申请人。

---

① 赵中孚，邢海宝．商法总论[M]．北京：中国人民大学出版社，1999：151.

典型案例 4-1

有限公司变更登记

2006 年 9 月，A、B、C 3 家公司达成协议，共同投资设立一家有限公司——东东超市，并在当地工商行政管理局办理了相关登记手续。2006 年年底，东东超市看到代订火车票业务十分赚钱，就擅自增加代订火车票业务。2007 年年初，又擅自为公司更名以转换商运。依据《中华人民共和国公司登记管理条例》(以下简称《公司登记管理条例》)的相关规定，公司变更经营范围、名称的，均应申请变更登记，因此东东超市的行为是违反规定的。

资料来源：林嘉.《商法练习题票》. 北京：中国人民大学出版社. 2009.

2. 变更登记

已经履行开业登记、依法成立的商主体在名称、住所、经营场所、法定代表人、经营范围、经营方式、注册资金等登记事项发生变更时，需要向原登记机关依法办理变更登记手续。未经核准变更登记，其变更不得对抗第三人。有些事项的自行变更，还要承担相应的法律责任。变更登记应当提交变更申请书和证明属于依法变更的其他文件，除了变更法定代表人外，商事组织的变更申请书应由其法定代表人签署。登记机关对申请材料依法进行审查，符合法律规定的，依法办理变更登记；不符合法律规定，决定不予变更登记。审核批准的变更登记事项涉及营业执照载明事项的，登记机关应当换发营业执照。

3. 注销登记

商主体因歇业、被撤销、宣告破产或者其他原因终止营业时，须向原登记机关办理消灭商事组织主体资格或商自然人商能力的登记手续。登记主管机关根据商自然人的申请直接注销其商能力，收缴营业执照。对注销商事组织的申请需进行审查，主要审查是否依法进行了清算，对已经依法完成清算的商事组织，核准注销登记，收缴营业执照和公章，并通知其开户行；对没有进行清算或者未依法进行清算的商事组织，要求其进行清算或者强制进行清算，不予办理注销登记，待清算完结后，由清算组再申请注销登记。

4.3 商事登记的程序

商事登记的程序是指办理法律所规定的商事登记时，申请商事登记者和办理商事登记的主管机关应共同遵守的法定实施步骤。各国商事登记的程序大同小异，我国主要分为 4 个阶段。

1. 申请与受理

申请是指由商主体的创办人或商主体向相应级别主管机关提出创设、变更、注销商主体或变更商主体已登记事项的行为。商事登记申请必须以书面形式提交，并要按照法律规定提交相关的文件、证件以及填报登记注册书。商事登记申请人的申请是与登记主管机关的受理紧密结合在一起的，申请是受理的前提，但申请并不必然导致受理。我国法律规定，只有当申请人申请文件齐备，登记主管机关才予以受理。

2. 审查

商事登记事项必须真实合法，否则，登记就失去了应有的意义。登记机关在受理登记后，对申请书及有关文件类型的审查是确保商事登记事项真实合法的必要步骤。但对于登记机关应在多大程度上进行审查，在各国立法与学说上存在3种主张。

1) 形式审查

登记机关仅对申请书及有关文件形式上是否符合法律要求进行审查，对于其内容是否真实，在所不问。对于已经登记的事项，并不能保证其真实可信。采此立法主义的国家有瑞士、比利时等。

2) 实质审查

登记机关不仅从形式上审查申请书及有关文件是否合法，而且还必须对申请登记事项的真实性、合法性加以审查。凡是已经登记的事项，就有证明其真实性的效力。法国采取此立法主义。

3) 折中审查

登记主管机关有实质审查的职权，但没有必须进行实质审查的义务，登记不能作为推定已登记事项为真实的基础，登记事项的真伪最终仍须由法院的裁判来决定。

按照我国法律规定，登记主管机关要对申请人所提交的登记申请的申请书及有关文件的真实性、合法性和有效性进行审查。可见在立法上我国采取了实质审查。但在实务中，由于诸多方面的限制又无法进行全面的实质审查，大部分只能进行形式审查。故一般认为我国商事登记审查采取的是折中审查的做法。[①]

3. 核准发照

登记机关在审查申请人的申请材料后，对于符合条件的，办理登记手续，对于开业登记和变更登记需要换发新的营业执照的，在核准登记的同时，发给营业执照。商事登记机关应当在受理商事登记申请30日内作出核准登记或不予登记的决定。核准登记的，应当自核准登记之日起15日内通知申请人，发给、换发或收缴营业执照；不予登记的，应当自决定作出之日起15日内书面通知申请人。营业执照是商主体取得商主体资格、从事商事营业的凭证，营业执照取得之日就是商自然人取得商能力之日、商事组织成立之日。取得了营业执照，商主体才可以以自己的名义开立账户、订立合同、注册商标、起诉应诉等。

4. 公告

公告是将登记的有关事项，通过公共媒体予以公布，以便公众知晓的商事登记活动。公告具有便于商事交易的进行、便于社会公众的监督和便于保障商事主体合法权益等作用。依照我国法律规定，办理商事登记后应当及时予以公告。而且，商事登记公告只能由登记

---

① 王作全．商法学．北京：北京大学出版社．2002：53．

主管机关公告，其他任何单位未经登记主管机关的批准，无权公告。公告的内容应与登记的内容相一致。

4.4 商事登记的效力

商事登记的效力是指商事登记的法律后果及未履行商事登记者从事商事经营的法律后果。关于商事登记的效力，国内学者分析论述不尽一致：有的学者将商事登记效力从对登记人的效力和对第三人的效力两方面进行分析；有的学者从“生效要件主义”和“对抗要件主义”两方面分析论述。日本学者根据日本商法的规定，从商事登记一般效力、特殊效力、不真实登记的效力 3 个方面进行分析概括。[①]我们认为商事登记的效力表现为以下几点。

1. 创设效力

商事登记是商事主体取得经营资格的前提条件，凡未经登记者不得以商主体的身份从事经营活动。各国法律大多规定商事登记是商主体取得经营主体资格的前提。例如，瑞士债务法规定，登记注册是公司取得法人资格的必经手续，而且通过登记注册，商主体取得某一特定商事名称的独有使用权。在我国，商事登记是获得商主体资格的必要条件，禁止无照经营行为。

2. 免责效力

免责效力主要基于变更登记或废止登记，即根据商主体的变更、废止登记的记载，商主体部分或全部免除责任。

3. 公示效力

所谓公示效力，即凡经登记的内容，应当推定其具有相应的法律效力，善意第三人根据登记事项所为的行为，应当有效。商事登记的公示效力表现在登记在主管机关簿册上的有关商主体的事项，除非有虚假表示者，得与第三人对抗。我国企业登记采用强制登记主义以及对登记申请进行实质性审查。所以，凡是登记注册事项当然具有对抗第三人的法律效力。对于应登记而未登记事项，注册人不得援引对抗善意第三人；如果注册人有充分证据证明第三人知道未登记事项，则第三人具有恶意，应允许注册人援引此未登记事项对抗第三人。

各国都将公示作为商主体的一项重要义务，即交易当事人对于涉及利害关系人利益的营业事实，负有公示告知的法律义务。此规定的目的在于保护社会交易人或不特定第三人的利益。因此，如果商主体对于应登记事项而未登记，对于善意第三人不发生法律效力。而且法律对于应登记而未登记者，除要求商主体承担相应的法律责任外，对商主体的法定代表人，也要追究其民事责任、行政责任甚至刑事责任。

① 王作全．商法学．北京：北京大学出版社．2002：47．

引例分析

交通银行沈阳分行诉宝亨集团借款合同纠纷案

人民法院审理认为，沈空厂具有诉讼主体资格，为适格的被告。吊销企业法人营业执照，属于工商行政管理机关依据国家工商行政法规对违法的企业法人作出的一种行政处罚。企业法人被吊销营业执照后，应当依法进行清算。清算程序结束并办理工商注销登记后，该企业法人才归于消灭。因此，企业法人被吊销营业执照后至被注销登记前，该企业法人仍应视为存续，可以自己的名义进行诉讼活动。如果该企业法人组成人员下落不明，无法通知参加诉讼，债权人以被吊销营业执照的企业的开办单位为被告起诉的，人民法院也应予以准许。该开办单位对被吊销营业执照的企业法人，如果不存在投资不足或者转移资产逃避债务情形的，仅作为该企业法人的清算人参加诉讼，承担清算责任。

本章小结

本章主要介绍了有关商事登记的内容，重点介绍了我国商事登记的种类、程序、效力等方面的内容。商事登记是一种创设、变更或终止商主体资格的公法行为，是国家调整商事交易行为的一项重要手段，对于保障商主体的合法权益、维护商事交易的安全具有重要意义。在不同历史时期和不同国家，商事登记奉行的立法原则并不一样，主要有放任设立原则、特许原则、行政核准原则、准则原则、严格准则原则。我国商事登记的种类包括设立登记、变更登记、注销登记 3 种。商事登记的程序主要包括商主体向登记主管机关提出登记申请，登记主管机关受理并进行审查，符合条件的办理登记手续，并进行公告。商主体登记后产生创设效力、免责效力和公示效力。

思考题

1. 商事登记的概念是什么？有哪些特征？
2. 商事登记的程序有哪些？
3. 商事登记的种类有哪些？
4. 商事登记的效力有哪几种？

练习题

1. 单项选择题

(1) 合伙企业分支机构申请注销登记的，应当在清算结束之日起(　　)向原企业登记机关办理注销登记。

A. 10 日　　B. 15 日　　C. 30 日　　D. 60 日

(2) 各国关于商事登记管理机关的规定不同，以法院和行政机关为商事登记管理机关的是(　　)。

A．法国　　B．韩国　　C．美国　　D．德国

2．多项选择题

各国商事登记立法原则包括(　　)。

A．放任设立原则　　B．特许原则
C．行政核准原则　　D．严格准则原则

第5章 商业名称与商事账簿

本章教学要点

知识要点	掌握程度	相关知识
商业名称的概念	熟悉	商业名称与商号、商业名称与商标
商事账簿的概念		商事账簿的法律内涵
商业名称的构成	了解	地名、字号、行业或经营特点、组织形式
商事账簿设置原则	掌握	强制原则、自由原则、折中原则
商业名称权	重点掌握	商业名称权的概念、权能及其法律保护

基本概念

商事名称　商事名称权　商事账簿　会计凭证

引例

“大洋时装有限公司”与“大洋服装商贸有限公司”名称权纠纷案

2000 年年初，某市一家有限责任公司开业，公司名称登记为“某某市大洋时装有限责任公司”(以下简称时装公司)。2000 年年底，在与时装公司住所仅隔 500 米处又有另一家公司开业，从事的也是服装行业，登记的名称为“某某市大洋服装商贸有限公司”(以下简称服装商贸公司)。虽然两家公司相隔很近，但由于它们隶属于两个不同的区，它们是分别向各自隶属的工商行政管理机关申请登记的，并且均获得了核准。由于两家公司名称中都有“大洋”的字样，且都从事服装的生产与销售活动，顾客经常会混淆。为此，时装公司向人民法院提起诉讼，称服装商贸公司侵犯了其名称权，要求服装商贸公司停止侵害、消除影响。服装商贸公司主张不存在侵权问题。

请结合本案思考商业名称权的权能及法律保护。

资料来源：赵旭东. 新公司法案例解读. 北京：人民法院出版社，2005-19.

5.1　商业名称概述

5.1.1　商业名称的概念

商业名称又称商号，是商主体在从事商事行为时为表明不同于他人特征而使用的名称。类似于自然人的姓名，商主体通过使用商业名称，可以同其他商主体相区别。英美法上，商业名称称为“business name”、“trade name”或“commercial name”。在我国，依照法律和法规的规定，商业名称包括企业名称、个体工商户和个人合伙的字号。

对于商业名称的规定，各国存在差异。从一些国家和地区的立法例来看，对于商业名称的规定可分为两类：

(1) 只规定商号，把各类商主体的名称统称为商号，而不区分公司名称、合伙名称和商自然人名称。德国、法国、日本、韩国对于商主体名称的规定就采用这种作法。此外，在美国制定法中，也用商号指商主体的名称。

(2) 并列规定公司名称和商号。我国台湾省曾规定商号仅指对个人和合伙的称谓，此后制定了新的商业登记法，用商业名称统称各类商主体的名称。由此可见，各国和地区对于商主体的名称，或者以商号统称，或者以商业名称统称。

我国有关商业名称管理的法律规范，最主要的是 1991 年国家工商行政管理局发布的《企业名称登记管理规定》。此外，在《民法通则》、《中华人民共和国反不正当竞争法》、《公司登记管理条例》、《企业法人登记管理条例》及其实施细则以及《中华人民共和国商标法》中也存在少量关于商号的规定。

国际上涉及商号保护的公约主要是 1883 年《保护工业产权巴黎公约》(以下简称《巴黎公约》)，该公约第一条规定，工业产权的保护对象有专利、实用新型、外观设计、商标、服务标记、商号、货源标记或原产地名称。我国于 1984 年加入该公约。1891 年《制裁商品来源的虚假或欺骗性标示马德里协定》和世界知识产权组织(World Inteluctual Property Organization, WIPO)1966 年《发展中国家商标、商业名称和不正当竞争行为示范法》中也对保护商业名称作了规定。

5.1.2 商业名称的法律特征

商业名称作为商主体从事营业行为时使用的名称，具有下列几个方面的法律特征：

(1) 商业名称的使用者是商主体。商主体在进行营业活动时使用的名称即商业名称，因此，商业名称的使用者是商主体。通过使用商业名称，可以保持商主体营业的同一性和持续性。

(2) 商业名称是商主体在营业活动中使用的名称。商业名称是商主体在进行商事登记和商事行为时，用以标示主体本身和署名时使用的名称。这一特征可以用来区分商主体的商事行为和非商事行为。当商主体进行商事行为时应使用商业名称，否则不应该使用。

(3) 商业名称具有主体间的区别功能同自然人的姓名一样，商业名称具有区别功能。商业名称是区别此主体与彼主体的外在标志，特别在商业活动中，商主体需要使自己区别于他人，以维护自己不同于他人的特征。商业名称的这一功能为商主体在市场竞争中提供了个性识别的符号。

5.1.3 商业名称与相关概念

1. 商业名称与商号

商号与商业名称含义相同，商号作为高位阶的概念，除了包括企业名称以外，还包括非企业名称的其他商主体的名称，如商自然人和商合伙的字号。

商业名称中的核心部分，应称其为字号，如北京的“全聚德”、天津的“狗不理”、西安的“老孙家”等，其仅是所代表的商主体名称中的核心部分，并非该商主体的名称。字号具有重大的商业价值，使用字号的商主体的商誉与其字号更是不可分离，法律应对字号有专门的保护，以避免商主体出于不正当目的而使用他人的字号。商主体为了保护其字号，也可以将其字号注册为商标。

2. 商业名称与商标

商标是区别不同生产者或经营者所生产或经营商品的标记。商业名称与商标都是一定对象的标志，都具有一定的区别功能，很多时候商业名称如企业名称中的商号本身就是商标，大众对于商标的认识经常不可避免地和企业名称联系在一起，可见它们之间关系密切。

虽然商业名称与商标具有上述方面的联系和相同之处，但是二者的区别是明显的：

(1) 商业名称用于区分不同的商主体，而商标则用来区分不同的商品。

(2) 一个商主体只能有一个商业名称，但可以有多个商标。

(3) 商业名称只能以文字形态存在，而商标可以文字、图形、数字、字母、颜色及其组合的形态来表示。

(4) 一个商主体可以没有商标，但是必须具备商业名称。

(5) 商业名称的空间效力范围以被核准机关辖区为限，而商标的专用权在全国范围内有效。

5.2 商业名称的构成、选定和取得

5.2.1 商业名称的构成

商业名称的构成是指商业名称应当由哪些要素组成。根据《企业名称登记管理规定》第七条的规定，在我国，商业名称必须具备下列要素。

1. 地名

除法律、法规另有规定外，企业名称中应当冠以所在地县级以上行政区划的名称或地名，除了全国性公司、国务院或其授权的机关批准的大型进出口企业、国务院或其授权的机关批准的大型企业集团及国家工商行政管理局规定的其他企业以外，在企业名称中不得使用“中国”、“中华”或者冠以“国际”字词。

2. 字号

字号是商业名称中的核心要素，同时也是商业名称中企业唯一可以自己创设的要素。字号应当符合下列 3 个要件：字号应当由两个以上的字组成；字号应当具有显著特征；不得违反禁止性规定。

3. 行业或经营特点

行业是商主体经营活动所属的国民经济的工业或者商业的类别。商主体应当根据其主营业务及国家行业分类标准，在企业名称中标明所属行业或经营特点。

4. 组织形式

组织形式反映了商主体的组织结构和责任形式。对交易相对人组织形式的了解，对于商主体从事交易活动来说意义重大。商主体应当将自己所采用的组织形式在商业名称中标明。例如，采用有限责任公司形式的，应当在商业名称中标明“有限责任公司”字样；采用股份有限公司形式的，应当在商业名称中标明“股份有限公司”字样。

5.2.2 商业名称的选定

关于商业名称的选定，目前各国法律中主要存在两种立法主义，即商业名称选定的严格主义和自由主义。

1. 严格主义

严格主义又称真实主义，是指商主体选定的商业名称必须与其名称或者营业内容相一致，不符合的，均不予承认，且无法转让或者继承。法国、瑞士与拉丁美洲的许多国家均采取此种立法主义。

2. 自由主义

此种立法主义规定，商主体的商业名称由当事人自由选择，法律原则上不加限制。商业名称与营业人的姓名及营业种类没有必然的联系。采用此种立法主义的国家包括日本、

韩国英国、美国、法国及我国台湾省。但是，此原则并非绝对，仍然受到一定的限制。

实际上，无论是严格主义还是自由主义的立法例，在选择商业名称时都享有一定的自由，同时受到一定的限制，其实际差别并不是很大。我国在商业名称的选定问题上奉行何种立法主义，法律没有明文规定，学者观点不一，我们认为我国原则上采用的是严格主义。

5.2.3 商业名称的取得

现代国家对于商业名称通常是通过登记而取得保护的，商业名称的所有人通过登记取得对商业名称的专用权。《企业名称登记管理规定》第三条规定：“企业名称在企业申请登记时，由企业名称的登记主管机关核定。企业名称经核准登记注册后方可使用，在规定的范围内享有专用权。”因此，我国商业名称的取得必须经过登记，这是取得商业名称权的唯一途径。

商业名称的登记是指商主体将其选定的商业名称依照法定程序，在登记机关办理注册手续。商业名称的登记是取得商业名称专用权的法定条件。商业名称一经登记，即受法律保护，其他商主体负有不得侵犯其商业名称权的法律义务。此外，商业名称经登记而公示，也有利于维护交易安全和交易秩序。

商业名称登记可以分为创设登记、变更登记、转让登记、废止登记和撤销登记。

5.3 商业名称权及其保护

5.3.1 商业名称权的概念

商业名称权，即商业名称专用权，是指商业名称经登记，商主体即取得该商业名称的专有使用的权利。商业名称权兼具人格权和财产权的双重属性。一方面，商业名称依附于商主体而存在，自身不能单独存在，因此具有人格权的性质；另一方面，商业名称具有财产价值，可以许可他人使用，可以转让，具有财产权的性质。

商业名称权作为一种特殊的商事权利，具有以下特征。

1. 唯一性

商业名称权的唯一性有两层含义，一是除非因特别需要并经省级工商行政管理机关批准取得从属商业名称，一个商主体只能拥有一个商业名称，成为一个商业名称的权利主体；二是在特定区域内，不得有相同的商业名称，一个商主体注册登记了商业名称，其他商主体不得再使用相同或相似的商业名称。

2. 区域性

商业名称权的排他性只存在于商主体登记管理机关的行政辖区内，在该区域以外的商主体可以使用相同或相似的商业名称。正是针对这一特点，许多商主体为了在更大范围内保持自己商业名称的专有性，往往将商业名称中的特有名称注册为商标。

3. 公开性

商业名称的取得、变更，必须通过登记予以公示，以便于公众知晓和查询。未经核准登记，不得取得商业名称权。

4. 可转让性

商业名称权具有财产权的性质，可以通过转让来实现其财产价值。在我国，根据现行立法和司法实践，商业名称权可以转让，但一般应与商主体的经营同时转让，至于商业名称权是否可单独转让，理论上依然存在着较大的争议。

5.3.2 商业名称权的权能

商业名称权包括下列几个方面的权能。

1. 专有使用权

商业名称的所有人经登记后取得该商业名称的专有使用权，只有所有人有权使用，其他任何人都不得使用与该商业名称相同或者相似的商业名称。这是商业名称权的首要权能，也是商业名称权的核心内容。

2. 许可使用权

商业名称权人有许可他人使用其商业名称的权利，即可以“出借”或“出租”其商业名称的使用权。

3. 商业名称变更权

各国立法都允许商业名称的变更，只要拟变更的商业名称符合法律规定的条件即可，但须进行变更登记才能发生效力。

4. 商业名称转让权

商业名称转让权是商业名称财产权属性的反映。如前所述，商业名称权人可以转让其商业名称，但多数国家规定商业名称不得脱离营业而单独转让。

5.3.3 商业名称权的保护

商业名称权所有人取得商业名称权后，法律须对其给予保护，否则商业名称权就会名存实亡。因此，各国都有对商业名称保护的法律规定。

侵犯商业名称权的主要方式是擅自使用他人的商业名称，或者使用与该商业名称相近似的商业名称，从而使公众误认为就是该商业名称。因此，法律对于商业名称权的保护主要体现在两个方面：一是同一商业名称登记的排除。在商业名称的登记机关辖区内，不得再登记与已登记的同行业商业名称相同或者近似的商业名称。二是同一商业名称或类似商业名称使用的排除。未经商业名称权人许可，擅自使用他人商业名称或者使用类似商业名称的，为侵权行为，商业名称权人可以请求停止侵害，并赔偿损失。同时，也可依据反不正当竞争法的规定，请求行为人赔偿损失。

保护商业名称权的立法模式在各国并不统一。一般而言，是同时适用多种法律规范的，如民法、商法及反不正当竞争法等。我国对于商业名称权的保护没有专门的法律，目前我国可以适用的法律主要包括《民法通则》、《公司法》、《企业法人登记管理条例》及《企业名称登记管理规定》。此外，国际上还存在保护商业名称的国际公约，其中最主要的是《巴黎公约》。该公约第一条、第八条、第九条、第十条中均规定了对商业名称的保护。

典型案例 5-1

企业名称权纠纷案

原告济南普天通信设备厂成立于1991年5月24日，经营范围包括汽车改装。被告济南普天鸿雁特种汽车有限公司成立于2001年11月，经营范围包括特种汽车及专用汽车技术开发、转让、服务；销售开发后的产品、汽车配件、汽车装饰；汽车专用设备与附件的设计等。经营范围中也包括汽车改装。原告向法院起诉称，被告未经我厂同意，擅自使用我厂的名称，并且在全省乃至全国以“普天”字号作了大量宣传，致使我厂的产值大幅度下降。被告的行为侵犯了原告的名称权，要求法院判令被告停止侵害，消除影响，赔偿经济损失。法院审理后判决，被告济南普天鸿雁特种汽车有限公司变更企业名称，字号中不得含有“普天”字样。

资料来源：http://www.qask.cn/log/user/sljlawger/archives/roll/275001.html.

5.4 商事账簿概述

5.4.1 商事账簿的概念与特征

商事账簿是指商主体依法制作的，用以记载其财产状况和经营状况的账簿，包括书面形式和电子形式两种。

商事账簿可以从形式意义和实质意义两方面理解。形式意义的商事账簿即法定账簿，是指商主体依照法律规定而制作的账簿。商事账簿又有广义和狭义之分。广义上，商事账簿是指按照会计法、公司法和其他法规的要求编制的账簿；狭义上，商事账簿仅指依照会计法等特定法律规定而备置的账簿。实质意义的商事账簿是指商主体所备置的所有账簿，它不仅包括商主体按照法律规定备置的账簿，也包括商主体根据其经营需要自行备置的账簿，包括会计凭证、会计账簿、会计报表、年度决算报告和各种财产债务清册。

商事账簿具有以下几个方面的特征。

1. 商事账簿是由商主体制作的账簿

商事账簿将商主体在商事经营活动中所形成的权利和义务通过账簿语言直接转化为会计要素，即资产、负债、所有者权益、收入、支出费用、利润，并借助货币单位计量和表现。

2. 商事账簿与政府账簿的设置内容和目的不同

商事账簿设置目的具有营利性，而政府账簿记录国家各级政府的财政收支和财物保管情况，其上报是消耗性的。相对而言，商事账簿比政府账簿复杂[①]。

3. 商事账簿的设置具有法定性

商主体是否必须设置商事账簿，法律常根据主体经营规模的大小决定，这与把商主体

---

① 范健．商法[M]．2版．北京：北京大学出版社．2002：81.

分为大商人和小商人的分类相适应。一般而言，法律要求大商人必须按照法律的要求设置商事账簿，而对于小商人则采取灵活的政策。

5.4.2 商事账簿设置的原则与立法

1. 商事账簿设置的原则

商事账簿设置原则指在规范和指导商事账簿设置中体现基本精神和价值取向的原理和准则。它是商事账簿立法、司法和实际活动的指导思想和依据。不同国家以及同一国家在不同历史时期，对商主体是否必须设置商事账簿以及如何设置商事账簿所奉行的原则不同。在传统上，大致有三种做法，从而形成了三种原则。

1) 强制原则

强制原则也称干预原则，是指法律规定商主体必须制作商事账簿，不仅规定商事账簿记载的内容和方法，而且也规定国家主管部门对商主体制作商事账簿的情况予以监督和审查。大陆法系国家中德国、法国奉行这一原则，在我国《会计法》和《公司法》及相关的法律法规也奉行这一原则。

2) 自由原则

自由原则又称放任原则，是指法律不直接规定商主体必须设置商事账簿，商主体是否设置商事账簿以及如何设置商事账簿完全由其自行选择。自由设置原则存在很多缺陷，它不便于国家对商主体账簿和税收的管理。而且在诉讼过程中，如果商主体不能提供商事账簿，将存在败诉的后果。此原则在英美法系国家中奉行。

3) 折中原则

折中原则是指法律只规定商主体必须设置商事账簿，但不规定商事账簿的内容和记载方法，也不规定主管部门实行严格监督。其优点是，它克服了强制原则和自由原则的不足。其缺点是，对商事账簿的记账内容和记账方法，商法典未作出明确规定，留给会计惯例去弥补，而会计惯例本身因行业不同而各异，这给现代社会逐渐强化的会计管理增加困难。此原则在日本、韩国等国奉行。

2. 商事账簿立法

商事账簿立法起源于欧洲大陆法系国家，最初只是在商法典中确立商事账簿设置原则。在英美法系国家，商事账簿最初以商事惯例形式出现。由于受本国法律传统、政治、经济和文化状况等诸多因素的影响，当今世界各国商事账簿立法呈现多种形态，主要表现在以下几方面。

1) 综合立法

综合立法是指在一部综合性法典或调整某一类法律关系的法律中包含有设置商事账簿或商事会计的内容，将商事账簿法与其他法律混合在一起的立法模式。例如，一些国家分别在民法典、商法典、公司法、证券法、税法中规定了会计制度或商事账簿制度。

2) 单独立法

单独立法是指将商事账簿制度或会计制度从综合立法状态中分离出来，制定为单独法律的立法模式。如单独制定会计法，包括我国在内的许多国家采用这一立法模式。我国商事账簿制度主要由《会计法》调整。

3) 准则立法

准则立法是指除国家对商事账簿制度进行立法规范外，由会计职业团体通过制定会计准则的方式对商事账簿、会计及其记账行为予以规范的立法模式。

5.4.3 商事账簿的分类

由于当代各国商事账簿制度和会计制度存在很大差异，各国商法对商事账簿的分类所作的规定也不尽相同。在我国，根据会计、审计法律法规的规定，一般认为商事账簿的分类主要有会计凭证、会计账簿和会计报表3类。

1. 会计凭证

会计凭证是指记录商主体日常从事经营活动及收支情况并作为依据的书面证明，是登记商事账簿的依据。根据法律规定，商主体在营业中所进行的货币收付、款项结算、货物进出、财产增减等都必须由经办人取得或填制会计凭证，并以此作为结算的依据。没有会计凭证，商主体不得进行货币收付等行为。会计凭证所记载事项必须真实、客观、可靠。商主体不得作出虚假会计凭证。

2. 会计账簿

会计账簿是指商主体的会计人员按照会计制度规定的程序结构和方式方法，制作的全面、系统、连续和分类记载及反映商主体经营活动的簿册。根据法律规定，在商事经营中，商主体都必须根据其组织形式、营业性质、收支状况等实际需要，制作适用其经营特点的会计账簿。它通常由主管部门按一定的格式统一印制，由具有专门格式并互相联系的账册组成。

3. 会计报表

会计报表，也叫会计表册，指根据会计账簿及其他会计资料，按照统一的格式、内容和方法编制的，以综合反映商主体在一定时期内的生产经营成果和财务状况的书面报告和表册。主要包括资产负债表、损益表、现金流量表、财务状况说明书以及利润分配表。会计报表的编制应当遵循连续性原则、以账簿为根据的原则、真实性原则以及公开性原则。

5.5 商事账簿的效力与保管

典型案例 5-2

有限公司变更登记

A公司是一上市公司，2003年公司总经理以公司名义为B公司向银行提供担保，2004年B公司不能还款，银行将A、B公司一起告上法庭，要求A公司承担赔偿责任。A公司未将诉讼事项在财务报告中说明。A公司的做法违反了《会计法》的规定，根据相关规定，单位提供的担保、未决诉讼等事项，应当按照国家统一的会计制度规定，在财务会计报告中予以说明。所以，A公司应当在财务会计报告中披露诉讼和担保事项。

资料来源：林嘉．商法练习题集．北京：中国人民大学出版社，2009：41.

5.5.1 商事账簿的效力

符合法律规定条件而制作的商事账簿，具有法律效力。主要表现为以下几方面。

(1) 对商主体自身而言，制作商事账簿可以了解其自身的营业状况和财务状况，以此作为计算赢利、分配利润的依据，也可以通过对商事账簿的分析，设计企业的发展战略，及时调整经营决策。

(2) 对交易相对人而言，可以通过商事账簿了解商主体的营业状况、资信能力，并据此对该商主体的经营能力和发展前景作出判断，进而作出是否与之交易、是否对其投资的决策，以便更好地维护自身的利益。

(3) 对股东而言，商事账簿不仅是其掌握企业的财产、营业和赢利状况的依据，而且还是投资者分取股息、红利以及确定其股权价格和企业剩余财产的依据，对于强化公司信息披露制度，具有十分重要的意义。

(4) 对国家主管机关而言，商主体制作的商事账簿是政府主管部门了解商主体经营状况，并对其进行财务物价检查、经营效益考核和审计的主要依据，进而实现对其营业活动的监管，以确保社会公众的交易安全。

(5) 在民事诉讼中，商事账簿具有重要的证据效力。

5.5.2 商事账簿的保管

商事账簿具有重要的法律效力，因而各国法律均不同程度地规定了商主体有保管商事账簿的义务。

多数国家的商事账簿保管实行期限制，即明确规定各种商事账簿应保存的最短期限。德国、意大利、法国、比利时、日本及我国台湾地区均规定为10年；西班牙规定的期限较短，为5年；荷兰规定的期限最长，为30年。还有一些国家采取不确定期限，规定商事账簿的保存期限根据其他期限确定，如智利以营业继续时间为准，巴西以债权时效消灭以前为限。

我国对商事账簿的保管也采取期限制，财政部和中华人民共和国国家档案局1984年制定的《会计档案管理办法》，对会计档案的范围、立卷、归档、保管、借阅、交换、保存期限以及销毁，都作了规定。该管理办法规定，会计档案分为永久和定期两种，因账簿种类的不同而有所差别。永久会计档案如涉及外事的会计凭证、年度决算报表永久保存，各种账簿和凭证至少保存10年，月报、季报保存3～5年。在保管期限内，商主体应当按照国家有关规定建立档案，妥善保管有关商事账簿，不得销毁、损坏和遗失。如果商主体未尽妥善保管义务，将被追究严格的法律责任。造成严重后果的，还将追究有关人员的刑事责任。

引例分析

“大洋时装有限公司”与“大洋服装商贸有限公司”名称权纠纷案

本案中争论的焦点是公司名称的登记管理问题。根据《企业名称登记管理规定》的规定，企业只准使用一个名称，在登记主管机关辖区内不得与已登记注册的同行企业名称相同或近似。一个企业只有与另一个企业在同一登记主管机关辖区内，并且属于同一行业时，才存在侵犯公司名称权的问题。在本案中，虽然两公司名称中使用的商号相同，都是“大洋”，并且两公司住所非常之近，仅隔500米，容易引起顾客的混淆，但公司名称全称并不相同，且由于两公司隶属于两个不同的行政辖区，属于不同的登记主管机关管辖，并且从事不同行业，时装公司属于时装生产加工业，服装商贸公司属于商品零售业。因此并不违反《公司法》、《企业名称登记管理规定》的规定，不存在侵犯公司名称权的问题，时装公司的诉讼请求没有法律依据，人民法院应判决驳回时装公司的诉讼请求。

本章小结

本章介绍了商业名称和商业账簿的相关内容。商业名称是商主体在从事商事行为时为表明不同于他人特征而使用的名称，类似于自然人的姓名。商主体通过使用商业名称，可以同其他商主体相区别。关于商业名称的选定，目前各国法律中主要存在两种立法主义，即商业名称选定的严格主义和自由主义。现代国家对于商业名称通常是通过登记而取得保护的，商业名称的所有人通过登记取得对商业名称的专用权。商业名称权的权能包括专有使用权、许可使用权、商业名称变更权、商业名称转让权。

商事账簿是商主体用来记载其财产状况和经营状况的账簿，不同国家对商事账簿采用不同的设置原则，主要有强制原则、自由原则、折中原则。在我国，根据会计、审计法律法规的规定，一般认为商事账簿的分类主要有会计凭证、会计账簿和会计报表 3 类。商事账簿具有重要的法律效力，各国法律均不同程度地规定了商主体保管商事账簿的义务。但对于不同的商主体，保管的方式和期限不同。

思考题

1．商业名称的概念是什么？有哪些法律特征？
2．商业名称与商标各是什么？
3．商事账簿有哪些分类？
4．商事账簿的效力有哪几种？
5．商业名称权的概念及特征各是什么？
6．商业名称权的权能有哪些？

练习题

1．单项选择题

(1) 下列不属于商号权的法律特征的是(　　)。
A．商号仅仅是个名称，不等于承担义务的行为人
B．商号权具有公开性，因此其不受地域的限制
C．商号权具有可转让性，但分为绝对转让和相对转让
D．商号是商主体的商事名称，只有商主体在从事商行为时才可以使用这一名称

(2) 商号从法理上考察，其属于(　　)。
A．绝对权　　B．相对权　　C．姓名权　　D．别除权

(3) 对于国家主管机关而言，法律规定制作商事账簿的目的在于利用国家对企业的经营予以(　　)。

A．强制　B．监督管理　C．干预　D．协调控制

2．多项选择题

(1) 我国商号权的法律渊源包括(　　)。

A．《企业名称登记管理规定》　B．《民法通则》

C．《合同法》　D．其他工商登记的单行法规

(2) 在现实生活中，商号的出借演变为(　　)形式。

A．企业挂靠　B．商号的转让　C．特许经营　D．连锁经营

(3) 在我国，依据会计、审计法律法规的规定，商事账簿的分类主要有(　　)。

A．会计账簿　B．财务会计报告　C．上市公司年报　D．会计凭证

第二编 公 司 法

第6章 公司与公司法概述

本章教学要点

知识要点	掌握程度	相关知识
公司的概念	熟悉	大陆法系、英美法系及我国的公司概念
公司法的概念		公司法的调整对象主要包括公司的组织关系与公司的行为关系
公司的分类	了解	无限责任公司、两合公司、股份有限公司及有限责任公司；人合公司、资合公司及人合兼资合公司；封闭式公司和开放式公司；母公司与子公司；本公司与分公司；本国公司、外国公司和跨国公司
公司的沿革		西方国家公司及我国公司的产生与发展
公司的功能		公司的经济功能、组织功能、社会功能、政治功能及文化功能
公司法的渊源		宪法中的公司法规范、公司法律、公司法规及部门规章、地方性法规及政府规章、司法解释、国际条约中的有关公司方面的规定
公司的基本特征	掌握	公司的营利性、社团性、法人性、法定性
公司人格否认制度	重点掌握	公司人格否认制度的概念、特征及适用范围

基本概念

公司　社团法人　有限责任　无限责任　公司法　公司的组织关系　公司的行为关系

引例

某合伙企业冒用股份有限公司名称案

张某与李某合伙在县城郊区开办了一家榨油厂，半年下来获利可观，次年便以10万元注册资金到工商管理机关以“兴业榨油厂”的名称申请了工商登记，并取得了营业执照。2006年2月，张某与李某在未经批准登记的情况下，将原厂牌换成“某省兴业油业股份有限公司”的牌子，并以便于经营为由分别以“公司”董事长和总经理名义印制名片，从事收购油桐籽、榨油和销售一条龙服务。2006年5月，他们收下了外省一企业2万元预付款后，由于市场行情变化未能按时交货，被对方诉至人民法院。

请结合本案例思考公司的内涵及特征。

6.1 公司概述

6.1.1 公司的概念

公司法是调整公司法律关系的法律规范，是商法体系中十分重要的法律部门。公司法是规范公司的组织与活动的法律，由此决定了揭示公司的概念与特征是公司立法与公司法理论研究的逻辑起点。[①]

公司是最普遍使用的概念，是社会经济活动最主要的主体，也是当代社会最常见、最重要的一种企业组织形式，人们对其耳濡目染并不陌生，特别是我国自改革开放以来，在市场经济大潮冲击下，神州大地经历了“公司热”，人们似乎对其更加熟悉，以至每个人都会对其作出自己的理解。对公司的认识也经历了一个由浅入深、由表及里的过程，而且这个认识过程迄今仍未终止。早在我国改革之初，当公司立法刚被提到议事日程时，人们提出了许多确认公司的标准，如是否跨所有制、跨行业、跨地区；企业规模的大小；是否具有法人资格等。这些认识有其合理内核，但却过于肤浅且存在着程度不同的误解。因此，不仅任何企业可以以公司命名，甚至某些具有行政管理职能的机构也可以自称公司，出现了大量名为公司而实非公司的情况，致使公司的概念极为混乱，有必要拨乱反正为公司正名，重新对企业加以分类。因此，科学地揭示公司的概念、种类是公司立法的起点，也是准确认识公司法概念、调整对象及其一系列制度的基础和前提。

源于世界各国语系、法律文化、法律体系及公司法制度的差异，对公司概念的表述不尽一致，即使在同一国家，随着社会经济和公司立法的发展，公司的概念也在发生某些变化。

① 范健．商法[M]．3版．北京：高等教育出版社，北京大学出版社．2007：95.

1. 大陆法系的公司概念

大陆法系国家和地区的公司概念多采取概括规定的方式，如日本和中国台湾地区为其代表。日本《商法典》规定“本法所谓公司，指以经营商行为为目的而设立的社团”，“依本法规定设立的以赢利为目的的社团，虽不以经营商行为为业者，亦视为公司”，“公司为法人”。我国台湾地区“公司法”规定“本法所称公司，谓以赢利为目的依照公司法组织登记成立之社团法人”。从以上规定可以看出，大陆法系国家认为，公司是指依法定程序设立的以营利为目的的社团法人，它揭示了公司的社团性、营利性、依法成立等基本特征，将其与财团法人、公益法人作了明确区别。

2. 英美法系的公司概念

与大陆法系国家和地区的法律传统不同，英美法系国家和地区不甚注重对法律概念的严格界定，因而也缺少明确的、完整的公司定义。例如，属于英国法传统的我国香港地区在其公司条例中将公司解释为“指依本条例组织及登记之公司或现已存在之公司”。英美法系国家在学理上通常将公司概括为数人出于共同目的而进行的组合，常常是为了赢利而经营业务，对于合伙难以胜任的联合，一般采用这种组织形式①。由此可见，英美法系国家强调公司是有别于合伙的人的组合，确认公司的本质属性有二，即法人与有限责任，强调其非合伙性。

3. 我国的公司概念

比较大陆法系和英美法系国家对公司的定义，尽管在表述上略有差异，但其核心内容一致，都确认了公司是由两个或两个以上的股东出资组成的、以赢利为目的的法人。虽然我国与西方国家国情不同，但从总体上说，《公司法》并未抛弃传统的公司概念，仍肯定了公司固有的社团性等法律特征。

《公司法》未给出明确的公司定义，仅给出了公司的种类。该法第二条规定：“本法所称公司是指依照本法在中国境内设立的有限责任公司和股份有限公司。”第三条规定：“公司是企业法人，有独立的法人财产，享有法人财产权。公司以其全部财产对公司的债务承担责任。有限责任公司的股东以其认缴的出资额为限对公司承担责任；股份有限公司的股东以其认购的股份为限对公司承担责任。”根据《公司法》第二、第三条的规定可以抽象出公司的定义：在我国，公司是指依照《公司法》的规定，以出资方式设立，股东以其认缴的出资额或认购的股份为限对公司承担责任，公司以其全部资产对公司债务承担责任的从事营利性经济活动的企业法人。

6.1.2 公司的特征

公司的主要特征如下。

1. 营利性

公司的营利性是其与生俱来的本性，公司以赢利为目的，股东设立公司和出资的目的在于实现赢利，因此营利性成为公司存在及行动的最高价值理念，是公司的本质特征之一。公司的营利性特征应从两方面理解：①公司须从事获取利益的经营活动。赢利是一切公司存在和活动的生命和根本，是经营活动的出发点和归属点。公司本由投资者组成，任何投资者出资设立公司，就其目的而言，都是为了获得投资的收益和回报，而要实现这一目的，

① 牛津法律大词典. 北京：光明日报出版社，1988：188.

必然要求公司最大限度地通过经营获取利润，即以较少的经营投入获取较大的经营收益。就此而言，公司不过是投资者实现投资利益的法律工具。②须将依营利行为所获得的利益向股东分配。即公司为做到以营利为目的，不仅应将营利行为作为目的，还应通过盈余分派、增加所持股份份额或剩余财产分配等方法，将公司所得的利益归于股东。这是营利性法人与公益性法人的根本区别所在。

典型案例 6-1

萨洛蒙诉萨洛蒙公司案

店主萨洛蒙将其个人拥有的鞋店卖给由他本人及其妻子、女儿和4个儿子组成的萨洛蒙公司，卖价为3万英镑。其中萨洛蒙本人认购了19 994英镑的股份，其他人每人仅认购1英镑的股份。另1万英镑，作为担保公司债券卖给了萨洛蒙本人。后来该公司因故歇业，而资产仅剩下6 000英镑，但公司欠债除萨洛蒙本人的1万英镑外，另有7 000英镑。其他债权人认为萨洛蒙不能获得公司的剩余财产，但法院审理认为萨洛蒙公司是合法有效成立的一人公司，具有公司的特征之一即独立人格性，萨洛蒙与萨洛蒙公司各自具有独立人格。萨洛蒙本人为担保公司债券的持有人，可优先于其他债权人受偿，因此可获得公司的剩余财产6 000英镑。

资料来源：Cases and Materials in Company Law Oxford University Press 2008,PP.32-36.

2. 社团性

公司的社团性是指公司是由二人以上集合组成的社团法人，属于人的集合。公司的社团性特征应从两个方面理解：(1)公司是人的集合。在传统民商法上，一般将法人分为社团法人与财团法人。所谓社团法人是指为一定的目的，由两人以上集合组成的法人，是人的结合体；所谓财团法人则是指通过设定财产，使其独立取得权利、承担义务而组成的法人。社团法人与财团法人的区别在于前者是以人的集合为成立基础，后者是以财产集合为成立基础。根据传统公司法理论，公司是社团法人的一种，公司是由股东组成的，构成公司的实体仅限于人的结合体，财团并不具有成为公司的资格。公司是人的集合这一特征是指公司存立的基础是人即股东，但由于公司需要实现营利的物质基础——资本，股东无例外地应通过出资参与物质基础的形成，因此，公司不是纯粹的人的结合体，同时也包含财产结合体的内容，可以说公司是人以财产进行的联合。(2)公司的股东和股权具有多元性。根据传统公司法，公司是由二人以上的股东组成的，单独一人一般不能组成公司，而只能采取独资企业的形式。

典型案例 6-2

王某诉汽车修理有限公司及其股东借款纠纷案

2002年4月30日，山东省东营某汽车修理有限公司以资金周转困难为由，向王某借款20万元作为生产的流动资金。双方约定年利率为7%，借款期限为1年，到期连本带息归还。但到了约定的时间，该公司未向王某付款。汽车修理有限公司系由胜利石油管理局钻井公司、香港某公司出资组成的中港合资经营企业。因汽车修理有限公司还款无望，王某便将汽车修理有限公司以及其投资股东胜利石油管理局钻井公司、香港某公司诉至人民法院，请求判令被告偿还借款。人民法院经审理认为，汽车修理有限公司欠王某的 20 万元借款及利息应由其自己偿还，其股东胜利石油管理局钻井公司、香港某公司不对王某直接承担责任，因而不能成为本案的适格被告。

资料来源：法律教育网．http://www.chinalawedu.com/web/dxpl.

3. 法人性

法人是具有民事权利能力与民事行为能力，依法独立享有民事权利和承担民事义务的法律主体。《公司法》第三条规定：公司是企业法人。这表明公司具有法人性的特征。

公司是具有独立法人地位的企业组织。法人的本质特征有两个方面：一是团体性，它是一个团体，一个组织，一个人的集合体而不是个人，这是它有别于自然人的特征。二是独立人格性，是指其具有独立的民事权利能力和行为能力，能够独立享受民事权利并承担民事义务，具有独立的民事主体资格，这是它有别于非法人团体的特征。由此可将法人概括为：“法人者，团体人格也[①]。”人格原本指权利、义务的归属点，公司的法人格意味着公司具有权利能力，可以独立于股东而取得权利、承担义务，股东不能对公司财产持有直接的权利(即便股东一人持有全公司股份亦相同)，股东与公司的人格是各自独立的。公司作为法人应具备以下条件：(1)公司须拥有独立的财产。这是公司赖以进行业务经营的物质条件和经营条件，也是其承担财产义务和责任的物质保证。(2)公司须独立承担民事责任。公司责任的独立性体现为公司责任与股东责任独立；公司责任与其工作人员责任独立；公司责任与其他公司或法人组织责任独立。公司的独立责任与股东的有限责任是相辅相成的，公司的独立责任必然决定着股东的有限责任，而股东的有限责任又当然意味着公司的独立责任。[②]

典型案例 6-3

海安公司与南通公司股东负无限连带责任纠纷案

2000 年 3 月 17 日，刘某、王某等 6 人发起设立了海安日出有限公司。公司注册资本为人民币 108 万元，但上述注册资本系全部借用海安环球国际经济技术合作部的资金，在公司注册完毕的次日即将该款归还。同年 4 月，海安日出有限公司又和另一公司共同出资成立了南通日出有限公司。南通日出有限公司的注册资本为 51 万元，海安日出有限公司出资 50 万元，但海安日出有限公司仍是向环球公司借款 50 万元出资，在用于南通日出有限公司验资后即归还给环球公司。后南通日出有限公司的债权人张某向其主张债权，因南通日出有限公司无力偿还，其债权人张某将包括刘某、王某在内的海安日出公司的 6 个股东作为被告，要求 6 股东承担偿还责任。法院经审理判决，由 6 股东承担全部偿还义务，并互负连带责任。

① 江平．法人制度论[M]．北京：中国政法大学出版社，1994：1.

② 赵旭东．公司法学．2 版．北京：高等教育出版社，2006：5.

公司具有独立人格、股东承担有限责任是现代公司制度的核心，它在鼓励投资促进经济发展方面起到极大的作用，股东可以利用有限责任这一屏障将股东与债权人隔开，不直接对公司的债权人负责，将自己的责任仅限于出资之内，以避免过大的经营风险并使自己的损失最小化，这是公司人格独立的优势所在。同时其也存在着一定的弊端，因为股东与债权人相比处于优势地位，虽不得随意抽回或支配公司的财产，但其享有选择管理者的权利、重大决策的权利、请求分配股息的权利、股份自由转让的权利，从而使股东尤其是大股东控制了公司，将自己的意思作为公司的意思，将公司作为交易的工具，只追逐其利益的最大化而不准备承担相应的责任；而且易诱发道德风险，股东存在着将经营风险转移给债权人的诱因，为了实现其利益最大化，就会千方百计地利用其在公司中的优势地位，从事滥用公司人格的各种行为如出资不足、空壳经营、滥设法人、抽逃资金、业务混同、欺诈等行为，而当其因逃避法律或契约义务受到法律追究时，又往往主张其仅在其出资额范围内承担有限责任，进而损害与之交易的债权人的利益及社会公共利益。针对公司人格独立可能带来的弊端，世界各国按照权力制约权力的法理，创立了公司人格否认制度，通过赋予债权人否认公司人格的权力以矫正股东承担有限责任的弊端。公司人格否认(disregard of corporate personality)又称刺破公司面纱(piercing the corporation's veil)或揭开公司面纱(lifting the veil of the corporation)是指为阻止公司独立人格的滥用和保护公司债权人利益及社会公共利益，就具体法律关系中的特定事实，否认公司与其背后的股东各自独立人格及股东的有限责任，责令公司的股东(包括自然人股东和法人股东)对公司债权人或公共利益直接负责，以实现公平、正义目标之要求而设置的一种法律措施。

4. 法定性

依法成立是对各种法人的共同要求，《民法通则》第三十七条即把依法成立规定为法人成立的必要条件之一。与一般法人不同的是，公司的设立具有特定的条件和程序。《公司法》第二条规定：“本法所称公司是指依照本法在中国境内设立的有限责任公司和股份有限公司。”第六条规定：“设立公司，应当依法向公司登记机关申请设立登记。符合本法规定的设立条件的，由公司登记机关分别登记为有限责任公司或者股份有限公司；不符合本法规定的设立条件的，不得登记为有限责任公司或者股份有限公司。”

公司的设立具有明确的法定性，受公司法的直接调整。在公司法中，不仅规定了公司的设立条件，同时也规定了公司的设立程序，其中包括发起人或发起人组织、设立活动的基本要求、股东认股与缴纳出资、公司的组织机构、公司的设立登记等。只有依据这些规定而设立才能取得公司的资格，这反映了公司法具有的强行法性质，即任何公司都只能按其法律的规定设立和从事活动。与此相反，其他有些法人组织一般只根据民法的规定即可设立，而具体程序、组织机构及活动一般都由当事人自由决定。由此可见，公司的法律地位或资格不是其自身固有或自由取得的，而是法律赋予的。公司是依法定条件和程序成立的企业法人。①

总之，一个规范意义上的公司，原则上应具备以上特征，但要看到，学理上总结的公司的特征相对于复杂多样的公司立法来说是有局限性的，相对于丰富多彩的公司实践来说也是苍白的。例如，针对公司的营利性，《公司法》第五条规定了公司应承担社会责任；针对公司的法人性，《公司法》第二十条规定了公司人格否认制度；针对公司的社团性，《公司法》第二十四条规定了一人有限责任公司。

① 赵旭东．公司法学[M]．2 版．北京：高等教育出版社，2006：7.

6.1.3 公司的分类

公司自问世以来，经历了从无到有、从少到多、从幼稚到成熟、从原始形态到现代形态的历史演变过程。在这一过程中，公司的种类不断增多，形态日趋复杂，面对纷繁复杂的公司类型，要正确地认识各类公司的主体特征，更好地规范公司的行为，就有必要从不同角度，依不同标准对公司作出不同分类，这既有益于深刻认识和理解公司的概念和本质，又有助于在实践中合理选择和鉴别公司的类型。根据各国公司立法与公司实践，主要存在以下几种分类。

1. 无限责任公司、两合公司、股份有限公司及有限责任公司

按照股东对公司债务所负责任的不同，可将公司分为以下几类。

1) 无限责任公司

无限责任公司(unlimited company)是指由两个以上股东组成，全体股东对公司债务负无限连带责任的公司。

2) 两合公司

两合公司(limited partnership)是指由无限责任股东和有限责任股东组成，无限责任股东对公司债务负连带无限责任，有限责任股东对公司债务仅以其出资额为限承担有限责任的公司。此外，有的国家还存在特殊的两合公司即股份两合公司，股份两合公司与两合公司的区别在于，其有限责任股东是以认购股份即购买公司股票的形式进行出资。

3) 股份有限公司

股份有限公司(stock corporation)是指由一定人数以上的股东组成，公司的全部资产划分为等额股份，股东以其所认购的股份为限对公司债务承担有限责任，公司以其全部资产对公司债务承担责任的公司。

4) 有限责任公司

有限责任公司(limited company)是指由法律规定的一定人数的股东组成，股东以其认缴的出资额为限对公司债务承担有限责任，公司以其全部资产对公司债务承担责任的公司。

此种分类是大陆法系国家公司法对公司所作的最基本分类，是法定分类。

我国现行《公司法》确认了有限责任公司和股份有限公司两种公司类型。同时，在有限责任公司中，确认了一人有限责任公司和国有独资公司两种特殊的有限责任公司，并分别对一人有限责任公司和国有独资公司作出特别规定；在股份有限公司中，确认了上市公司这种特殊的股份有限公司，并对上市公司的组织机构作出了特别规定。

2. 人合公司、资合公司及人合兼资合公司

按照公司的信用基础不同，可将公司分为以下几类。

1) 人合公司

人合公司是指公司的经营活动是以股东的个人信用而非公司资本为信用基础的公司。无限公司是典型的人合公司。

2) 资合公司

资合公司是指公司的经营活动以公司的资本而非股东个人信用为基础的公司。股份有限公司是典型的资合公司。

3) 人合兼资合公司

人合兼资合公司，又称中间公司，是指公司的经营活动以股东个人信用及公司的资本为信用基础的，兼具人合性与资合性的公司。两合公司是典型的人合兼资合公司。

此种分类是大陆法系国家公司法学者对公司所作的学理分类。

3. 封闭式公司和开放式公司

按照股东构成及股份转让方式的不同，可将公司分为以下几类。

1) 封闭式公司

封闭式公司(private company)又称少数人公司、不上市公司、私公司、非公开招股公司，是指股东人数有所限制，公司股份全部由设立该公司的股东拥有，不能对外发行股份，股东的出资证明不能在股票市场上自由流通的公司。

2) 开放式公司

开放式公司(public company)又称多数人公司、上市公司、公公司、公开招股公司，是指可以公开募集股份，并且股票可以在证券市场公开交易的公司。

此种分类是英美法系国家对公司所作的基本分类。

4. 母公司和子公司

按照公司之间是否存在控制与支配关系，可将公司分为以下几类。

1) 母公司

母公司是指拥有其他公司一定比例股份或根据协议能够控制、支配其他公司的公司。

2) 子公司

子公司是指全部股份或达到控股程度的股份被另一个公司控制，或依照协议被另一公司实际控制的公司。

典型案例 6-4

兴业公司诉天路皮革有限公司及其分公司货款纠纷案

天路皮革有限公司下设广州分公司。2000 年 6 月 5 日，广州分公司经理刘某持分公司营业执照与兴业公司签订了皮箱买卖合同。合同订立后，兴业公司按合同约定给付了货款。一个星期后，广州分公司按合同约定的期限交货，但经兴业公司检验，皮箱质量明显不符合合同约定。兴业公司与广州分公司协商未果，于是向法院提起诉讼，要求返还货款并支付违约金。广州分公司参加了诉讼，并要求天路皮革有限公司参加诉讼。但天路皮革有限公司认为：广州分公司的经济效益都留在分公司，只上缴约定的承包金额。而且按公司章程规定，分公司经理的委任，须经董事会决定，而广州分公司经理刘某却是由本公司总经理李某擅自委任的，因此，本公司不承担民事责任。人民法院经审理认为，刘某任分公司经理是否符合公司章程的要求，是公司内部的事务，并不能因此影响其行为在对外关系中所具有的合法性，不能以其内部关系对抗善意第三人，天路皮革有限公司应承担民事责任。但由于广州分公司平时只上缴约定的承包金额，有独立的经济利益，故应由天路皮革有限公司和广州分公司承担连带责任。

资料来源：徐晓松．公司法学案例教程．北京：知识产权出版社，2002：29.

5. 本公司和分公司

按照公司内部管辖系统的不同，可将公司分为以下几类。

1) 本公司

本公司，是指依法设立，管辖公司全部组织，具有独立法人资格，能够以自己的名义直接从事经营活动的公司。

2) 分公司

分公司是指在业务、资金、人事等方面受总公司管辖，不具有法人资格的附属机构。

6. 本国公司、外国公司和跨国公司

按照公司国籍的不同，可将公司分为以下几类。

1) 本国公司

本国公司是指依据本国法律，在本国批准登记设立，具有本国国籍的公司。

2) 外国公司

外国公司是指依照外国法律登记设立的，不具有本国国籍的公司，通常表现为一种特殊的分公司。

3) 跨国公司

跨国公司是指以本国为基地或中心，在其他国家或地区设立子公司、分公司或其他参股性投资企业，从事国际性生产经营及服务活动的经济组织。跨国公司在法律上并不是独立的法律实体，并非严格意义上的公司法概念。

6.1.4 公司的沿革与功能

要想深入透彻地了解一个事物，史学的研究十分必要。只有清楚事物的来龙去脉，才能准确把握，对于公司的研究亦不例外。公司作为一种企业组织形式，深深植根它所赖以生存的经济社会历史之中，公司的历史是今天公司所承袭的珍贵遗产，古、近代公司文明在多方面渗入了现代公司的文明之中，现代公司有着深刻的历史烙印。因此我们没有任何理由把公司的起源与发展看做是与今天的公司无关的事情。研究公司的历史，主要目的在于探讨公司产生和发展的规律性，研究公司产生、发展的经济社会历史条件，明确公司存在的必然性和必要性，从而对公司有一个全面的认识。

1. 公司的沿革

1) 西方国家公司的产生与发展

企业组织形式的发展、变化与生产力发展紧密相联，与商品经济发展密切相关。公司并不是自古以来就有的，公司是资本主义生产关系的产物。研究公司的历史首先应确定公司发展历史的分期，根据公司本身发展的历史特点可分为 3 个时期，即原始公司(罗马帝国时期～15 世纪末、近代公司(15 世纪～19 世纪末)、现代公司(19 世纪末 20 世纪初至今)[①]。

(1) 原始公司。一般认为公司萌芽于中世纪的欧洲，但据经济史专家研究，公司的起源可追溯至罗马帝国时期，如当时为了履行政府合同而成立的公司及船夫行会等。在公司

① 黄速建．公司论[M]．北京：中国人民大学出版社，1989：16．

法学界通常认为公司起源于中世纪时的意大利及地中海沿岸的商业城市中的家族经营团体和康孟达契约(Commenda)。在这一时期，虽然公司在组织、数量、规模、经营不断地向前发展，为近、现代公司的出现作好了经济、组织上的准备，但在这一漫长的发展过程中，公司仍处于幼稚、原始状态，其原始性主要体现在以下特点上：没有明确的公司法律规范；公司组织上的合伙性、不稳定性；投资的短期性；公司规模的局限性；公司数量的有限性；公司股东责任的无限性是其主流；公司形式的多样化等。

(2) 近代公司。14～15 世纪，地中海沿岸产生资本主义萌芽，随后西欧各国完成了产业革命，确立了资本主义制度，科学技术飞速进步，生产力极大提高，商品经济长足发展，公司逐步趋向成熟。特别是 1600 年成立的英国东印度公司和 1602 年成立的荷兰东印度公司，其在组织形式上首开先河，成为最早的股份有限公司，在公司制度的发展中具有深远的意义。在这一阶段，公司的主要特点如下：开始有了公司法律规范；公司开始实行有限责任制；组织形式逐步转向以股份集资经营为主，并从短期投资趋向长期投资，逐步向现代公司过渡；侧重于在投资大、回收期长的近代金融业和运输业发展；公司规模扩大，公司数量增加等。

(3) 现代公司。19 世纪末 20 世纪初，资本主义进入垄断阶段，公司这种企业组织形式也进入了发展的黄金时代。主要特点：公司立法趋于完备；垄断性加强，公司成为各产业中占统治地位的企业组织形式；以个人作为股东向以法人作为股东转化；出现了以投资各种证券为目的的投资公司；有限责任公司与一人公司产生；公司规模巨大，且形成垄断财团；跨国公司得以形成和发展等。

2) 中国公司的产生与发展

在我国，公司是舶来品，是从西方国家引进的一种企业组织形式。在新中国成立之前，由于历代统治者一直奉行重农抑商的国策，自给自足的自然经济占统治地位，商品经济极不发达，因此，作为资本主义企业组织形式的公司发展极其缓慢。在近代中国，公司的发展主要体现在 3 方面：一是外国资本在中国创办的公司；二是清政府、北洋政府和国民党官僚资本创办的公司；三是民族资本创办的公司。

新中国成立后，我国公司制度大体沿着苏联模式发展。对民族资本主义的工商业进行社会主义改造，即将私营公司改造为公私合营企业，社会主义改造完成后，传统的公司类型不复存在，虽有一些专业公司的存在，但基本上是行政机构的附属物，而没有成为真正的经济组织，虽名为公司，却与传统公司有着明显的不同。随着改革开放进程的加深，我国逐步出现了传统的公司类型，特别是《公司法》颁布后，公司的发展走上了正轨。

2. 公司的功能

从公司的发展沿革可见，公司有其存在的客观必然性，这其中原因之一就是公司具有强大的功能，能够满足人们的需要。目前，公司日益成为占主导地位的企业组织形式，在社会的政治、经济、文化生活中扮演着极其重要的角色。

公司具有的诸多功能中最重要的是经济功能。公司的经济功能的主要表现。

(1) 公司是股权式的投资收益形式，是股东获取投资收益的最佳工具。公司具有营利性，公司的营利非为公司本身，而是为公司的股东即公司的投资者，公司的一切经营收益最终都要分配给公司的股东。公司具有法人性，公司能够独立承担民事责任，而股东仅负有限责任，这使投资者的责任限制在其投资额的范围内，从而割断了公司责任与股东责任的连带，使投资风险得到有效的控制。投资者不会因为在一个公司中的投资失误或失败而威胁其全部财产的安全，一个公司的破产也不会引致投资者本身的倾家荡产。

(2) 公司是募集资本的有效组织形式。公司在其成立时及成立后均具有优越的融资能力，而且公司的融资具有融资成本低、融资手段灵活和规模大、速度快的特点。这主要归因于公司可以发行股份和公司债券，而股份和公司债券具有较强的流通性，使这种通过发行有价证券方式进行的融资具有一般融资手段难以达到的融资效果。

(3) 公司化运作有利于提高企业经营管理的水平，减少经营风险，实现科学管理。企业的现代化管理是民主管理和科学管理的结合，公司是现代化企业管理的典型组织形式。以股东投资行为为基础，传统所有权在公司中转换为股权和公司法人权利，二者相互独立又相互制衡。股东以股权为依据，按照《公司法》规定的方式参与公司经营管理，对公司实行间接控制；而公司的股东会、董事会及监事会作为公司的权力机构、经营管理执行机构及监督机构，依公司法的规定行使职权，各机构的产生和权限的规定充分贯彻了分权与制衡，权利、义务和责任统一的原则，使公司的管理达到了高度的民主化和科学化，可以说，公司的产生，使企业的管理走向了现代化。①

公司除具有强大的经济功能外，还具有以下功能。

(1) 组织功能。公司构成了国民经济网络中的主要结点，有利于发展专业化协作，打破不同地区、部门之间的界限，使不同地区、部门、所有制的企业能够相互投资、参股，使各生产要素在更大范围内实现最佳配置，达到企业组织结构的合理化。

(2) 社会功能。公司能够容纳社会化程度较高的社会生产力，适应市场经济的发展，有利于解决和缓和社会的基本矛盾。同时，公司具有不可推卸的社会责任，充当着重要的社会角色。

(3) 政治功能。公司不仅存在于一定的经济环境、社会环境中，还存在于一定的政治环境中，公司有助于实现经济民主，并进一步推动政治民主的发展。

(4) 文化功能。公司本身是人类在社会历史发展过程中所创造的文化的组成部分，是物质文明在组织社会生产经营形式上的具体反映。公司为社会创造物质文明的同时也创造精神文明，即公司文化，它为公司经营带来了巨大的成功。

6.2 公司法概述

6.2.1 公司法的概念及立法宗旨

1. 公司法的概念

一般来说，部门法的概念包括两点内容：一是调整对象；二是法律规范的总称，公司法亦是如此。所谓公司法是指调整公司组织和行为关系的法律规范的总称。

《公司法》第一条明确规定：“为了规范公司的组织和行为，……”据此，公司法的调整对象可分为以下两部分。

---

① 赵旭东．公司法学．2 版．北京：高等教育出版社，2006：41．

1) 公司的组织关系

公司的组织关系是指公司为取得和保有法人资格所产生的关系。公司法所调整的组织关系囊括公司的设立过程、存续期间和变更终止过程，主要包括以下几个方面：发起人相互之间的关系；股东相互之间的关系；发起人与公司之间的关系；股东与公司之间的关系；公司组织机构即权力机构、业务执行机构和监督机构相互之间的关系；公司与国家经济、行政管理机关之间所发生的社会关系。

2) 公司的行为关系

公司的行为关系是指公司作为主体对外行为所产生的关系。公司的本质特征之一是营利性，既然公司以赢利为目的，就要直接参与生产经营、交易活动，就要与其他主体之间产生关系。公司的行为关系主要包括股票的发行、交易；公司债的发行、转让以及资本的增加、减少和出资的转让等，并不包括与公司组织特点无关的关系，如商品买卖关系、借贷关系等。

综上可见，公司法对公司关系的调整侧重于组织关系，而对于公司的行为关系的调整则是次要的、辅助的。基于此，公司法在性质上倾向于组织法或主体法，即公司法主要是规定公司的组织及其地位的法。在各国的法律体系中，公司法一般居于商事法中的商事主体法的地位。

2. 公司法的立法宗旨

现行《公司法》第一条开宗明义，揭示了公司法的立法宗旨："为了规范公司的组织和行为，保护公司、股东和债权人的合法权益，维护社会经济秩序，促进社会主义市场经济的发展，制定本法。"据此可见，我国公司法的立法目旨即为通过规范公司的组织和行为，保护公司及其利益相关者(包括股东、债权人、职工等)的合法权益，使公司的活动纳入法制轨道。

公司是市场经济条件下，适应社会化生产而产生的现代企业组织形式。作为市场主体，其设立和行为是否规范，治理结构是否科学合理，直接关系到公司能否以最有效的方式从事经营活动、创造社会生产力。公司是以资本联合为基础的经济组织，享有独立的法人财产权；股东是出资者，享有股权；其他经济主体在经济活动中与公司发生经济往来，可能成为公司的债权人，他们的合法权益都应当受到法律的保护。制定公司法即力求通过为公司提供切实可行的制度设计，以明确公司的权利和义务，对内规范公司与股东的关系，对外规范公司与交易对方的关系，并通过对违法行为的民事、行政制裁措施，切实保护公司、股东和债权人的合法权益，使公司能够按照法律的规范设立并进行活动，以充分发挥其优势，形成良好的社会经济秩序，从而促进社会主义市场经济的发展。

6.2.2 公司法的特征

公司法的特征是指公司法在某些方面的特殊表现，是与其他法律相区别的属性。主要有以下几点。

1. 公司法是组织法与行为法的结合

组织法是指规定某种社会组织的组织及运作的法律规范。公司是一种营利性的商事组织，具有不同于自然人的团体人格，因而规定公司法律地位、团体人格取得、内部机构的设置和运作规则、调整公司内部成员的关系，是调整公司组织关系的公司法的最基本的义务，所以公司法首先是组织法。行为法是调整法律主体的活动或行为而产生的社会关系的法律规范的总称。公司作为一种营利性组织必然对外从事各种经营活动和交易行为，因此公司法在规定公司组织体的产生和运作的同时，势必需要对公司特定的经营行为进行规制，所以公司法作为组织法的同时，也必然兼有行为法的特征，只不过组织法的特征是第一位的，行为法特征是第二位而已。

2. 公司法是实体法与程序法的结合

从公司法的体例上看，公司法侧重于对股东及公司组织机构权利义务的规定，以及股东与公司财产责任的划分。无疑公司法主要是实体法。同时，公司法还对取得实体权利所必须履行的程序、公司设立的程序等作出了规定，因而又包含程序法的因素。

3. 公司法是强制性规范与任意性规范的结合

目前我国的《公司法》首先是强行法，在公司法中包含大量的强制性规范，要求法律主体必须依照法律办理而不能以个人意志予以变更。但由于公司法就其本质而言是私法和任意法，包含较多的任意性规范，对于不损害第三人和社会利益的行为和事项，公司法体现私法自治和契约自由的原则，允许当事人自愿协商和对法律规则的选择适用和变通。

4. 公司法是制定法

公司法作为组织法，需要明确、统一、系统地规定公司的法律地位、设立条件及程序、公司和股东的责任等，因此，为实现对公司关系的有效调整，无论是大陆法系国家还是英美法系国家，公司法基本上均采取了制定法的形式。当然在英美法系国家除成文的公司法外，也存在较多的公司法判例，成为公司法的有机组成部分。

5. 公司法是具有一定国际性的国内法

公司法在本质上属于国内法，但由于公司法属于商法的组成部分，商法是最具国际性的法律规范，因为商法是调整商事关系的，而商事关系是商品经济关系在法律上的表现，这必然导致各国的商法具有许多共性，公司法亦是如此。随着经济发展的全球化趋势，特别是我国已经加入世界贸易组织(World Trade Organization，WTO)，客观上需要与世界各国接轨，更应研究与借鉴其他国家的公司法规则。

6.2.3 公司法的渊源

法的渊源是指法的效力渊源，即根据法的效力来源而划分的法的不同表现形式，主要包括制定法、判例法、习惯及法理等。法律依创制方式不同，可以分为制定法与非制定法，制定法主要包括宪法、法律(基本法律及除基本法律之外的法律)、行政法规、地方性法规、特别行政区法规等；非制定法主要包括习惯、判例及法理。

公司法作为部门法，制定法是其主要渊源，其效力的表现形式主要有以下几方面。

1. 宪法中的公司法规范

宪法是国家的根本法，具有最高的法律效力，是公司法规范的立法依据。宪法所作出的原则性规定同样适用于公司，如关于所有权、民事主体的基本权利和义务的规定，在公司法无相应的规定时，可以直接适用宪法的相关规定。

2. 公司法律

公司法律是指由全国人民代表大会及其常委会制定的有关公司方面的法律。例如，《公司法》属于公司基本法，是公司法律体系的核心和主干。除此之外，还有与《公司法》密切相关的法律，如《证券法》、《中华人民共和国刑法》(以下简称《刑法》)、《民事诉讼法》，这些法律中均有直接规范公司行为或与公司相关的行为的条款。

3. 公司法规及部门规章

公司法规是指由国务院及其各部委制定的有关公司方面的行政法规，如《公司登记管理条例》、《股票发行与交易管理暂行条例》、《关于股份有限公司境外募集股份及上市的特别规定》、《关于股份有限公司境内上市外资股的规定》、《减持国有股筹集社会保障资金管理暂行办法》、《中华人民共和国外资保险公司管理条例》等。

部门规章主要包括国务院证券主管部门及其他有关部门颁布的规范性文件，如《股票发行核准程序》、《上市公司新股发行管理办法》、《上市公司治理准则》、《公司注册资本登记管理规定》、《股份有限公司土地使用权管理暂行办法》、《关于外商投资举办投资性公司的规定》等。

4. 地方性法规及政府规章

地方性法规是指省级人大或人大常委会制定的规范性文件。政府规章是指省级人民政府和较大的市的人民政府制定的规范性文件。这部分法规在适用范围上具有局限性，仅在本行政区划管辖范围内有效，如《深圳市股票发行与交易管理暂行办法》、《海南经济特区股份有限公司监督管理规定》、《广东省股票债券管理办法》、《四川省上市公司配股暂行办法》等。

5. 司法解释

司法解释主要是指最高人民法院在其权限范围内所作的有关公司方面的解释，虽然其本身不是法律规范，但具有约束力，可视为广义的法律。

6. 国际条约中的有关公司方面的规定

我国应遵守参加的国际条约中有关公司方面的规定，但声明保留条款除外。

由于我国现行法律与司法实践均未将法理、习惯及判例作为法源，公司法亦不例外，因此非制定法不能成为我国公司法的渊源。

6.2.4 公司法的地位

界定公司法在一国法律体系中的地位，主要需明确两个问题：一是公司法是否是独立的法律部门；二是公司法与其他部门法的关系。

1. 公司法是独立的法律部门

公司法具有特定的调整对象，是独立的法律部门，这是毋庸置疑的，世界各国对此的态度是一致的，但对公司法在各国法律体系中的地位却存在不同的观点：

(1) 公司法是商法典的组成部分。采这一体例的主要是大陆法系中实行民商分立的国家，如法国、德国等。另外，这些国家除在商法典中规定公司法的内容外，还制定了有关公司的单行法，如德国。

(2) 公司法是民法典的组成部分。采这一体例的主要是大陆法系中实行民商合一的个别国家，如瑞士。瑞士有关公司的立法规定，被编纂于债务法中。

(3) 公司法是单行法。采这一体例的是大陆法系中实行民商合一的大多数国家和英美法系国家，我国1993年《公司法》的出台，意味着我国采用单行法的立法体例。

2. 公司法与其他部门法的关系

1) 公司法与民法

民法是公司法的基础，公司法离不开民法。民法是调整平等主体间的财产关系和人身关系的基本法，它所确立的基本制度和基本准则，对于调整股东间的关系及股东与公司间的关系，同样是适用的。例如，民法中的法人制度对于确认公司的法律地位具有重要意义，民法中的物权理论对于认识公司股权的性质具有指导意义，民法中的代理制度和委任制度，适用于对公司经理人法律地位的确定，民法中的合伙制度，对于确认无限公司的股东地位与责任具有借鉴意义，甚至可以直接适用，民法的侵权赔偿制度，可以直接用来确定董事、经理给公司造成损失时应负的责任；反之，民法也离不开公司法，民法中的法人制度直接源于公司法，公司制度的完善，本身也是民法主体制度的完善，公司股权制度的形成，也是民法物权理论与实践的发展。民法与公司法相辅相成、相得益彰。①由此，传统学理上，通常将包括公司法在内的商法作为民法的特别法，将民法和商法统称为民商法。

2) 公司法与企业法

在我国，公司是企业的重要组织形式之一，但不是唯一形式，公司法是企业法体系的重要组成部分，调整有关企业组织关系的法律除《公司法》外，还有《独资企业法》、《合伙企业法》。可见，在我国公司法与企业法的关系上采“二元制”，企业法与公司法处于多元并存的状态。《公司法》、《独资企业法》、《合伙企业法》按照各自的调整对象实现对公司企业、独资企业和合伙企业法律关系的调整。凡是符合《公司法》规定的条件，依《公司法》规定的程序设立的企业，均归《公司法》调整，其他企业法只调整有限责任公司和股份有限公司以外的企业。

3) 公司法与证券法

公司法与证券法是联系最为密切的两部法律，在调整对象和范围上存在一定的重合和交叉，公司法和证券法除各自自有的内容外，均对因股票和公司债券发生的法律关系进行规制。在各国公司法中，股票和公司债券的发行是股份有限公司特有的权利能力，而股票和公司债券又是证券市场中交易最为活跃、交易量也最大的证券品种。可见，证券的母体之一就是公司，没有公司就不可能提供用于交易的股票和公司债券。同时，证券市场分为一级市场和二级市场，所谓一级市场就是发行市场，而对发行行为和发行关系的调整不仅是证券法的任务，也是公司法的重要内容，公司法和证券法各从不同的角度对股票和公司债券的发行人的条件和发行程序作出规定。一般来说，公司法的规定具有原则性和基础性，而证券法的规定应保持与公司法的一致性，并更具技术性和可操作性。两者类似姐妹法，又类似母女法。②因此，在理论、立法、司法以及实务工作中，通常都将这两种法联系在一起。

① 石少侠．公司法教程[M]．修订版．北京：中国政法大学出版社，2002：17．

② 江平．新编公司法教程．2版．北京：法律出版社，2003：8．

此外，公司法与刑法、经济法、破产法、劳动法、民事诉讼法等部门法亦存在着密切联系。

引例分析

某合伙企业冒用股份有限公司名称案

在本案中，张某与李某在不具备法定条件的情况下，没有经过工商登记，擅自将厂名改为“股份有限公司”，并以股份公司的名义对外营业，违反《公司法》的规定，其所设立的“股份有限公司”不能依法成立。张某与李某所设立的企业不具备公司法人的条件，实质为两人合伙的非法人企业。对于企业的债务应由张某与李某承担无限连带责任，而不能以“股份有限公司”为名仅承担有限责任。因此，法院应判令张某与李某要对原告承担未能按时交货的违约责任，同时，还应依法向工商机关提出司法建议，使其非法设立公司的行为受到行政处罚。

本案主要强调，由于公司企业与一般的企业，特别是不具备法人资格的企业在设立、承担债务、清偿责任等方面有本质差别，因此，有限责任公司与股份有限公司应依法设立，不得擅自以公司的名义注册经营。擅自冒用公司名义，极易损害债权人的利益，进而扰乱社会经济秩序。

本章小结

公司是市场经济中最重要的企业形式，是最典型的企业法人。在不同的国家，由于立法习惯及法律体系的差异，公司的概念却不尽相同。在一般意义上，公司具有营利性、社团性、法人性及法定性的特征。公司是资本主义生产关系的产物，与商品经济发展密切相关。公司的产生及存在具有客观必然性，这根源于公司具有强大的经济功能。公司法上研究公司分类的目的在于，在公司分类的基础上，根据公司的不同法律属性和特点，对公司进行相应的法律规范和调整，设置不同的行为规范和规则。大陆法系与英美法系各国依照不同的标准，对公司作出不同的分类。

公司法是调整公司法律关系的法律规范，是民商法体系中的重要法律部门。公司法具有特定的调整对象，是独立的法律部门。公司法对公司关系的调整侧重于组织关系，而对于公司行为关系的调整则是次要的、辅助的。因此，公司法本质上属于组织法。制定公司法的根本目的是要通过规范公司的组织和行为，保护公司及有关利害关系人的合法权益，使公司的活动纳入法制轨道，形成良好的社会经济秩序，为市场主体提供公平、有序的发展环境，从而促进社会主义市场经济的发展。

思考题

1. 公司的特征有哪些？
2. 什么是公司人格否认制度？
3. 公司的功能有哪些？
4. 公司法的立法宗旨是什么？
5. 公司法有哪些特征？
6. 公司法与民法、企业法、证券法各有什么样的关系？

练 习 题

1. 不定项选择题

(1) 公司是( )。

A. 企业法人　B. 财团法人　C. 公法人　D. 私法人

(2) 公司法是规定( )。

A. 公司的设立、组织以及对内对外关系的法律

B. 公司的设立、组织和解散的法律

C. 公司的设立、组织活动和解散以及其他与公司组织有关的对内、对外关系的法律规范的总称

D. 公司的设立、组织、解散以及对内、对外关系的法律规范

(3) 下列选项中，体现公司财产责任独立性的有( )。

A. 股东除缴纳出资外，对公司债务不再负责

B. 公司管理人员对公司的债务不负责

C. 母公司的债务需要子公司的财产来偿还

D. 分公司的合法合同行为产生的债务不能要求总公司来偿还

(4) 某有限责任公司的股东拖欠银行巨额贷款，但不积极经营还贷，还以公司名义继续向银行借款，借新还旧，供自己挥霍。当银行起诉后，该股东以承担有限责任为由，请求法院宣告公司破产。下列选项中正确的是( )。

A. 该股东存在违法挪用公司资金的行为

B. 可以依法由法院否认该公司的人格

C. 对第三人的债务，该股东与公司承担连带责任

D. 该股东应就自己的行为对公司造成的损害承担赔偿责任

(5) 公司法所调整的公司组织关系包括( )。

A. 发起人相互间的关系　B. 股东与公司相互间的关系

C. 公司内部组织机构相互间的关系　D. 股东之间的关系

(6) 甲、乙、丙、丁、戊5人共同投资1 000万元人民币，设立一个股份有限公司。该公司注册资本分为1 000万股，每股1元人民币。甲、乙、丙3人分别持有300万股，丁、戊2人分别持有50万股。该公司运营中产生的债务由( )。

A. 甲、乙、丙、丁、戊5股东共同承担

B. 公司以注册资本为限承担

C. 公司与股东共同承担

D. 公司以其全部资产承担

(7) 按公司的信用基础为标准可将公司分为( )。

A. 总公司与分公司　B. 母公司与子公司

C. 人合公司与资合公司　D. 封闭式公司与开放式公司

(8) 按公司之间的控制依附关系，可将公司分为( )。

A. 上级公司与下级公司　B. 总公司与分公司

C. 大公司与小公司　D. 母公司与子公司

(9) 某公司下属的一家分公司以自己的名义对外签订的合同，其效力为(　　)。

A．无效

B．有效，其责任由分公司独立承担

C．有效，其责任由总公司承担

D．有效，其责任由分公司独立承担，总公司负连带责任。

(10) 有限责任公司的投资者或股东以其(　　)为限对公司承担责任。

A．出资额　　B．投资总额

C．个人所有财产总额　　D．注册资本总额

2. 案例分析题

(1) 甲是一有限责任公司的股东，后把其股权转让给乙，但并未到相关机关进行变更登记。

问题：此转让行为是否有效的判断依据应适用《合同法》还是《公司法》？为什么？

(2) 伊普里公司是注册于美国的一家电子公司，资本雄厚，其于1995年即在中国设立伊普里公司驻中国办事处，从事原材料订购及加工等业务。2004年，该办事处因原材料涨价，造成亏损。丰科电子有限公司作为长期供货方，得知该情形后，向其提出清偿近两年对该公司的欠款的请求，共计340万美元。伊普里公司驻中国办事处未予答复。丰科电子有限公司遂向法院提起诉讼。伊普里公司驻中国办事处表示，其已资不抵债，要求适用相关条款申请破产。

问题：本案应如何处理？为什么？

(3) 华兴实业公司因其下属的分公司经营不善，遂与刘某签订承包协议，由刘某承包该分公司，刘某为法定代表人，华兴实业公司为刘某提供了合法的经营手续和办公地点，刘某承包后，以华兴实业公司的名义与夏华物资公司订立一份供货合同，合同订立后，刘某弄来一张空白介绍信并私刻财务专用章，在银行开立账户并通知夏华物资公司将货款汇入该账户，款到后即携款潜逃，夏华物资公司遂向华兴实业公司要求还款。

问题：夏华物资公司的主张是否合法？为什么？

第 7 章 公司的设立

本章教学要点

知识要点	掌握程度	相关知识
公司设立的概念	熟悉	公司设立的内涵；公司设立与公司成立的比较
公司设立的方式		发起设立与募集设立
公司设立的条件	了解	有限公司及股份公司的设立条件
公司设立的程序		有限公司及股份公司的设立程序
公司设立的原则	掌握	自由设立主义、特许设立主义、核准设立主义及准则设立主义
公司的能力		公司的权利能力、行为能力及侵权行为能力
公司章程	重点掌握	公司章程的概念、特征、内容、制定及修改

基本概念

公司设立　公司成立　发起设立　募集设立　公司章程　公司的权利能力　公司的行为能力　公司的侵权行为能力

引例

中国建设银行股份有限公司设立实例

中央汇金投资有限责任公司、中国建银投资有限责任公司、国家电网公司、上海宝钢集团公司和中国长江电力股份有限公司共同发起设立中国建设银行股份有限公司。中国建设银行将由国有独资商业银行改制为国家控股的股份制商业银行。5家发起人出资合计人民币1 942.3025亿元，全部资本由等额股份构成，股份总数为1 942.3025亿股，每股面值为人民币1元，折股比例为1∶1。依据国家有关法律法规，创立大会审议通过了《中国建设银行股份有限公司章程》及董事会、监事会组成人员等有关议案。中国建设银行改制为国家控股的股份制商业银行后，名称为中国建设银行股份有限公司，简称中国建设银行。中国建设银行股份有限公司承继原中国建设银行商业银行业务及相关资产、负债和权益。

请结合本实例思考股份有限公司设立的条件。

案例来源：http://ecomong. enorth.com.cn/system/2004/09116/000865592.Shtml.

7.1　公司设立概述

7.1.1　公司设立的概念

公司设立是指发起人为组建公司，使其取得法人资格，依据公司法的规定所必须采取和完成的一系列连续不断的法律行为的总称。公司设立的本质在于：使一个尚不存在或正在筹建中的公司，通过发起人实施的一系列法律行为，逐渐具备公司法所规定的条件，具有权利能力和行为能力，能够独立承担法律责任，成为符合公司法规定的公司。

公司设立行为属于共同法律行为。[①]公司的设立行为是全体发起人意思表示方向一致，行为后果一致，齐心协力于设立公司这个共同目的的行为，是全体发起人为使公司得以成立并取得企业法人资格而共同所为的一种法律行为。

公司设立与公司成立是两个相互关联又相互区别的概念。公司成立是指公司经发起人依法定的条件和程序完成了所有设立行为并得到登记主管机关核准，取得法人资格，可以依法经营的特定状态或法律事实。公司设立是公司成立的前提，公司成立是公司设立行为与政府审查核准的结果。两者的主要区别在于以下几方面。

1．发生阶段不同

公司设立发生于公司成立之前；公司成立则发生于公司被主管行政管理机关依法核准

① 覃有土．商法学[M]．2版．北京：高等教育出版社，2008：118．

登记，发给营业执照之时，是公司设立行为被法律承认或认可的一种法律状态或法律后果。

2. 行为性质不同

公司设立发生于公司发起人之间或发起人与公司股东之间，其行为完全基于发起之间签订的协议即当事人的意思表示，是一种民事行为，应遵循平等、自愿、等价有偿等原则，属私法范畴；而公司成立则发生于发起人与主管行政管理机关之间，更多地体现为一种行政行为，属公法范畴。

3. 法律效力不同

在公司设立阶段，公司尚不具备法人资格，其对内对外关系一般视为合伙，若公司未被核准成立，因设立公司所发生的债权债务关系类推适用有关合伙的规定；如公司成立，则发起人为设立公司而产生的债务由公司承担，法律后果归属公司。

4. 行为主体不同

公司设立的行为主体是发起人和认股人；而公司成立是行政机关的行政行为和发起人的设立行为共同作用的结果，所涉及的行为主体包括主管行政机关和发起人。

5. 解决争议的依据不同

在公司设立过程中，一般依照发起人之间订立的协议来解决发起人之间的争议；而有关公司是否成立的争议，一般依据有关行政法规来解决，其性质是行政争议，当事人可依法提起行政诉讼。

7.1.2 公司设立的原则

公司设立的原则是指公司设立的基本依据及基本方式。①从公司创立至今，各国对于公司设立的立法态度，随着当时的社会背景的变化而变化，不同类型的公司在责任形式以及组织结构上不尽相同，并且不同的国家和地区在不同的历史阶段由于社会政治经济条件、文化传统、法律传统诸因素的差异，对同一类型的公司设立所采取的态度也不完全一致，因此，公司设立的原则并非单一的、一成不变的，而是随着公司类型的不同以及时代的演变而有差异。概括说来，主要有以下几种。

1. 自由设立主义

自由设立主义又称放任设立主义，是指公司的设立完全由当事人自由为之，国家法律不加以任何干预或限制。自由设立原则的优势在于公司设立简便，只要欲设立公司的人聚集在一起形成社团实体即可；其弊端在于极易导致虚假公司的泛滥，危及债权人的利益，进而影响交易安全。

2. 特许设立主义

特许设立主义是指公司必须经过国家元首特别许可或经过国家立法机关颁发特别法令予以特别许可才能设立。特许设立是在认识到了自由设立主义的弊端之后才出现的，各国纷纷以此来规制公司滥设，但未免矫枉过正，由于其是封建特权的产物，过分管制公司设立，难以适应大批经济组织取得法人资格的需要，阻碍了自由竞争和统一市场的形成。

---

① 赵旭东．公司法学[M]．2 版．北京：高等教育出版社，2006：112．

3. 核准设立主义

核准设立主义，又称许可主义、审批主义，是指公司设立除具备法律规定的条件之外，还须经过政府行政主管机关的审核批准。特许设立原则克服了自由设立原则过于放任的缺陷，但其实质却与特许设立原则形异实同，只不过前者是行政特权，后者是立法特权。在核准设立原则下，国家行政机关对公司设立进行实质性审查，这限制了公司的设立，且易滋生腐败。

典型案例 7-1

飞腾商业公司等诉某市工商行政管理局公司登记案

飞腾商业公司与另外 6 家企业达成协议，决定共同投资成立一家具有限公司，在确定成立新公司后，飞腾商业公司草拟了公司章程，新企业暂定名为“明光家具有限公司”，此公司章程经 7 家企业审核后予以认可。章程中确定新公司的注册资本为 200 万元，其中飞腾商业公司出资 60 万元，其余投资由另外 6 家企业承担，出资方式有货币、实物(包括厂房、机器设备)、土地使用权等。这些出资中，货币出资已经存入明光家具有限公司筹备处在银行的账户，实物、土地使用权等也办理了应办理的相关手续。7 家企业交足出资后，明光家具有限公司筹备处委托某会计师事务所进行验资，会计师事务所验资后出具了验资证明。明光家具有限公司筹备处向市工商管理局申请设立登记，并向其提交了公司登记申请书、公司章程、验资证明等文件。市工商行政管理局经审查后认为，明光家具有限公司的法定资本和生产条件是合格的，但是本地已经有 4 家家具厂，市场容量已趋饱和，再设立一家家具公司对本地经济无大的促进作用，因此不予登记。当明光家具有限公司筹备处把工商行政管理局不予登记的通知传达给飞腾商业公司等企业后，这些单位不服，以市工商行政管理局为被告，向人民法院提起行政诉讼，要求市工商行政管理局对其设立的新企业的申请予以登记。

资料来源：赵旭东．新公司法案例解读．北京：人民法院出版社，2005：61.

4. 准则设立主义

准则设立主义，又称登记主义、注册主义，是指设立公司不须行政主管机关审批，只要具备成文法律规定的公司设立的一般性要件即可向注册登记机关申请登记。这一原则既无特许设立主义与核准设立主义的烦琐，又避免了自由设立主义的放任，大大方便了公司设立，有利于公司的普遍发展。目前大部分国家或地区的公司立法采用准则设立主义。

我国公司设立原则的确立经历了如下发展变革。1993 年《公司法》实行核准设立主义与准则设立主义相结合原则，即股份有限公司的设立实行核准设立主义，有限责任公司的设立原则上实行准则设立主义。现行《公司法》第六条规定：“设立公司，应当依法向公司登记机关申请设立登记。……法律、行政法规规定设立公司必须报经批准的，应当在公司登记前依法办理批准手续。”可见，我国目前公司设立实行准则设立主义与核准设立主义相结合，即原则上对股份有限公司和有限责任公司实行准则设立原则，但法律、行政法规规定必须报经批准设立的公司，则实行核准设立的原则。

7.1.3 公司设立的方式

在大陆法系国家的公司立法中，公司设立的方式可分为发起设立和募集设立，而英美法系国家则无以上概念。在我国，公司设立主要有以下方式。

1. 发起设立

发起设立，又称共同设立或单纯设立，是指公司的资本由发起人全部认购，不向发起人之外的任何人募集而设立公司的方式。发起设立方式具有设立程序简单、对社会公众影响较小、成立后股东相对稳定和封闭等特点，多为中小型公司所采用，如无限公司、两合公司、有限公司等。

我国现行《公司法》第二十六条及第八十一条分别对发起设立有限责任公司和股份有限公司作出特别规定，即有限责任公司的注册资本为在公司登记机关登记的全体股东认缴的出资额。公司全体股东的首次出资额不得低于注册资本的 20%，也不得低于法定的注册资本最低限额，其余部分由股东自公司成立之日起两年内缴足；其中，投资公司可以在 5 年内缴足。股份有限公司采取发起设立方式设立的，注册资本为在公司登记机关登记的全体发起人认购的股本总额。公司全体发起人的首次出资额不得低于注册资本的 20%，其余部分由发起人自公司成立之日起两年内缴足；其中，投资公司可以在 5 年内缴足。在缴足前，不得向他人募集股份。

2. 募集设立

募集设立，又称渐次设立、复杂设立，是指发起人仅认购公司一定比例的股份，其余部分按法律规定的程序向社会公开募集而设立公司的方式。募集设立的优势在于有利于广泛地募集巨额资本，缓解发起人的出资压力；其弊端在于审批手续较为复杂、股权分散、易受制于证券市场、不宜控制等。只有股份有限公司可以采取募集设立方式。

《公司法》第八十五条对募集设立股份有限公司作出特别规定，即以募集设立方式设立股份有限公司的，发起人认购的股份不得少于公司股份总数的 35%；但是，法律、行政法规另有规定的，从其规定。

7.2 公司设立的条件及程序

7.2.1 公司设立的条件

公司设立的条件，是指公司法规定的公司取得法人资格所必须具备的要素。《公司法》第二十三条和第七十七条分别规定了有限责任公司与股份有限公司的设立条件。

1. 有限责任公司的设立条件

《公司法》第二十三条规定设立有限责任公司应当具备下列条件。

1) 主体条件

主体条件的要求有二，即股东人数要求及股东资格要求。首先，股东须符合法定人数。《公司法》规定，有限责任公司由 50 个以下股东出资设立。其次，股东还须具备一定资格。股东为自然人的，应具备民事权利能力和完全民事行为能力，外国人亦可；股东为法人的，应是不受限制的法人，未经授权或国家明文禁止的党政机关不得作为有限责任公司的股东；股东为国家的，须由其授权的机构或部门作为代表，投资主体可以是中央政府，也可以是地方政府。

2) 资本条件

资本条件的要求是指有限责任公司股东出资须达到法定资本最低限额。《公司法》规定，有限责任公司的注册资本的最低限额为人民币 3 万元。法律、行政法规对有限责任公司注册资本的最低限额有较高规定的，从其规定。

3) 组织条件

(1) 公司章程。公司章程是有限责任公司记载公司组织规范及行动准则的最重要的书面文件，对公司的全体股东、董事、监事和经理具有约束力，必须经全体股东共同制定，并签名盖章。

(2) 组织机构。设立有限责任公司须建立符合公司法要求的组织机构，如股东会、董事会或执行董事、监事会、经理等。

(3) 公司名称及住所。公司名称是公司与其他公司或经济组织区别的标志，公司名称须符合法律、行政法规的有关规定，须标明“有限责任公司”或者“有限公司”字样，须申请名称预先核准，以预先核准的名称办理有关公司设立的手续。《公司法》第十条规定，公司以其主要办事机构所在地为住所。

2. 股份有限公司的设立条件

《公司法》第七十七条规定设立股份有限公司应当具备下列条件。

1) 主体条件

主体条件的要求有二，即发起人人数要求及发起人资格要求。首先，发起人须符合法定人数。《公司法》规定，设立股份有限公司，应当有 2 人以上 200 人以下为发起人。其次，发起人还须具备一定资格。发起人为自然人的，应具有完全民事行为能力，无行为能力人和限制行为能力人不得成为发起人；发起人为法人的，应是法律上不受特别限制的法人；对发起人的国籍一般没有限制，但对发起人的住所有相应的限制，如《公司法》规定，股份有限公司须有过半数的发起人在中国境内有住所。

2) 资本条件

资本条件的要求有二，即法定最低资本限额要求及资本构成要求。首先，设立股份有限公司应符合法定最低资本限额要求。《公司法》规定，股份有限公司注册资本的最低限额为人民币 500 万元。法律、行政法规对股份有限公司注册资本的最低限额有较高规定的，从其规定；其次，股份有限公司的资本构成应符合法定要求，即股份有限公司的资本应划分为股份，并且各股金额应为均等。

3) 组织条件

(1) 公司章程。股份有限公司的设立行为是由发起人完成，所以公司章程只能由发起人制定。在以发起方式设立股份有限公司的场合，公司章程须由全体股东签字盖章即发生法律效力；在以募集方式设立股份有限公司的场合，因发起人只认购公司股份的一部分，其余部分向社会公开募集，所以公司章程须经出席公司创立大会的代表股份数 1/2 以上的认股人通过才能发生法律效力。

(2) 组织机构。设立股份有限责任公司须建立符合《公司法》规定的组织机构，如股东大会、董事会、监事会、经理等。

(3) 公司名称及住所。股份有限公司须有自己的名称，公司名称须符合法律、行政法规的有关规定，且须标明“股份有限公司”字样。股份有限公司以其主要办事机构所在地为住所。

7.2.2 公司设立的程序

公司设立程序因各国实行的公司设立原则及各种公司所采取的设立方式不同而有所区别。在公司设立的原则上，采取准则设立原则的，公司设立不必经过国家行政机关核准；而采取核准设立原则的，则须经国家行政主管机关的核准程序。在设立方式上，采取发起设立方式的设立程序较为简单，而采取募集设立方式的则较为复杂。[①]《公司法》对有限责任公司和股份有限公司的设立程序分别作了详细规定。

1. 有限责任公司设立的程序

依《公司法》及相关法律规定，有限责任公司的设立应当经过下列程序：发起人发起；制定公司章程；申请名称预先核准；缴纳出资并进行验资；申请设立登记；登记发照。另外，对于法律、行政法规规定设立有限责任公司必须报经批准的，还须在公司登记前依法办理审批手续。

2. 股份有限公司设立的程序

依《公司法》及相关法律规定，股份有限公司的设立应当经过下列程序：签订发起人协议；制定公司章程；申请名称预先核准；认购股份；建立公司组织机构；申请设立登记；登记发照及公告。其中，在认购股份程序中，采取发起设立方式的，由发起人认购全部股份并缴纳股款；采取募集设立方式的，由发起人认购法定数额的股份之后，进行公开募集股份并缴纳股款。另外，对于法律、行政法规规定设立公司必须报经批准的，还须在公司登记前依法办理审批手续。

7.3 公 司 章 程

公司章程是公司的内部宪章，对公司至关重要，是公司成立的基础。它是公司最为重要的自治规则，是公司及其成员的最高组织及行为准则，全面指导公司的组织和活动。

典型案例 7-2

三替公司诉卧龙岗村委会经营合同纠纷案

2004 年 8 月 18 日，三替公司与卧龙岗村委会签订合作协议，约定双方共同成立“北京市建筑渣土处理中心”，三替公司负责办理建筑渣土特许经营权，卧龙岗村提供 400 亩(1 亩≈666.67 平方米)沙石坑一个；三替公司占 51%的股权，卧龙岗村占 49%，前期投入、注册资本及利润分配均按此比例分配；合作期间，双方均不得以任何理由提出终止合作，如单方坚持解除合作，提出方需向另一方给付该方投资额的 200%的赔偿。2004 年 9 月 8 日，三替公司与卧龙岗村委会签订了《北京卧龙岗渣土处理有限公司章程》，章程中约定公司注册资本为 20 万元人民币，其中三替公司出资 10.2 万元，卧龙岗村出资 9.8 万元，其余条款

① 赵旭东．公司法学[M]．2 版．北京：高等教育出版社，2006：144.

均为成立有限公司的格式条款。此后，双方均如期履行了出资义务及合作协议所约定的其他义务，公司于2004年9月27日正式成立。2006年年底，双方之间因纠纷诉至人民法院，原告三替公司诉称：卧龙岗村委会于2006年4月将所提供的场地收回导致公司无法经营，严重违反了双方所签订的合作协议，导致该协议无法继续履行，给原告造成了重大损失，要求判令被告给付原告违约金20.4万元。被告辩称：我方未将土地收回，原告起诉所依据的合作协议是在公司成立之前签订的，在公司成立后公司的行为应该受章程的约束。后经法院调解及双方当事人协商，原被告双方达成和解协议后撤诉。

资料来源：刘兰芳．新公司法疑难案例判解北京：法律出版社，2009：94.

7.3.1 公司章程的概念及特征

公司章程是指由发起人共同制定的，规定公司根本制度和组织机构及活动准则的公司必备文件，是以书面形式固定下来的股东共同的意思表示。就实质意义而言，公司章程是指依发起人的法律行为而成立，具有对成文法的补充性、变更性的效力，并以此对公司的法律关系进行规制的规范的总称；就形式意义而言，公司章程是指记载上述规范的书面文件。任何一个公司在设立时都需要制定公司章程，公司章程持续约束公司的法律关系，约束公司的股东及组织机构的行为，其变更只依严格的法定程序才可以进行。

公司章程具有如下法律特征。

1. 自治性

公司章程是公司的自治规则，公司不同则章程也各自不同。公司章程一经订立，不仅对参与制定章程的发起人具有约束力，而且对公司、股东、董事、监事、经理等具有普遍的约束力。公司章程是全体股东的共同的意思表示，独立于股东的个别意思，不因制定章程的股东退股或转让其股份发生人员结构变化影响章程的效力。当然，公司章程的自治性是有限的，相对的、是以不违反法律、行政法规为前提的。

2. 法定性

法定性是指公司章程的制定、内容、效力及修改程序均由法律强制规定。主要表现为地位法定、内容法定、效力法定、制定和修改程序法定及公司章程须登记。

3. 公开性

公开性是指公司章程不仅要对投资人和债权人公开，必要时还要向一般社会公众公开，这是保障社会交易安全，增强透明度，指导理性投资的需要。主要表现为公司章程须经登记；公司章程须置备于公司以供查询；公司章程是发行股票及公司债券时进行信息披露的文件之一。

7.3.2 公司章程的内容

1. 公司章程内容的分类

公司章程具有法定性和自治性，因此公司法须对公司章程的内容作出相应的要求，其记载的事项中就会既有国家强制性要求，也会有股东根据本公司的实际情况自主安排的内容，主要包括以下内容。

1) 绝对必要记载事项

绝对必要记载事项是指公司章程中必须予以记载的、不可缺少的事项。公司章程缺少其中任何一项或任何一项记载不合法，就会导致整个章程的无效。

2) 相对必要记载事项

相对必要记载事项是指法律列举规定的一些事项，可以听凭章程制定人自主决定是否载入章程。一旦章程予以记载，便发生效力。如果不予记载或某项记载不合法，则仅该事项无效，章程的其他事项仍然有效，不影响整个章程的效力。

3) 任意记载事项

任意记载事项是指法律并不列举，只要不违反法律的强行规定、公共秩序和善良风俗，章程制定人便可根据实际需要载入章程的记载事项。

2. 我国公司章程的记载事项

《公司法》分别对有限责任公司和股份有限公司的公司章程的记载事项作出规定：

1) 有限责任公司章程的记载事项

根据《公司法》第 25 条的规定，有限责任公司章程应当载明下列事项：公司名称和住所；公司经营范围；公司注册资本；股东的姓名或者名称；股东的出资方式、出资额和出资时间；公司的机构及其产生办法、职权、议事规则；公司法定代表人；股东会会议认为需要规定的其他事项。

2) 股份有限公司章程的记载事项

根据《公司法》第 82 条的规定，股份有限公司章程应当载明下列事项：公司名称和住所；公司经营范围；公司设立方式；公司股份总数、每股金额和注册资本；发起人的姓名或者名称、认购的股份数、出资方式和出资时间；董事会的组成、职权和议事规则；公司法定代表人；监事会的组成、职权和议事规则；公司利润分配办法；公司的解散事由与清算办法；公司的通知和公告办法；股东大会会议认为需要规定的其他事项。

《公司法》所列举的公司章程的内容仅包含绝对必要记载事项和任意记载事项，缺少相对必要记载事项的内容。①

7.3.3 公司章程的制定与修改

1. 公司章程的制定

公司章程是公司团体的自治规范，是全体股东或出资人的合意，因此，原则上应由全体股东共同制定，但由于公司的种类不同，公司章程的制定主体和程序也不同。

1) 有限责任公司章程的制定

(1) 普通有限责任公司的公司章程由发起人共同制定。发起人应当在所制定的章程上签字盖章，这标志着公司章程制定程序的结束。

(2) 一人有限责任公司的公司章程由股东制定。

(3) 国有独资公司的公司章程由国有资产监督管理机构制定，或者由董事会制定报国有资产监督管理机构批准。

---

① 赵旭东．公司法学[M]．2 版．北京：高等教育出版社，2006：180.

2) 股份有限公司章程的制定

(1) 采取发起方式设立的股份有限公司，其公司章程的制定与有限责任公司相同。发起人在所制定的公司章程上签字或盖章。

(2) 采取募集方式设立的股份有限公司，其公司章程由发起人共同制定，但须经创立大会通过。

2. 公司章程的修改

公司章程的修改是指在公司章程登记生效后增加、删减或改变公司章程内容的行为。公司章程作为公司行为的基本准则，具有稳定性，不得随意更改，但由于社会环境和公司本身的情况并非恒定不变，为了更好地适应经营环境的变化，需要适时地修改章程的内容。当然，公司章程的修改不得违反法律的强行性规定和善良风俗，不得损害股东及债权人的利益。公司章程的修改须符合以下要求：

(1) 修改公司章程的权限专属于公司的权力机构。根据《公司法》第三十八条及第一百条的规定，修改公司章程的权限专属于有限责任公司的股东会及股份有限公司的股东大会。

(2) 修改公司章程须由股东会以特别决议方式作出决定。根据《公司法》第四十四条及第一百零四条的规定，修改公司章程须由股东会以特别决议方式作出决定，即必须经代表2/3以上表决权的股东通过或经出席会议的股东所持表决权的2/3以上通过，决议方为有效。

7.4 公司的能力

公司作为社团法人，是民事主体之一，与自然人一样具有民事权利能力、民事行为能力与侵权行为能力。但由于公司毕竟是拟制主体，它在能力方面存在着与自然人的诸多不同。

7.4.1 公司的权利能力

公司的权利能力是指由公司法赋予的，公司能够参加法律关系，享有权利和承担义务的资格。公司的权利能力始于公司营业执照签发，终于公司注销登记公告。公司权利能力的范围受到如下限制。

1. 公司的权利能力因性质受到限制

尽管公司与自然人均是民事主体，均具有民事权利能力，但由于公司作为组织体区别于作为生命体的自然人，公司的权利能力也因性质受到诸多限制。主要表现为公司不能享有自然人的以自然性质为前提的专属于自然人的权利，如生命健康权、肖像权、亲属权、自由权等。

2. 公司的权利能力因法律规定受到限制

公司的权利能力的范围受到公司法的严格限制，主要表现为转投资的限制、公司资金借贷的限制、公司对外担保的限制、对公司收购自有股份及对自有股份收质的限制等。

3. 公司的权利能力因目的受到限制

公司章程中应当记载公司的目的，即公司所从事的经营范围。公司的权利能力是否受公司章程记载的经营范围的限制，是近年来颇有争议的问题。两大法系的大多数国家均认为公司的目的范围不构成对公司权利能力的限制，但《民法通则》及 1993 年的《公司法》却强调公司应当在登记的经营范围内从事经营活动，即在我国公司的权利能力受经营范围的限制。这一限制在司法实践中存在较大弊端，因此 1999 年的《合同法》及司法解释改变了这一限制，对超过经营范围的公司行为不认为绝对无效。我国现行《公司法》废止了原《公司法》关于公司经营范围的规定，体现为现行《公司法》第十二条："公司的经营范围由公司章程规定，并依法登记。公司可以修改公司章程，改变经营范围，但是应当办理变更登记。"这一规定意味着现行《公司法》与《合同法》及相关司法解释在公司经营范围的规定上达成一致。

7.4.2 公司的行为能力

公司的行为能力，是指公司以自己的意思或行为独立地取得权利、承担义务的资格。公司是一种组织，不同于自然人，公司的行为能力与自然人的行为能力具有明显的区别。公司本身不具有思维能力及识别能力，不能实施民事行为，公司的行为能力是通过公司机关实现的，是一种特殊的行为能力。公司机关的行为，代表的是公司的行为。公司机关是公司的代表者，不是独立的权利主体，而是公司有机体的组成部分。一般而言，公司机关应由意思机关、执行机关和监督机关 3 部分构成。公司的意思表示机关是公司股东意志的表示机关，公司的执行机关是公司的经营管理机关，而公司的监督机关则是公司的监督检查机关。公司的行为通过公司机关的自然人，如法定代表人和其他成员的职务代理行为而表现出来。一般来说，公司法定代表人由公司章程规定，由董事长、执行董事或经理担任，并依法向工商机关登记。凡公司机关及其成员在其权力范围内代表公司执行业务的行为，在法律上就认为是公司本身的行为，公司应对其承担一切法律后果。①公司有时也通过其代理人为民事行为，但代理人不同于公司的机关，公司机关以公司名义实施的民事行为当然对公司发生效力，而代理人的行为须有公司的委托授权才能对公司产生效力。

7.4.3 公司的侵权行为能力

公司的侵权行为能力，又称公司的责任能力，是指公司在进行经营活动时对自己所为的违法行为承担责任的资格。公司的责任能力是公司承担法律责任的前提和基础。为保护受害人的合法权益，加强公司的责任，大多数国家法律均承认公司具有侵权行为能力，我国法律亦是如此。

公司侵权行为能力的实质是公司对其自身的侵权行为承担法律责任，而公司是法人，公司本身无法实施侵权行为，公司的侵权行为是通过自然人的行为实施的，因此公司侵权行为的界定至关重要，一般认为公司侵权行为须具备如下要件：

(1) 须为公司代表机关或其他有权代表公司者实施的行为。

(2) 须是公司机关成员在执行公司职务时所实施的行为。

(3) 须是公司机关成员在执行职务时所实施的侵权行为，即该行为须具备一般侵权行为的四要件。

---

① 覃有土．商法学[M]．2 版．北京：高等教育出版社，2008：130．

引例分析

中国建设银行股份有限公司设立实例

《公司法》第七十七条及相关条款规定了设立股份有限公司应当具备的条件，主要包括：①发起人符合法定人数要求及资格要求，设立股份有限公司，应当有2人以上200人以下为发起人，发起人为法人的，应是法律上不受特别限制的法人；②发起人认购和募集的股本达到法定资本最低限额，资本构成应符合法定要求，股份有限公司的资本应划分为股份，并且各股金额应为均等；③股份发行、筹办事项符合法律规定；④发起人制定公司章程，在以发起方式设立股份有限公司的场合，公司章程须由全体股东签字盖章即发生法律效力；在以募集方式设立股份有限公司的场合，公司章程须经出席公司创立大会的代表股份数1/2以上的认股人通过才能发生法律效力；⑤有公司名称，公司名称须符合法律、行政法规的有关规定，且须标明“股份有限公司”字样，须建立符合股份有限公司要求的组织机构如股东大会、董事会、监事会、经理等；⑥有公司住所，股份有限公司以其主要办事机构所在地为住所。

中国建设银行股份有限公司的发起人为中央汇金投资有限责任公司、中国建银投资有限责任公司、国家电网公司、上海宝钢集团公司和中国长江电力股份有限公司5人，且均为法律上不受特别限制的法人。5家发起人出资合计人民币1 942.302 5亿元，全部资本由等额股份构成，股份总数为1 942.302 5亿股，每股面值为人民币1元，折股比例为1∶1。创立大会审议通过了《中国建设银行股份有限公司章程》及董事会、监事会组成人员等有关议案。中国建设银行改制为国家控股的股份制商业银行后，名称为中国建设银行股份有限公司，简称中国建设银行。综上所述，中国建设银行股份有限公司的设立符合《公司法》规定的条件。

本 章 小 结

公司的设立是公司法的基本制度，解决的是如何将发起人设立公司的意愿转变为现实，公司通过什么程序获得法人资格的问题。在公司的整个运作过程中，公司设立是起点。公司应遵循公司法规定的条件及程序设立。公司设立原则包括自由设立主义、特许设立主义、核准设立主义及准则设立主义，我国现行《公司法》奉行公司设立准则主义。公司设立方式包括发起设立与募集设立，两者设立条件也不尽相同。公司章程是公司重要的自治规则，是维护公司利益、股东利益、债权人利益的自治机制，是公司、公司股东，特别是公司大股东和公司高级管理人员的行为规则。公司章程具有自治性、法定性及公开性的基本特征。公司法与公司章程的有机结合，是规范公司组织和活动的重要保障。公司能力理论是公司基础理论的重要内容。公司的能力包括权利能力、行为能力及侵权行为能力。

思 考 题

1. 公司设立的原则是什么？
2. 我国公司设立的条件及程序各有哪些？
3. 公司章程的概念、特征、记载事项及制定与修改注意事项各是什么？
4. 公司权利能力有哪些限制？

5. 公司行为能力有什么内涵?

6. 公司侵权行为的构成要件有哪些?

练 习 题

1. 不定项选择题

(1) 募集方式设立的股份有限公司，由发起人制定的公司章程，必须经出席创立大会的认股人所持表决权( )以上通过，才能对公司、股东、董事、监事、经理具有约束力。

A. 1/3　　B. 1/2　　C. 2/3　　D. 3/4

(2)《公司法》规定，采取发起设立方式设立的股份有限公司发起人应不少于( )。

A. 2 人　　B. 5 人　　C. 7 人　　D. 10 人

(3) 以下各项，属于设立任何公司均须具备的基本条件的是( )。

A. 发起人　　B. 资本

C. 公司章程　　D. 在登记前报经审批

(4)《公司法》规定，除其他法律有特别规定外设立公司采取( )。

A. 自由设立主义　　B. 特许主义

C. 准则主义　　D. 许可主义

(5) 按《公司法》募集设立的股份有限公司，发起人认购股份总数不得少于公司股份总数的( )。

A. 25%　　B. 30%　　C. 35%　　D. 50%

(6) 公司发生( )时，应当向公司登记机关办理变更登记手续。

A. 经营范围发生变化　　B. 经理发生变动

C. 住所从甲地移往乙地　　D. 减少注册资本

(7) 下列符合我国关于设立一人公司规定的是( )。

A. 一个自然人可以设立

B. 一个法人可以设立

C. 国家授权投资的机构或国家授权的部门可以设立

D. 均不许设立

(8)《公司法》对股份有限公司发起人住所地的规定是( )。

A. 发起人在中国境内有住所

B. 发起人在公司住所地有住所

C. 2/3 以上发起人在中国境内有住所

D. 半数以上发起人在中国境内有住所

2. 辨析题

(1) 公司设立与公司成立。

(2) 发起设立与募集设立。

第8章 公司资本制度

本章教学要点

知识要点	掌握程度	相关知识
公司资本的概念	熟悉	公司资本的内涵；公司资本与公司资金、公司资产的比较
增资的概念		增资的内涵
减资的概念		减资的内涵
增资的方式及程序	了解	有限公司、股份公司增资的方式及程序
减资的方式及程序		有限公司、股份公司减资的方式及程序
公司资本的原则	掌握	资本确定原则、资本维持原则及资本不变原则
公司资本的形成制度		法定资本制、授权资本制及折中资本制
股东出资的形态	重点掌握	货币出资、实物出资、知识产权出资、土地使用权出资及其他形态的出资
股东出资的方式		有限公司及股份公司股东出资的方式
股东瑕疵出资的救济		违约责任、连带责任

基本概念

公司资本　公司资金　公司资产　资本确定原则　资本维持原则　资本不变原则　法定资本制　授权资本制　折中资本制　股东出资　增资　减资

引例

天光公司诉华泽公司返还投资款纠纷案

深圳天光投资发展股份有限公司(以下简称天光公司)于 1993 年 9 月 14 日成立。北京华泽物业发展公司(以下简称华泽公司)为天光公司股东之一，先后共入资 550 万元。1994 年 3 月 19 日，天光公司、华泽公司与秦皇岛市城市建设综合开发总公司(以下简称城建公司)签订合作开发天光大厦项目合同。合同签订后，天光公司按合同约定于同年 4 月 11 日将投资款 300 万元汇入城建公司账户；华泽公司亦依约将 300 万元汇入城建公司账户。后因其他原因该项目暂停。1994 年 11 月 15 日，天光公司致函城建公司称："请将我公司投资款 300 万元人民币转至北京华泽物业发展公司指定账号。" 1994 年 11 月 17 日华泽公司致函城建公司除要求该公司退回其自投的 300 万元外，还要求"请将天光公司的投资款 300 万元转退至北京天爵科技开发公司，开户行：中国工商银行北京市北新桥分理处；账号：670310-01。" 1994 年 11 月 22 日，城建公司依华泽公司要求将款汇出。1996 年年底华泽公司将此款从北京天爵科技开发公司提走并使用。1997 年天光公司向华泽公司索要 300 万元未果，遂起诉至北京市第一中级人民法院，要求华泽公司归还 300 万元的投资款。华泽公司辩称：天光公司采取虚假验资，欺骗我方，我方收取天光公司 300 万元是收回我方入股资金。

请结合本案例思考公司资本的原则。

资料来源：北京市高级人民法院编. 公司法新型疑难案例判解. 北京：法律出版社，2006：65.

8.1　公司资本制度概述

8.1.1　公司资本概述

1. 公司资本的概念

资本(capital)是当今社会使用频率最高，含义却最为模糊的术语之一。在不同学科、不同领域甚至从不同的角度，人们对资本往往会有不同的理解。就经济学意义而言，资本是指与物质再生产过程密切联系的一种能够带来增值的生产要素，这一含义着重体现的是资本的经济价值，至于其来源及权利归属则非其所问。公司法意义上的资本是指由公司章程确定并载明的，由股东缴纳或承诺缴纳的出资总额。它是确定不变的财产数额。它不包括公司的借贷资本，也不包括公积金和尚未分配的公司利润，仅相当于经济学上的业主资本或资本金，即"股本"①。公司资本是由股东对公司永久性投资而形成的，是公司赖以生存

① 冯果. 公司法要论[M]. 武汉：武汉大学出版社，2003：89.

的“血液”，是公司运营的物质基础①，也是公司对外承担责任的物质担保，因而也是衡量公司信用的尺度之一。

长期以来由于传统理论的影响，我国一直未采用资本的概念，在企业立法上采用注册资金制。随着我国改革开放政策的推行，1979 年的《中华人民共和国中外合资经营企业法》率先采用了“注册资本”制，但内资企业则依然坚守“注册资金制”，从而形成了内资企业与外资企业分别使用注册资金和注册资本的双轨并存局面。1993 年的《公司法》标志着公司资本制度首次在我国的企业组织基本法中确立下来。1993 年国家工商行政管理局发布了《公司注册资本登记管理暂行规定》，这是我国注册资本的第一个专项法规。至此，注册资本完全替代了注册资金。

2. 与公司资本相关的概念

1) 公司资本与公司资金

公司资金(fund)是指可供公司支配的以货币形式表现出来的公司财产的价值。公司资本与资金两者在构成、来源及权利归属上均不同。公司资金不仅包括股东对公司的永久性投资，还包括公司发行的债券、向银行的贷款等，而公司的资本只能由股东的投资才能构成，要求出资人必须实际出资而非以借贷资本或其他信用资本出资；公司资本侧重于股权关系，强调公司资本的真实来源，而公司资金仅强调其经济价值及可支配性。

2) 公司资本与公司资产

公司资产(assets)亦称公司的实有财产，是公司可用于偿还公司债务的财产，是公司实际拥有的全部财产。在财产来源上，公司资产主要来自于股东的出资即公司资本、公司对外负债、公司的资产收益和经营收益，公司资本是公司资产形成的基础和来源。公司资本是刚性的，是公司成立时由章程确定的，且一经确定不能随意改变。而公司资产却非固定不变的，它随着公司经营状况的变化而不断发生变化，公司成立时，资本即其全部资产，公司成立后，随着公司对外负债的发生，资产通常会高于资本，但因公司的亏损或公司资产价值的变化也会导致资产低于资本的情况发生。公司以其实有的全部资产对公司债务负责，是公司承担财产责任的实际担保，而公司资本仅是全体股东对公司承担有限责任的界限，是公司对外承担责任的保障之一。

8.1.2 公司资本的原则

确立公司资本原则的初衷是为了保护债权人的利益和保证公司自身的正常运行，维护交易安全和社会经济秩序的稳定。因此，大陆法系国家普遍确认了公司资本的三原则。公司资本原则虽形成于大陆法系国家，同时也为英美法系国家不同程度地吸收和采纳。

1. 资本确定原则

资本确定原则是指公司在设立时，必须在章程中对公司的资本总额作出明确规定，并须由股东全部认足或募足，否则公司就不能成立。这是关于公司资本形成的基本原则，其主旨在于强调公司设立时资本要真实可靠，确保股东出资到位，杜绝资本虚增灌水，维护交易安全。

资本确定原则在《公司法》中具体表现为有限责任公司和股份有限公司最低注册资本额的规定；有限责任公司章程应载明公司注册资本、股东的出资方式、出资额和出资时间；股份有限公司章程应载明公司股份总数、每股金额和注册资本。

---

① 范健．商法[M]．3 版．北京：高等教育出版社，北京大学出版社，2007：134．

2. 资本维持原则

资本维持原则又称资本充实原则，是指公司在其存续过程中，应当经常保持与其资本额相当的财产。其主旨在于以具体的财产充实抽象资本，防止公司资本的实质减少，防止股东对赢利分配的不当要求，确保公司正常运营。

资本维持原则在《公司法》中具体表现为不得抽逃出资；股票的发行价格不得低于票面金额；限定非货币出资的条件；有限公司的初始股东对非货币财产的出资价值承担连带责任；公司原则上不得收购本公司的股票；公司不得接受本公司的股票作为质物；亏损先行弥补；无利润不得分配股利；按规定提取和使用法定公积金等。

3. 资本不变原则

资本不变原则是指公司的资本总额一经确定，即不得随意改变，如需增加或减少资本，须严格按法定程序进行。其主旨亦在于防止公司资本实质减少，保护债权人利益。

资本不变原则在《公司法》中具体表现为在公司增减资本时须履行严格的条件和程序，要求必须经股东会决议通过并依法办理变更登记，特别是减少资本时，必须编制资产负债表及财产清单，向债权人发出通知，并于 30 日内在报纸上公告，债权人有权要求公司清偿债务或提供相应担保。

8.1.3 公司资本形成制度

由于法律制度、文化传统和现实需要的差异，两大法系的各国围绕股东出资的期限和资本形成等问题，形成了 3 种截然不同的公司资本形成制度。

1. 法定资本制

法定资本制(statutory capital system)是指公司在设立时，必须在章程中对公司的资本总额作出明确规定，且须由股东全部认足，否则公司不能成立的资本形成制度。其主要内容如下：

(1) 公司的资本总额须公示，即资本总额须在公司章程中明确规定。

(2) 公司章程确定的资本总额在公司设立时必须全部发行完毕。

(3) 股东认足股份后，需实际缴纳股款，即可全额缴纳也可分期缴纳。

(4) 公司成立后，如需增加资本须履行股东会决议、变更章程等发行新股的程序。

法定资本制有利于防止公司设立中的欺诈和投机行为，保证公司资本真实可靠，有效地保护公司债权人和社会交易安全。其弊端在于：增加了公司设立的难度，不利于充分发挥公司这一企业组织形式在社会经济生活中的作用；公司设立之初一般需要的资本较少，要求股东在公司设立之初缴足资本，可能会造成公司资本的闲置，浪费社会资源；增资程序较烦琐，增资成本较高，且董事会、经理亦难以利用商业机会而及时作出有利于公司的决策。

2. 授权资本制

授权资本制(authorized capital system)是指在公司设立时，资本总额虽记载于章程，但并不要求发起人全部认足，只认定并缴付资本总额的一部分，公司即可成立，其余未认定部分，授权董事会根据需要随时募集的资本形成制度。其主要内容如下：

(1) 公司资本总额须公示，即资本总额须明确记载于公司章程。

(2) 公司章程确定的资本总额在公司设立时不需全部发行完毕。

(3) 股东认足股份后，需要实际缴纳股款。

(4) 公司成立后，如需增加资本，无须变更章程。

授权资本制方便、灵活、注重效率，其利在于：便于公司迅速成立，符合市场经济迅速高效的要求；简化了增资程序，仅需由董事会决议即可发行新股，无须经股东会决议变更公司章程；避免资金闲置，能够充分发挥财产的效益。其弊端在于公司实缴资本不足，易发生商业欺诈，减弱对公司债权人的保护。

3. 折中资本制

折中资本制是介于法定资本制和授权资本制之间的一种公司资本形成制度，具体可分为两种制度。

1) 许可资本制

许可资本制是指在公司设立之际，须在公司章程中载明资本总额，并由股东全部认足公司方可成立，但公司章程可以授权董事会在公司成立后一定期限内，在授权时公司资本额的一定比例范围内，发行新股，增加资本，而无须经股东会特别决议的资本形成制度。许可资本制是在法定资本制基础上，通过对董事会发行股份的授权、放宽限制、简化公司增资程序而形成的，其核心是法定资本制。

2) 折中授权资本制

折中授权资本制是指在公司设立之际，须在公司章程中载明资本总额，只需发行和认足部分资本，公司即可成立，但此时所发行的资本不得低于资本总额的一定比例，其余部分授权董事会根据需要随时发行新股募集的资本形成制度。折中授权资本制是在授权资本制基础上通过对董事会股份发行授权的限制、规定其发行股份的比例和期限形成的，其核心是授权资本制。

20 世纪 50 年代以来，一些国家或地区相继修改了公司法，多采取折中资本制，它吸收了以社会为本位的法定资本制和灵活务实的授权资本制的优点，既顺应了与小农经济相适应的安定观念向与市场经济相适应的效率观念、信息观念的转变，又克服了单纯的授权资本制度使相对人面临过大风险的弊端，因而具有较强的生命力，代表了现代公司资本制度的发展趋势。

1993 年《公司法》采取严格的法定资本制，亦称实缴资本制，即公司在设立时，必须在章程中载明资本总额，且须由股东全部认足，一次缴清，不许分期缴纳，否则公司不能成立。现行《公司法》亦采取法定资本制，但对于有限责任公司和发起设立的股份有限公司的出资可以分期缴纳，募集设立的股份有限公司的出资不允许分期缴纳，必须是一次足额缴纳。

8.2 股东的出资

目前，《公司法》中使用的出资概念有广义和狭义之分。狭义的出资通常是指有限责任公司股东或者出资人对公司所作的直接投资及所形成的相应资本份额。广义的出资可泛指各种公司(包括股份有限公司)的股东对公司资本的直接投资。出资既是股东的义务，也是其取得股权的事实根据和法律根据。根据民商法权利义务相一致的原则，股东享有权利，就应承担义务，股东既享有股权，就应承担出资的义务，出资实质上是股权的对价，任何人欲取得公司股东的身份和资格，必以对公司的出资承诺为前提，而要获得实际的股东权益，则应以出资义务的实际履行为前提。同时，股东享有股权的大小取决于其出资的比例或数额，有限公司股东通常按出资比例享有股权，股份公司则按股东出资的金额享有股份。[①]

8.2.1 股东出资的形态

纵观世界各国关于股东出资形态的立法例，股东出资的形态主要有货币、实物、工业产权、土地使用权、商誉、劳务、信用等。各国学界关于股东出资的形态亦有不同主张：日本采取四要件说，即股东出资的形态应符合确定性、现存的价值物、评价的可能性、独立转让的可能性；瑞士采取五要件说，即股东出资的形态应符合明白的确定性、事实上存在价值、评价可能性、独立转让性、公司目的框架内的收益力。我国既有五要件说，即股东出资的形态应符合确定性、价值物的现存性、价值评估的可能性、具有公司目的框架内的收益能力即有益性、可独立转让性，又有四要件说，即股东出资的形态应符合确定性、价值性、可兑现性、可流转性。[②]

对于股东出资的形态，我国现行《公司法》第二十七条、第八十三条采取了具体列举与概括规定相结合的方式，以避免列举不全。其主要内容为股东可以用货币出资，也可以用实物、知识产权、土地使用权等可以用货币估价并可以依法转让的非货币财产作价出资。从这一规定可见，我国股东出资的形态如下。

1. 货币出资

在公司设立过程中，货币出资是最为公司所需、最受股东欢迎的出资形态。货币出资的优势在于：货币作为一般等价物，价值量准确，无须重新作价，不涉及财产价值的评估；货币出资只需简单的交付，不涉及特殊的权利移转形式；货币出资方便快捷、运用自如、不受限制。货币既可以是人民币，也可以是自由兑换的其他国家的货币，如美元、英镑等。

在货币出资中，须注意的是货币出资占公司资本的比例问题。对此，现行《公司法》作出特别规定：公司的全体股东(或发起人)的货币出资金额均不得低于公司注册资本的 30%。作出以上规定的原因有两方面：一是由于公司经营的需要，公司开展日常业务活动应当有一定数量的流动资金。二是实物、知识产权等非货币财产，其真实价值往往很难准确定位，而且容易产生波动，如果这些财产在股东出资中所占的比例太高，就有可能影响公司资本的充实和准确，不利于保护公司债权人的利益。

2. 实物出资

在公司设立过程中，实物出资是较为普遍的形态。实物是指本身具有价值和使用价值的财产，如建筑物、房屋、机器设备、材料等。实物出资的优势在于有的实物是公司运营所必需的物，适当的实物出资可以免去公司成立后自行购买的烦累，降低公司购买的成本。实物出资的劣势在于实物作价困难，特别是由于实物在运营中的损耗及物价指数的变动，使实物价值的确定更加困难。[③]

---

① 赵旭东．公司法学[M]．2 版．北京：高等教育出版社，2006：261.

② 薄燕娜．股东出资形式法律制度研究[M]．北京：法律出版社，2005：77-79.

③ 范健．商法[M]．3 版．北京：高等教育出版社，北京大学出版社，2007：142.

作为股东出资的实物的限制条件三方面：一是出资的实物具有财产价值。二是股东对实物必须拥有所有权或处分权，并应出具拥有所有权或处分权的有效证明，租赁或其上设置担保物权的财产，不得作为股东的出资。三是实物出资须一次付清，并办理实物出资的移转手续。

3. 知识产权出资

知识产权包括专利权、商标权、著作权等。知识产权出资的优势在于，目前知识产权为诸多公司赖以经营的重要手段和条件，特别是某些智力密集型的高科技公司，对于知识产权这种无形资产的需求甚至超过了对货币、实物等有形资产的需求，知识产权出资适应了投资者资源互补和科技人员的特殊投资需求。现代企业制度下，脑力劳动者已不满足于作为雇员获取劳务收入，而是希望作为投资者参与公司管理和经营收益的分配。工业产权的出资恰好解决了技术拥有者和开发者之间的资源互补和利益与风险的矛盾，为技术成果的开发利用开辟了法律途径。[①]知识产权出资的劣势在于知识产权属于无形资产，价值评估困难、复杂，易导致公司资本的空虚，而且知识产权出资不易变现，在公司的无形资产过多时，公司一旦出现经营的巨大风险，债权人的利益将无以为保。

4. 土地使用权出资

土地使用权是指非土地所有人依法对土地加以利用和取得收益的权利。在公司设立实务中，土地使用权出资是普遍而重要的出资形态。土地使用权出资的优势：①土地使用权能满足公司对土地的需求，公司的经营活动必须有相应的生产经营场所和必要的生产经营条件，而土地无疑是公司经营场所的最基本的形式，特别是对于从事土地开发或房地产经营的公司而言，土地使用权更是不可缺少和不可替代的经营条件。②土地具有较强的保值增值性，土地使用权出资有利于稳固公司资本，保障公司资本充实，进而维护债权人的利益和交易安全。土地使用权出资的劣势在于，与其他无形财产相同，评估作价较为困难，因此现行《公司法》规定，土地使用权出资应当评估作价，核实财产，不得高估或者低估作价。

典型案例 8-1

常州集团有限公司以债权出资的实例

1990 年，常州长江客车集团有限责任公司(以下简称常州公司)与长沙公交总公司(以下简称长沙公司)发生买卖关系。到 1998 年，长沙公司总共拖欠常州公司 450 万元的货款。于是双方在进行了可行性研究的基础上，商定共同出资 1 000 万元，组建长沙长江客车有限责任公司。在新成立的公司中，常州公司的 450 万元的债权转化为股权，再加 100 万元的散件组成占企业 55%的股权，其余的 45%由长沙公交总公司投资。

资料来源：赵旭东．新公司法案例解读．北京：人民法院出版社，2005：50.

① 赵旭东．公司法学[M]．2 版．北京：高等教育出版社，2006：275.

5. 其他股东出资形态

按现行《公司法》的规定，凡符合以下条件的均可作为股东的有效出资：①可以用货币估价，即可以用货币评估、计量并确定其价值，无法估量其价值的，如人的思想、智慧等不宜作为出资；②可以依法转让，法律、行政法规规定禁止转让的财产，如禁止转让的文物等，及根据其性能不可转让的财产，不得用于出资。符合以上要求的出资形态还有股权；债权；非专利技术；商誉；整体财产等。

8.2.2 股东出资的方式

世界各国公司法对股东出资方式的规定，因公司类型不同而有所不同，主要有以下模式。

1. 有限责任公司股东出资的方式

1) 单一出资制

单一出资制亦称出资不平等主义，是指股东的出资额并不要求必须划分成均等的份额，股东只能认购一份出资，但各股东所认购的出资额可以不同，也不要求其为一定金额的整倍数。此种出资方式的优势在于股东出资完全可依公司资本的实际需要而定，简单务实；此种出资方式的劣势在于股东表决权的行使与计算较为烦琐。

2) 复数出资制

复数出资制亦称出资平等主义，是指股东的出资额必须划分为若干均等的份额，股东可以认购一份，也可以认购数份，但每一份出资的数额都是一样的。此种出资方式的优势在于方便股东表决权的行使与计算，股东依其所持出资份数行使表决权即可；此种出资方式的劣势在于易混淆有限责任公司股东的出资与股份有限公司的股份。

3) 基本出资制

基本出资制是出资平等主义与出资不平等主义这两种出资方式的有机结合，其内涵为每一股东只能认购一份出资，每一份出资数额可以不同，但必须是基本出资数额的整倍数。此种出资方式的优势在于既可以消除出资不平等主义在股东表决权计算上的弊端，也有利于区分有限责任公司股东的出资与股份有限公司的股份，属于较为合理的一种出资方式。

2. 股份有限公司股东出资的方式

与有限责任公司股东的出资方式相比，股份有限公司股东的出资方式较为简单。各国公司立法对其规定基本一致，均确认股份有限公司的资本划分为金额均等的股份，全部股份金额的总和构成公司的资本；股份为股东出资的最小单位，具有不可分性；股份的表现形式为股票，具有可流通性等规则。目前，世界上多数国家均以法律形式确认股份的最低额，亦有部分国家对股份最低额无限制，可由发行股票的公司自行决定。现行《公司法》对股份最低额无限制。

8.2.3 股东瑕疵出资的救济

股东瑕疵出资直接影响公司资本的充实和准确，动摇公司的基础，进而损害公司债权人利益及其他股东的利益。因此，各国公司法均对股东的瑕疵出资规定诸多的救济手段，苛以严格的法律责任。我国公司法亦然。主要有以下规定。

1. 违约责任

(1) 有限责任公司的股东应当按期足额缴纳公司章程中规定的各自所认缴的出资额。股东以货币出资的，应当将货币出资足额存入有限责任公司在银行开设的账户；以非货币财产出资的，应当依法办理其财产权的转移手续。股东不按照规定缴纳出资的，除应当向公司足额缴纳外，还应当向已按期足额缴纳出资的股东承担违约责任。

(2) 以发起设立方式设立股份有限公司的，发起人应当书面认足公司章程规定其认购的股份；一次缴纳的，应即缴纳全部出资；分期缴纳的，应即缴纳首期出资。以非货币财产出资的，应当依法办理其财产权的转移手续。发起人不依照规定缴纳出资的，应当按照发起人协议承担违约责任。

2. 连带责任

(1) 有限责任公司成立后，发现作为设立公司出资的非货币财产的实际价额显著低于公司章程所定价额的，应当由交付该出资的股东补足其差额，公司设立时的其他股东承担连带责任。

(2) 股份有限公司成立后，发起人未按照公司章程的规定缴足出资的，应当补缴，其他发起人承担连带责任；股份有限公司成立后，发现作为设立公司出资的非货币财产的实际价额显著低于公司章程所定价额的，应当由交付该出资的发起人补足其差额，其他发起人承担连带责任。

除此之外，现行《公司法》还对瑕疵出资的行政责任作出以下规定：①虚报注册资本取得公司登记的，由公司登记机关责令改正，对虚报注册资本的公司，处以虚报注册资本金额 5%以上 15%以下的罚款；情节严重的，撤销公司登记或者吊销营业执照。②公司的发起人、股东虚假出资，未交付或者未按期交付作为出资的货币或者非货币财产的，由公司登记机关责令改正，处以虚假出资金额 5%以上 15%以下的罚款。③公司的发起人、股东在公司成立后，抽逃其出资的，由公司登记机关责令改正，处以所抽逃出资金额 5%以上 15%以下的罚款。

8.3 增资与减资

公司法虽然确立了资本确定、资本维持及资本不变原则，但公司在实际运行过程中，公司资本并非绝对不变，事实上随着公司经营活动的开展、业务范围和市场状况的变化，公司资本也应相应地增加或减少，因此需要公司根据客观情况的变化，适时调整公司的资本结构。

8.3.1 增加资本

增加资本，亦称增资，是指公司为筹集资金，扩大经营规模，提高公司的资信程度，依照法定的条件和程序增加公司的资本总额。增资能够增强公司的实力，提高公司的信用，有利于保障债权人的利益及交易安全。同时，增资也可能给股东带来不利影响，主要表现为在公司形成大量公积金和未分配利润情况下，公司增资可以减少股息、红利的分配，导致现有股东的投资收益率降低。

1. 增资的方式

有限责任公司与股份有限公司因其资本和股东出资的构成形式不同，增资的方式亦有形式上的差别。有限责任公司通过认购资本或股权而增资，股份有限公司通过发行和认购股份而增资，但其实质基本一致。

1) 有限责任公司的增资方式

有限责任公司的增资，既可以按原有的出资比例增加相应的资本，增资后各股东的出资比例不变，也可以通过增加新股东并增加新的出资的方式进行。①

2) 股份有限公司的增资方式

股份有限公司增加资本的方式主要有增加股份的数额，即公司在原定股份总数之外发行新的股份；增加股份金额，即公司在不改变原定股份总数的情况下增加每个股份的金额；既增加股份的数额，又增加每股的金额。

2. 增资的程序

公司增资不会损害公司债权人的利益，因此各国公司法对增资的条件限制较少，一般认为各类公司均可依实际需要增加资本。现行《公司法》亦是如此，仅规定有限责任公司增加注册资本时，股东认缴新增资本的出资，依照《公司法》设立有限责任公司缴纳出资的相关规定执行；股份有限公司为增加注册资本发行新股时，股东认购新股，依照《公司法》设立股份有限公司缴纳股款的有关规定执行。但由于公司增资可能会导致股权结构的变更，直接影响现有股东的利益并可能引发利益冲突，因此公司增资需履行严格的法定程序。

1) 有限责任公司的增资程序

有限责任公司的增资程序有三：一是董事会制定公司增加注册资本的方案；二是股东会对公司增加注册资本作出决议，公司可以根据自己的需要，由股东会经代表 2/3 以上表决权的股东通过，作出增资决议；三是变更登记，公司增加注册资本，应当自足额缴纳出资之日起 30 日内申请变更登记。申请变更登记时应当提交依法设立的验资机构出具的验资证明、变更登记申请书、增资决议或决定、公司章程修正案以及其他文件。

2) 股份有限公司的增资程序

现行《公司法》规定，股份有限公司增加注册资本须由股东大会以特别决议形式作出决议，即须经出席股东大会会议的股东所持表决权的 2/3 以上通过增资决议；其次，需要变更公司章程；最后，办理相应的变更登记手续。

8.3.2 减少资本

减少资本是指公司在资本过剩或严重亏损的情况下，依照法定条件和程序减少公司的资本总额。公司资本过剩，会导致资本在公司中的停滞和浪费，不利于充分发挥社会财富的经济效益，减少过剩资本，有利于提高财产效用。但是，公司资本的减少直接关涉股东的股权利益，同时会实际减少公司的资产，影响公司的经营能力和偿债能力，减弱对债权人利益的保护，进而危及交易安全。

① 范健．商法[M]．3 版．北京：高等教育出版社，北京大学出版社，2007：148.

典型案例 8-2

吉林敖东缩股减资方案

2005 年 6 月 24 日，吉林敖东药业有限公司(以下简称吉林敖东)披露股权分置改革方案说明书。根据董事会制定的方案，非流通股股东按照 1∶0.607 4 的比例缩股。同时，公司向全体股东派现，非流通股股东将其应得股利全部支付给流通股股东，流通股股东实际现金所得为每 10 股 2 元(税前)。实现上述缩股及派现对价后，非流通股股东持有的非流通股获得流通权。根据相关时间表，公司将于 7 月 18～25 日进行网络投票，并于 7 月 25 日召开股东大会。公司选择了非流通股每股价值和流通股每股价值作为确定缩股比例的依据。前者按 2004 年年末公司每股净资产扣除当年股利分配确定为 3.62 元；后者选择 2005 年 6 月 18 日前吉林敖东 30 个交易日收盘价格的算术平均值 5.96 元。按照缩股比例，公司方案实施后非流通股股东持股数量为 9 873.408 5 万股，公司股份总数为 28 667.898 5 万股。由于总股本减少，以 2004 年度净利润为基准，吉林敖东每股收益由 0.333 元增加到 0.407 元，在扣除本次派现后，每股净资产由 3.62 元提高到 4.29 元。同时，因注册资本降低，公司需按《公司法》和公司章程履行减资程序。

资料来源：赵旭东. 新公司案例解读. 北京：人民法院出版社，2005：405.

1. 减资的方式

1) 有限责任公司的减资方式

有限责任公司的减资方式：①各股东按原出资比例同步减少出资数额，减资后各股东的股权比例不变；②各股东通过改变原出资比例而减少出资，个别股东减少其出资，而其他股东不减少出资，减资后各股东的股权比例发生变化。

2) 股份有限公司的减资方式

股份有限公司的减资方式：①减少公司的股份总数但不改变单位股份的金额；②减少单位股份的金额，但不改变公司的股份总数；③既减少公司的股份总数，又减少单位股份的金额。

2. 减资的程序

公司减少注册资本直接损害债权人的利益，为此，各国公司法均规定了严格的债权人保护程序，控制减资。《公司法》亦然。

1) 有限责任公司的减资程序

有限责任公司减少注册资本须履行以下程序：①董事会制定公司减少注册资本的方案；②编制资产负债表及财产清单；③股东会作出减资决议，即须经代表 2/3 以上表决权的股东通过减资决议；④通知和公告债权人。公司应当自作出减少注册资本决议之日起 10 日内通知债权人，并于 30 日内在报纸上公告，债权人自接到通知书之日起 30 日内，未接到通知书的自公告之日起 45 日内，有权要求公司清偿债务或提供相应的担保；⑤办理变更登记。公司减少注册资本的，应当申请变更登记，并提交公司在报纸上登载公司减少注册资本公告的有关证明和公司债务清偿或债务担保情况的说明。

2) 股份有限公司的减资程序

股份有限公司的减资决议应由股东大会以特别决议的形式作出，即由出席股东大会的股东的 2/3 以上的表决权通过，同时须履行与有限责任公司相同的法定减资程序。

引例分析

天光公司诉华泽公司返还投资款纠纷案

天光公司与华泽公司争议的 300 万元系天光公司对合作开发项目的投资款，该款转退至北京天爵科技开发公司后，被华泽公司占有并使用，现天光公司要求其返还，华泽公司理应退还。华泽公司称所争议的 300 万元系其撤回股金的理由不能得到支持。因为根据《公司法》的相关规定，股份有限公司成立后，除法定情形外，股东不能撤回已投入的股本。为保护交易安全和公司债权人的利益，域外多数国家的公司法均规定在公司存续期间，应当保持与其资本额相当的财产，不允许公司股东将已出资的资本抽回，股东要收回出资时，只能通过股份转让的方式进行，此即资本维持原则。现行《公司法》亦规定了该原则。例如，《公司法》第三十六条规定："公司成立后，股东不得抽逃出资。"第九十二条规定："发起人、认股人缴纳股款或者交付抵作股款的出资后，除未按期募足股份、发起人未按期召开创立大会或者创立大会决议不设立公司的情形外，不得抽回其股本。"天光公司是股份有限公司，须遵循资本维持原则，其股东不得违反法律规定收回股本，作为天光公司股东的华泽公司以收回我方入股资金为由拒不返还其占有的天光公司的 300 万元人民币，显然违背了资本维持原则。天光公司的诉讼请求应得到支持，华泽公司应偿还天光公司人民币 300 万元。

本章小结

公司资本制度是公司法中一项极其重要的制度，公司法中的许多其他制度和规则都与公司资本制度有着密切的联系，它直接关系到公司的治理结构，关系到公司内部权力的配置及其他相关制度的设置及运行的实效。公司资本是公司法中最基本的概念之一，是指由公司章程确定并载明的，由股东缴纳或承诺缴纳的出资总额。为保护债权人的利益和交易安全，大陆法系国家的公司法普遍确认了公司资本的 3 项基本原则，即资本确定原则、资本维持原则及资本不变原则。公司资本形成制度的主要模式有法定资本制、授权资本制和折中资本制，现行《公司法》采取法定资本制。在股东出资的形态上，我国采取出资法定主义，股东出资的形态主要包括货币、实物、知识产权、土地使用权等可以用货币估价并可以依法转让的非货币财产。出资是股东最基本的义务，股东违背出资义务依法应承担违约责任与连带责任。公司的资本处于变动之中，随着公司生产经营情况和市场状况的变化，公司的资本也相应地增加或减少，由此构成公司的增资与减资制度。

思考题

1．公司资本的内涵是什么？
2．公司资本三原则的内容是什么在《公司法》中有哪些体现？
3．公司资本形成制度的内容有哪些？
4．我国股东出资的形态及方式各有哪些种类？

5.《公司法》对股东瑕疵出资的救济有哪些规定？
6. 公司增资及减资各有什么意义？
7.《公司法》规定公司增加注册资本的方式有哪些？程序是怎样的？
8.《公司法》规定公司减少注册资本的方式有哪些？程序是怎样的？

练　习　题

1. 多项选择题

(1) 有限责任公司成立时，股东以土地使用权出资的，应当办理的手续有(　　)。

A. 评估作价　　B. 产权过户
C. 验资　　D. 第一次股东大会确认

(2) 某有限责任公司，经营塑料产品，总资产 1 200 万元，总负债 200 万元，现公司股东会作出以下决定，不符合法律规定的是(　　)。

A. 投资 300 万元，与乙公司组成合伙企业
B. 向丙电脑有限公司投资 350 万元
C. 发行 100 万元公司债券
D. 减少注册资本 50 万元

(3) 下列说法符合我国公司资本制度的是(　　)。

A. 不允许授权发行资本　　B. 允许分期缴纳股款
C. 规定了最低资本额　　D. 减资条件简单

2. 案例分析题

(1) 1993 年 12 月 8 日，香港龙海集团有限公司(以下简称龙海公司)与武汉中苑科教公司(以下简称中苑公司)共同出资组建中外合资武汉金龙高科技有限公司(以下简称金龙公司)。金龙公司注册资本为人民币 140 万元，其中，中苑公司出资人民币 35 万元，房产 200 平方米折合人民币 20 万元和“红桃 K”纯天然生血液试验费折合人民币 50 万元，合计人民币 105 万元。1993 年 12 月 29 日金龙公司成立后，继续研制“红桃 K”纯天然生血液，并于 1994 年 3 月研制成功，取得了良好的社会、经济效益。1994 年 6 月 2 日在龙海公司不知晓的情况下，中苑公司和金龙公司以及武汉“红桃 K”物业发展公司发起成立了武汉红桃 K 集团股份有限公司。中苑公司出资中包括了以“红桃 K”纯天然生血液生产技术和商标入股的 2 400 万股。为此，龙海公司诉至法院。

问题：本案应如何处理？为什么？

(2) A、B、C 3 人经协商，准备成立一家有限责任公司甲，主要从事家具的生产，其中，A 为公司提供厂房和设备，经评估作价 25 万元，B 从银行借款 5 万元现金作为出资，C 原为一家国有企业的家具厂厂长，具有丰富的管理经验，提出以管理能力出资，作价 15 万元。A、B、C 签订协议后，向工商行政管理局申请注册。

问题：①本案包括哪几种出资形式？并分析 A、B、C 的出资效力。

②甲公司能否成立？为什么？

(3) 王某、任某、吴某、戴某成立绿苗快餐公司。后王某、任某、吴某、戴某与项某

签订投资协议书，规定：由上述5人组成绿苗快餐公司的股东，其中由项某向公司投资20万元，公司6月以后的亏损由全体股东均摊，8月底亏损额度11万元，由该5股东均摊，每人分担2.2万元。协议书签订后，项某陆续向绿苗快餐公司交付了20万元。项某出资后，曾要求修改公司章程，对其增资情况在工商管理局办理变更登记，但绿苗快餐公司未予理睬。项某遂要求一次性退股，绿苗快餐公司向项某出具退股承诺。后由于公司未履行退股承诺，项某以王某、任某、吴某、戴某和绿苗快餐公司为被告诉至法院，要求解除投资入股协议，由绿苗快餐公司退还其投资款17.8万元并赔偿利息损失。

问题：本案应如何处理？为什么？

第9章 股东与股权

本章教学要点

知识要点	掌握程度	相关知识
股东的概念	熟悉	股东的内涵；股东与发起人的比较
股权的概念		股权的内涵
股权的分类	了解	自益权与共益权；固有权与非固有权；单独股东权与少数股东权；一般股东权与特别股东权
股权的法律性质		股权所有权说；股权债权说；股权社员权说；股东地位说；股权独立民事权利说
股东的权利	掌握	表决权；选举权与被选举权；依法转让出资或股份的权利；知情权；建议和质询权；优先认购权；公司盈余分配请求权；剩余财产分配请求权；提议召开临时股东会的权利；股东会的召集和主持权；临时提案权；异议股东股权回购请求权；公司解散的请求权；股东诉权；公司章程规定的其他权利等。
股东的义务		向公司缴纳股款的义务；对公司所负债务的义务；不得抽回出资的义务；遵守公司章程的义务
股东资格的取得	重点掌握	原始取得与继受取得
股东资格的丧失		所持有的股权已经合法转让的；未依公司章程约定履行股东义务，而受到除名处置的；因违法受到政府处罚而被剥夺股权的；法律规定的其他事由
股权的转让		有限责任公司的股权转让 股份有限公司的股份转让

基本概念

股东　发起人　股东资格　股权　所有权　物权　债权　公司法人财产权　股权转让

引例

华融公司诉北银公司股权转让合同纠纷案

1999 年 7 月 22 日，华融公司与北银集团股份有限公司(以下简称北银公司)签订一份股权转让合同。合同规定：北京中软英特信息技术有限责任公司(以下简称中软公司)系 1997 年 8 月 12 日在北京注册的有限公司，注册资本 1 000 万元人民币。苏州工业园区华新信息中心管理发展有限公司(以下简称华新公司)系 1997 年 8 月 6 日在苏州注册的有限公司，注册资本 5 000 万元人民币。北银公司与中软公司的股东签订了股权转让协议，北银公司对中软公司的出资占注册资本的 70%，中软公司对华新公司出资 2 000 万元人民币，占注册资本的 40%。北银公司向华融公司转让其在中软公司拥有的 51%股权及中软公司拥有的华新公司 40%的权益，转让费合计 5 500 万元人民币，其中北银公司同意华融公司支付价款 3 500 万元，剩余价款 2 000 万元北银公司以每股 1 元价格认购，作为对华融公司新增股份的出资，华融公司应于 1999 年 7 月 23 日向北银公司支付转让价款 600 万元，剩余转让款于 1999 年 8 月 20 日支付 2 000 万元，9 月 30 日支付 900 万元 。北银公司于 1999 年 8 月 20 日向华融公司提交有关股权转让的相关法律文件并保证其已经履行对中软公司的全部出资义务并合法成为中软公司的股东，北银公司向华融公司转让的其在中软公司所拥有的股权是合法的、完整的。如果北银公司未能履行合同规定的义务，华融公司有权停止支付剩余价款，并终止合同，北银公司应将华融公司已支付的款项加上同期银行贷款利息退还华融公司，并支付违约金，其金额为本合同约定总价款的 10%。合同签订后，华融公司即向北银公司支付转让价款 600 万元。1999 年 8 月 20 日华融公司致函北银公司，称由于中软公司净资产值低于股权转让合同中的约定，且北银公司收购中软公司的事项尚未履行完毕，北银公司尚不具备出让中软公司股权的资格，故华融公司决定停止支付转让款，并要求返还已支付的 600 万元股权转让款。后因北银公司拒不返还股权转让款，华融公司起诉至人民法院。

请结合本案例思考股权转让的限制。

资料来源：北京市高级人民法院编．公司新型疑难案例判解．北京：法律出版社，2006：186.

9.1 股　东

9.1.1 股东概述

1．股东的概念

股东是指向公司出资并对公司享有权利和承担义务的主体。由于公司的类型、投资人向公司出资的时间以及取得股权的方式等方面的不同，对股东的含义可以有不同的表述。有限责任公司的股东是指因在公司成立时向公司出资或在公司存续其间依法继受取得出资而对公司享有权利和承担义务的人；股份有限公司的股东是指在公司设立时或在公司成立后合法取得公司股份并对公司享有权利和承担义务的人。

《公司法》在股份有限公司的规定中使用了“发起人”的概念，而在有限责任公司的规定中却未使用“发起人”而统一使用了“股东”的概念。股东与发起人两者既有联系又有区别。公司的发起人是指参加订立发起人协议，提出设立公司的申请，认购公司出资或股份，并对公司设立承担责任者。在公司成立后，发起人是公司当然的股东，但公司的股东却并不以发起人为限，发起人只是公司股东中的一部分，除发起人外，任何在公司设立阶段和公司成立后认购或受让公司股份的人都可以成为公司的股东，如公司成立后的继受股东、因公司增资而加入的新股东等。

2. 股东资格的取得与丧失

1) 股东资格的取得

投资人通过认购公司的出资或股份而获得股东资格。以取得股东资格的时间及原因为标准，可将股东资格取得的方式分为原始取得和继受取得。

(1) 原始取得。凡在公司成立时就因创办公司或认购公司首次发行的出资或股份而成为股东的，属原始取得，这些股东即为公司的原始股东。在有限责任公司及发起设立的股份有限公司中，原始股东主要包括公司的发起人或创办人，而在募集设立的股份有限公司中，原始股东还包括在公司设立时即认购了公司股份的其他人。此外，因在公司成立后认购公司新增资本而取得公司股东资格的，也属于股东资格的原始取得。①

典型案例 9-1

股东资格继承纠纷案

1990 年 6 月 8 日，张玉林与于丽协议离婚，婚生女儿张梅由于丽抚养，张玉林按月支付部分生活费。1991 年 2 月 19 日，张玉林与李玲登记结婚。1999 年 1 月 18 日，张玉林投资 25 万元，李玲投资 35 万元，风华公司投资 10 万元设立了新光建材有限责任公司，李玲担任董事长，张玉林担任总经理。2003 年 12 月 1 日，张玉林病故。张玉林去世后，该公司由李玲经营。因张玉林突然死亡且死前未留有遗嘱，故张梅作为张玉林的法定继承人，要求继承其父亲在新光建材有限责任公司的股份并成为该公司的股东。李玲、风华公司同意张梅继承张玉林在新光建材有限责任公司的股份，但以有限责任公司股东间应具有一定的相互信任关系为由不同意吸收张梅成为公司的股东。张梅遂起诉至人民法院。按《公司法》第七十六条的规定，自然人股东死亡后，其合法继承人可以继承股东资格，也即可以继承被继承人在公司的股东资格，而不仅仅是继承其在公司的股份，但公司章程另有规定的除外。

资料来源：北京市高级人民法院编秀组公司法新型疑难案例判解. 北京：法律出版社，2006：216.

(2) 继受取得。凡因转让、继承、公司合并等概括承继取得公司出资或股份的，其股东资格均为继受取得，此类股东即为继受股东。继受股东主要包括受让原始股东的出资或股份的人，以及因其他事由继受他人的出资或股份的人。

2) 股东资格的丧失

正常情况下，股东资格一直保留，但出现下列情况之一的，股东将丧失其资格：

(1) 所持有的股权已经合法转让的。

① 赵旭东. 公司法学[M]. 2 版. 北京：高等教育出版社，2006：297.

(2) 未依公司章程约定履行股东义务，而受到除名处置的。

(3) 因违法受到政府处罚而被剥夺股权的。

(4) 法律规定的其他事由。

9.1.2 股东的法律地位

就出资人成为公司股东的动机而言，在理论上可将公司股东分为 3 类：投资股东、经营股东和投机股东。投资股东取得公司出资或股份的目的，在于投入资本赚取股息及红利等收益；经营股东投资的目的是为了取得经营企业的权利，当然并不排除营利目的；投机股东一般均是短线投资，其目的是为了伺机牟取暴利。尽管股东因出资动机不同，其股权内容有所差异(如投资股东多为优先股股东，经营股东多为普通股股东)，但各类股东的法律地位一律平等。股东的法律地位既表现在股东与公司的法律关系之中，又表现在股东相互间的法律关系之中，离开对具体的公司法律关系的分析，股东的法律地位就无从谈起。[①]以此为基点，可见股东的法律地位主要表现在以下几方面。

1. 股东享有股东权

股东享有股东权是股东与公司之间的法律关系和股东法律地位的集中表现。公司是由股东出资组成的法人组织，股东将自己的财产交由公司进行经营，即按其出资份额对公司享有一定的权利并承担一定的义务，这种权利和义务的总称就是股东权。股东权既是股东法律地位的具体化，又是对股东具体权利义务的抽象概括。在不同的公司类型中，股东权的内容不尽一致，股东权与所有权联系的紧密程度也迥然有别。然而，无论股东权的具体内容在不同的公司类型中表现如何，作为股东向公司出资的“对价”，它是各种公司的股东所普遍享有的权利。股东正是在行使股权的过程中，表现了其在公司中的法律地位，揭示了其与公司之间的法律关系。

2. 股东平等原则

股东平等原则是股东相互间的法律关系的集中表现，是指法律基于股东的资格，对其权利义务给予平等的对待，各股东按其所持有的股份比例或拥有的出资额享有权利，承担义务，不得对任何股东予以歧视。股东平等原则是公司得以存在的基础，它对于维护股东权益，防止大股东的专断，都具有重要的意义。股东平等原则既具有绝对性又具有相对性，绝对性是指只要具有股东身份，无论股东有何个体差异，均可以该身份在公司中享有平等的权利；相对性是指股东平等原则并不排除股权内容的不同，恰恰相反，股权不仅有普通股与优先股之分，股东所拥有的出资额和所持有的股份也有多寡之别，享有不同股权的股东和持有不同股份的股东，不可能都享有同样的权利和义务，但这绝不是对股东平等原则的违背，更不是对股东平等原则的否定，因为在公司法中的股东平等，从来都是在资本平等基础上的平等，是股东共同一致的意思表示，这本身也是股东平等原则的体现。

---

① 范健．商法[M]．3 版．北京：高等教育出版社，北京大学出版社，2007：158．

9.1.3 股东的权利与义务

典型案例 9-2

刘某等诉致远公司股东知情权纠纷案

刘某、李某、章某和周某为致远会计师事务所有限责任公司(以下简称致远公司)的股东。2003 年 2 月，石东风就任致远公司执行董事后，公司财务出现不正常现象，主要表现为业务招待费和办公费交替上升，明显高于正常的支出情况，从致远公司曾提交的 2003 年度的财务分析报告中可见，2003 年全年业务招待费为 141 188.73 元，明显高于股东预计，汽车费用、办公费用均高于往年。石东风上任至今，刘某等提出查账，要求公布公司财务明细账簿，均被拒绝。刘某等人遂起诉至人民法院，称石东风的行为侵犯了股东的知情权，要求公布 2003 年 2 月至今的股东会会议记录、财务会计报告、财务账簿及相关原始凭证，要求依法对 2003 年 2 月至今的财务情况进行审计，并承担本案的诉讼费用。法院审理认为，本案原告作为有限责任公司的股东有权查阅、复制公司章程、股东会会议记录、董事会会议决议、监事会会议决议和财务会计报告，并且还可以要求查阅公司会计账簿，其诉讼请求应该得到支持。

资料来源：北京市高级人民法院编秀组公司法新型疑难案例判解. 北京：法律出版社，2006：96.

1. 股东的权利

股东的权利虽因公司种类不同而不尽一致，但就各国公司法所确认的股东权利而言，股东主要有以下权利：

(1) 出席或委托代理人出席股东会并行使表决权。
(2) 选举权与被选举权。
(3) 依法转让出资或股份的权利。
(4) 知情权。
(5) 建议和质询权。
(6) 公司发行新股时的优先认购权。
(7) 公司盈余分配请求权。
(8) 剩余财产分配请求权。
(9) 提议召开临时股东会的权利。
(10) 股东会的召集和主持权。
(11) 临时提案权。
(12) 异议股东股权回购请求权。
(13) 公司解散的请求权。
(14) 股东诉权。
(15) 公司章程规定的其他权利。

2. 股东的义务

各国公司法对股东义务的规定大同小异，基本上共同确认了股东应承担以下义务。

1) 向公司缴纳股款的义务

出资义务是股东的最基本的义务。股东认购出资或股份后，就应按其所承诺的出资额或所认购的股份金额，向公司缴纳股款。这一义务的履行是认股人取得股东资格的前提条件，在认股人未履行这一义务前，不能成为公司股东。

2) 对公司所负债务的义务

股东对公司所负债务的义务因公司类型不同而异。无限公司的股东及两合公司中的无限责任股东，对公司所负的债务承担无限责任，即不以股东的出资额为限；有限责任公司及股份有限公司的股东，对公司的债务承担有限责任，即仅以其出资额或认缴的股款为限。

3) 不得抽回出资的义务

公司成立后，股东不得抽逃出资。发起人、认股人缴纳股款或者交付抵作股款的出资后，除未按期募足股份、发起人未按期召开创立大会或者创立大会决议不设立公司的情形外，不得抽回其股本。公司的发起人、股东在公司成立后，抽逃其出资的，由公司登记机关责令改正，处以所抽逃出资金额5%～15%的罚款。

4) 遵守公司章程的义务

公司章程既是公司组织和行为的基本准则，也是股东行为的准则，即公司章程的效力延及于股东，股东应依照公司章程的规定享有权利和承担义务。

9.2 股　　权

9.2.1 股权的概念

股权，又称为股东权，可作狭义和广义两种理解。狭义的股权是指股东因向公司出资而享有的权利；广义的股权是指股东权利、义务的总称。

相对于所有权、债权等古典民事权利，股权是一种新型民事权利，追溯股权的短暂历史可见，它伴随着公司制度的出现而诞生，是在资本主义产生、发展以后出现的。公司是资本主义生产关系的产物，正是为了适应资本主义的生产方式，在既有的企业组织形式合伙和独资企业之外，又产生了公司。公司与合伙、独资企业最大的不同在于出资人不再直接支配其财产，不再直接经营企业。与此相适应，出资人对其具体出资财产支配权(占有、使用和处分)的放弃，换来了其所承担的有限责任，这样造成的结果之一是出资人的财产能够得到更有才能的人来使用并使其增值，并在社会上造就了一个专门以经营企业财产为生的经理阶层，这是发展资本主义不可缺少的重要因素，在这些因素之间还需一个纽带把出资人与企业、出资人与经理在法律上相联结，防止出资人利益受损，防止经理人员的懒惰，加强对企业的监督。解决这一问题的方法是通过法律赋予出资人以股权，因为在公司制下，出资人交付给公司的财产已经转化为资本，出资人原来对财产所享有的权利已转化为对资本的权利，资本的本质是增值性，能够创造更高的价值，资本对出资者来说，其意义就在于能给出资人以更高价值的回报，因此出资人仍享有对具体财产的支配权已无必要，法律赋予出资人的股权主要就是为了保护其获取股息和红利，这是目的性权利，而股东的表决权、知情权则是为了实现这一目的的手段性权利，剩余财产的分配权则是对股东出资的主要目的性权利不达时的补救，并非股东的目的。

9.2.2 股权的分类

要深入探讨股权问题，不仅要熟知股权的具体内容，而且还要对股权进行科学的分类，这是正确认识股权性质及有效行使股权的前提条件。尽管在不同公司或同一公司的不同股东中，股权的内容及其表现形式有所差异，但仍可按不同的标准，对股权进行科学的分类，各国公司法理论通常确认的股权分类主要有以下几种。

1. 自益权与共益权

按股权内容不同，可将股权分为自益权与共益权。凡股东以自己的利益为目的而行使的权利是自益权，主要包括发给出资证明或股票的请求权、股份转让过户的请求权、分配股息红利的请求权以及分配公司剩余财产的请求权等；凡股东以自己的利益并兼以公司的利益为目的而行使的权利是共益权，主要包括出席股东会的表决权、任免董事等公司管理人员的请求权、查阅公司章程及簿册的请求权、要求法院宣告股东会决议无效的请求权以及对公司董事、监事提起诉讼的权利等。

2. 固有权与非固有权

按股权性质不同，可将股权分为固有权与非固有权。固有权是公司法赋予股东的、不得以章程或股东会决议予以剥夺或限制的权利；非固有权是指依章程或股东会决议可剥夺或可限制的权利。

3. 单独股东权与少数股东权

按股权行使方式不同，可将股权分为单独股东权与少数股东权。单独股东权是指可以由股东一人单独行使的权利，包括股东在股东会上的表决权、宣告股东会决议无效的请求权等；少数股东权是指持有已发行股份一定比例以上的股东才能行使的权利。

4. 一般股东权与特别股东权

按股权行使主体不同，可将股权分为一般股东权与特别股东权。一般股东权是指公司的普通股东即可行使的权利；而特别股东权是指专属于股东中特定人的权利，如公司发起人或特别种类的股东(优先股股东、后配股股东)所享有的股东权。

9.2.3 股权的法律性质

从世界范围看，各国或地区的公司法对股权内容的规定大同小异，但对股权的性质的认识在学理上却大相径庭。对股权性质进行探讨主要是在大陆法系学者中间展开的，英美法系的学者则很少关注。大陆法系学者对其进行探讨时囿于自身的思维方式及传统的民事权利体系，往往以物权、债权、人身权及知识产权这种典型的民事权利分类模式来为股权归类，形成了许多学说。我国深受大陆法系国家立法模式的影响，在对股权性质进行研讨过程中，形成了以下几种观点。

1. 股权所有权说

股权是物权中的所有权。在公司中并存着两个所有权，即股东享有所有权，公司法人也享有所有权，并称为所有权的二重结构。公司法人所有权并不是对股东所有权的否定，只是使股东所有权表现为收益权及处分权。所有权的二重结构并不破坏“一物一权”原则，也并不意味着国家所有权的丧失。[①]

2. 股权债权说

股权是债权。从公司取得法人资格时起，公司成为财产所有权的主体，对公司财产享有所有权，股东对公司的唯一权利仅仅是收益，即领取股息和红利，这是股东所有权向债权转化，这一转化的完成，使股份公司作为所有权的唯一主体，完全按自己的意志占有、使用、收益、处分公司的财产，而不必受股东的左右和控制。股东也只关心到期股息、红利能否兑现，无意介入公司的经营管理或参与决策。特别是在20世纪后期，随着公司所有权与经营管理权的分离，股东的所有权逐渐被削弱，主要表现为处分权基本上丧失。股票已纯粹变成了债的凭证。就发展趋势看，股票与公司债券的区别也正在缩小，股东的收益权已成为一种债务请求权。[②]

3. 股权社员权说

股权是社员权。社员权是指股东因出资创办社团法人，成为该法人成员并在法人内部拥有的权利和义务的总称。它是解决社团法人内部关系的一种法律手段。股东转移财产所有权，以形成独立的法人所有权，同时，股东也相应地获得一定的权利，以解决其物质利益的法律问题。股东享有社员权是作为产权交换的代价。[③]

4. 股东地位说

公司是由股东组成的企业法人，股东按自己认缴的出资或持有的股份享受权利和承担义务，股权是股东因拥有股份或出资而在公司取得的成为各种权利基础的法律地位，以此法律地位为基础获得的权利和义务的集合体是股权的内容，因此，股权是股东具体权利和义务的抽象概括，而并非一种单一的具体权利。

5. 股权独立民事权利说

股权是一种自成一体的独立权利类型，股权是作为股东转让出资财产所有权的对价的民事权利。作为独立民事权利的股权具有目的权利和手段权利有机结合、团体权利和个体权利辩证统一的特征，兼有请求权和支配权的属性，具有资本性和流转性。股权是由特定的法律行为创设的，即分别由出资合同行为及转让行为等创设，创设行为是产生股权的法律事实。股权与公司所有权是相伴而生的孪生兄弟。只有股权独立化才可能产生公司所有权，而公司所有权的产生必然要求股权同时独立化。股权与公司所有权的分化又是现代市场经济的伴生物，是商品经济长期孕育和发展的必然结果，也是现代企业制度的重要标志。[④]此学说为我国学理界对股权性质的通说。

现行《公司法》规定：公司是企业法人，有独立的法人财产，享有法人财产权。公司法人财产权是我国公司法的特有概念。对于公司法人财产权的性质，在理论上有经营权说、

---

① 王利明．论股份制企业所有权的二重结构[J]．中国法学，1989．1.

② 郭峰．股份制企业所有权问题的探讨[J]．中国法学，1988．3.

③ 储育明．论股权的性质及其对我国企业产权理论的影响[J]．经济法制，1990．2.

④ 江平，孔祥俊．论股权[J]．中国法学，1994．1.

结合权说、双重结构说和所有权说 4 种观点。本书采所有权说，即法人财产权就是法人所有权，具有法人所有权的占有、使用、收益和处分的全部权能，与法人所有权毫无差别。《公司法》创设法人财产权的概念，目的在于实现对国家所有权的特殊保护。实质上，在现有的民事权利的立法体系框架内，通过赋予国家股权，公司享有法人所有权的方式，完全可以达到保护国家财产的目的。本书认为现有的法人所有权的设置完全可以解决一切问题，无须创设一种新的权利类型，因为创设新的权利类型意味着需要界定其内涵、外延及与其他相关权利的区别与联系等，更何况财产权始终是一个英美法系的概念，与我国一贯遵循的大陆法系的立法体例不融合。

9.2.4 股权的转让

典型案例 9-3

朱某诉洪某、邬某股权转让款纠纷案

上海绿晶大酒店有限公司原名上海涌江海鲜酒楼有限公司，注册资本为人民币 30 万元，上海中盛建筑安装工程有限公司投入 18 万元，占注册资本的 40%。朱某告知洪某、邬某其持有上海绿晶大酒店公司 85%的股权，且该公司的注册资本为人民币 50 万元。朱某于 1999 年 3 月，向洪某、邬某两人转让 35%的股权，共计股权转让款 175 000 元。洪某、邬某两人于 1999 年 3 月 4 日向朱某支付了股权转让款 132 000 元。1999 年 3 月 20 日，朱某与洪某、邬某及何某订立上海绿晶大酒店公司章程，章程规定：该公司股本金为人民币 50 万元，朱某出资 15 万元，占总股本的 30%；何某出资 175 000 元，占总股本的 35%；洪某出资 87 500 元，占总股本的 17.5%；邬某出资 87 500 元，占总股本的 17.5%。该公司章程未经工商行政管理局审核登记。后朱某因洪某、邬某两人未支付剩余的股权转让款诉至法院。法院审理认为，朱某与洪某、邬某两人达成的股权转让协议无效。另外，朱某转让其股权，未经另一股东上海中盛建筑安装有限公司同意。据此，法院判决驳回朱某的诉讼请求。

资料来源：北京市高级人民法院编秀组公司法新型疑难案例判解. 北京：法律出版社，2006：194.

股权具有财产权利的属性，具有价值，因此无论何种类型的公司，原则上股权均可转让，但因公司的类型、性质不同，法律对股权转让的限制也宽严有别。现行《公司法》对此作出严格规定。

1. 有限责任公司的股权转让

有限责任公司的股权转让是指有限责任公司的股东依照法律或公司章程的规定将自己的股权转让给他人的行为。有限责任公司虽在性质上属于资合公司，但因股东人数不多，具有人合因素，公司的组建依赖于股东之间的信任关系和共同利益关系。因此，法律对有限责任公司股权转让的限制需要维护两方面的利益平衡，即一方面要确认并保障有限责任公司股东转让股份的权利，另一方面也要维护股东之间的相互信赖及其他股东的正当利益，避免出现欲退不行、欲转不能的僵局现象。现行《公司法》设专章对有限责任公司的股权转让作出规定，其主要内容如下：

(1) 有限责任公司的股东之间可以相互转让其全部或者部分股权。对有限责任公司内部进行的股权转让采取自由主义原则是各国公司法的通例，《公司法》亦作出相同规定。因为股权在股东相互间的转让，一般不会涉及人合或信任问题，原则上应允许转让而无须限制，只要转让方与受让方协商一致，转让即可成立。

(2) 股东向股东以外的人转让股权，应当经其他股东过半数同意。股东应就其股权转让事项书面通知其他股东征求同意，其他股东自接到书面通知之日起满30日未答复的，视为同意转让。其他股东半数以上不同意转让的，不同意的股东应当购买该转让的股权；不购买的，视为同意转让。经股东同意转让的股权，在同等条件下，其他股东有优先购买权。两个以上股东主张行使优先购买权的，协商确定各自的购买比例；协商不成的，按照转让时各自的出资比例行使优先购买权。

(3) 公司章程对股权转让另有规定的，从其规定。公司章程为公司内部的自治规则，其效力及于股东，对股东的行为具有约束力，而且转让股权本质上属于处理私权，应当奉行意思自治原则。有鉴于此，现行公司法对股权转让作出了约定优于法定的规定，即公司章程对股权转让另有规定的，从其规定。这就要求股东在制定公司章程时，应当充分酝酿并预作约定，如果就股权转让问题有与《公司法》的规定不同的考虑，就应当在公司章程中另行规定，从而取得优先适用的效力。

(4) 股权转让除出于股东自愿外，还可能因人民法院依照法律规定的强制执行程序转让。人民法院依照法律规定的强制执行程序转让股东的股权时，应当通知公司及全体股东，其他股东在同等条件下有优先购买权。其他股东自人民法院通知之日起满20日不行使优先购买权的，视为放弃优先购买权。

(5) 股东转让股权后，公司应当注销原股东的出资证明书，向新股东签发出资证明书，并相应修改公司章程和股东名册中有关股东及其出资额的记载。对公司章程的该项修改不需再由股东会表决。

2. 股份有限公司股份的转让

股份有限公司股份的转让是指股份有限公司的股东依照一定的程序将自己的股份让与受让人、由受让人取得股份成为公司的股东。股份有限公司是典型的资合公司，以公司资本为其信用基础，股东间的人身关系较为松散，因此，股份可以自由转让和流通是各国或地区公司立法所贯彻的一条基本原则。同时，由于股份的转让可能影响公司财产的稳定，某一部分股东对股份的处分也有可能损害另一部分股东的利益，而且股份转让还可能会带来股票投机，因此，为了保护公司、股东及公司债权人的整体利益，多数国家或地区的公司法、证券法多对股份转让作出必要限制，以便将股份转让可能产生的弊端限制在尽可能小的范围内。我国公司法亦然，现行《公司法》第五章第二节对股份转让作出如下规定。

(1) 股份有限公司的股东持有的股份可以依法转让。股份转让的自由性是股份有限公司的优势所在，各国公司法一般均对股份有限公司股份转让的自由性予以肯定，规定股份有限公司的股份，除了法律另有规定外，可以自由转让，公司不得以章程或股东大会决议予以剥夺或限制。

(2) 股东转让其股份，应当在依法设立的证券交易场所进行或者按照国务院规定的其他方式进行。目前，我国依法设立的证券交易场所主要包括证券交易所和场外交易场所两种。

(3) 记名股票，由股东以背书方式或者法律、行政法规规定的其他方式转让；转让后由公司将受让人的姓名或者名称及住所记载于股东名册。无记名股票的转让，由股东将该股票交付给受让人后即发生转让的效力。上市公司的股票，依照有关法律、行政法规及证券交易所交易规则上市交易。

(4) 发起人持有的本公司股份，自公司成立之日起 1 年内不得转让。公司公开发行股份前已发行的股份，自公司股票在证券交易所上市交易之日起 1 年内不得转让。由于股份有限公司的发起人对公司的成立及公司成立初期的财产稳定和组织管理具有重要的影响，所以，为了保护其他股东和公众的利益，防止发起人利用设立公司进行投机活动和逃避发起人责任，各国或地区的公司立法一般要对发起人所持股份的转让予以一定限制。

(5) 公司董事、监事、高级管理人员应当向公司申报所持有的本公司的股份及其变动情况，在任职期间每年转让的股份不得超过其所持有本公司股份总数的 25%；所持本公司股份自公司股票上市交易之日起 1 年内不得转让。上述人员离职后半年内，不得转让其所持有的本公司股份。公司章程可以对公司董事、监事、高级管理人员转让其所持有的本公司股份作出其他限制性规定。

(6) 公司不得收购本公司股份。有下列情形之一的除外：减少公司注册资本；与持有本公司股份的其他公司合并；将股份奖励给本公司职工；股东因对股东大会作出的公司合并、分立决议持异议，要求公司收购其股份的。公司持有本公司的股份与公司原理相悖，混淆了公司与股东之间的法律关系，大多数国家的公司法对公司拥有本公司股份进行限制，并对特殊情形下出现公司持有本公司股份的，规定了具体的注销或转让期限。

(7) 公司不得接受本公司的股票作为质押权的标的。质押是指债务人或第三人在不转移所有权的前提下，将某一动产或权利转由债权人占有和控制，在债务人不履行债务时，债权人有权以该动产或权利折价或以变卖、拍卖该动产或权利的价款优先受偿。因此，质押权的成立，是以债权人可以取得质押权标的物的所有权为前提的。以本公司股票作为质押权标的，一旦质押权实现则公司可以取得本公司股票的所有权，形成自有股份。

引例分析

华融公司诉北银公司股权转让合同纠纷案

在本案中，北银公司与中软公司的股东签订股权转让协议后，并未就股权转让事项在工商行政管理机关办理股权的变更登记，即北银公司在有关中软公司的法律文件上尚未取得股东身份，其不具备向华融公司转让中软公司股权的主体资格，故北银公司与华融公司所签订的股权转让合同是无效合同。北银公司在其不具备股东资格的情况下，与华融公司签订股权转让合同，应对造成合同无效承担主要责任。北银公司应将所收取的 600 万元股权转让款退还华融公司。

现行《公司法》第 33 条第 3 款规定：公司应当将股东的姓名或者名称及其出资额向公司登记机关登记；登记事项发生变更的，应当办理变更登记。未经登记或者变更登记的，不得对抗第三人。在本案中，北银公司与中软公司的股东签订股权转让协议书后，未在公司登记机关办理股东身份的变更登记，因此，在华融公司与北银公司的股权转让合同中，北银公司转让中软公司股份的主体资格的效力不得对抗作为第三人的华融公司。

本章小结

公司是以赢利为目的的社团法人，股东是公司成立、存续的基础，是公司真正的主人。股东与发起人的含义不同，资格限制也不同。股东资格的取得分为原始取得与继受取得。股东的法律地位主要表现在股东享有股东权与股东平等原则。最大限度地保护股东利益为各国公司法奉为终极目标，公司法主要通过赋予股东控制公司的权利的方式来实现这一目的。股东的权利因公司的种类及股权的性质不同而不尽一致，但大同小异，学理上亦无较大分歧。各国公司法对股东义务的规定也趋于一致，大多确认了向公司缴纳股款的义务与对公司所负债务的义务。股权的可转让性是公司生存发展之必需，原则上股东的股权均可转让，但因公司性质及类型的差异，法律对股东股权转让的限制亦有不同。一般而言，有限责任公司的股权转让受到公司法与公司章程的严格限制，而股份有限公司的股权转让的限制相对宽松。

思考题

1. 股东的权利及义务各有哪些？
2. 股东资格的取得有哪些方式？
3. 关于股权的法律性质，有哪几种观点？
4. 股东平等原则的含义是什么？
5. 公司法人财产权的内涵是什么？
6. 有限责任公司股权的转让是什么？
7. 股份有限公司股份的转让有哪些内容？

练习题

1. 单项选择题

(1) 根据《公司法》的规定，股份有限公司董事持有的本公司股份(　　)。

A. 在公司成立后3年内不得转让

B. 自公司股票在证券交易所上市交易之日起1年内不得转让

C. 在其任职后3年内不得转让

D. 在其任职期间不得转让

(2) 有限责任公司的股东向股东以外的人转让出资，应当(　　)。

A. 经出席股东会会议的股东所持表决权的半数以上通过

B. 经全体股东所持表决权的2/3以上通过

C. 经其他股东过半数同意

D. 其他股东有优先购买权

(3) 甲为一家股份有限公司的发起人，其持有的本公司股份(　　)。

A. 自公司成立之日起 6 个月后才可转让

B. 自公司成立之日起 1 年后才可转让

C. 自公司成立之日起 3 年后才可转让

D. 在公司存续期间不得转让

(4) 按股权性质不同，可将股权分为(　　)。

A. 单独股东权与少数股东权　　B. 一般股东权与特别股东权

C. 自益权与共益权　　D. 固有权与非固有权

(5) 甲、乙、丙 3 人出资成立一家有限责任公司。现丙与丁达成协议，将其在该公司拥有的股份全部转让给丁。对此，甲和乙均不同意。有关此事的下列解决方案中，不符合《公司法》规定的是(　　)。

A. 由甲或乙购买丙欲转让给丁的股份

B. 由甲和乙购买丙欲转让给丁的股份

C. 如果甲和乙都不愿购买，丙应当取消与丁的股份转让协议

D. 如果甲和乙都不愿购买，丙有权履行与丁的股份转让协议

2. 辨析题

(1) 股东与发起人。

(2) 自益权与共益权。

第10章　公司的组织机构

本章教学要点

知识要点	掌握程度	相关知识
股东会的概念	熟悉	股东会的内涵、特征及职权
董事会的概念		董事会的内涵、特征及职权
监事会的概念		监事会的内涵、特征及职权
经理的概念		经理的内涵及职权
股东会会议	了解	股东会会议的概念、种类及召集
董事会会议		董事会会议的概念、种类及召集
监事会会议		有限责任公司的监事会会议 股份有限公司的监事会会议
股东会决议	掌握	股东会决议的种类、无效及撤销
对经理的激励机制		经理年薪制；股票期权制
对经理的约束机制		董事会的约束；经理市场的约束
股东表决权行使的方式	重点掌握	股东表决权的亲自行使；股东表决权的代理行使；股东表决权的书面行使
股东表决权行使的一般原则		一股一票；资本多数决
股东表决权行使的特别规定		表决权量上的限制；表决权代理的限制；表决权行使的回避；类别表决及累积投票制等

基本概念

股东会　股东会会议　股东会决议　股东表决权　董事会　董事会会议　董事会决议　独立董事　监事会　监事会会议　经理　股票期权

引例

有限责任公司组织机构设立实例

某有限责任公司由4名股东共同出资设立，该公司章程规定了其组织机构的设立情况，主要如下。每个出资人选派1名股东代表参加股东会，公司股东享有包括选举或被选举为董事会成员或监事在内的各项权利；股东会行使包括选举和罢免董事、决定董事报酬及支付方式在内的职权；公司董事会是公司的经营决策机构，也是股东会的常设权力机构。董事会由9名董事组成，其中，设董事长1名，董事任期3年，可连选连任；董事由股东会选举产生，董事长由董事会选举产生，对董事会负责，行使包括召集和主持董事会会议等职权，董事长是公司的法定代表人；公司每年至少召开2次董事会会议，董事可书面委托他人代表出席并行使表决权；下列情况可以召开临时董事会会议：①董事长认为必要或有1/3以上董事提议；②董事可向董事长提请召开临时董事会会议；③监事可提请召开临时董事会会议。董事会实行一人一票的表决制，董事会决议以1/2以上的董事通过即为有效。当赞成票与反对票相等时，董事长享有多投一票的权力。董事会作出有效决议的法定人数不得少于董事会人数的3/5，否则视为无效决议。董事会行使包括聘任或解聘总经理等职权。董事会和经营班子成员因营私舞弊或失职而造成公司重大经济损失，应负经济和法律责任。如不称职，分别经股东会决议或董事会决议可予以罢免和解聘；公司设监事2名，由公司股东大会民主选举产生。监事行使包括提议召开临时股东会会议、列席董事会会议等职权。

请结合本实例思考有限责任公司组织机构的设立。

10.1　股　东　会

10.1.1　股东会的概念和职权

典型案例 10-1

景某等股东诉董事长朱某不履行股东会决议纠纷案

2000年9月，朱某等人发起设立了某经济技术合作有限公司，该公司的股东为朱某、葛某、景某、陶某、周某、王某、范某7人，7名股东所占股权比例分别为26%、10%、22%、10%、12%、12%、8%。股东会选举朱某为董事长兼总经理。2003年10月6日，该公司股东召开股东会并形成决议，决定由股东葛某保管财务章和现金支票，景某保管公章，王某保管财务账，财务整理由葛某负责。上述决议经2/3以上有表决权的股东签字通过。朱某作为董事长和总经理，不但拒绝履行股东会决议，而且百般阻挠清理小组对公司债权债务的清理，其行为严重损害了公司和股东的利益。股东景某、陶某、周某、王某、范某5人以原告身份，于2004年7月1日将董事长朱某告上江苏省海安县人民法院。人民法院依法进行了调解，最终原、被告达成调解协议。

资料来源：赵旭东．新公司法案例解读．北京：人民法院出版社，2005：96.

1．股东会的概念

股东会是指由公司全体股东组成的公司最高权力机构，是股东在公司内部行使股东权的法定组织，具有以下特征。

1) 股东会须由全体股东组成

股东会的组成成员是全体股东，不能将任何一个股东排除在外。股东参加股东会是股东的法定权利，凡是具有股东资格者均是股东会的成员，有权出席股东会会议，即使无表决权的优先股股东也不例外。

2) 股东会是公司的意思形成机构

就性质而言，股东会是公司的意思形成机构。公司的意思是由股东会形成的，股东会形成的意思来源于股东但独立于每一股东的个别意思，居于最高地位。公司的资本来源于全体股东的出资，公司是由全体股东组成的社团法人，全体股东的共同意志便是公司法人的意志，但由于股东人数较多，这就需要有一个专门供股东表达意愿和将单个股东的意愿汇集起来形成股东集体意志的机构或场所，股东会就是担负上述职能的法定机构①。

3) 股东会是公司的最高权力机构

在公司组织机构中，股东会的法律地位是公司的最高权力机构。股东作为公司的出资者和所有者理应对公司享有最高权利，而股东行使权利的机构即为股东会。公司的一切重大问题，需要由股东会作出决议。股东会有权修改公司章程，有权决定公司的经营方针和投资计划，有权选举和罢免董事、监事，董事会成员和监事会成员均由股东会决定产生，董事会和监事会均须对股东会负责。

4) 股东会是公司的必设机构

虽然在现代公司实践中，股东会的权力受到很大限制，但股东会的设立仍受法律强制性约束，只在特殊情况下允许特例存在。例如，我国外商投资设立的有限责任公司只设董事会，不设股东会，由董事会行使相应的职权；国有独资公司不设股东会，由国有资产监督管理机构行使股东会职权或授权董事会行使股东会的部分职权。

2．股东会的职权

股东会的职权通常与股东会的地位和作用相当。在奉行股东会中心主义的时代，公司法赋予股东会广泛的职权，且股东会还可以利用其制定修改公司章程的权利，在章程中为自己设定自认为有必要享有的权利。及至奉行董事会中心主义的时代，以董事会为代表的公司经营管理层的权利逐渐得到加强，股东会的职权相应地有所削弱。但无论如何股东是公司的真正所有者，股东会必须依法享有对涉及股东利益或公司生存与发展重大问题的决定权。因此当代各国公司法对股东会职权的规定大同小异，在我国，股东会的法定职权较为广泛，规定于《公司法》第三十八条和第一百条。主要有以下内容：

(1) 决定公司的经营方针和投资计划。

(2) 选举和更换非由职工代表担任的董事、监事，决定有关董事、监事的报酬事项。

① 范健．商法[M]．3版．北京：高等教育出版社，北京大学出版社，2007：173.

(3) 审议批准董事会的报告。
(4) 审议批准监事会或者监事的报告。
(5) 审议批准公司的年度财务预算方案、决算方案。
(6) 审议批准公司的利润分配方案和弥补亏损方案。
(7) 对公司增加或者减少注册资本作出决议。
(8) 对发行公司债券作出决议。
(9) 对公司合并、分立、解散、清算或者变更公司形式作出决议。
(10) 修改公司章程。
(11) 公司章程规定的其他职权。

10.1.2 股东会会议

股东会会议是指股东会的工作方式，是股东为行使股东会的职权，就股东会职权范围内的公司待决事项作出决议，而依照法律或公司章程召开的定期或临时会议。

1. 股东会会议的种类

按会议召开的原因和时间的不同，股东会会议通常分为普通会议和特别会议两种，但二者在权限上并无不同。

1) 普通会议

普通会议，亦称定期会议、股东年会，是指依据法律和公司章程的规定在一定时间内必须召开的股东会会议。普通会议主要决定股东会职权范围内的例行重大事项。《公司法》规定，普通会议每年召开一次。

2) 特别会议

特别会议，亦称临时会议，是指在定期会议以外的必要时候，由于发生法定事由或根据法定人员、机构的提议而召开的股东会会议。

《公司法》规定，有限责任公司经代表 1/10 以上表决权的股东，1/3 以上的董事，监事会或者不设监事会的公司的监事提议召开临时会议的，应当召开临时会议。股份有限公司在董事人数不足公司法规定人数或者公司章程所定人数的 2/3 时；公司未弥补的亏损达实收股本总额 1/3 时；单独或者合计持有公司 10%以上股份的股东请求时；董事会认为必要时；监事会提议召开时，都应当在 2 个月内召开临时股东大会。

2. 股东会会议的召集

1) 召集人

《公司法》规定，有限责任公司首次股东会会议由出资最多的股东召集和主持。有限责任公司设立董事会的，股东会会议由董事会召集，董事长主持；董事长不能履行职务或者不履行职务的，由副董事长主持；副董事长不能履行职务或者不履行职务的，由半数以上董事共同推举一名董事主持。有限责任公司不设董事会的，股东会会议由执行董事召集和主持。董事会或者执行董事不能履行或者不履行召集股东会会议职责的，由监事会或者不设监事会的公司的监事召集和主持；监事会或者监事不召集和主持的，代表 1/10 以上表决权的股东可以自行召集和主持。股份有限公司的股东大会会议由董事会召集，董事长主持；董事长不能履行职务或者不履行职务的，由副董事长主持；副董事长不能履行职务或者不履行职务的，由半数以上董事共同推举一名董事主持。董事会不能履行或者不履行召集股东大会会议职责的，监事会应当及时召集和主持；监事会不召集和主持的，连续90日以上单独或者合计持有公司10%以上股份的股东可以自行召集和主持。

2) 召集程序

《公司法》规定，有限责任公司召开股东会会议，应当于会议召开15日前通知全体股东；但是，公司章程另有规定或者全体股东另有约定的除外。股份有限公司召开股东大会会议，应当将会议召开的时间、地点和审议的事项于会议召开20日前通知各股东；临时股东大会应当于会议召开15日前通知各股东；发行无记名股票的，应当于会议召开30日前公告会议召开的时间、地点和审议事项。

10.1.3 股东表决权及其行使

股东表决权是股东基于股东资格而享有的、在股东会会议上就会议提请表决的议案是否通过实施法定影响的意思表示的权利。行使表决权是股东权实现的基本方式。

1. 股东表决权行使的一般原则

股东表决权行使的一般原则是"一股一票"和"资本多数决"。资本是公司的基础，按照资本平等原则，公司须以出资为依据在股东间分配权利，实行权利按资分配的平等。因此在股份有限公司，股份作为资本的计量单位，同时成为计量股东权利的基本单位。就表决权的行使，则实行一股一票，数股数票。在有限责任公司，凡采取基数出资制或等额出资制的，每一基数出资或每一等额出资，享有一票表决权。《公司法》规定，股份有限公司股东出席股东大会，所持每一股份有一表决权。有限责任公司由股东按出资比例行使表决权。

2. 股东表决权行使的特别规定

股东完全按照"一股一票"和"资本多数决"原则行使表决权，虽能使股东会决议反映多数股东的意志，但也可能导致大股东操纵股东会，进而损害小股东利益的情形的产生。为消解这一弊端，各国一般均对股东表决权行使作出特别规定，如对表决权量上的限制；对表决权代理的限制；表决权行使的回避；类别表决及累积投票制等。现行《公司法》规定了累积投票制。

3. 股东表决权的行使方式

股东表决权的行使方式有3种：一是股东表决权的亲自行使。这是股东表决权行使的常态。二是股东表决权的代理行使。股东可以委托代理人出席股东大会会议，代理人应当向公司提交股东授权委托书，并在授权范围内行使表决权。三是股东表决权的书面行使，是指不出席股东大会的股东在书面投票用纸上就股东大会决议中的有关事项表明赞成、否定或弃权的意思，并将该书面投票用纸在股东大会召开前提交公司以产生表决权行使效果的法律制度。[①]

10.1.4 股东会决议

股东会决议是股东会就提请股东会会议审议的事项依法律或章程规定的程序表决形成的决议，是股东会意思表示的唯一法定表现形式。[②]

---

① 范健．商法[M]．3版．北京：高等教育出版社；北京大学出版社，2007：179．

② 石少侠．公司法概论[M]．北京：当代世界出版社，2000：188．

1. 股东会决议的种类

根据议决事项和多数标准的不同，股东会决议可分为以下两类。

1) 普通决议

普通决议是指股东会在决议公司的普通事项时，获得简单多数同意即可通过的决议。“简单多数”，在有限责任公司是指代表 1/2 以上表决权的股东；在股份有限公司是指代表出席会议股东持有的 1/2 以上表决权的股东。对于普通决议适用的事项，通常认为属于团体意思自治的范畴，法律一般不作强行性规定，而留给或允许公司章程自由裁量。

2) 特别决议

特别决议是指决定公司的特别事项时采用的，以绝对多数才能通过的决议。特别决议适用的范围，各国均以强行性规定加以框定，内容上大同小异。《公司法》明确规定，修改公司章程、增加或者减少注册资本的决议，以及公司合并、分立、解散或者变更公司形式的决议，有限责任公司必须经代表 2/3 以上表决权的股东通过，股份有限公司须经出席会议的股东所持表决权的 2/3 以上通过。

2. 股东会决议的无效和撤销

1) 股东会决议的无效

股东会决议内容违反法律、行政法规，属无效决议。此种无效为自始无效，当然无效，且无须经过特定程序的确认，如剥夺有限责任公司股东新股认购优先权的决议、违法分配利润的决议等。

2) 股东会决议的撤销

股东会会议的召集程序、表决方式违反法律、行政法规或者公司章程，或者股东会决议内容违反公司章程的，属决议的可撤销。此种情况需经过确认程序，经法院宣告，如未通知有表决权股东的决议、通知未载明会议审议事项的决议等。

10.2 董 事 会

10.2.1 董事会的概念和职权

1. 董事会的概念及特征

董事会是由股东会选举产生的，由全体董事组成的行使经营决策和管理权的、必设的集体业务执行机关。[①]具有以下特征。

1) 董事会由股东会选举产生，向股东会负责

股东是公司的真正主人，股东会是公司的最高权力机关，董事会的设置和运作必须以股东的利益为准则，董事会由股东会选举产生。作为公司的业务执行机关，董事会的主要职责之一就是负责贯彻执行股东会的决议，并向股东会报告工作。股东会可以通过法律或章程规定的程序撤换或罢免董事会成员，改组董事会。

2) 董事会是公司的核心领导机关

董事会虽是股东会之下的业务执行机关，但其具有独立的权限和责任，特别是随着董

---

① 范健．商法[M]．3 版．北京：高等教育出版社，北京大学出版社，2007：181.

事会权力的不断扩大和股东会职权的日渐削弱，董事会已成为事实上的经营决策和领导机关。董事会在法律和章程规定的权限范围内享有独立的决策权，其独立作出的决策，纵使股东会亦无权变更和撤销。

3) 董事会是集体执行公司事务的机关

董事会的权利是董事会集体的权利，不能分解于董事个人，任何董事均不能以个人名义行使董事会的权利。董事会行使权利只能通过召开董事会会议，形成表达董事会成员集体意思的决议，使自己的意志在公司内部得到贯彻。董事会会议实行委员会制，按照少数服从多数的原则确定董事会的意思，该集体意思区别并独立于任何董事个人的意志。

4) 董事会是公司的法定必设和常设机关

董事会是公司的必设机关，不可或缺，只有股东人数较少和规模较小的有限公司可以不设董事会，由一名执行董事行使董事会的职权。董事会通过召集会议的方式行使职权，董事会会议是董事会的工作方式，具有临时性，而董事会作为公司的组织机构，则是在公司存续期间一直存在的，属常设机关。

2. 董事会的职权

各国公司法规定董事会职权的方式不尽一致，主要有以下方式。

1) 列举法

列举法是指法律以列举的方式，明确规定董事会的各种职权。

2) 排除法

排除法是指法律以列举的方式框定股东会的各种职权、排除股东会的职权外，赋予董事会行使公司的一切日常管理、决策权。

3) 列举加排除法

列举加排除法是指法律在以列举法明确规定董事会职权的同时，规定除法律和公司章程另有规定外，公司的一切权力都应由董事会行使或董事会授权行使。

《公司法》对董事会职权采列举法规定，规定于第四十七条和第一百零九条，主要包括以下内容。

(1) 召集股东会会议，并向股东会报告工作。

(2) 执行股东会的决议。

(3) 决定公司的经营计划和投资方案。

(4) 制订公司的年度财务预算方案、决算方案。

(5) 制订公司的利润分配方案和弥补亏损方案。

(6) 制订公司增加或者减少注册资本以及发行公司债券的方案。

(7) 制订公司合并、分立、解散或者变更公司形式的方案。

(8) 决定公司内部管理机构的设置。

(9) 决定聘任或者解聘公司经理及其报酬事项，并根据经理的提名决定聘任或者解聘公司副经理、财务负责人及其报酬事项。

(10) 制定公司的基本管理制度。

(11) 公司章程规定的其他职权。

10.2.2 董事会的组成

1. 有限责任公司董事会的组成

有限责任公司设董事会的，组成成员为3～13人。股东人数较少或者规模较小的有限责任公司，可以设一名执行董事，不设董事会。两个以上的国有企业或者两个以上的其他国有投资主体投资设立的有限责任公司，其董事会成员中应当有公司职工代表；其他有限责任公司董事会成员中可以有公司职工代表。董事会中的职工代表由公司职工通过职工代表大会、职工大会或者其他形式民主选举产生。董事会设董事长一人，可以设副董事长。董事长、副董事长的产生办法由公司章程规定。

2. 股份有限公司董事会的组成

股份有限公司设董事会的，组成成员为5～19人。董事会成员中可以有公司职工代表。董事会中的职工代表由公司职工通过职工代表大会、职工大会或者其他形式民主选举产生。董事会设董事长一人，可以设副董事长。董事长和副董事长由董事会以全体董事的过半数选举产生。

《公司法》规定，董事任期由公司章程规定，但每届任期不得超过3年。董事任期届满，连选可以连任。董事任期届满未及时改选，或者董事在任期内辞职导致董事会成员低于法定人数的，在改选出的董事就任前，原董事仍应当依照法律、行政法规和公司章程的规定，履行董事职务。

10.2.3 董事会会议

董事会通过召开董事会会议形成决议的方式行使职权，董事会会议是董事会的工作方式。

1. 董事会会议的种类

与股东会会议相同，董事会会议一般分为以下两种。

1) 普通会议

普通会议是指按公司章程规定的固定时间召开的董事会会议。《公司法》未对有限责任公司董事会会议召开的次数予以规定，但规定了股份有限公司每年度至少召开两次董事会会议。

2) 特别会议

特别会议，亦称临时会议，是指遇有法定事由，不定期召开的董事会会议。《公司法》规定，代表1/10以上表决权的股东、1/3以上董事或者监事会，可以提议召开董事会临时会议。董事会召开临时会议，董事长应当自接到提议后10日内，召集和主持董事会会议。

2. 董事会会议的召集

1) 召集人

《公司法》规定，董事会会议由董事长召集和主持；董事长不能履行职务或者不履行职务的，由副董事长召集和主持；副董事长不能履行职务或者不履行职务的，由半数以上董事共同推举一名董事召集和主持。

2) 召集程序

召集董事会会议时，需要履行一定的通知程序。《公司法》规定，股份有限公司召开董事会会议应当于会议召开10日前通知全体董事和监事。董事会召开临时会议，可以另定召集董事会的通知方式和通知时限。

3. 董事会会议的法定人数

董事会会议如果合法举行，进而形成有效决议，首先须达到法律规定的出席董事会会议的法定人数，为体现民主决策，法定人数应占董事会成员的多数。《公司法》规定，股份有限公司董事会会议应有过半数的董事出席方可举行。并且，董事会会议应由董事本人出席；董事因故不能出席，可以书面委托其他董事代为出席，委托书中应载明授权范围。

10.2.4 董事会决议

董事会决议是董事会就提请董事会会议审议的事项，依法律或章程规定的程序表决形成的决议，是董事会集体意志的体现。

董事会决议的表决，实行一人一票制，与股东会决议的表决截然不同。

在有限责任公司中，董事会的议事方式和表决程序，除《公司法》有规定的外，由公司章程规定。董事会应当对所议事项的决定作成会议记录，出席会议的董事应当在会议记录上签名。

在股份有限公司中，董事会作出决议，必须经全体董事的过半数通过。董事会应当对会议所议事项的决定作成会议记录，出席会议的董事应当在会议记录上签名。董事应当对董事会的决议承担责任。董事会的决议违反法律、行政法规或者公司章程、股东大会决议，致使公司遭受严重损失的，参与决议的董事对公司负赔偿责任。但经证明在表决时曾表明异议并记载于会议记录的，该董事可以免除责任。

董事会的决议内容违反法律、行政法规的无效。董事会的会议召集程序、表决方式违反法律、行政法规或者公司章程，或者决议内容违反公司章程的，股东可以自决议作出之日起60日内，请求人民法院撤销。公司根据董事会决议已办理变更登记的，人民法院宣告该决议无效或者撤销该决议后，公司应当向公司登记机关申请撤销变更登记。

10.3 监 事 会

10.3.1 监事会的概念

监事会是指由依法产生的全体监事组成的，对公司的业务活动进行监督和检查的公司组织机构。在公司治理结构中，监事会行使监督职能，是公司的监督机构。具有如下特征。

(1) 监事会由全体监事组成。

监事会由监事组成。全体监事由两部分组成：一是由股东会选举产生的股东代表；二是由职工民主选举产生的职工代表。

(2) 监事会是行使监督职能的机构。

监事会对公司事务进行监督，其监督职能主要包括两方面：一是对董事、经理的经营行为的监督；二是对公司财务的监督。

(3) 监事个人与监事会并行行使监督职权。

与董事会不同，监事会不是通过召开会议形成集体决议的工作方式来行使职权，而是监事个人与监事会平等地行使监督职权，即行使监督权的主体是监事会和监事个人。

在公司治理结构中，各国公司法关于监事会设置模式的规定差异最大，主要有美国模式、德国模式、日本模式和法国模式。我国采纳的公司监督体制基本类似于日本模式，监事会为公司必设的监督机构，行使监督职能，同时在上市公司设置独立董事，上市公司的监督职能由监事会和独立董事共同行使。目前，我国公司监督职能未能得到有效发挥的主要原因在于监事会职权的欠缺，而且独立董事制度在我国存在体制性障碍，如缺乏相关的制度支撑，在美国，薪酬委员会、审计委员会可代表公司提起诉讼，而我国未赋予独立董事这一权利；独立董事由大股东选任，这有违设立独立董事保护中小股东利益的初衷。加之我国股权市场化程度低，独立董事的综合素质偏低等均构成影响独立董事制度功能发挥的因素。

典型案例 10-2

ST 凯地监事会建议罢免董事案

ST 凯地是 1996 年 7 月在深圳证券交易所挂牌上市的。从 1998 年起效益开始滑坡，1999 年年报公布后被 ST。2000 年 1 月，ST 凯地监事会提出提案，提交 1999 年度股东大会审议：建议股东大会罢免由第三大股东中国工商(香港)财务有限公司(以下简称香港公司)委派的马仁德的董事职务。马仁德是 ST 凯地第三大股东香港公司的法定代表人，该公司持有 ST 凯地 10.5%的股权。ST 凯地 1999 年年报称：公司 1993 年 4 月成立时的发起人之一香港公司投入 306 万美元，于 1993 年 3 月 24 日到位。同年 4 月，公司以投资为名借给香港公司 200 万美元，8 月又以同样的名义借出 1 000 万元，但该笔借款至今未能收回。香港公司欠 ST 凯地 2 492 万元，且账龄已超过 5 年，1999 年 ST 凯地不得不计提了 100%的坏账准备。此举直接导致 ST 凯地因连续两年亏损并戴上了 ST 的帽子。根据现行《公司法》第五十四条和第一百一十九条的规定，监事会有权建议罢免董事，ST 凯地监事会的此举应当得到法律的支持。

资料来源：赵旭东. 新公司法案例解读. 北京：人民法院出版社，2005：264.

10.3.2 监事会的职权

各国对于监事会职权的规定各不相同，但一般认为，要保证监事会真正发挥监督功能，应具备以下基本职权：①监督董事会。监事会成员应有权列席董事会会议，听取董事会的报告，对董事会的决议提出异议，阻止董事会违反法律和公司章程的行为。②监督检查公司的经营状况和财务状况。公司的经营状况和财务状况是公司经营信息的直接反映，直接关涉股东利益。因此，财务监督是监事会职权的重要组成部分，监事会有权随时检查或要求董事会报告公司的经营状况和财务状况。③召集股东会。监事会在遇到法定情形时，有权自行召集股东会，这是遏制董事会权力的最有效手段。④代表公司。监事会在特定情形下，如公司与董事间发生诉讼，董事为自身利益与公司交涉，有权代表公司。

《公司法》第五十四条、第五十五条及第一百十一九条明确规定了监事会、不设监事会的公司的监事的职权。主要内容如下：

(1) 检查公司财务。

(2) 对董事、高级管理人员执行公司职务的行为进行监督，对违反法律、行政法规、公司章程或者股东会决议的董事、高级管理人员提出罢免的建议。

(3) 当董事、高级管理人员的行为损害公司的利益时，要求董事、高级管理人员予以纠正。

(4) 提议召开临时股东会会议，在董事会不履行《公司法》规定的召集和主持股东会会议职责时召集和主持股东会会议。

(5) 向股东会会议提出提案。

(6) 对董事、高级管理人员提起诉讼。

(7) 监事可以列席董事会会议，并对董事会决议事项提出质询或者建议。

(8) 监事会、不设监事会的公司的监事发现公司经营情况异常，可以进行调查。

(9) 公司章程规定的其他职权。

10.3.3 监事会的组成

1. 有限责任公司监事会的组成

有限责任公司设监事会的，组成成员不得少于 3 人。股东人数较少或者规模较小的有限责任公司，可以设 1 名或 2 名监事，不设监事会。监事会应当包括股东代表和适当比例的公司职工代表，其中职工代表的比例不得低于 1/3，具体比例由公司章程规定。监事会中的职工代表由公司职工通过职工代表大会、职工大会或者其他形式民主选举产生。监事会设主席一人，由全体监事过半数选举产生。董事、高级管理人员不得兼任监事。

2. 股份有限公司监事会的组成

股份有限公司设监事会的，组成成员不得少于 3 人。监事会应当包括股东代表和适当比例的公司职工代表，其中职工代表的比例不得低于 1/3，具体比例由公司章程规定。监事会中的职工代表由公司职工通过职工代表大会、职工大会或者其他形式民主选举产生。监事会设主席一人，可以设副主席。监事会主席和副主席由全体监事过半数选举产生。董事、高级管理人员不得兼任监事。

《公司法》规定，监事的任期每届为 3 年。监事任期届满，连选可以连任。监事任期届满未及时改选，或者监事在任期内辞职导致监事会成员低于法定人数的，在改选出的监事就任前，原监事仍应当依照法律、行政法规和公司章程的规定，履行监事职务。

10.3.4 监事会会议

1. 有限责任公司的监事会会议

有限责任公司设监事会的，监事会每年度至少召开一次会议，监事会主席召集和主持监事会会议；监事会主席不能履行职务或者不履行职务的，由半数以上监事共同推举一名监事召集和主持监事会会议。监事可以提议召开临时监事会会议。

2. 股份有限公司的监事会会议

股份有限公司设监事会的，监事会每 6 个月至少召开一次会议，监事会主席召集和主持监事会会议；监事会主席不能履行职务或者不履行职务的，由监事会副主席召集和主持监事会会议；监事会副主席不能履行职务或者不履行职务的，由半数以上监事共同推举一名监事召集和主持监事会会议。监事可以提议召开临时监事会会议。

《公司法》规定，监事会决议应当经半数以上监事通过。监事会的议事方式和表决程序，除《公司法》有规定的外，由公司章程规定。监事会应当对所议事项的决定作成会议记录，出席会议的监事应当在会议记录上签名。

10.4 经　　理

10.4.1 经理的概念

经理是由董事会聘任的、负责公司日常经营管理活动的常设业务执行机关。董事会是公司治理结构的核心，经理由董事会选任和解聘，对董事会负责，是董事会的业务辅助机关。

各国对于经理的法律地位的认识大体相同。大陆法系国家认为经理是商业使用人，与公司之间是委任关系。公司有权根据自身的治理结构决定是否设置经理，法律不应干涉，因此，经理一般为依章程任意设定的辅助业务执行机关。英美法系国家将公司的经营管理权完全赋予董事会，设与不设经理取决于公司的治理结构或董事会的工作方式，经理充其量不过是公司的高级雇员。可见，各国公司立法均以任意性规范决定经理的设置，经理受聘于公司，属于雇员范畴，其设与不设，依当事人自治，无须法律规定，经理在世界范围内仍未取得公司法定机关的地位。

在现代社会，公司股权日益分散，公司经营管理的专业化程度的不断提高，导致股东并不关心也没有能力顾及公司的经营管理，因此，虽然各国公司法一般规定经理为依公司章程任意设立的机构，但在实践中，经理已成为公司治理结构中不可或缺的机构，而且权力有不断膨胀的趋势。事实上，各类公司一般都要设置经理，经理的作用也越来越普遍地受到重视。

对于经理的定位，我国与其他国家存在差异。在我国，有限责任公司是否设经理，取决于公司自治。国有独资公司与股份有限公司则须设经理，即经理已成为国有独资公司与股份有限公司的法定常设机构，其地位与股东会、董事会、监事会相同，均为公司治理结构的有机组成部分。

10.4.2 经理的职权

公司经理作为辅助董事会执行业务的机构，须拥有公司法及章程授予的职权，从公司的运营实践看，经理的职权主要是管理公司的日常经营活动，并在董事会的授权范围内对外代表公司处理各类业务。具体包括执行董事会确定的经营方针，任免公司的职员，对外代表公司签订合同，负责管理公司的日常事务等。公司经理在行使职权时，不得变更股东会和董事会的决议或超越授权范围。《公司法》第五十条和第一百一十四赋予了公司经理广泛职权，主要如下：

(1) 主持公司的生产经营管理工作，组织实施董事会决议。

(2) 组织实施公司年度经营计划和投资方案。

(3) 拟订公司内部管理机构设置方案。

(4) 拟订公司的基本管理制度。

(5) 制定公司的具体规章。

(6) 提请聘任或者解聘公司副经理、财务负责人。

(7) 决定聘任或者解聘除应由董事会决定聘任或者解聘以外的负责管理人员。

(8) 公司章程和董事会授予的其他职权。

10.4.3 对经理的激励与约束

经理握有业务执行权，此种权利直接与具体的利益相连，极易诱发道德风险，即经理的自利动机可能使其以牺牲公司利益为代价牟取私利。对经理激励与约束机制的设计，是完善公司治理结构的重点。

1. 对经理的激励机制

对经理的激励机制主要指对经理的报酬实行年薪制或股票期权制。这种报酬支付方式为经理开创了合法致富的途径，经理通过忠诚勤勉地为公司服务，取得较好的经营业绩，就可获得丰厚的报酬，无须再作违法勾当，有利于形成激励兼容的机制，抑制道德风险的产生。特别是股票期权制能较好地促使经理与公司形成利益共同体，尽而减少代理成本。

2. 对经理的约束机制

经理作为董事会的辅助业务执行机构，其选认和解聘均由董事会决定。对经理的任免与报酬数量、方式的确定是董事会约束经理的主要手段。特别是在西方国家，由于具有较成熟的经理市场，董事会可根据经理的经营业绩，随时解聘不胜任的经理，然后在经理市场上聘任其他业绩优良的人填补空缺，成熟的经理市场对在职经理人员构成巨大压力，而且经理一旦因业绩不良而被解聘就很难重新谋求到经理的职位。因此，董事会的权力和市场机制对经理形成了有效的激励与约束，督促经理竭尽忠诚勤勉地执行公司业务。

引例分析

有限责任公司组织机构设立实例

现行《公司法》第二章第二节规定了有限责任公司组织机构设立的基本内容，主要内容如下：

(1) 股东会的设立。有限责任公司股东会由全体股东组成。股东会是公司的权力机构，依法行使职权。股东会会议分为定期会议和临时会议。定期会议应当依照公司章程的规定按时召开。代表 1/10 以上表决权的股东，1/3 以上的董事，监事会或者不设监事会的公司的监事有权提议召开临时会议。有限责任公司设立董事会的，股东会会议由董事会召集，董事长主持；董事长不能履行职务或者不履行职务的，由副董事长主持；副董事长不能履行职务或者不履行职务的，由半数以上董事共同推举一名董事主持；有限责任公司不设董事会的，股东会会议由执行董事召集和主持。董事会或者执行董事不能履行或者不履行召集股东会会议职责的，由监事会或者不设监事会的公司的监事召集和主持；监事会或者监事不召集和主持的，代表 1/10 以上表决权的股东可以自行召集和主持。股东会会议由股东按照出资比例行使表决权，但公司章程另有规定的除外。股东会的议事方式和表决程序，除公司法有规定的外，由公司章程规定。

(2) 董事会及经理的设立。有限责任公司设董事会，其成员为 3～13 人。董事会设董事长 1 人，可以设副董事长，董事长、副董事长的产生办法由公司章程规定。董事任期由公司章程规定，但每届任期不得超过 3 年，董事任期届满，连选可以连任。董事会对股东会负责，依法行使职权。董事会会议由董事长召集和主持；董事长不能履行职务或者不履行职务的，由副董事长召集和主持；副董事长不能履行职务或者不履行职务的，由半数以上董事共同推举 1 名董事召集和主持。董事会的议事方式和表决程序，除《公司法》规定外，由公司章程规定。董事会决议的表决，实行一人一票。股东人数较少或者规模较小的有限责任公司，可以设一名执行董事，不设董事会，执行董事可以兼任公司经理，执行董事的职权由公司章程规定。有限责任公司可以设经理，由董事会决定聘任或者解聘。经理对董事会负责，依法行使职权。

(3) 监事会及监事的设立。有限责任公司设监事会，其成员不得少于3人。股东人数较少或者规模较小的有限责任公司，可以设1名或2名监事，不设监事会。监事的任期每届为3年，监事任期届满，连选可以连任。监事会及监事依法行使职权。

在本例中，该有限责任公司设立的组织机构符合《公司法》的规定。

本章小结

公司组织机构是公司存在和运行的制度体现与保障，也是公司实现有效治理的基础。公司组织机构是由公司的要求形成机构、业务执行机构和内部监督机构构成的完整的、有机的、科学的组织系统，即由股东会、董事会、监事会、经理等公司组织机构组成的治理系统。股东会是公司的要求形成机构和最高权力机构，行使重要的决策权；董事会与经理是公司的业务执行机构，行使经营管理权；监事会是公司的内部监督机构，代表股东行使监督职权，对于监事会的设置，各国规定差异较大。为建立科学的公司行为机制，提高公司的运营效率，不仅应着眼于股东会、董事会、监事会、经理等各个公司组织机构的设置、组成和职权，更应从公司治理结构的整体出发，关注公司各组织机构的分权与制衡。

思考题

1. “资本多数决”原则的内涵是什么？
2. 股东会的概念及职权各是什么？
3. 股东会决议的无效与撤销的含义各是什么？
4. 股东表决权行使的特别规定有哪些？
5. 董事会的概念及职权各是什么？
6. 监事会的概念及职权各是什么？
7. 经理的概念及职权各是什么？
8. 股票期权的基本内容有哪些？
9. 经理的约束机制有哪些？

练习题

1. 不定项选择题

(1) 某有限责任公司董事会由 3 名董事组成。董事甲因车祸死亡，董事人数低于法律规定的要求。按《公司法》规定，有权提议召开临时股东会会议的人是(　　)。

A. 1/4 以上董事　　B. 总经理

C. 1/4 以上股东　　D. 监事会或监事

(2) 关于公司为公司股东或实际控制人提供担保的，以下说法正确的是(　　)。

A．须经董事会或股东会决议

B．以章程约定决议

C．被提供担保的公司股东或实际控制人，不得参加表决

D．须经股东会决议

(3) 根据《公司法》的规定，下列各项中属于有限责任公司董事会的职权的是(　　)。

A．负责召开股东会　　B．决定公司增加或减少注册资本

C．决定公司的经营计划和投资方案　　D．审批公司弥补亏损方案

(4) 某有限责任公司在其章程中规定，公司董事的任期为 4 年，并规定可以连任。该规定(　　)。

A．任期违反了《公司法》关于董事任期的规定，应予修改，但连选可以连任

B．符合《公司法》关于董事任期的规定

C．都违反了《公司法》的规定，应予修改

D．任期符合《公司法》的规定，但连选不可以连任

(5) 股份有限公司董事会会议就所议事项作出决议时，必须经超过全体董事的(　　)通过。

A．1/2　　B．2/3　　C．3/4　　D．1/3

(6) 根据国家有关法律法规的规定，下列各项中，应当设立职工代表大会的有(　　)。

A．两个以上的国有投资主体投资设立的有限责任公司

B．国有独资公司

C．中外合资经营企业

D．股份有限公司

2. 案例分析题

(1) 三福有限公司连续两年亏损，其董事长陈某在一年半内未召集一次董事会会议。三福有限公司的 6 名董事(董事会共 9 名成员)联名要求立即召开董事会会议，但遭到陈某拒绝。三福有限公司提议召开董事会会议的董事张某等 6 人在这些董事内推选一名董事作为会议召集人并主持会议。董事会形成决议，改变了营销方略及投资方向。后经张某等提议，公司召开临时股东会会议，作出决议，撤换了陈某的董事长职务，改选张某为董事长，被解职的董事长陈某为此诉请法院。

问题：本案应如何处理？为什么？

(2) 三友股份有限公司共有董事 11 人，其中 8 人在本地，其余 3 人在外地。1999 年 5 月，该公司经股东大会决议，与该市中山电器厂签订了兼并协议。协议约定：中山电器厂由该股份有限公司兼并。兼并后，中山电器厂的一切财产，由三友股份有限公司接管，人员由其统一安排，全部债权、债务由其清理。兼并协议经该市公证处进行了公证。兼并协议生效后，三友股份有限公司根据协议约定，接收了中山电器厂的全部资产和人员，由股东大会增选了两名原中山电器厂人员出任董事，进入董事会。2003 年 3 月该公司董事长吕某突然患病住院，自愿辞职并委托副董事长陈某代行其职务。基于此情况，陈某于 2004 年 1 月 20 日以公司董事会的名义，向全体董事寄发了于 2004 年 1 月 29 日召开临时董事会改

选董事长的通知。外地董事刘某与其他 3 名董事于 1 月 25 日收到通知，但未参加会议。吕某亦未到会。于是，该次董事会共有 8 名董事参加，并以 7 票赞成，1 票弃权通过决议：改选李某为董事长。刘某与李某原本有矛盾，刘某未想到李某会当选，于是刘某向法院提起诉讼，以该次董事会不是由董事长召集；没有提前 10 日通知各董事；有 5 名董事未参加董事会为由诉请法院确认董事会决议无效。

问题：本案应如何处理？为什么？

第三编 证 券 法

第11章 证券与证券法概述

本章教学要点

知识要点	掌握程度	相关知识
证券的概念	熟悉	证券的内涵
证券法的概念		证券发行关系、证券交易关系、证券监管关系
证券的分类	了解	金券、资格证券、有价证券
证券法的适用范围		时间效力、空间效力、对人的效力
证券法的渊源		基本法律、行政法规、部门规章、自律规则、司法解释
证券的特征	掌握	表征权利、可流通性、标准化权利特性
证券法的性质		证券法是行为法；证券法兼具任意法和强行法的属性；证券法兼具实体法和程序法的属性；证券法兼具国家制定法和习惯法的特点
证券法的基本原则	重点掌握	公平原则；公正原则；公开原则；自愿、有偿、诚实信用原则

基本概念

证券　有价证券　股票　债券　证券发行关系　证券交易关系　证券监管关系　公正原则　公开原则　公平原则

引例

孙大午非法集资案

河北省大午农牧集团有限公司董事长孙大午在企业生产资金遇到很大困难的情况下，决定采取以“职工入股”的方式进行融资。自 1993 年起，大午农牧集团有限公司以高于同期银行存款利率、不收利息税等手段，使用大午农牧集团有限公司统一印制的有“数额、利率、期限及双方不得违约，到期保证偿还”等字样的借据，并在借据中加盖大午农牧集团有限公司财务专用章，由财务处及综合业务科下设代办点公开向内部职工及周边村镇群众变相吸收公众存款。2003 年 5 月 29 日孙大午被徐水县公安局以“非法吸收公众存款”的名义刑事拘留。至案发时止，大午农牧集团有限公司累计吸收公众存款高达 1.8 亿余元。

请结合本案思考证券的内涵及特征。

资料来源：叶林，黎建飞．商法学原理与案例教程．北京：中国人民大学出版社，2006：332.

11.1　证券概述

11.1.1　证券的概念及特征

1. 证券的概念

证券是一个外延很广的概念。广义上，证券是在专用纸单或其他载体上，借助文字或图形，表彰特定民事权利的书证，是民事权利与民事权利载体的结合物。从民事权利角度，指涉证券权利；从民事权利载体角度，指涉证券所有权，所以说证券是包括证券所有权及证券权利在内的财产性权利，两者密不可分，但就证券一般含义来说，主要指证券权利。

在证券法发展过程中，表彰证券权利的最基本方式是有纸化书据，即将证券权利与某种纸张形态联系在一起，以特定的纸形、特定的文字或图形加以表彰。随着民事权利观念的深入和普及，现代社会已不满足以众所周知的纸张或文字形态表彰民事权利。既然民事权利是证券的核心，其表现形式就可多样化，伴随这种观念改变，现代社会出现了“证券无纸化”现象，证券投资者已几乎不再拥有任何实物券形态的证券，其所持有证券数量或证券权利均记载于投资者账户中。

2. 证券的特征

1) 表征权利

证券代表了投资者的一定权利，而这一权利是通过证券记载的，证券是投资者权利的载体，因此，证券是一定投资权利内容和形式的统一。

2) 可流通性

证券的可流通性特征是指证券可以根据当事人的意志在不同主体之间无偿或有偿地转让。通过转让，当事人可以使自身权利随时得以实现。

3) 标准化权利特性

证券在其票面上一般均标明特定的金额，同一种证券所标明的金额都是相等的。少数证券不标明金额，但它所代表的实际价值仍然是相等的。这一特征便于当事人履行义务和计算利益，也便于流通。

11.1.2 证券的分类

按照不同标准可以将证券进行不同的分类，目前通行的分类是按照证券功能，将证券作如下分类。

1. 金券

金券又称金额券，是标明一定金额并为特殊目的而使用的、证券形式与证券权利密不可分的证券。其典型形式是邮票和印花。金券具有以下3个基本特征。

(1) 金券是为特殊目的而使用的证券形式。

(2) 金券在形式上具有特定性。

(3) 证券形式与证券权利密不可分。[①]

2. 资格证券

资格证券又称免责证券，是表明证券持有人具有行使一定权利的资格的证券。所谓“免责证券”是指证券持有人可凭所持证券向义务人行使一定权利，义务人向权利人履行义务后，即可免除责任。[②]其典型形式如银行存折、车船票、存车票、行李票等。资格证券是证明证券持有人资格的证书。凡是持有并出示证券者，被推定为享有并有资格行使权利的人，拒绝向持券人履行义务的，须提供确切证据。若法律有特别规定的，且证券持有人能以其他方式证明其权利人资格，则无须持有证券即可行使权利。

3. 有价证券

有价证券是记载和反映财产权利的证券，是指设定并证明某项财产权利并且能够流通的书面凭证，如股票、公司债券、商业票据等。有价证券又可作如下分类。

1) 记名证券与不记名证券

按是否在证券上记载权利人姓名或名称为标准，可将证券分为记名证券与不记名证券。记名证券是指券面上记载权利人姓名或名称的证券；不记名证券，是指券面上不记载权利人姓名或名称的证券。

2) 完全证券与不完全证券

按证券形式与证券权利之间的依存关系为标准，可将证券分为完全证券与不完全证券。完全证券亦称绝对证券，是指民事权利的设定、行使和转移与证券形式相结合的证券，如商业票据；不完全证券是指民事权利的设定或行使、转让无须与证券形式相结合的证券，如资本证券。

---

① 叶林．证券法[M]．3版．北京：中国人民大学出版社，2008：6.

② 谢怀栻．票据法概论[M]．北京：法律出版社，1987：3.

3) 设权证券与证权证券

按照证券形式与证券权利设定之间的关系，可将证券分为设权证券与证权证券。设权证券是指具有创设证券权利功能的证券，证券一经签发，证券权利随即产生；证权证券是指旨在证明证券权利的证券，即使证券遗失或毁损，如果其他证据能够证明权利人的权利，权利人依然可以主张或行使证券权利。

4) 货币证券和资本证券

货币证券是替代货币进行支付和结算的证券，如商业票据；资本证券是指资金需求者通过直接融资方式获得资金供应者的资金后，向资金提供者签发的证券，如股票。

5) 物权证券、债权证券和社员权证券

物权证券是以物权作为证券表彰内容的证券，如质权证券和抵押证券；债权证券是以债权为内容的有价证券，如国债、公司债券和金融债券；社员权证券是以表彰投资者作为机构之永久成员所享受的民事权利的证券，如股票。

6) 政府证券、金融证券和公司证券

按照证券发行主体不同，可将证券分为政府证券、金融证券和公司证券。政府证券是指政府为筹集财政资金或者建设资金，以其信誉作为担保，按照一定程序向社会公众募集资金并发行的债权债务凭证，如国库券、国家重点建设债券、财政债券和特种国债；金融证券是指商业银行或非银行金融企业为了筹措信贷资金，向投资者发行的、承诺到期还本付息的有价证券，如大额可转让定期存单；公司证券是指公司或者企业为筹集生产资金而发行的有价证券，如股票和公司债券。

7) 上市证券与非上市证券

按证券是否在证券交易所上市交易为标准，可将证券分为上市证券与非上市证券。上市证券是指经证券监督管理机构或者其他机构审查批准，并获得证券交易所备案登记后，允许在证券交易所内公开买卖的证券；非上市证券是指未在证券交易所挂牌交易，投资者可在证券交易所以外进行协议转让的证券。

8) 股票、债券和投资基金凭证

股票是指股份有限公司发行的、表示其股东按所持股份享有权益和承担义务的可转让的书面凭证；债券是指政府、金融机构以及企业或公司作为债券发行人，依照法定程序发行的、约定在一定期限还本付息的有价证券；投资基金凭证是指基金发起人向不特定投资者发行的，表示持有人对基金享有资产所有权、收益分配权和其他相关权利，并承担相应义务的凭证。

11.2 证券法概述

证券法主要调整证券发行关系、证券交易关系以及证券监管关系。证券市场必须在法律调控下才能发挥积极作用，证券发行与证券交易是市场行为，证券法应当为证券市场的长期稳定发展提供坚实的法律基础，为证券市场的金融创新保留足够的空间。

11.2.1 证券法的概念

若明晰一个部门法的概念，首先应确定其调整对象，证券法亦然。按学术界通说，证券法的调整对象有 3 个，即证券发行关系、证券交易关系及证券监管关系。

1. 证券发行关系

证券发行关系是指由证券发行人向证券投资者出售所发行证券而发生的证券买卖关系。证券发行关系可分为证券募集关系和证券交付关系。前者是指证券发行人向证券投资者招募资金而形成的权利义务关系，后者是指证券发行人向证券投资者交付投资凭证而发生的权利义务关系。

2. 证券交易关系

证券交易关系是指证券投资者采取转让或其他方式处置证券并与其他投资者发生的交易关系。证券交易关系以证券买卖关系为典型形式，还可包括证券质押关系、赠与关系、继承关系及其他以证券作为标的的证券关系。

3. 证券监管关系

证券监管关系是指证券市场监管者因规范、调控证券发行和交易关系而与证券关系参与者形成的社会关系。国务院证券监督管理机构实施证券监管职责而与其他行为人发生的证券监管关系，具有行政关系的性质；自律监管机构实施监管而与其他行为人发生的证券监管关系，具有民事关系性质。

综上所述，证券法是指调整证券发行关系、证券交易关系以及证券监管关系的法律规范的总称。

11.2.2 证券法的适用范围

法律的适用范围即法律的效力范围，包括法律的时间效力、空间效力和对人的效力。法律的时间效力是指法律效力的时间界限；法律的空间效力是指法律效力所及的地域范围；法律对人的效力是指法律效力所及的人的范围。准确掌握法律的适用范围，对正确适用法律具有重要意义。《证券法》第二条及相关条款规定了证券法的适用范围。

1. 证券法的时间效力

根据《证券法》第二百四十条的规定，《证券法》的生效时间为2006年1月1日。生效后产生的法律后果：一是证券法开始在中华人民共和国境内生效，凡属于证券法调整范围内的证券，自2006年1月1日起，均应依据《证券法》的规定发行和交易；二是现有的法律、法规和规章的规定与《证券法》相抵触的无效，应以《证券法》的规定为准；三是有关部门应当根据《证券法》的授权及时制定具体的规定。

2. 证券法的空间效力

一般来讲，一个主权国家的法律适用其主权管辖的全部领域，即该国的领陆、领海及领空。在我国，由全国人民代表大会及其常委会制定的法律，在全国范围内适用。由有立法权的各级地方人民代表大会及其常委会制定的地方性法规，在各该地方行政区域范围内适用，并不得与国家法律相抵触。同时根据《中华人民共和国立法法》(以下简称《立法法》)的规定，属于金融管理方面的法律，地方各级人民代表大会没有立法权。《证券法》是由全国人大常委会制定的法律，其效力范围及于全国。其例外情形是，根据《中华人民共和国宪法》、《中华人民共和国香港特别行政区基本法》和《中华人民共和国澳门特别行政区基本法》的规定，自中华人民共和国恢复对香港和澳门行使主权时起，两个基本法附件三中规定的特别行政区适用的全国性法律，在特别行政区实施，《证券法》未被列入两个基本法的附件，因此，《证券法》不适用于香港特别行政区和澳门特别行政区。

3. 证券法对人的效力

法律对人的效力，国际上通行 3 种原则：一是属地原则，即以地域为标准，无论当事人是否为本国人，只要其行为发生在本国领域内即适用；二是属人原则，即以当事人的国籍为标准，凡是本国人不论其行为发生在国内还是国外均适用；三是保护主义原则，即以国家利益为标准，不论当事人的行为发生在何处，也不论当事人是否为本国人，只要其行为损害了本国利益即适用。根据《证券法》第二条的规定，《证券法》采用属地原则。

典型案例 11-1

中关村股份公司违规对外担保案

北京中关村科技发展(控股)股份有限公司(以下简称中关村股份公司)于 2001 年 6 月为其参股公司北京中关村通信网络发展有限公司向银行借款提供了 25.6 亿元的担保，占公司净资产的 145%。中关村股份公司对该重大事项没有及时履行信息披露义务。上述行为违反了《深圳证券交易所股票上市规则》4.1、7.4.3 条的规定。根据《深圳证券交易所股票上市规则》12.1 条的规定，深圳证券交易所决定给予中关村股份公司公开谴责的处分。

资料来源：邢海宝. 证券法学原理与案例教程. 北京：中国人民大学出版社，2007：13.

11.2.3 证券法的渊源

证券法的渊源是指证券法律规范的具体表现形式。在创建证券市场过程中，我国采取了渐进开放的策略。在证券市场创建初期，我国主要通过各种单行证券法规调整证券市场关系，证券法律法规体系有欠完整、规则零散。随着我国证券市场的快速成长，证券立法速度加快，证券法律正在走向体系化。目前我国证券法的渊源主要如下。

1. 基本法律

在我国证券法领域中，基本法律是指由全国人民代表大会及其常委会制定的有关证券方面的法律，主要包括《证券法》、《公司法》及《中华人民共和国证券投资基金法》等。

2. 行政法规

在我国证券法领域中，行政法规是指国务院发布实施的，旨在调整证券发行、交易、服务和监管关系的法律文件，主要包括《股票发行与交易管理条例》、《关于股份有限公司境外募集股份及上市的特别规定》、《中华人民共和国国库券条例》等。

3. 部门规章

根据《立法》规定，部门规章是指由国务院所属部委依法发布的行政性规章。在证券法领域中，部门规章数量极多，主要包括原国务院证券委员会发布的规章，中国证券监督管理委员会(以下简称证监会)发布的规章和规则，还包括国务院其他部委与原国务院证券委员会及证监会联合发布的规章和规则。

4. 自律规则

在我国，证券交易所与证券业协会属于自律性组织，有权发布自律性规范。例如，我国深圳证券交易所曾发布《交易所章程》、《交易所业务规则》、《交易所营业细则》和《交易所基金上市规则》等，中国证券业协会曾颁布《证券公司代办股份转让服务业务试点办法》等。

5. 司法解释

司法解释是指最高人民法院发布的，具有普遍约束力的法律解释性文件。如《最高人民法院关于冻结、扣划证券交易结算资金有关问题的通知》、《最高人民法院关于审理证券市场因虚假陈述引发的民事赔偿案件的若干规定》等。

此外，其他法律法规对于调整证券发行和交易关系，也具有规范作用，如《民法通则》、《合同法》、《中华人民共和国仲裁法》等。

11.2.4 证券法的地位

证券法的地位是指证券法在一国法律体系中所处的地位，以及证券法与相关法律之间的关系。在“民商分立”与“民商合一”的两种私法体系下，证券法所处的地位不尽相同①。

1. 民商分立体系

民商分立体系，是指民法典和商法典并存的法律体系，即在民法典之外，另行制定商法典，民法典和商法典均是私法的组成部分。在民商分立体系下，商法主要包括商事登记法、公司法、证券法、票据法、海商法、保险法、破产法等。证券法属于商事特别法，即证券法对证券发行和交易等事项有特别规定的，优先适用证券法；证券法没有规定的，适用商法典；商法典没有规定的，适用民法典的一般规定。

2. 民商合一体系

民商合一体系，是指由民法典集中规定各种民商事关系、未制定商法典的私法体系。我国大陆及台湾省均采取民商合一体系。在民商合一体系下，民法典是调整各种民商事关系的基本法律。在民法典之外，立法机关颁布单行特别法，分别调整公司、票据、证券、海商、保险和破产等商事活动。在民商合一体系下，证券法被视为民事特别法。证券法作出特别规定的，适用证券法的规定；证券法没有规定的，适用民法典的一般规定。

11.2.5 证券法的性质

1. 证券法是行为法

法律规范分为组织法及行为法。组织法是指规范社会组织的设立、机构及组织运行的法律规范；行为法是指调整、规范和约束某种或者某类行为的法律规范。证券法具有鲜明

---

① 叶林．证券法[M]．3版．北京：中国人民大学出版社，2008：41.

的行为法特征，其调整的证券行为主要包括证券发行行为、证券交易行为、证券服务行为和证券监管行为等。

2. 证券法兼具任意法和强行法的属性

法律规范可分为强制性规范和任意性规范。任意性规范，是指依照当事人自由意志决定其约束力的行为规范。行为人可通过协议方式限制或排斥任意性规范的效力；强制性规范，是行为人必须遵守的行为规范，行为人不得以协议方式限制或排斥其约束力。民商法律坚持私法自治原则，多数行为规范属于任意性规范。证券法属于民事特别法，在总体上，应遵从私法自治原则。然而，证券是特殊的金融商品，涉及公众投资者的利益。为了保护证券交易安全，提高证券市场效率，权利人行使证券权利时，须遵守证券法之强行性规范，即从事证券发行和交易必须遵守的行为规范。

3. 证券法兼具实体法和程序法的属性

法律规范可分为实体法和程序法。在理论上，凡以规定行为主体之权利义务为内容的法律，即为实体法；凡是规定权利实现方式的规范，属于程序法。证券法既包含数量众多的实体法规范，也包括许多程序法规范。前者如股东权利范围、债券持有人之还本付息请求权、基金证券持有人权利、证券发行人信息披露义务的范围、证券发行人资格以及证券交易价格的确定标准等，均属于实体法规范。后者如证券发行和上市程序、证券交易程序、证券公司及证券交易所的设定及运行规则等，则反映出程序法的特征。

4. 证券法兼具国家制定法和习惯法的特点

依照制定者的身份，可将法律规范分为国家制定法和习惯法。国家制定法是国家立法机关或行政机关依照法定程序，在各自权限范围内制定的，具有普遍约束力的行为规范；习惯法是由商人团体根据商业活动惯例确定的行为规范。证券发行与交易制度是一个异常复杂的交易规则体系，国家制定法通常只就与证券发行、交易有关的基本和重大问题作出规定，以保证证券市场在整体上的有序发展。在证券上市标准、上市审查及证券交易业务准则等方面，则主要由证券交易所或其他自律组织依照证券法原则作出具体规定。各国证券法普遍认可自律监管和自律规范的特殊地位。自律规则属于习惯法范畴，也不借助国家强制力加以实施，但却发挥着调整证券市场的重要作用。

11.2.6 证券法的立法宗旨与基本原则

典型案例 11-2

张何诉渤海集团证券民事赔偿案

2002 年 2 月，原告渤海集团流通股股东张何向济南市中级人民法院提起诉讼，状告被告渤海集团提供虚假信息导致其投资失误。原告诉称：2001 年 11 月，证监会认定了渤海集团在股票发行、交易过程中，存在虚假、严重误导性陈述及遗漏重大信息的行为，并对被告及相关责任人员进行了行政处罚。据此，原告向被告索赔包括 3 次过户费、印花税和手续费在内共计人民币 9 420.06 元。被告辩称，原告损失与被告行为间缺乏直接因果关系等。2002年1月15日，最高人民法院出台了《关于受理证券市场因虚假陈述引发的民事侵权纠纷案件有关问题的通知》，该通知规定：“对于因虚假陈述行为而受损的，投资者可提起证券民事赔偿诉讼，但要求虚假陈述行为必须经过中国证监会及其派出机构调查并作出生效处罚决定。否则，法院不予受理。”根据此通知的规定，济南市中级人民法院受理了该案。

资料来源：邢海宝．证券学原理与案例教程．北京：中国人民大学出版社，2007-45.

1. 证券法的立法宗旨

证券法的立法宗旨体现了证券法的基本精神，是证券法意欲实现的总体目标，是指导建立证券法基本原则和具体规范的基础，具有高度的稳定性和抽象性。根据各国立法实践，均将维护投资者利益奉为证券法的宗旨，我国亦是如此。《证券法》第一条开宗明义，明确规定了《证券法》的立法宗旨：①规范证券发行和交易行为；②保护投资者的合法权益；③维护社会经济秩序和社会公共利益，促进社会主义市场经济的发展。

证券法的立法宗旨是一个有机整体，相互关联，不可分割，是统帅证券法的灵魂，证券法其他各项规范都是为实现这一宗旨服务的。领会证券法的立法宗旨，即可掌握解读证券法各项规范的钥匙，为落实证券法各项规范，实现其立法宗旨提供有益的帮助[①]。

典型案例 11-3

华能国际新股发行申购实例

2001年11月13日，华能国际电力股份有限公司(以下简称华能国际)刊登了首次在境内公开发行A股的《招股意向书》和《发行公告》。根据该《发行公告》确定的申购办法，证券投资基金若参与网下申购，其配售比例与上网发行的中签率相同；若证券投资基金参与网上申购，也与一般投资者相同，即每一股票账户只能申购一次，且每一股票账户申购股票的数量上限均为99.9万股。华能国际的申购结果显示，证券投资基金网下获得配售的比例为0.377 978 18%，而包括证券投资基金在内的所有社会公众投资者网上中签比例为0.377 981 80%(网上中签和网下配售比例的微小差距是主承销商为保证网上公众投资者最低配售是1 000股的整数倍而对网上、网下配售比例进行微调的结果)。此次发行人华能国际取消对证券投资基金的优惠待遇，反映了发行人和主承销商对“公开原则”、“公平原则”和“公正原则”的自觉遵守和维护。

资料来源：凌红红，刘晰．证券法实例说．湖南：湖南人民出版社．2002：10.

2. 证券法的基本原则

证券法的基本原则是贯彻于证券发行、交易与监管的全过程，反映和实现证券法宗旨的行为准则。它对于证券发行、交易与监管的各项具体规则具有指导意义和法律解释意义，且对证券发行、交易与监管实践具有概括性调整功能。我国证券法的基本原则如下。

① 李飞．中华人民共和国证券法(修订)释义[M]．北京：法律出版社，2005：4.

1) 公开原则

公开原则是指有关证券发行、交易的信息要依法如实披露、充分披露、持续披露，让投资者在充分了解真实情况的基础上自行作出投资判断。贯彻公开原则的基本要求：公开的信息必须真实、准确、完整，不得有虚假记载、误导性陈述或者重大遗漏。信息公开要及时，要有使用价值。除信息公开外，办事程序、办事规则也要公开。

2) 公正原则

公正原则是指证券的发行、交易活动执行统一的规则，适用统一的规范。贯彻公正原则的基本要求是证券市场参与者的合法权益同样受法律保护，违法行为同样受法律制裁。公正原则是对证券市场监管者的基本要求。证券市场监管者主要包括立法者、司法者、政府监管机构以及自律监管机构。公正原则强调各方管理者应当公正地、不偏不倚地介入证券市场。

3) 公平原则

公平原则是指证券市场的参与者在法律上地位平等，在市场中机会平等。贯彻公平原则的基本要求是投资者能够公平地参与竞争，公平地面对机会和风险。公平原则的核心内容是条件同等下的机会平等，主要包括①各类投资者享有从事证券投资的同等机会；②各类投资者有获得相关信息的同等机会；③投资者应当遵循相同的交易规则；④监管机构应当按照相同的标准处罚违法行为。[①]

4) 自愿、有偿、诚实信用原则

自愿、有偿、诚实信用原则是民事活动共同遵循的基本原则。《民法通则》、《合同法》及其他一系列民事法律对此都有明确的规定。证券发行、交易活动是重要的民事活动，应当遵循自愿、有偿、诚实信用的原则。自愿原则是指民事活动当事人的法律地位平等，参与民事活动完全出于意思自治，任何机构、组织或个人都不得非法干预；有偿原则是指民事活动当事人的权利义务对等，从事交易活动应当支付对价；证实信用原则是指民事活动当事人应当自觉遵守社会公德，参与民事活动要诚实守信，以善意的方式履行义务，不得滥用权利及规避法律或合同规定的义务。

引例分析

孙大午非法集资案

公司债券是指公司作为债券发行人，依照法定程序发行的、约定在一定期限还本付息的有价证券。公开发行公司债券必须符合法律、行政法规规定的条件，并依法报经国务院证券监督管理机构或者国务院授权的部门核准，未经依法核准，任何单位和个人不得公开发行。在我国，公开发行公司债券须具备《证券法》第十六条规定的实体条件，此外，按《证券法》第十条的规定，公开发行证券实行核准制，即公开发行公司债券还应遵循《证券法》规定的核准程序。只有符合上述条件的公司债券的发行才为合法有效的发行。

在本案中，河北省大午农牧集团有限公司在企业生产资金遇到很大困难的情况下，开始采取以“职工入股”的方式进行融资。由于该公司是向不特定对象发行公司债券，其行为属于《证券法》规定的公开发行公司债券，因此，该发行行为须符合《证券法》规定的条件及程序，否则即为擅自公开发行公司债券，不能得到法律的保护，应定性为非法集资。

---

① 叶林．证券法[M]．3版．北京：中国人民大学出版社，2008：87.

本章小结

证券具有丰富的含义，科学合理地界定证券的内涵和外延，是研习证券法的逻辑起点。在证券法的发展过程中，证券呈现了从“有纸化证券”向“无纸化证券”转变的趋势。证券法主要调整证券发行关系、证券交易关系以及证券监管关系。在我国，证券法的法律渊源主要包括基本法律、行政法规、部门规章、自律规则以及司法解释等。在我国的立法体系中，证券法居于民事特别法的地位。在性质上，证券法兼具任意法和强行法的属性。证券法的宗旨是保护投资者利益。证券法的基本原则以及具体行为规范，均是实现证券法宗旨的手段。证券法的基本原则，是依据证券法的宗旨确立的行为规范，属于一种特殊的行为规范，与具体行为规范相比，证券法的基本原则具有抽象性和统一性。我国证券法的基本原则主要包括公平原则、公正原则、公开原则、自愿、有偿、诚实信用原则。

思考题

1. 证券的概念及特征各是什么？
2. 证券法的调整对象有哪些？
3. 证券法的适用范围有哪些？
4. 证券法的性质有哪些？
5. 证券法的立法宗旨是什么？
6. 证券法的基本原则有哪些？

练习题

1. 不定项选择题

(1) 下列关于股票和债券的表述中，正确的是(　　)。

A. 股票和债券都属于投资证券

B. 法律对股票的发行条件与债券的发行条件有不同的要求

C. 有限责任公司和股份有限公司都可以发行股票和债券

D. 股票和债券都属于有价证券

(2) 以下各项中，按照证券形式与证券权利间的相互关系的标准所作的分类是(　　)。

A. 货币证券与资本证券　　B. 记名证券与无记名证券

C. 完全证券与不完全证券　　D. 证权证券与设权证券

(3) 依照证券功能，可将证券分为(　　)。

A. 金券　　B. 货币　　C. 资格证券　　D. 有价证券

(4) 债券与股票的相同点在于(　　)。

A. 收益率一致　　B. 都是筹资手段

C. 风险一致　　D. 具有同样权利

(5) 按照发行主体的不同，债券可以分为(　　)。

A．城市债券　　B．金融债券　　C．公司债券　　D．政府债券

(6) 证券法的基本原则包括(　　)。

A．公平原则　　B．公正原则　　C．公开原则　　D. 诚实信用原则

2. 辨析题

(1) 记名证券与不记名证券

(2) 完全证券与不完全证券

(3) 设权证券与证权证券

(4) 上市证券与非上市证券

第 12 章 证券市场主体制度

本章教学要点

知识要点	掌握程度	相关知识
证券公司的概念	熟悉	证券公司的内涵
证券登记结算机构的概念		证券登记结算机构的内涵
证券服务机构的概念		证券服务机构的内涵
证券交易所的概念		证券交易所的内涵
证券业协会的概念		证券业协会的内涵
证券公司的设立条件	了解	公司章程符合法律、行政法规的规定；主要股东符合法定条件；注册资本符合证券法的规定；具备任职资格；具有完善的风险管理与内部控制制度；具有合格的经营场所和业务设施
证券登记结算机构的设立条件		必要的自有资金；适当的场所和设施；从业人员资格条件；合法确定的名称
证券服务机构的义务		勤勉义务；核查和验证义务
证券公司的业务范围	掌握	证券经纪业务；证券投资咨询业务；与证券交易、证券投资活动有关的财务顾问；证券承销与保荐；证券自营业务；证券资产管理及其他证券业务
证券登记结算机构的义务		法定保管义务；资料善管义务；业务保障义务；设立证券结算风险基金
证券交易所的法定义务		不得分配共有积累；报告及报批义务；设立风险基金；从业人员回避义务；不得改变交易结果的义务
证券业协会的职责		教育和组织会员遵守证券法律、行政法规；依法维护会员的合法权益；服务职责；培训、交流职责；调解职责；组织、研究职责；监督、检查职责
证券公司的营业规则	重点掌握	特许审批制；显名规则；最低注册资本限额制度；偿债能力保障制度；证券公司从业人员资格规则；证券投资者保护基金制度；交易风险准备金制度；分业操作规则；实名制规则；证券公司客户资产管理制度
证券登记结算机构的职能		设立证券账户与结算账户；证券的存管和过户；证券持有人名册登记；证券交易所上市证券交易的清算与交收；受发行人的委托派发证券权益；办理与上述业务有关的查询
国务院证券监督管理机构的监管职责		规章制定权及审批权或者核准权；对证券发行、上市、交易、登记、存管、结算的监管；对证券市场主体的监管；制定并监督实施从事证券业务人员的资格标准和行为准则；监督检查证券发行、上市和交易的信息公开情况；对证券业协会的活动进行指导和监督；查处证券违法行为
证券交易所的监管职责		对证券交易的监管；对证券公司的监管；对上市公司的监管

基本概念

证券公司　证券登记结算机构　证券服务机构　国务院证券监督管理机构　证券交易所　证券业协会

引例

融华投资有限公司非法经营证券经纪业务案

融华投资管理有限责任公司(以下简称融华公司)是一家专门从事投资咨询业务的公司，注册资本为 100 万元。由于经营管理不善，一直处于惨淡经营的状态。1999 年年初，融华公司的总经理李某结识了 A 证券公司 B 营业部主任何某，了解到经营证券经纪业务能赚钱。李某回公司后，即着手策划开展证券经纪业务，引诱不明真相的人将大笔资金交存到融华公司，然后，融华公司通过不正当的手段，在 A 证券公司 B 营业部设立账户，通过该账户再委托 A 证券公司代理买卖股票。1999 年年底，融华公司由于缺乏专业的证券从业人员和证券交易设施，造成客户巨额亏损。事发后，融华公司受到查处，相关的人员分别受到法律的严厉制裁。

请结合本案例思考证券公司的设立条件、设立程序及业务范围。

资料来源：叶林，黎建飞．商法学原理与案例教程．北京：中国人民大学出版社，2006：399.

12.1 证 券 公 司

证券公司是指依照公司法和证券法规定的设立条件，经证券监督管理机构批准设立并从事证券经营业务的有限责任公司和股份有限公司。证券公司从事承销业务，即协助发行人发行证券，成为发行人与投资者之间的中介机构，被称为承销商；证券公司接受投资者委托从事证券买卖业务，即协助投资者从事证券交易，成为投资者与投资者之间的交易中介，被称为经纪人；证券公司还可以自己的名义直接从事证券交易，其地位相当于普通投资者。

12.1.1 证券公司的业务范围

根据《证券法》的规定，证券公司的业务范围如下。

1. 证券经纪业务

证券经纪业务是指证券公司在核定的业务范围内，通过收取证券买卖佣金，促成买卖双方证券交易的中介业务活动。

2. 证券投资咨询业务

证券投资咨询业务是指证券公司为投资人或客户提供证券投资分析、预测或者建议等直接或间接有偿咨询服务的活动。

3. 与证券交易、证券投资活动有关的财务顾问

财务顾问业务是指证券公司根据客户需求，为客户的证券投融资、资本运作、证券资产管理等活动提供咨询、分析、方案设计等服务。

4. 证券承销与保荐

证券承销业务是指证券公司以证券承销商身份，通过与证券发行人签订证券承销协议，依证券发行人委托，在规定的证券发行期限内，为证券发行人销售证券的业务活动；证券保荐业务是指证券公司对发行人的发行、上市文件进行实质性核查，保证其真实、准确、完整，推荐发行人证券发行、上市的业务活动。

5. 证券自营业务

证券自营业务是指证券公司以其合法的自有资金和名义从事证券买卖，并从中获取收益的业务活动。

6. 证券资产管理

证券资产管理是指证券公司依照与客户签订的资产管理合同，按照合同约定的方式、条件及要求，运用客户资产进行证券投资的业务活动。

7. 其他证券业务

除上述业务外，证券公司还可以经营国务院证券监督管理机构核定的其他证券业务，如接受委托代付代收股息红利业务、代销政府债券、证券投资基金份额业务等。

12.1.2 证券公司的设立条件及程序

1. 证券公司的设立条件

根据《证券法》第124条的规定，设立证券公司应当具备下列条件：
(1) 公司章程符合法律、行政法规的规定。
(2) 主要股东符合法定条件。
(3) 注册资本符合《证券法》的规定。
(4) 具备从业资格。
(5) 具有完善的风险管理与内部控制制度。
(6) 具有合格的经营场所和业务设施。
(7) 法律、行政法规规定的和经国务院批准的国务院证券监督管理机构规定的其他条件。

2. 证券公司的设立程序

在我国，设立证券公司，应当履行《公司法》和《证券法》规定的程序。《公司法》规定的程序主要是公司登记机关的登记程序，《证券法》规定的程序包括前置批准程序和事后许可程序。因此，设立证券公司的，申请人必须履行前置批准、公司登记和营业许可3个程序。

1) 前置批准程序

根据《证券法》的规定，证券公司设立申请人必须首先取得证监会的批准，才能继续办理证券公司设立事务。

2) 公司登记程序

根据《证券法》和《公司登记管理条例》的规定，证券公司设立申请获得批准的，申请人应当在规定期限内向公司登记管理机关申请设立登记，经过审查合格的，公司登记管理机关给予办理设立登记并签发企业法人营业执照。

3）营业许可程序

由于我国对设立证券公司采取了特许审批制，因此，证券公司应当自领取营业执照之日起 15 日内，向国务院证券监管机构申请经营证券业务许可证。未取得经营证券业务许可证，证券公司不得经营证券业务。①

12.1.3 证券公司的营业规则

1. 特许审批制

在我国设立证券公司经营证券业务，实行审批制，即必须经国务院证券监督管理机构审查批准，未经国务院证券监督管理机构批准，不得经营证券业务。

2. 显名规则

《证券法》明确规定证券公司必须在其名称中标明证券有限责任公司或者证券股份有限公司字样，同时，证券公司确定其名称还应当遵守国家有关公司名称登记管理的规定。

3. 最低注册资本限额制度

《证券法》根据证券公司经营业务的差异规定了相应的注册资本最低限额，同时授权国务院证券监督管理机构根据审慎监管原则和各项业务的风险程度，可以上调注册资本最低限额。

4. 偿债能力保障制度

《证券法》规定，国务院证券监督管理机构应当对证券公司的净资本，净资本与负债的比例，净资本与净资产的比例，净资本与自营、承销、资产管理等业务规模的比例，负债与净资产的比例，以及流动资产与流动负债的比例等风险控制指标作出规定，证券公司不得为其股东或者股东的关联人提供融资或者担保。

5. 证券公司从业人员资格规则

《证券法》规定，证券公司的董事、监事、高级管理人员，应当正直诚实，品行良好，熟悉证券法律、行政法规，具有履行职责所需的经营管理能力，并在任职前取得国务院证券监督管理机构核准的任职资格；因违法行为或者违纪行为被开除的证券交易所、证券登记结算机构、证券服务机构、证券公司的从业人员和被开除的国家机关工作人员，不得招聘为证券公司的从业人员；国家机关工作人员和法律、行政法规规定的禁止在公司中兼职的其他人员，不得在证券公司中兼任职务。

6. 证券投资者保护基金制度

设立证券投资者保护基金有助于稳定和增强投资者对证券市场的信心，防止证券公司个案风险的传递和扩散。为此，《证券法》规定，国家设立证券投资者保护基金。证券投资者保护基金由证券公司缴纳的资金及其他依法筹集的资金组成。

7. 交易风险准备金制度

为了巩固证券公司自身的财产基础和保护投资者的利益，《证券法》规定，设立交易风

① 叶林．证券法[M]．3 版．北京：中国人民大学出版社，2008：406-408.

险准备金，要求证券公司从每年的税后利润中提取交易风险准备金，用于弥补证券交易的损失。

8. 分业操作规则

《证券法》规定，证券公司应当建立健全内部控制制度，采取有效隔离措施，防范公司与客户之间、不同客户之间的利益冲突。证券公司必须将其证券经纪业务、证券承销业务、证券自营业务和证券资产管理业务分开办理，不得混合操作。

9. 实名制规则

《证券法》规定，证券公司的自营业务必须以自己的名义进行，不得假借他人名义或者以个人名义进行。证券公司不得将其自营账户借给他人使用。

12.2 证券登记结算机构

证券登记结算机构是为证券交易提供集中登记、存管与结算服务，不以赢利为目的的法人。其内涵有 3 方面：①证券登记结算机构是在证券交易中为买卖双方履行交易义务提供服务的机构，其本身不参加交易，而是同时为买卖双方的交易提供服务，并且这种服务贯穿于交易的整个过程；②证券登记结算机构属非营利法人，其服务是有偿提供的，但不借此追求利润，故非采公司制形式；③证券登记结算机构具有法人地位，有独立的财产，能够独立享有权利、履行义务和承担责任。

典型案例 12-1

中国证券登记结算有限责任公司设立实例

2001 年 3 月 30 日，经国务院同意、证监会批准，中国证券登记结算有限责任公司(以下简称中国结算公司)在北京正式成立。该公司为永久存续的有限责任公司，注册资本为人民币 6 亿元，资本总额为人民币 12 亿元，上海、深圳证券交易所各出资 50%，实行董事会领导下的总经理负责制。该公司不以赢利为目的，业务范围包括证券账户和结算账户的设立和管理、证券登记与过户、证券托管与转托管、证券和资金的清算与交收、受发行人委托办理证券权益分配等代理人服务以及证监会批准的其他业务。2001 年 9 月中下旬，中国结算公司上海、深圳分公司正式成立。2001 年 9 月 20 日，中国结算公司分别与上海证券交易所和上海证券中央登记结算公司、深圳证券交易所和深圳证券登记结算公司联合发表公告，宣布自 2001 年 10 月 1 日起，上海证券中央登记结算公司、深圳证券登记结算公司从事的证券登记结算业务均由中国结算公司承接，上海证券中央登记结算公司、深圳证券登记结算公司依法定程序注销。

资料来源：同上，2006：406.

12.2.1 证券登记结算机构的设立条件

《证券法》规定，设立证券登记结算机构，应当具备下列条件。

1. 必要的自有资金

设立法人必须具备必要的资金条件，这是确保法人安全稳定从事相关活动的物质基础，也是法人对外承担民事责任的物质保障。《证券法》规定，设立证券登记结算机构，自有资金不少于人民币2亿元。

2. 适当的场所和设施

证券登记结算机构主要为证券交易的当事人提供证券登记、存管和结算服务，而这3方面的服务均需要有与之相适应的场所和设施。《证券法》规定，设立证券登记结算机构，需具有证券登记、存管和结算服务所必须的场所和设施。

3. 从业人员资格条件

证券登记、存管和结算服务具有较强的专业性。为了满足专业服务的需要，《证券法》规定，证券登记结算机构的主要管理人员和从业人员必须具有证券从业资格。证券从业资格的认定由国务院证券监督管理机构制定办法并监督实施。

4. 合法确定的名称

设立证券登记结算机构，需要在名称中标明证券登记结算字样。规定这一条件的意义在于：①便于辨认；②防止其他机构使用同样或类似名称造成混乱，进而误导社会公众。

5. 国务院证券监督管理机构规定的其他条件

除上述条件外，对于证券登记结算机构的设立，国务院证券监督管理机构还可以规定其他条件。这属于法律上的授权条款。

12.2.2 证券登记结算机构的职能

《证券法》规定，证券登记结算机构履行下列职能。

1. 设立证券账户与结算账户

证券账户用于记录投资者买卖证券的情况，包括投资者开立的股票账户、债券账户和投资基金账户等；结算账户是证券公司为了办理钱券交割而设立的账户，其功能在于为证券交易买卖双方的清算交收服务。

2. 证券的存管和过户

证券的存管是证券登记结算机构受托集中保管证券持有人持有的上市交易的证券；证券的过户是根据证券交易清算交收的结果，进行证券所有权的转移，即将一个所有者账户上的证券转移到另一个所有者账户上。

3. 证券持有人名册登记

证券持有人名册登记是指证券登记结算机构根据发行人的委托，确认证券持有人持有证券事实的行为，其功能在于确定投资者的权利。

4. 证券交易所上市证券交易的清算与交收

清算是指证券登记结算机构按照确定的规则计算证券和资金的应收应付数额的行为；

交收是指证券登记结算机构根据确定的清算结果，通过转移证券和资金履行相关债权债务的行为。

5. 受发行人的委托派发证券权益

证券权益包括上市公司分配的股息和红利、资本公积金转增股本以及债券利息等。证券发行并上市交易后，发行人很难掌握股东的持券情况，而证券登记结算机构可以依据证券持有人登记名册派发证券权益，办理此项业务可以做到准确、便捷，有利于保护投资者利益。

6. 办理与上述业务有关的查询

查询业务是证券登记结算机构基本业务的延伸业务。证券登记结算机构应当依法承担相关数据和资料的保密义务，但在查询人提供合法手续的情况下，应当提供查询服务。特别是投资者申请查询时，应当提供方便服务。

7. 国务院证券监督管理机构批准的其他业务

随着我国证券市场的发展及与国际资本市场的接轨，办理跨国结算、非上市证券登记清算业务、证券质押登记等业务，也会逐渐得到认同并成为证券登记结算机构的业务范围。

12.2.3 证券登记结算机构的义务

证券登记结算机构的义务有如下方面。

1. 法定保管义务

证券登记结算机构应承担法定保管义务。《证券法》规定，证券持有人持有的证券，在上市交易时，应当全部存管在证券登记结算机构。

2. 资料善管义务

资料善管义务，是指证券登记结算机构应以证券行业通行的标准和规则，以善良管理人的标准从事与证券保管有关的事务。

3. 业务保障义务

《证券法》规定，证券登记结算机构应当采取以下措施保证业务的正常进行：①具有必备的服务设备和完善的数据安全保护措施；②建立完善的业务、财务和安全防范等管理制度；③建立完善的风险管理系统。

4. 设立证券结算风险基金义务

《证券法》规定，证券登记结算机构应当设立证券结算风险基金，用于垫付或者弥补因违约交收、技术故障、操作失误、不可抗力造成的证券登记结算机构的损失。

5. 其他法定义务

除上述法定义务外，证券登记结算机构还应承担其他的法定义务。

12.3 证券服务机构

在我国，证券服务机构有广义和狭义两种解释。在广义上，证券服务机构是指为投资者从事证券交易提供服务的各种机构。主要包括证券交易所、证券登记结算机构、证券公司、律师事务所、投资咨询机构、财务顾问机构、资信评级机构、资产评估机构、会计师事务所等；狭义上，证券服务机构也称中介机构，不包括证券交易所和证券登记结算机构。《证券法》采取狭义解释。[①]

12.3.1 从事证券服务业务的条件

《证券法》规定，投资咨询机构、财务顾问机构、资信评级机构、资产评估机构、会计师事务所从事证券服务业务，必须经国务院证券监督管理机构和有关主管部门批准。投资咨询机构、财务顾问机构、资信评级机构从事证券服务业务的人员，必须具备证券专业知识和从事证券业务或者证券服务业务 2 年以上经验。认定其证券从业资格的标准和管理办法，由国务院证券监督管理机构制定。

12.3.2 证券投资咨询机构及其从业人员的禁止行为

为了稳定证券市场，保护投资者利益，规范证券投资咨询机构及其从业人员从事证券服务的行为，《证券法》规定，证券投资咨询机构及其从业人员不得有下列行为：一是代理委托人从事证券投资；二是与委托人约定分享证券投资收益或者分担证券投资损失；三是买卖本咨询机构提供服务的上市公司股票；四是利用传播媒介或者通过其他方式提供、传播虚假或者误导投资者的信息；五是法律、行政法规禁止的其他行为。

12.3.3 证券服务机构的义务及责任

1．证券服务机构的义务

证券服务机构应履行的义务主要包括两方面：一是勤勉义务。证券服务机构在提供证券服务业务时应当忠实地履行自己的职责，不得有违法和违规行为。二是核查和验证义务。证券服务机构在提供证券服务时，应当建立核查和验证制度，对其制作、出具文件所依据的文件资料内容的真实性、准确性、完整性进行核查和验证，防止和避免其制作、出具的文件有虚假记载、误导性陈述或者重大遗漏。

2．证券服务机构的法律责任

证券服务机构的法律责任主要包括一是证券服务机构制作、出具的文件有虚假记载、误导性陈述或者重大遗漏，给他人造成损失的，应当与发行人、上市公司承担连带赔偿责任，但是能够证明自己没有过错的除外。二是证券服务机构未勤勉尽责，所制作、出具的文件有虚假记载、误导性陈述或者重大遗漏的，责令改正，没收业务收入，暂停或者撤销

① 叶林．证券法[M]．3 版．北京：中国人民大学出版社，2008：428.

证券服务业务许可，并处以业务收入 1 倍以上 5 倍以下的罚款。对直接负责的主管人员和其他直接责任人员给予警告，撤销证券从业资格，并处以 3 万元以上 10 万元以下的罚款。

12.4 证券监督管理机构

证券市场风险性较高，且涉及众多社会公众投资者利益。只有在风险与利益并存的证券市场中建立严格的证券监管制度，才能确保证券市场的健康、稳定发展。证券市场的监管是金融监管的重要组成部分，是国家证券监管机构根据证券法律、行政法规，对证券发行和交易实施的监督与管理。政府监管与自律监管是证券市场监管机制的重要组成部分。在我国，政府监管的主体是国务院证券监督管理机构，即证监会；自律监管的法定主体是证券交易所和证券业协会。

12.4.1 国务院证券监督管理机构

《证券法》采取了“国务院证券监督管理机构”的表述，但没有明确规定其具体性质。根据我国证券市场监管体制的运行现状，《证券法》所称“国务院证券监督管理机构”即证监会，其属于国务院直属事业单位，依据《证券法》授权行使对证券市场的监督管理，具有行政监管或政府监管的性质。

1. 国务院证券监督管理机构及其工作人员的特别义务

国务院证券监督管理机构及其工作人员的特别义务如下。

(1) 忠于职守义务。
(2) 证件出示义务。
(3) 商业秘密的保密义务。
(4) 行政公开义务。
(5) 建立监督管理信息共享机制义务。
(6) 涉嫌犯罪之移送义务。
(7) 任职之特别限制。

典型案例 12-2

证监会对“美尔雅”处罚实例

2001 年 9 月 12 日，证监会公布了对湖北美尔雅股份有限公司(以下简称美尔雅)及有关人员予以公开批评的通报。证监会地方派出机构于 2001 年 4 月 10～16 日对美尔雅进行了检查。检查发现，美尔雅在信息披露的真实性、准确性和完整性，公司治理结构的规范性等方面存在严重问题，特别是资金管理的安全性方面问题尤其突出。截至 2000 年 12 月 31 日，美尔雅大股东及关联方占用美尔雅资金达到 3.689 亿元，占美尔雅净资产的 41%，严重地侵占了广大中小投资者的利益。对上述问题，美尔雅公司董事会、监事会未依法履行应有的决策、监督职能，其董事长罗日炎和全体董事、监事未勤勉尽责，有重大失职行为，应当予以谴责。证监会根据《上市公司检查办法》的规定，决定对美尔雅公司和公司董事长、董事及监事等多人予以公开批评，并责令美尔雅落实整改工作，并将整改情况在证监会指定报刊上予以披露。此外，对于美尔雅存在的违反证券法律、法规的行为，证监会已正式立案稽查，将依法作出处理。

资料来源：凌红红，刘晰．证券法实例说．长沙：湖南人民出版社，2002：22.

2. 国务院证券监督管理机构的职责

国务院证券监督管理机构在对证券市场实施监督管理中履行下列职责。

(1) 依法制定有关证券市场监督管理的规章、规则，并依法行使审批或者核准权。

(2) 依法对证券的发行、上市、交易、登记、存管、结算进行监督管理。

(3) 依法对证券市场主体的证券业务活动进行监督管理。

(4) 依法制定并监督实施从事证券业务人员的资格标准和行为准则。

(5) 依法监督检查证券发行、上市和交易的信息公开情况。

(6) 依法对证券业协会的活动进行指导和监督。

(7) 依法查处证券违法行为。

(8) 法律、行政法规规定的其他职责。

12.4.2 证券交易所

证券交易所亦称场内交易场所，是为证券集中交易提供场所和设施，组织和监督证券交易，实行自律管理的法人。在证券市场中，证券交易所担任的角色是多重的：①它是证券市场集中交易的组织者，为投资者、证券公司、上市公司提供场地、设施和服务，为市场参与者提供交易平台和服务；②它是重要的自律监管者，通过契约、法律规定或者监管部门的授权，对证券公司、上市公司、证券市场进行第一线的监管，以维护证券市场交易秩序的稳定；③它是被监管者，须接受政府监管部门的依法监管，证券交易所的自律管理必须置于证监会的监管之下。

1. 证券交易所的设立与解散

1) 证券交易所的设立

证券交易所的设立是指创设提供证券集中交易场所的法律行为。《证券法》规定，证券交易所的设立由国务院决定。可见，在我国，设立证券交易所适用特许审批制度，国务院是决定证券交易所设立的唯一法定机关。《证券法》未对设立证券交易所的具体程序作出规定，根据《证券交易所管理办法》的规定，设立证券交易所，首先由证监会进行审核，审核之后报国务院进行批准。

证券交易所的设立应符合法定条件。首先，设立证券交易所必须制定章程；其次，设立证券交易所必须组建组织机构；最后，设立证券交易所必须具有合法的名称。

2) 证券交易所的解散

证券交易所的解散是指已经存在的证券交易所停止提供证券交易服务，不再进行有关活动的法律行为。《证券法》规定，证券交易所的解散，由国务院决定。对于证券交易所的解散事由，《证券法》未作规定，而由各证券交易所章程规定。证券交易所解散时，按国家规定的程序进行清算。

2. 证券交易所的法定义务

《证券法》规定，证券交易所必须承担以下相应的法定义务。

1) 不得分配共有积累的义务

会员制证券交易所的财产积累归会员所有，其权益由会员共同享有。由于会员制证券交易所属于非营利性法人，该财产积累如果分配给会员，即构成会员的营利回报，这与会员制的非营利性不符。因此，会员制证券交易所在存续期间不得将其财产积累分配给会员，只有在证券交易所解散时才能将剩余财产分配给会员。

2) 报告及报批义务

证券交易所采取技术性停牌、临时停市措施时，必须及时报告国务院证券监督管理机构；证券交易所对证券交易实行实时监控，并按照国务院证券监督管理机构的要求，对异常的交易情况提出报告；证券交易所可以对出现重大异常交易情况的证券账户限制交易，并报国务院证券监督管理机构备案；证券交易所制定的上市规则、交易规则、会员管理规则和其他有关规则，应报国务院证券监督管理机构批准。

3) 设立风险基金的义务

为了防范与证券交易所业务活动有关的重大风险事故，保证证券交易活动的正常进行，证券交易所应当从其收取的交易费用、会员费、席位费中提取一定比例的金额设立风险基金。风险基金由证券交易所理事会管理。证券交易所应当将收存的风险基金存入开户银行专门账户，不得擅自使用。

4) 从业人员回避义务

为了保证参与证券交易各方的利益不受侵犯，证券交易所的负责人和其他从业人员在执行与证券交易有关的职务时，与其本人或者其亲属有利害关系的，应当回避。

5) 不得改变交易结果的义务

为了维护证券交易秩序的稳定和众多投资者的利益，《证券法》规定，只要是按照依法制定的交易规则进行的交易，无论其交易主体是否发生违规行为，均不得改变其交易结果，而应予以确认。

3. 证券交易所的监管职责

证券交易所的监管职责包括对证券交易的监管、对证券公司的监管和对市公司的监管。

1) 对证券交易的监管

对证券交易的监管活动如下：

(1) 制定证券交易管理规则。

(2) 实时监控证券交易。

(3) 公布证券交易即时行情。

(4) 采取技术性停牌和临时停市措施。

2) 对证券公司的监管

对证券分司的监管如下：

(1) 制定会员管理规则。

(2) 制定市场准入规则。

对上市公司的监管如下：

1) 暂停上市

暂停上市是指证券交易所暂时停止上市公司的股票和公司债券一段时间内的上市交易活动的监管措施，具有“黄牌”警告的性质。

2) 终止上市

终止上市是指证券交易所终止上市公司的股票和公司债券在证券交易所内挂牌公开竞价交易的监管措施，这是对上市公司和公司债券上市交易的公司采取的最严厉的措施，即出示“红牌”罚下。

3) 对上市公司的监管

典型案例 12-3

成都红光实业股份有限公司暂停上市案

2000 年 5 月 11 日，上海证券交易所发出公告，称：“根据《上海证券交易所股票上市规则(2000 年修订本)》第十章的有关规定，成都红光实业股份有限公司因最近 3 年连续亏损，本所决定该公司的人民币普通股股票自 2000 年 5 月 12 日起暂停上市。该公司在股票暂停上市期间，仍应履行上市公司的一切义务。股票暂停上市相关事项，按本所《股票暂停上市相关事项的处理规则》办理。”

资料来源：叶林，黎建飞．商法学原理与案例教程．北京：中国人民大学出版社，2006：367.

典型案例 12-4

“PT 水仙”终止上市案

上海水仙电器股份有限公司(以下简称水仙电器)于1992年6月发行A股募集资金1.5亿元人民币。1993 年 1 月 6 日，水仙电器 A 股上市。1997 年水仙电器首度亏损 6 651 万元，1999 年 5 月 4 日，水仙电器实行特别处理，简称“*ST 水仙”。1998 年、1999 年，ST 水仙连续亏损。2000 年 5 月 12 日，ST 水仙实行特别转让，简称“PT 水仙”。2001 年 4 月 18 日，水仙电器公布的 2000 年年报显示，尽管公司当年取得了 1 420 万元的主营业务利润和 570 多万元的其他业务利润，但仍亏损了 1.4 亿多元，每股收益为-0.62 元，调整后的每股净资产仅为-0.86 元。上海立信长江会计师事务所为其出具了拒绝表示意见的审计报告。2001 年 4 月 17 日，PT 水仙向上海证券交易所提交《关于申请延长暂停交易期限的报告》，由于 PT 水仙已经连续 4 年亏损，且未能就近期扭亏为盈作出具体安排并提出有效措施，其申请宽限期未获上海证券交易所批准。2001 年 4 月 20 日，上海证券交易所发布公告，正式驳回水仙电器宽限期申请。根据有关规定，证监会决定“PT 水仙”股票自 2001 年 4 月 23 日起终止上市。

资料来源：邢海宝．证券法学原理与案例教程．北京：中国人民大学出版社，2007：142.

12.4.3 证券业协会

证券业协会是证券业的自律性组织。作为自律性组织，证券业协会虽然没有对会员及其行为的行政监督权和行政执法权，但却发挥着调整证券业内诸多复杂关系的积极作用。证券业协会可以督促会员在符合证券法律法规的前提下，从事相关营业及社会活动，维护证券交易的有序进行。

1. 证券业协会的属性

证券业协会是社会团体法人。作为社会团体法人，证券业协会具有以下属性：①证券业协会具有法人资格，具有民事权利能力和民事行为能力，以自己的独立财产承担民事责任；②证券业协会由具有特定资格的会员组成，属于人的组合，而非财产集合；③证券业协会为非营利性组织，旨在对协会会员提供有关服务，不得从事营业性或经营性活动，收取的费用和收入不得向会员进行分配；④证券业协会必须依法办理注册登记手续。

2. 证券业协会的设立

证券业协会须有会员。证券业协会的会员主要包括证券公司、证券登记结算机构、证券服务机构、有关的社会中介组织以及这些机构与组织的从业人员等。我国采取自愿入会与强制入会相结合的原则，证券公司入会属于强制入会，证券公司以外的其他会员属于自愿入会。

证券业协会的设立应符合法定条件。首先，须有符合法律规定的章程。证券业协会章程由会员大会制定，并报国务院证券监督管理机构备案。其次，应依法设立内部权力及管理机构，即会员大会和理事会。会员大会是证券业协会的权力机构，由全体会员组成。理事会是证券业协会的常设性机构，其成员依章程选举产生，负责管理协会的日常业务及活动。

3. 证券业协会的职责

《证券法》规定，证券业协会履行下列职责：

(1) 教育和组织会员遵守证券法律、行政法规。

(2) 依法维护会员的合法权益。

(3) 服务职责。

(4) 培训、交流职责。

(5) 调解职责。

(6) 组织、研究职责。

(7) 监督、检查职责。

(8) 其他职责。

引例分析

融华投资有限公司非法经营证券经纪业务案

证券经纪业务是证券公司的业务范围之一。在我国，设立证券公司应具备的条件主要包括公司章程符合法律、行政法规的规定；主要股东符合法定条件；注册资本符合证券法的规定；证券公司的管理人员和从业人员具备任职资格；具有完善的风险管理与内部控制制度；具有合格的经营场所和业务设施；法律、行政法规规定的和经国务院批准的国务院证券监督管理机构规定的其他条件。此外，在我国，设立证券公司还须履行前置批准程序、公司登记程序和营业许可程序。

在本案中，融华投资管理有限责任公司是一家专门从事投资咨询的公司，注册资本仅为100万元，缺乏专业的证券从业人员和必备的证券交易设施，不符合《证券法》关于证券公司的设立条件及设立程序的规定。该公司为增加收入，擅自开展证券经纪业务，属于违法经营行为，应受到法律的严厉制裁。

本章小结

证券市场主体包括证券发行人、证券投资者、证券公司、证券登记结算机构、证券服务机构、证券监督管理机构等各类主体。证券公司是连接发行人与投资者之间关系、投资者与投资者之间关系的中介机构。证券公司具有承销商、经纪人和投资者多重身份；证券登记结算机构是办理证券登记、存管和结算服务的专门机构。合理的证券登记结算制度，有助于实现证券交易的安全、高效与快捷。证券服务机构主要包括证券公司、投资咨询机构、财务顾问机构、资信评级机构、资产评估机构、律师事务所、会计师事务所等。政府监管与自律监管是证券市场监管机制的重要组成部分，两者各自具有独特和无法替代的价值和优势。目前，我国采取以政府监管为主导、自律组织监管为辅的证券市场监管模式。国务院证券监督管理机构，即证监会，依法对全国证券市场实行集中统一监督管理，履行政府监管的职能，证券交易所和证券业协会履行自律监管的职能。

思考题

1. 证券公司的营业规则有哪些？
2. 证券公司的业务范围包括哪些？
3. 证券登记结算机构的职能有哪些？
4. 证券登记结算机构的义务有哪些？
5. 国务院证券监督管理机构的监管职责有哪些？
6. 证券交易所的法定义务有哪些？
7. 证券交易所的监管职责是什么？
8. 证券业协会的职责是什么？

练习题

1. 单项选择题

(1) 证券业协会的权力机构是(　　)。

A．理事会　　B．会员大会　　C．董事会　　D．股东会

(2) 下列有关证券公司的表述，错误的是(　　)。

A．证券公司主要股东的净资产不低于人民币 2 亿元

B．证券公司必须在其名称中标明证券有限责任公司或证券股份有限公司字样

C．证券公司应从每年的税后利润中提取交易风险准备金，用于弥补证券交易的损失

D．证券公司应妥善保存客户开户资料、委托记录、交易记录和与内部管理、业务经营有关的各项资料，任何人不得隐匿、伪造或篡改。上述资料的保存期限不得少于 30 年

(3) 下列不符合证券登记结算机构设立条件的是(　　)。

A. 自有资金不少于人民币1亿元

B. 具有证券登记、存管和结算服务所必需的场所和设施

C. 主要管理人员和从业人员必须具有证券从业资格

D. 国务院证券监督管理机构规定的其他条件

(4) 证券交易所的设立和解散，由(　　)决定。

A. 国务院证券监督管理部门

B. 国务院

C. 证券业协会

D. 由证券交易所理事会决定，国务院证券监督管理部门备案

(5) 设立证券公司，须经(　　)审查批准。

A. 国务院

B. 证券业协会

C. 国务院证券监督管理机构

D. 由证券业协会决定，由国务院审批

(6) 下列关于证券业协会的说法不正确的是(　　)。

A. 是自律性组织

B. 是社会团体法人

C. 其权力机构成员由国务院证券监督管理部门任免

D. 不以赢利为目的

(7) 下列人员可以为证券公司从业人员的有(　　)。

A. 被开除的国家机关工作人员

B. 因违纪行为被解除职务的证券登记结算机构的负责人，自被解除职务之日起未逾5年

C. 因过失犯罪被开除的证券交易所的从业人员

D. 某证券公司的法律顾问

(8) 证券公司每年应从税后利润中提取(　　)，用于弥补证券交易的损失。

A. 交易风险基金　　B. 交易风险准备金

C. 公积金　　D. 交易保证金

(9) 根据我国证券法规定，证券交易所的总经理由(　　)任免。

A. 证券业协会　　B. 国务院证券监督管理机构

C. 证券交易所会员大会　　D. 证券交易所理事会

(10) 证券公司应当妥善保存客户开户资料、交易记录等各项资料，任何人不得隐匿、伪造、篡改或毁损。上述资料的保存期限不得少于(　　)。

A. 10年　　B. 15年　　C. 20年　　D. 30年

2. 多项选择题

(1) 下列各项中属于上市公司股票终止上市的情形有(　　)。

A. 公司股本总额、股权分布等发生变化不再具备上市条件，在证券交易所规定的期限内仍不能达到上市条件

B. 公司不按照规定公开其财务状况，或者对财务会计报告作虚假记载，且拒绝纠正

C. 公司最近 3 年连续亏损

D. 公司解散或者被宣告破产

(2) 我国证券法规定的公司债券暂停上市交易的情形有(　　)。

A. 公司有重大违法行为

B. 公司情况发生重大变化不符合公司债券上市条件

C. 发行公司债券所募集的资金不按照核准的用途使用

D. 未按照公司债券募集办法履行义务

(3) 下列种类的证券公司中，注册资本最低限额为人民币 1 亿元的有(　　)。

A. 保荐类证券公司　　B. 自营类证券公司

C. 资产管理类证券公司　　D. 财务顾问公司

(4) 根据《证券法》的规定，对客户开立的账户负有保密义务的机构有(　　)。

A. 资产评估机构　　B. 证券公司

C. 证券交易所　　D. 律师事务所

(5) 证券公司的(　　)，必须经国务院证券监督管理机构批准。

A. 设立　　B. 变更董事长　　C. 变更业务范围　　D. 变更经理

(6) 证券登记结算机构为保证业务的正常进行，应当采取的措施有(　　)。

A. 具有必备的服务设备和完善的数据安全保护措施

B. 建立完善的业务、财务和安全防范等管理制度

C. 建立完善的风险管理系统

D. 设立结算风险基金

第13章　证券发行制度

本章教学要点

知识要点	掌握程度	相关知识
证券发行的概念	熟悉	证券发行的内涵；证券发行与证券募集的比较
证券承销的概念		证券承销的内涵
证券发行的分类	了解	股票发行与公司债券发行；面值发行、折扣发行、溢价发行与中间价发行；直接发行与间接发行；设立发行与新股发行；公开发行和非公开发行
证券公开发行的条件		股票公开发行的条件；公司债券公开发行的条件
证券发行管理体制	掌握	注册制；核准制
证券承销的方式		证券代销；证券包销；承销团承销
证券承销的特别义务		禁止违法招揽义务；发行文件核查义务；禁止事先预留义务；股票承销情况备案义务
证券发行的信息披露制度	重点掌握	证券发行信息披露制度的内容及方式

基本概念

证券发行　证券募集　注册制　核准制　审批制　信息披露制度　证券承销　证券代销　证券包销　承销团承销

引例

大东海股份公司股票发行信息披露不实案

海南大东海旅游中心股份有限公司(以下简称大东海公司)于 1997 年 1 月 13 日公开发行 1 100 万股 A 股并于同年 1 月 28 日上市。2001 年 3 月 6 日，证监会公布了对大东海公司违法案件的处理结果。经调查，证监会认定大东海公司在发行过程中存在如下虚增利润的违规事实：大东海公司为取得发行上市资格，发行前的 1993～1997 年间，虚列收入及投资收益等共计 2.4 亿元。其主要作法：一是虚挂海南国际有限投资公司等单位的消费款，虚列营业收入 21 307 万元；二是将其承包经营海国投工业开发股份有限公司下属一公司的虚假利润 414 万元并入公司；三是以某酒店装修收入为名，虚列其他业务收入，虚增利润 1 087 万元；四是通过集团向外单位借款虚增投资收益 825 万元；五是将购买港澳信托投资公司的应收股利 375 万元转作投资收益。以上各项扣除已计提的营业税及附加 1 170 万元，共虚增利润 2.28 亿元。

请结合本案例思考证券发行信息披露制度的内容、方式及要求。

资料来源：凌红红，刘晰．证券实例说．长沙：湖南人民出版社，2002：78.

13.1　证券发行概述

13.1.1　证券发行的概念及分类

1．证券发行的概念

对于证券发行，学术界有广义、狭义两种理解。广义的证券发行是指经批准符合发行条件的证券发行人以筹集资金为目的，按照一定程序将证券销售给投资者的行为，即证券投资者的认购行为、缴纳投资款项行为以及获得证券的行为均属于证券发行范畴，其中证券募集行为仅是证券发行过程中的一部分。狭义的证券发行是指发行人以集资或调整股权结构为目的作成证券并交付相对人的单独法律行为①，即认为证券发行与证券募集不是同一概念。

目前学术界的通说认为，应严格区分证券发行与证券募集，因为两者有如下区别：

(1) 在时间上，证券募集与证券发行是连续的。证券募集是证券发行的前提，证券发行只能在证券募集的基础上进行。

(2) 在概念上，证券募集与证券发行是并列的。证券募集是证券投资者向发行人认购证券和交纳投资款项的行为。证券发行是表现投资者权利证券化的过程，强调发行人向投资者交付出资凭证。

① 杨志华．证券法律制度研究[M]．北京：中国政法大学出版社，1995：53.

(3) 在法律性质上，证券募集是证券募集人与投资者之间订立出售股份或者债券的合同行为。证券发行则为交付证券的行为，是单方行为。

2. 证券发行的分类

证券发行有如下分类。

1) 股票发行与公司债券发行

以证券类型为标准，证券发行可分为股票发行和公司债券发行。股票发行是指股份有限公司以筹集资金为直接目的，依照法定程序向投资人出售代表股东权利的股票的行为；公司债券发行是指债券发行人发行普通公司债券和可转换公司债券的行为。

2) 面值发行、折扣发行、溢价发行与中间价发行

以证券发行价格与证券票面金额之间的关系为标准，证券发行可分为面值发行、折扣发行、溢价发行与中间价发行。面值发行亦称为平价发行，是指按照证券票面记载金额发行证券；折扣发行是指按照低于证券券面金额的发行价格发行证券；溢价发行是指以超过证券券面金额的价格发行证券；中间价发行是指按照证券券面金额和市场价格的中间价格发行证券。

3) 直接发行与间接发行

以是否通过证券公司承销为标准，证券发行可分为直接发行和间接发行。直接发行是指由证券发行人直接向投资者要约出售证券，而不借助证券公司代销或包销证券；间接发行是指证券发行人委托证券公司承销所发行证券，由证券公司办理证券发行事宜并承担约定的发行风险。

4) 设立发行与新股发行

以证券发行时间为标准，证券发行可分为设立发行与新股发行。设立发行是指为设立股份有限公司而发行股票的行为；新股发行是指股份有限公司设立后，为增加公司股本总额而发行股票的行为。

5) 公开发行和非公开发行

以证券投资者的身份为标准，证券发行可分为公开发行和非公开发行。公开发行是指发行人向社会公众要约出售、出售或者销售证券的行为；非公开发行是指发行人向社会公众以外的投资者要约出售、出售或者销售证券的行为[①]。

13.1.2 证券发行管理体制

1. 域外证券发行管理体制

证券发行是企业进入资本市场的第一步，与证券发行人利益攸关，更涉及对投资者利益的保护，因此，各国证券法均坚持对证券发行实施管理，其方式可分为注册制和核准制两种。

1) 注册制

注册制是指证券发行人必须依照法律的强制性规定履行信息披露义务，全面公开与证券发行相关的资料，不得隐瞒，否则应承担严格的法律责任，政府监管机构有权审查证券发行人对信息披露义务的履行情况，但无权决定所发行证券的品质条件。

2) 核准制

核准制是指证券发行人在遵守信息披露义务的同时，证券发行必须符合证券法规定的

① 叶林．证券法[M]．3版．北京：中国人民大学出版社，2008：123.

证券发行条件并接受政府证券监管机构的监管，政府监管机构有权对证券发行人的资格及其所发行的证券进行审查。

3) 注册制与核准制的比较

注册制与核准制两者具有共性，如均强调证券发行人的信息披露义务等。两者的区别在于：①证券发行条件的法律地位不同。②信息公开原则的实现方式不同。③对投资者素质的假定不同。

2. 我国证券发行管理体制

1) 1998年《证券法》实施之前

我国的证券发行管理体制，在1998年《证券法》实施前为审批制。与核准制相比，审批制最大的特点在于证券发行的数量型管理，即证券发行申请人获得证券发行许可，不仅需要符合法律规定的发行实质条件，更重要的是还需要取得证券发行的额度。

2) 1998年《证券法》实施之后至2005年《证券法》修订之前

根据1998年《证券法》的规定，我国的证券发行管理体制为核准制与审批制并存，即根据证券种类不同而采取不同的证券发行管理体制，对股票公开发行采取核准制，对公司债券发行采取审批制。

3) 2006年《证券法》实施之后

现行《证券法》规定，公开发行证券，必须符合法律、行政法规规定的条件，并依法报经国务院证券监督管理机构或者国务院授权的部门核准；未经依法核准，任何单位和个人不得公开发行证券。由此可见，我国现行证券发行管理体制为核准制。

13.1.3 证券发行信息披露制度

1. 证券发行信息披露的概念

证券发行信息披露是指证券发行人为了出售所发行的证券，依照法律、行政法规规定的条件和程序，在证券公开发行前，向证券投资者公告公开发行募集文件，并将该文件置备于指定场所供公众查阅的制度。

建立证券发行信息披露制度的意义：①有利于投资者作出正确的投资选择；②保证所有投资者有均等获得信息的权利；③有利于规范发行公司的行为。[①]

2. 证券发行信息披露的内容及方式

1) 证券发行信息披露的内容

证券发行信息披露的内容因所发行证券种类不同而有差异。股票发行信息披露的内容主要包括招股说明书、招股说明书概要、上市公告书、股票发行公告及其他文件；公司债券发行信息披露的内容主要包括公司债券募集办法、财务会计报告及其他文件。

2) 证券发行信息披露的方式

在我国，证券发行信息披露的方式有两种：一是公告。公告是指证券发行人将发行募集文件刊登在国务院证券监督管理机构指定的刊物上的行为；二是置备。置备是指证券发行人将发行募集文件存放于指定场所供公众查阅的行为。

---

① 范健．商法[M]．3版．北京：高等教育出版社，北京大学出版社，2007：261.

3. 预披露制度

预披露制度是指证券发行人申请首次公开发行股票的，在按照法律规定向国务院证券监督管理机构提交有关申请文件并在其受理后，应当按照国务院证券监督管理机构的规定预先向社会公众披露有关申请文件，而不必等到国务院证券监督管理机构对其发行文件审核完毕，作出核准发行的决定后再进行披露。[①]

13.2 证券公开发行的条件及程序

以证券投资者的身份为标准，证券发行可分为公开发行与非公开发行。《证券法》第十条界定了证券公开发行的情形，即向不特定对象发行证券的；向特定对象发行证券累计超过 200 人的；法律、行政法规规定的其他发行行为。非公开发行证券，不得采用广告、公开劝诱和变相公开方式。

13.2.1 证券公开发行的条件

典型案例 13-1

哈药集团配股实例

哈药集团股份有限公司(以下简称哈药集团)于 2001 年 3 月 15 日和 2001 年 4 月 16 日分别召开三届七次董事会和 2000 年度股东大会，通过了 2001 年配股方案。哈药集团由南方证券有限公司向证监会推荐发行。经证监会核准后，哈药集团于 2001 年 7 月 21 日刊登了配股说明书。公司本次配股股权登记日为 2001 年 7 月 30 日，除权基准日为 2001 年 7 月 31 日，配股缴款起止日期为 2001 年 7 月 31 日～2001 年 8 月 13 日(期内券商营业日)，配股的承销日期是 2001 年 7 月 31 日～2001 年 9 月 3 日。配股比例以 2000 年 12 月 31 日总股份 450 860 357 股为基数每 10 股配售 3 股，国家股股东放弃本次配股，共向社会公众股东配售 799 112 01 股，配股价格为人民币 12.50 元/股。配股的结果是由南方证券有限公司包销剩余的 68 299 110 股，占应配股份的 85.47%，占公司本次配股后总股本的 12.87%。公司本次配股获配流通股份于 2001 年 10 月 17 日上市交易。

资料来源：凌红红，刘晰．证券法实例说．长沙：湖南人民出版社，2009：58.

1. 股票公开发行的条件

1) 新设发行的条件

设立股份有限公司公开发行股票，应当符合《公司法》规定的条件和经国务院批准的国务院证券监督管理机构规定的其他条件。

(1)《公司法》规定的条件。主要包括发起人符合法定人数；发起人认购和募集的股本达到法定资本最低限额；股份发行、筹办事项符合法律规定；发起人制定公司章程，采用

① 李飞．中华人民共和国证券法(修订)释义[M]．北京：法律出版社，2005：34.

募集方式设立的经创立大会通过；有公司名称、建立符合股份有限公司要求的组织机构；有公司住所等条件。

(2) 经国务院批准的国务院证券监督管理机构规定的其他条件。

《证券法》规定，根据实际需要，国务院证券监督管理机构可以规定其他的新设发行的条件，但要经国务院批准。

2) 新股发行条件

公司公开发行新股，应当符合下列条件：

(1) 具备健全且运行良好的组织机构。

(2) 具有持续赢利能力，财务状况良好。

(3) 最近 3 年财务会计文件无虚假记载，无其他重大违法行为。

(4) 经国务院批准的国务院证券监督管理机构规定其他条件。

典型案例 13-2

海南民生燃气(集团)股份公司公开发行公司债券实例

海南民生燃气(集团)股份有限公司(以下简称海南燃气公司)是在深圳证券交易所挂牌的上市公司。1996—1998 年公司净资产分别为 20 233 万元、52 988 万元和 59 177 万元，平均年度增长率 71%。1996—1998 年公司净利润分别为 2 704 万元、5 358 万元和 6 189 万元，平均年度增长率为 64%。1999 年 7 月 6 日，海南燃气公司公布《公司债券发行公告》，向我国境内企事业单位和自然人公开发行 1 亿元人民币公司债券。经原国家发展计划委员会经调［1998］1741 号及［1998］2648 号文和原海南省发展计划厅琼计财金［1999］317 号批文核准，并经中国人民银行海口中心支行琼银复［1999］093 号文批准，海南燃气公司本次公开发行 3 年期公司债券 1 亿元，债券利率为年利 3.78%，不计复利，从发行之日起计息，3 年后一次还本付息，债券形式为实名制记账式。债券公开发售期限从 1999 年 7 月 12 日起至 1999 年 8 月 12 日止。主承销商为大连证券有限责任公司。本次债券信用评级由中国诚信证券评估有限公司评定为 A+级。本次债券发行所募集资金将主要用于海口市(长流组团)油燃气工程项目和海口市煤气工程项目。

资料来源：凌红红，刘晰．证券法实例说．长沙：湖南人民出版社，2002：74.

2. 公司债券公开发行的条件

1) 公司债券公开发行的实体条件

为了保护公司债券持有人的利益，使公司到期能够支付公司债券的本息，《证券法》规定，公开发行公司债券应当符合下列条件：

(1) 股份有限公司的净资产不低于人民币 3 000 万元，有限责任公司的净资产不低于人民币 6 000 万元。

(2) 累计债券余额不超过公司净资产的 40%。

(3) 最近 3 年平均可分配利润足以支付公司债券 1 年的利息。

(4) 筹集的资金投向符合国家产业政策。

(5) 债券的利率不超过国务院限定的利率水平。

(6) 国务院规定的其他条件。

此外，还规定公开发行公司债券筹集的资金，必须用于核准的用途，不得用于弥补亏损和非生产性支出。

2) 公司债券再次发行的限制条件

为了防止随意发行公司债券，保护公司债券持有人的利益，《证券法》对于再次公开发行公司债券的，给予如下限制：

(1) 前一次公开发行的公司债券尚未募足。

(2) 对已公开发行的公司债券或者其他债务有违约或者延迟支付本息的事实，仍处于继续状态。

(3) 违反证券法规定，改变公开发行公司债券所募资金的用途。

3) 可转换公司债券的发行条件

可转换公司债券，是指以债券形式依照法定程序发行的，在一定时间内，依据约定的条件可以转换为公司股票的债券。可转换公司债券兼有股票和债券的双重属性，因此，公开发行可转换为股票的公司债券，既要符合公开发行公司债券的条件，又要符合公开发行股票的条件，并经国务院证券监督管理机构核准。同时，《公司法》规定，上市公司经股东大会决议可以发行可转换为股票的公司债券，其他类型的公司不得公开发行可转换公司债券，因此，《证券法》对发行可转换为股票的公司债券的条件的规定仅适用于上市公司。

13.2.2 证券公开发行的程序

现行《证券法》第十条规定，公开发行证券实行核准制，其核准程序如下。

1. 组成核准机构

在我国，公开发行证券的核准机构是国务院证券监督管理机构或者国务院授权的部门。国务院证券监督管理机构设发行审核委员会，依法审核股票发行申请。发行审核委员会由国务院证券监督管理机构的专业人员和所聘请的该机构外的有关专家组成，以投票方式对股票发行申请进行表决，提出审核意见。发行审核委员会的具体组成办法、组成人员、任期、工作程序，由国务院证券监督管理机构规定。

2. 证券发行申请人报送文件

报送的文件如下：

(1) 新设发行报送的文件。

(2) 新股发行报送的文件。

(3) 发行公司债券报送的文件。

3. 核准机构核准，提出审核意见

国务院证券监督管理机构依照法定条件负责核准股票发行申请。国务院授权的部门对公司债券发行申请的核准，参照国务院证券监督管理机构核准股票发行申请的规定执行。

国务院证券监督管理机构或者国务院授权的部门应当自受理证券发行申请文件之日起 3 个月内，依照法定条件和法定程序作出予以核准或者不予核准的决定，发行人根据要求补充、修改发行申请文件的时间不计算在内；不予核准的，应当说明理由。

4. 证券发行申请人公告证券发行文件

证券发行申请经核准，发行人应当依照法律、行政法规的规定，在证券公开发行前，

公告公开发行募集文件，并将该文件置备于指定场所供公众查阅。发行证券的信息依法公开前，任何知情人不得公开或者泄露该信息。发行人不得在公告公开发行募集文件前发行证券。

13.3 证券承销制度

证券承销是指证券发行人委托具有证券承销资格的证券公司，代其向社会公众投资者募集资本并交付证券的行为和制度。证券承销制度主要调整证券发行人与证券公司的关系，也涉及证券发行人与证券投资者、证券公司与证券投资者之间的关系。上述关系由公司法、证券法、合同法及其他相关法规综合调整与规范。

典型案例 13-3

中国工商银行股票发行承销实例

2006年10月27日，中国工商银行A股(601 398.SH)和H股(1 398.HK)分别在上海证券交易所和香港联合交易所同日挂牌上市。中国工商银行采用“A+H”的上市方式发行总计为484亿新股。其中，A股为130亿股，H股为354亿股，其A股和H股发行后总股本为327 821 930 026元。根据现行法律规定和证券发行的实际需要，中国工商银行选择中国国际金属有限公司(以下简称中金公司)、中信证券股份有限公司中信证券(以下简称中信证券)、申银万国证券股份有限公司(以下简称申银万国)、国泰君安证券股份有限公司(以下简称国泰君安)为其A股的主承销商，由美林(控股集团有限公司)、中金公司牵头的投行团和瑞士信贷集团、德意志银行股份公司、工商东亚金融控股有限公司等5方为其H股的主承销商，承销成本达84 560万元。同时，由中金公司、中信证券、申银万国、国泰君安作为其A股上市的保荐人，保荐费为500万元。证券发行的承销和保荐虽然对发行人而言增加了成本，但减少了发行失败的风险，提高了信息披露的质量，有利于公众投资者利益的保护和证券市场的稳定发展。

资料来源：邢海宝．证券法学原理与案例教程．北京：中国人民大学出版社，2007：106.

13.3.1 证券承销协议

1．证券承销协议的概念及特点

证券承销协议是证券发行人与证券公司之间签署的、旨在规范和调整证券承销关系及承销行为的合同。其特点如下：

(1) 主体具有特定性，即签订证券承销协议的一方为经过核准或审批发行股票或公司债券的证券发行人，另一方为具有证券承销业务资格的证券公司。

(2) 客体具有特定性，即证券承销协议的客体是依法公开发行的股票和公司债券。

(3) 证券承销协议是书面要式合同。

(4) 证券承销协议是证券发行送审文件的组成部分。

(5) 证券承销协议须具备公司法、证券法等规定的必备条款，且不得违反国家强行法的规定。

(6) 证券承销协议的生效以证券获准发行为条件。

2. 证券承销协议的主要条款

证券承销协议明确了证券公司与证券发行人在证券承销过程中的权利与义务，有利于双方当事人行使权利、履行义务，也有利于证券的发行。证券承销协议分为两种，即代销协议与包销协议，这两种协议应当载明的基本事项是共同的，主要包括下列内容：

(1) 当事人的名称、住所及法定代表人姓名。

(2) 代销、包销证券的种类、数量、金额及发行价格。

(3) 代销、包销的期限及起止日期。

(4) 代销、包销的付款方式及日期。

(5) 代销、包销的费用和结算办法。

(6) 违约责任。

(7) 国务院证券监督管理机构规定的其他事项。

证券承销协议应当载明上述事项，除此之外，双方当事人约定的其他事项也可以在承销协议中载明。

13.3.2 证券承销方式

以证券发行人与证券公司之间约定风险分担的规则为标准，可将证券承销方式分为以下几种。

1. 证券代销

证券代销是指证券公司代发行人发售证券，在承销期结束时，将未售出的证券全部退还给发行人的承销方式。

2. 证券包销

证券包销是指证券公司将发行人所发行的证券按照协议全部购入，或者在承销期结束时将售后剩余证券全部自行购入的承销方式。证券包销包括全额包销和余额包销两种。全额包销是指证券公司以自有资金一次性全部买进证券发行人发行的证券，再以自己的名义和风险向证券投资者出售所拥有的证券的承销方式；余额包销是指证券公司在承销期结束时，从证券发行人处购买全部未售出证券的证券承销方式。

3. 承销团承销

承销团承销是证券发行中的一种常见方式。对于一次发行量较大的证券，由承销团承销，可以分散发行风险，同时也可以集合各个证券公司的销售网点共同向市场推销，有利于保证迅速地完成证券发行。因此，《证券法》规定，向不特定对象发行的证券票面总值超过人民币 5 000 万元的，应当由承销团承销。按照这一规定，并不排除发行证券票面总值在 5 000 万元以下的，也可以由承销团承销。承销团应当由主承销和参与承销的证券公司组成，承销团各成员根据承销协议相关条款协商达成分销协议，以明确各自的权利义务。

13.3.3 证券承销的特别义务

证券承销的特别义务如下。

1. 禁止违法招揽义务

为了建立公平的证券承销业务秩序，各国均禁止证券公司通过不正当手段招揽证券承销业务。《证券法》规定，公开发行证券的发行人有权依法自主选择承销的证券公司。证券公司不得以不正当竞争手段招揽证券承销业务。对于违反有关规定的，证券监督管理机构可以采取包括警告、罚款、暂停承销资格等在内的各种措施加以处罚。

2. 发行文件核查义务

证券发行人公开发行证券时，依照信息披露规则，应当向社会公众公告公开发行募集文件。证券公司在协助证券发行人编制公开发行募集文件时，必须尽到必要的注意义务，确保公开发行募集文件的真实、准确和完整。《证券法》规定，证券公司承销证券，应当对公开发行募集文件的真实性、准确性、完整性进行核查；发现有虚假记载、误导性陈述或者重大遗漏的，不得进行销售活动；已经销售的，必须立即停止销售活动，并采取纠正措施。

3. 禁止事先预留义务

禁止事先预留是指禁止证券公司将从发行人处取得的证券预先留存而不向投资者出售。证券公司预留证券违背公平原则，损害投资者利益，不利于证券市场的健康发展。因此，《证券法》规定，证券的代销、包销期限最长不得超过 90 日。证券公司在代销、包销期内，对所代销、包销的证券应当保证先行出售给认购人，证券公司不得为本公司预留所代销的证券和预先购入并留存所包销的证券。

4. 股票承销情况备案义务

股票承销情况备案义务是指证券发行人在承销期结束后，应当将承销情况报告国务院证券监督管理机构的义务。《证券法》规定，公开发行股票，代销、包销期限届满，发行人应当在规定的期限内将股票发行情况报国务院证券监督管理机构备案。

引例分析

大东海股份公司股票发行信息披露不实案

证券发行信息披露是指证券发行人为了出售所发行的证券，依照法律、行政法规规定的条件和程序，在证券公开发行前，向证券投资者公告公开发行募集文件，并将该文件置备于指定场所供公众查阅的制度。建立证券发行信息披露制度，有利于投资者作出正确的投资选择；有利于保证所有投资者有均等获得信息的权利；有利于规范发行公司的行为。《证券法》规定，发行人依法披露的信息，必须真实、准确、完整，不得有虚假记载、误导性陈述或者重大遗漏。

在本案中，证监会认定大东海公司在发行过程中存在虚增利润的违规事实，且未及时依法披露相关信息。针对大东海公司发行过程中的虚假陈述行为，证监会决定对公司原董事长苏国华等分别处以警告并罚款处分。此外，证监会还责令大东海公司尽快调整账目，彻底挤掉历年虚增的资产水分，真实反映公司资产负债情况。

本章小结

证券市场为企业和上市公司提供了长期、稳定的融资渠道，对于期望获得社会资金的企业来说，发行证券是其进入证券市场的第一步。但是证券市场并非以提供融资渠道作为其唯一存在目的，还必须给投资者以充分有效的保护，这是确保证券市场健康发展的基本前提。为此，国家需采取相关措施对证券发行市场进行严格监管。一是确立符合国情的证券发行管理体制，我国目前采取核准制；二是建立和完善信息披露制度，国家证券监督管理机构必须采取一切必要手段，促使证券发行人真实、准确和完整地披露相关信息，以保证投资者能够清晰判断其投资决定的利弊得失；三是须规定证券公开发行的条件及程序，以尽力减少因发行劣质证券给投资者带来的损失；四是建立证券承销制度，提高证券发行的效率。

思考题

1. 域外证券发行管理体制有哪些方式？我国证券发行管理体制有哪些变化？
2. 证券发行信息披露制度的概念是什么？
3. 证券公开发行的条件及程序各是什么？
4. 证券承销的方式有哪些？
5. 证券承销的特别义务有哪些？

练习题

1. 单项选择题

(1) 某有限责任公司拟再次公开发行公司债券，向证监会提出申请，经审查后不予发行，可能是由(　　)引起的。

A．该公司已经发行了公司债券，与本次发行时间上相隔不到1年

B．该公司前一次公开发行的公司债券，在1年后才募足

C．该公司欠甲公司债务达到1 000万，甲公司同意该公司1年内还清

D．该公司因前一次公开发行的债券迟延支付本息正在受到债权人的起诉

(2) 有限责任公司公开发行公司债券，其净资产不得低于人民币(　　)。

A．1 000万元　　B．3 000万元　　C．5 000万元　　D．6 000万元

(3) 向社会公开发行的证券票面总值超过(　　)，应当由承销团承销。

A．3 000万元　　B．4 000万元　　C．5 000万元　　D．6 000万元

(4) 股票发行采取溢价发行的，其发行价格应(　　)。

A．由国务院证券监督管理机构确定

B．由发行人与承销的证券公司协商确定

C．由承销的证券公司确定，报国务院证券监督管理机构核准

D．由股东大会确定，报国务院证券监督管理机构核准

(5) 股票发行采用代销方式，代销期限届满，向投资者出售的股票数量未达到拟公开发行股票数量(　　)的，为发行失败。

A．50%　　B．70%　　C．80%　　D．90%

(6) 公开发行公司债券，累计债券余额不得超过公司净资产的(　　)。

A．70%　　B．60%　　C．50%　　D．40%

(7) 依据我国证券法，下列不属于公开发行的行为是(　　)。

A．为了弥补亏损向特定的 800 人发行公司债券

B．为了建造新的办公大楼向特定的 1 000 人发行股票

C．为了扩大公司规模向社会公众发行债券

D．为了投资他公司向国外机构投资者募集资金而发行股票

(8) 上市公司发行新股，在向证券监督管理机构申请核准时无须递交的文件有(　　)。

A．招股说明书　　B．公司章程

C．保荐书　　D．公司重大担保情况说明书

(9) 下列公司发行证券，无须聘请保荐人的有(　　)。

A．甲公司首次公开发行 A 股

B．乙公司发行可转换公司债券

C．丙公司向其内部职工 178 人募集资金而发行债券

D．丁公司公开发行 B 股

(10) 依据《证券法》的规定，上市公司在发行新股中所为的行为符合法律规定的有(　　)。

A．向超过 200 人的特定对象发行新股

B．向不超过 200 人的特定对象发行新股

C．募集的资金没有用于招股说明书规定的用途

D．改变募集的资金用途，须经过董事会认可

2. 辨析题

(1) 证券发行与证券募集

(2) 注册制与核准制

3. 案例分析题

(1) 某上市公司决定通过发行新股募集资金，用于扩大生产规模。在董事会草拟的方案中有以下主要内容：本次发行面值人民币 7 000 万元的新股，全部向社会募集；委托某证券公司独家代销，代销期为 96 天；为保证发行工作能够顺利开展，准备向证券监督管理机构、证券交易所的有关人员每人送 1 000 股；同时，公司考虑到受股本扩张的影响，预期股票利润率比同期银行利率低 0.2 个百分点。

问题：此方案的错误有哪些？

(2) 甲公司为上市公司，为筹集资金而发行新股。新股上市后，有股东发现，公司将所募集的资金用于建造办公大楼，而招股说明书中列明所募资金的用途是用于设备更新，因此向董事会提出异议。董事会认为，所募资金用途的变更已由董事会作出决议，且已经监事会和上级主管部门批准，是合法有效的。该股东坚持认为董事会决议违法。

问题：①甲公司的行为是否违法？为什么？

② 该股东可通过何种途径维护自己的利益？

第14章 证券交易制度

本章教学要点

知识要点	掌握程度	相关知识
证券交易的概念	熟悉	证券交易的内涵及特征
证券上市的概念		证券上市的内涵
上市公司收购的概念		上市公司收购的内涵
证券交易场所	了解	场内证券交易场所；场外证券交易场所
证券上市的类型		授权上市与认可上市；普通上市与首次发行上市；股票上市与公司债券上市；第一上市与第二上市
证券集中交易的程序		签订证券交易委托协议；开立证券交易账户；确定证券买卖委托方式；发出证券交易指令；提出交易申报；竞价与成交；清算与交割；证券登记过户
上市公司收购的程序		集中竞价收购的程序；要约收购的程序；协议收购的程序
证券上市的条件	掌握	股票上市的条件；公司债券上市的条件
证券交易的种类		证券现货交易；证券期货交易；证券期权交易；证券信用交易
上市公司收购的方式		集中竞价收购；要约收购；协议收购
禁止的证券交易行为	重点掌握	内幕交易；操纵证券市场；传播虚假信息；欺诈客户
持续信息披露制度		持续信息披露的概念、内容、方式及基本要求
上市公司收购的规则		权益披露规则；台阶规则；强制要约规则；强制接受规则；全体持有人规则；股份再转让限制规则；要约义务豁免规则，收购价格规则等

基本概念

证券交易　证券转让　证券交易场所　现货交易　期货交易　期权交易　信用交易　证券上市　持续信息披露制度　内幕交易　传播虚假信息　操纵证券市场　欺诈客户　上市公司收购　集中竞价收购　要约收购　协议收购

引例

股份有限公司申请股票上市实例

某股份有限公司成立后经过一年的辅导，申请股票公开发行并上市。2000 年 9 月，该公司向证监会提交了公开发行股票的申报材料，对于公司是否符合股票上市的实质条件，该公司在其《申请报告》中的表述如下：公司本次申请股票上市具备可行性：①本公司是经原国家经济贸易委员会批准依法成立的股份有限公司；②本公司改制成立后依法规范运行已达 1 年；③公司从事的业务符合国家产业政策，主要产品和项目均属国家鼓励发展的范围；④本次拟发行的股票限于 1 种，为人民币普通股(A 股)，同股同权；⑤本次发行成功后，公司总股本 10 670 万股，超过 5 000 万元；⑥本次发行成功后，发起人的股份占总股本的 62.51%，超过总股本的 35%；⑦本次发行成功后，社会公众股占公司总股本的 37.49%，不低于总股本的 25%；⑧本次发行后，公司预期利润率超过同期银行存款利率；⑨本次发行前，股份有限公司的净资产占总资产的 39.27%，超过 30%；无形资产在净资产中所占的比例不高于 20%；⑩发起人在近 3 年内无任何违法行为；⑪本公司连续 3 年赢利。

请结合本实例思考股份有限公司申请股票上市的条件。

14.1　证券交易制度概述

14.1.1　证券交易的概念及特征

证券交易是指证券持有人依照交易规则，将证券转让给其他投资者的行为。证券交易与证券发行密切相关，一方面证券发行是证券交易的前提，证券发行为证券交易提供了交易对象；另一方面，证券交易又为证券发行提供了保证，使证券的流通性得以体现，有助于吸引投资者认购，有利于证券发行的顺利进行。

证券交易有如下特征。

1. 证券交易是特殊的证券转让

证券转让的基本形式是证券交易。在广义上，证券转让还包括依照特定法律事实将全部或部分证券权利移转给其他人的行为，即因赠与、继承、持有人合并等发生的证券权利转移和以证券作为债务担保的行为。

2. 证券交易是反映证券流通性的基本形式

流通性是确保证券作为基本融资工具的基础。证券发行完毕后，证券即成为投资者的投资对象和投资工具，赋予证券以流通性和变现能力，可使得证券投资者便利地进入或者退出证券市场。

3. 证券交易须借助证券交易场所完成

证券交易场所是依法设立、进行证券交易的场所，包括进行集中交易的证券交易所以及依照协议完成交易的场外交易场所。

4. 证券交易须遵守相应的交易规则

完备、缜密的交易规则有助于确保证券交易的安全快捷、维护资本市场的稳定发展。我国的证券交易规则主要规定于《证券法》、《公司法》。此外，《合同法》、《民法通则》等法律亦适用于对证券交易关系的调整。

14.1.2 证券交易场所

证券交易场所是依法设立的、供以从事证券交易的场所。证券交易场所主要分为场内证券交易场所与场外证券交易场所两类。

1. 场内证券交易场所

场内证券交易场所即证券交易所，是指依法特许设立并依照事先制定的交易规则、固定地进行证券交易的场所。证券交易所制定完善、详细的交易规则，拥有完善的证券交易服务设施，包括证券交易需要的硬件环境，也包括具备相应资格的交易人员，能够保障证券交易的顺利进行。

伴随着股份有限公司的快速发展，证券发行数量激增，适应大规模证券交易的证券交易所亦得到了迅速发展，目前，证券交易所已经成为证券交易市场的核心和主干。证券交易所的优势在于，有利于形成合理的证券交易价格，实现资源有效配置，减少、控制投资风险；同时，证券交易所也呈现出明显劣势，随着各种信用交易和衍生证券产品的不断涌现，交易对象已逐渐远离实际金融资产，证券交易的投机因素有所增强。

2. 场外证券交易场所

场外证券交易场所又称非集中竞价交易场所，是指证券交易所以外的证券交易市场的总称。它既是证券交易所发展的基础，又是证券交易所的补充，与证券交易所共同构成证券交易市场。场外证券交易场所主要有以下几种。

1) 柜台交易

柜台交易又称店头交易，是指证券交易双方在券商开办的交易柜台上进行的交易。

2) 联合报价系统

联合报价系统是指投资者在政府批准设立的，以电讯网络揭示非上市证券交易价格的系统内进行交易的场所。

3) 第三市场

第三市场又称柜台外市场，是指不具有证券交易所会员资格的券商在柜台交易市场上买卖已在证券交易所上市的证券而形成的市场。

4) 第四市场

第四市场是指机构投资者绕过证券经纪人，彼此在证券交易所之外直接利用计算机网络进行大宗证券交易，即利用证券报价系统进行的交易①。

14.1.3 证券交易的种类

证券交易的种类如下。

1. 证券现货交易

证券现货交易是指证券交易双方在成交后即时清算交割证券和价款的交易。在现货交易中，证券出卖人须持有证券，证券购买人须持有相应的货币，成交日期与交割日期相对比较接近，交割风险较低。

2. 证券期货交易

证券期货交易对象不是证券本身，而是期货合约，即未来购买或出卖证券并交割的合约。在期货合约期限内，证券资产的实物价格会发生变动，但在交割证券资产时，其期货价格可能已接近实物资产的市场价格。

3. 证券期权交易

证券期权交易是指当事人为获得证券市场价格波动带来的利益，约定在一定时间内，以特定价格买进或卖出指定证券，或者放弃买进或卖出指定证券的交易。

4. 证券信用交易

证券信用交易又称保证金交易，是指投资者凭借自己提供的保证金和信誉，申请取得经纪人信用，在买进证券时由经纪人提供贷款，在卖出证券时由经纪人贷给证券而进行的交易。

14.2 证券上市

14.2.1 证券上市的概念及类型

1. 证券上市的概念

证券上市是指某种证券获准成为证券交易所交易对象的过程。证券上市是已发行的证券进入证券交易所进行交易的前提，是确立证券交易所与发行公司间自律监管关系的基础。

证券上市不同于证券发行，亦不同于证券交易。证券发行是证券发行人向投资者募集资金并交付证券的行为，证券交易是证券投资者之间转让证券权利的行为，而证券上市则是已发行证券获准在证券交易所上市交易的行为。

2. 证券上市的类型

证券上市的类型如下：

(1) 依照上市程序的不同，证券上市可分为授权上市与认可上市。

(2) 依照证券上市与证券发行关系的不同，证券上市可分为普通上市与首次发行上市。

---

① 郭俊秀，蒋进．证券法[M]．厦门：厦门大学出版社，2006：43.

(3) 依照证券种类的不同，证券上市可分为股票上市与公司债券上市。

(4) 依照上市地点的不同，证券上市可分为第一上市与第二上市。

14.2.2 证券上市的条件

证券上市条件是指由法律、行政法规规定或由证券交易所制定的证券上市申请人获得上市资格的基本要求。在域外，证券上市条件一般由证券交易所制定和公布。在我国，证券上市条件主要是由法律、行政法规及证券监督管理机构制定和公布，但通过与上市公司签署上市协议，证券交易所也会将其采纳的特殊条件反映出来，因此，我国的证券上市条件具有法定性与自律性相结合的特点。

《证券法》对股票上市条件及公司债券上市条件分别作出规定。

1. 股票上市的条件

《证券法》规定，股份有限公司申请股票上市，应当符合下列条件：

(1) 股票经国务院证券监督管理机构核准已公开发行。

(2) 公司股本总额不少于人民币 3 000 万元。

(3) 公开发行的股份达到公司股份总数的 25%以上；公司股本总额超过人民币 4 亿元的，公开发行股份的比例为 10%以上。

(4) 公司最近 3 年无重大违法行为，财务会计报告无虚假记载。

证券交易所可以规定高于上述规定的上市条件，并报国务院证券监督管理机构批准。例如，上海证券交易所、深圳证券交易所均规定公司股本总额不得少于人民币 5 000 万元。

2. 公司债券上市的条件

1) 普通公司债券上市的条件

《证券法》规定，公司申请公司债券上市交易，应当符合下列条件：

(1) 公司债券的期限为 1 年以上。

(2) 公司债券实际发行额不少于人民币 5 000 万元；

(3) 公司申请债券上市时仍符合法定的公司债券发行条件。

2) 可转换公司债券上市的条件

上海证券交易所、深圳证券交易所的上市规则规定了可转换公司债券上市的条件：

(1) 可转换公司债券的期限为 1 年以上。

(2) 可转换公司债券实际发行额不少于人民币 5 000 万元。

(3) 申请可转换公司债券上市时，仍符合法定的公司债券发行条件。

14.2.3 证券上市的程序

证券上市的程序如下。

1. 提出上市申请

《证券法》规定，申请证券上市交易，应当向证券交易所提出申请。申请股票、可转公司债券或者法律、行政法规规定实行保荐制度的其他证券上市交易，应当聘请具有保荐资格的机构担任保荐人，并向证券交易所报送保荐人出具的上市保荐书。

2. 上市审核

《证券法》规定，申请证券上市交易，由证券交易所依法审核同意。在通常情况下，证券交易所内部设立的上市审核委员会负责具体审核工作，上市审核委员会审核合格后，再由证券交易所作出同意上市的决定。

3. 签订上市协议

上市协议是上市申请人与证券交易所签订的、用以明确相互之间权利义务关系的协议。

4. 上市公告

上市公告是上市申请人向社会公众发布的、告知证券获准上市交易的行为，是证券上市交易的前置程序。

5. 挂牌交易

证券获准上市后，证券发行人发行的股票或公司债券即可在证券交易所指定的日期上市交易。挂牌交易是完成证券上市程序的最终标志。

14.3 证券交易

14.3.1 证券集中交易的程序

证券交易程序是指证券投资者在证券交易市场上买进或者卖出证券的具体步骤。证券交易场所和证券交易方式不同，证券交易的程序也不同。证券集中交易是证券交易所采用的最典型的证券交易方式，其交易规则和程序的设计最为精细和复杂，并对非集中交易的交易规则和程序有重大影响。因此，《证券法》明确规定了证券集中交易的程序。

1. 签订证券交易委托协议

投资者买卖证券，应当与证券公司签订证券交易委托协议，未签订证券交易委托协议的，不能在证券交易所中买卖证券。

2. 开立证券交易账户

开立证券交易账户是指证券投资者在从事证券交易前，在规定的证券公司开设证券账户与资金账户的行为。

3. 确定证券买卖委托方式

证券投资者可以选择的证券买卖委托方式有书面方式、电话方式、电脑终端委托、触摸屏委托、网上证券委托等。

4. 发出证券交易指令

证券投资者向证券公司发出证券交易的委托指令，证券公司审查并接受指令后，代其在证券交易所完成证券交易。

5. 提出交易申报

证券公司根据证券投资者的委托，按照证券交易所规定的交易规则提出交易申报。

6. 竞价与成交

证券投资者发出有效委托指令后，证券公司须即刻通知其场内交易员进行申报竞价。

7. 清算与交割

清算与交割是指证券买卖成交后，证券交易双方通过交易清算系统进行交易资金支付与收讫的过程。

8. 证券登记过户

证券登记过户是指证券交易双方在证券交易所进行的证券买卖成交后，通过证券登记结算机构进行证券权利的转移与过户登记的过程。

14.3.2 持续信息披露制度

1. 持续信息披露的概念

持续信息披露是指证券发行人、上市公司及其高级管理人员和其他依法履行职责的人员和机构，在证券发行后，按时或及时公开与已发行证券的投资价值有关的各种信息的行为。公司上市后，即负有公开、公平、及时向社会公众披露一切有关公司和所发行证券的重要信息的持续性义务。持续信息披露义务是上市公司的法定义务。

2. 持续信息披露的内容

持续信息披露的内容主要包括定期报告和临时报告。

1) 定期报告

定期报告是上市公司在法定期限内制作完毕并公告的公司文件，分为年度报告和中期报告。公告定期报告是上市公司承担的法定义务。定期报告的制作和披露必须符合法律规定的时间。编制、制作和公告定期报告必须履行法定程序并具有连续性。

典型案例 14-1

亚华种业发布澄清公告案

2001年9月11日，湖南亚华种业股份有限公司(以下简称亚华种业)发布澄清公告。公告称个别媒体刊登了反映公司募股资金投入不到位、虚增利润等问题的文章。公司就有关问题说明如下：一是截至2001年3月1日，公司募股资金项目已全部投入到位，并经过了湖南开元有限公司会计师事务所、华寅有限公司会计师事务所审计确认；二是公司募股资金已全部投入到所属募股项目；三是公司利润是真实的；四是公司投入4 400万元参与长沙新大新置业有限公司开展新大新大厦的联合投资开发，1999年年底长沙新大新置业有限公司归还公司投入的本金500万元和回报400万元，于2000年9月将公司投入的本金3 900万元及回报480万元如数归还公司，故公司2000年年报附注中未再列明此项投资；五是因湖南南山营销有限责任公司诉公司南山绿色食品开发公司案的标的为360万元，未达到重大诉讼事项标准，故公司未予披露；而湖南南山种畜牧草良种繁殖场诉本公司南山绿色食品开发公司返还垫资款一案的标的为1 300万元，也未达到重大诉讼事项标准，故公司未予披露。

资料来源：凌红红，刘晰. 证券法实例说. 长沙：湖南人民出版社，2002：136.

2) 临时报告

临时报告是指上市公司就发生可能对上市公司股票交易价格产生较大影响、投资者尚未得知的重大事件，为说明事件实质而出具的法律文件。

3. 持续信息披露的基本要求

《证券法》规定，发行人、上市公司依法披露的信息，必须真实、准确、完整，不得有虚假记载、误导性陈述或者重大遗漏。真实是指披露的信息内容必须如实反映发行人、上市公司和证券交易的实际情况，不得有虚假记载；准确是指披露信息的文件应当按照规定的格式制作，对有关情况所作的陈述和提供的数据与实际情况应当符合，或者是合乎逻辑的推测，不得有误导性陈述；完整是指披露信息的文件应当齐全，符合法定要求，每份文件的内容应当完整，不得有重大遗漏。

4. 持续信息披露的方式

信息披露制度是证券发行和证券交易的一项基本制度，是公开、公正、公平原则的具体体现。《证券法》规定，依法必须披露的信息，应当在国务院证券监督管理机构指定的媒体发布，同时应当将其置备于公司、住所、证券交易所，供社会公众查阅，使社会公众能够有更多的途径充分获知信息，从而保障投资者在证券发行和证券交易中的合法权益。

14.3.3 禁止的证券交易行为

禁止的证券交易行为有以下几种。

1. 内幕交易

内幕交易是指证券交易内幕信息的知情人员和非法获取内幕信息的人员，在内幕信息公开前，利用所掌握的内部证券信息进行证券交易，或将所掌握的内部信息提供给他人进行证券交易的行为。

典型案例 14-2

信达信托操纵“陕国投A”案

中国信达信托投资公司(以下简称信达信托)自1998年4月8日起，集中5亿元资金，利用101个个人股东账户及2个法人股东账户，通过其下属的北京、成都、长沙、郑州、南京、太原等营业部，大量买入“陕国投A”股票，持仓量从4月8日的81万股，占总股本的0.5%，到最高时8月24日的4 389万股，占总股本的25%。除了对持股情况未依法公告和报告，信达信托多次通过其控制的不同股票账户作价格相近、方向相反的交易，以制造成交活跃的假象，使得该股价格从4月8日的10.01元涨至9月21日最高时的19.12元，涨幅达91%。截至1999年2月9日，信达信托共获利10 322万元。

资料来源：凌红红，刘晰．证券法实例说．长沙：湖南人民出版社，2002：207.

2. 操纵证券市场

操纵证券市场是指以获取不正当利益或者转嫁风险为目的，利用资金优势、信息优势或滥用职权，影响证券交易价格或者证券交易量，诱导或者致使投资者在不理解事实真相的情况下作出错误的投资判断，扰乱证券市场秩序的行为。

3. 传播虚假信息

《证券法》规定，禁止国家工作人员、传播媒介从业人员和有关人员编造、传播虚假信息，扰乱证券市场。禁止证券交易所、证券公司、证券登记结算机构、证券服务机构及其从业人员、证券业协会、证券监督管理机构及其工作人员在证券交易活动中作出虚假陈述或者信息误导。

4. 欺诈客户

欺诈客户是指在证券交易中，证券公司及其从业人员从事违反客户真实意思，严重损害客户利益的违法行为。

5. 法人非法利用证券交易账户

《证券法》规定，禁止法人非法利用他人账户从事证券交易；禁止法人出借自己或者他人的证券账户。每一个法人都应当以其在法人登记机关注册登记的名称开立证券交易账户。

14.4 上市公司收购制度

股份有限公司通过股票发行和上市，获得了一种畅通、稳定的融资途径。但股份有限公司进入资本市场的同时，也增加了公司被收购的风险。上市公司收购是指投资者通过证券交易场所，单独或者共同购买某上市公司的股份，以取得对该上市公司的管理权或控制权，进而实现对上市公司的兼并或实现其他产权性交易的行为。

14.4.1 上市公司收购的方式

在各个国家和地区的上市公司收购实践中，集中竞价收购、要约收购及协议收购是上市公司收购中最常见、最基本、最典型的收购方式，各国和地区的相关立法也大多是以这 3 种收购方式为基础来构建上市公司收购的法律制度。《证券法》亦规定了这 3 种上市公司收购的基本方式。

典型案例 14-3

上海高清收购方正科技案

2001 年 10 月 26 日，非上市公司上海高清数字视频系统有限公司(以下简称上海高清)发布公告称，截至 2001 年 10 月 25 日上海证券交易所收市止，该公司通过上海证券交易所证券交易系统购入并持有上海方正延中科技集团股份有限公司(股票代码 600601，简称方正科技)的股份共计 18 662 500 股，占方正科技已发行总股本的 5.000 026%。同日，方正科技因收到上海高清持股情况的通知也发布了公告。2001 年 11 月 2 日，方正科技发布公告称，经查询得知，截至 2001 年 10 月 31 日，上海高清持有该公司股票达 18 765 200 股，占公司发行在外总股本的 5.027 5%。

资料来源：凌红红，刘晰．证券法实例说．长沙：湖南人民出版社，2002：162.

1. 集中竞价收购

集中竞价收购是指收购人通过证券交易所的集中竞价交易系统，以正常的竞买价格收购目标公司的上市股票，取得相对控制权，进而实现控制目标公司目的的收购行为。

集中竞价收购的特征如下：

(1) 集中竞价收购采取集中竞价交易方式进行。

(2) 集中竞价收购上市公司已发行股份的界限为 5%～30%。

(3) 集中竞价收购具有隐蔽性。

2. 要约收购

要约收购，是指投资者向目标公司的所有股东发出要约，表明愿意以要约中的条件购买目标公司的股票，以期达到对目标公司控制权的获得和巩固的收购行为。要约收购可分为强制要约收购和自愿要约收购。《证券法》规定的是强制要约收购。

要约收购的特征：

(1) 要约收购是特定投资者实施的收购行为。

(2) 要约收购是收购人与上市公司股东之间的特殊交易行为。

(3) 要约收购是在强行法约束下实施的收购。

3. 协议收购

协议收购是指投资者在证券交易所外与目标公司的股东(主要是持股比例较高的大股东)就股票的价格、数量等方面进行私下协商，购买目标公司的股票，以期达到对目标公司控制权的获得和巩固的收购行为。

协议收购的特征

(1) 协议收购是转让非流通股的特殊形态。

(2) 协议收购具有场外交易的属性。

(3) 协议收购采取个别协议的方式。

14.4.2 上市公司收购的规则

1. 权益披露规则

权益披露规则是指投资者在其直接或间接持有某一上市公司发行的股票达到某一法定比例，或者在其达到该法定比例后又发生一定比例的增减变化时，均必须依照法定程序公开披露其持股权益的规则。

2. 台阶规则

台阶规则是指投资者通过证券交易所的证券交易持有或通过协议、其他安排与他人共同持有一个上市公司已发行股份达到一定比例后，每增加或减少持有一定比例时，均需要暂停买卖该上市公司的股票，且需依法定要求公开其持股变化情况的规则。

3. 强制要约规则

强制要约规则的内容有两方面：一是投资者通过证券交易所的证券交易持有或者通过协议、其他安排与他人共同持有一个上市公司已发行的股份达到 30%时，继续进行收购的，应当依法向该上市公司所有股东发出收购上市公司全部或者部分股份的要约；二是采取协议收购方式的，收购人收购或者通过协议、其他安排与他人共同收购一个上市公司已发行的股份达到 30%时，继续进行收购的，应当向该上市公司所有股东发出收购上市公司全部或者部分股份的要约。但是，经国务院证券监督管理机构免除发出要约的除外。

4. 强制接受规则

《证券法》规定，收购期限届满，被收购公司股权分布不符合上市条件的，该上市公司的股票应当由证券交易所依法终止上市交易；其余仍持有被收购公司股票的股东，有权向收购人以收购要约的同等条件出售其股票，收购人应当收购。

5. 全体持有人规则

全体持有人规则是指在要约收购中被收购的上市公司的股东地位一律平等，要约人不得对其实施歧视性待遇的规则。①

6. 股份再转让限制规则

股份再转让限制规则的内容有二：一是采取要约收购方式的，收购人在收购期限内，不得卖出被收购公司的股票，也不得采取要约规定以外的形式和超出要约的条件买入被收购公司的股票；二是在上市公司收购中，收购人持有的被收购的上市公司的股票，在收购行为完成后的 12 个月内不得转让。

7. 要约义务豁免规则

依照《证券法》和《上市公司收购管理办法》的相关规定，在特殊情况下，经证监会同意，已持有目标公司 30%以上股份或计划收购目标公司股份超过 30%比例的收购人，可免于以要约收购方式增持股份，或免于向目标公司所有股东发出收购要约，或免于要约收购目标公司的全部股份。

8. 收购价格规则

收购人在确定要约收购价格时，应遵循的规则：①要约收购价格不低于提示性公告日前的 6 个月内收购人买入目标公司上市股票的最高价格；②要约收购价格不低于提示性公告日前的 30 个交易日内的目标公司上市股票的每日加权平均价格的算术平均值。②

14.4.3 上市公司收购的程序

1. 集中竞价收购的程序

采取集中竞价方式进行上市公司收购的，通常按照以下程序进行：

(1) 收购人通过证券交易所购买目标公司的股份达目标公司发行在外的股份总额的 5%。

(2) 按权益披露规则报告与公告，即应当按照《证券法》的规定，书面报告证监会及证券交易所，通知目标公司并予以公告。

(3) 收购人继续增购目标公司的上市股票的，按台阶规则进行。

(4) 收购人达到相对控股程度，应当向国务院证券监督管理机构和证券交易所报告持股情况及收购后的改组计划。

(5) 依《公司法》的规定请求召开临时股东大会。

(6) 实施改组计划，主要涉及组织机构、人员、资产以及业务的重组等。

① 李飞．中华人民共和国证券法(修订）释义[M]．北京：法律出版社，2005：141.

② 覃有土．商法学[M]．2 版．北京：高等教育出版社，2008：273.

2. 要约收购的程序

采取要约收购方式进行上市公司收购的，通常按照以下程序进行：

(1) 报送上市公司收购报告书。

(2) 公告收购要约。

(3) 实施收购。

(4) 实施改组或合并计划。

(5) 报告与公告。

3. 协议收购的程序

采取协议收购方式进行上市公司收购的，通常按照以下程序进行：

(1) 收购人与目标公司的股东进行谈判。

(2) 经协议双方有关机构批准。

(3) 订立收购协议。

(4) 报告与公告。

(5) 发出要约。

(6) 股份托管。

(7) 履行收购协议。

(8) 实施改组或合并计划。

引例分析

股份有限公司申请股票上市实例

《证券法》规定，股份有限公司申请股票上市，应当符合下列条件：股票经国务院证券监督管理机构核准已公开发行；公司股本总额不少于人民币 3 000 万元；公开发行的股份达到公司股份总数的 25%以上；公司股本总额超过人民币 4 亿元的，公开发行股份的比例为 10%以上；公司最近 3 年无重大违法行为，财务会计报告无虚假记载。此外，证券交易所可以规定高于上述规定的上市条件，并报国务院证券监督管理机构批准。例如，上海证券交易所、深圳证券交易所均规定公司股本总额不得少于人民币 5 000 万元。

某股份有限公司于 2000 年 9 月向证监会提交了申请股票上市的申报材料，上述《申请报告》的内容表明该股份有限公司符合《证券法》规定的股票上市的实质条件。

本 章 小 结

证券投资的动力之一，在于借助证券交易市场实现证券变现，进而实现投资获利或减少投资损失。证券交易的种类主要包括现货交易、期货交易、期权交易和信用交易。证券交易离不开证券交易市场，目前，证券交易市场的核心是证券交易所。证券获准在证券交易所挂牌上市，直接提升了证券的流通性，增强了投资者的热情，也提高了发行人的融资能力。然而，证券能否上市，不仅取决于发行人的主观愿望，还取决于法律、行政法规规定的上市条件和程序，更受制于证券交易所与发行人最终达成的上市协议。证券发行人、上市公司及证券投资者应遵循法律、行政法规及证券交易所规定的交易规则及交易程序，履行持续信息披露义务，不得从事禁止的证券交易行为。在我国，上市公司收购的方式主要包括集中竞价收购、要约收购和协议收购。明确规定上市公司收购的基本规则及必须履行的程序，可以有效地减少由此给证券交易市场带来的损失，维护证券投资者的利益。

思　考　题

1．证券上市的条件有哪些？
2．持续信息披露制度的概念、内容、基本要求和方式各是什么？
3．禁止的证券交易行为有哪些？
4．证券交易的种类有哪些？
5．上市公司收购的方式及规则有哪些？

练　习　题

1．单项选择题

(1) 下列各项中不符合股份有限公司申请股票上市的条件的是(　　)。
A．股票经国务院证券监督管理机构核准已公开发行
B．公司股本总额不少于人民币 6 000 万元
C．公开发行的股份达到公司股份总数的 25%；公司股本总额超过人民币 4 亿元的，公开发行股份的比例为 10%以上
D．公司最近 3 年无重大违法行为，财务会计报告无虚假记载

(2) 公司申请其发行的公司债券上市交易，应由(　　)审核。
A．证券交易所　　B．国务院证券监督管理机构
C．中国人民银行　　D．国务院授权的部门

(3) 甲股份公司的股票在上海证券交易所挂牌交易，这种交易方式为(　　)。
A．集中交易　　B．非集中交易　　C．大宗交易　　D．场内交易

(4) 甲公司为上市公司，下列人员均持有甲公司的股票，在 6 个月内买卖所得收益可以不归公司所有的人是(　　)。
A．甲公司的董事长
B．甲公司的经理
C．甲公司的控股股东
D．因包销原因而持有甲公司 10%股份的某证券公司

(5) 股票上市的审核由(　　)进行。
A．国务院证券监督管理委员会　　B．证券交易所
C．财政部　　D．中国人民银行

(6) 下列证券不属于现货交易的是(　　)。
A．在证券交易所买卖股票　　B．买卖可转换公司债券
C．买卖股指期货　　D．买卖国债

(7) 对于上市公司的定期报告，承担审核义务的是(　　)。
A．上市公司的董事　　B．上市公司的董事会
C．证券交易所　　D．上市公司的监事会

(8) 甲有限公司想收购乙上市公司，其可以采取的收购方式不包括(　　)。
A. 要约收购　　B. 协议收购　　C. 敌意收购　　D. 强制收购

2. 案例分析题

(1) 2000 年 5 月 26 日，A 公司总裁王杰打电话给李东，通知他在上海的公司总部召开一次特别董事会，商讨公司合并问题，李东将所获的公司合并的信息告知其父李方、其子李元，并暗示他们应大量买进 A 公司的股票。随后，李元将该消息打电话通知了自己的老板张峰，在打电话过程中被恰好走过的同事郑芳听到，郑芳立即到证券营业部门开立证券交易账户，大量购进 A 公司股票，这一系列行为均不为李东所知。5 月 27 日 A 公司的股票突然放出巨量，大笔买单进场吃货，几分钟后，又归于平静，这立即引起股票监管人员的注意，认为有可能存在内幕交易行为，并将之列入可疑交易记录。5 月 29 日 A 公司向证券市场公布了其与 B 公司合并的消息。

问题：上述人员中哪些属于知情人员？应承担何种责任？

(2) A 证券公司是依法设立的专业证券公司，具有从事证券业务的资格。2006 年 10 月，A 证券公司开始利用自营账户对在深圳证券交易所挂牌交易的“南油物业”股票进行买卖。2006 年 10 月 11 日～11 月 29 日，A 证券公司共动用 54 亿元资金，使用不同的自营账户对“南油物业”股票作价格相同、数量相近、方向相反的交易，拉高该股票股价，使其价格由每股 8 元上升至 21 元。12 月 2～30 日，A 证券公司再次相对委托 14 324 982 股“南油物业”，股票相对委托买卖量大，笔数频繁，价量配合明显。此行为引起了证券监管部门的注意。

问题：应如何认定 A 证券公司的行为？其应承担何种责任？

第四编 票 据 法

第15章 票据与票据法概述

本章教学要点

知识要点	掌握程度	相关知识
票据法的概念	熟悉	狭义的票据法和广义的票据法的内涵
票据的种类		一般票据与变式票据，光票票据与跟单票据 我国票据法对票据的分类
票据法体系	了解	各票据法体系之间的根本区别
票据法的统一		国际票据法统一的必要性和现阶段的进程
票据的概念	掌握	票据的法律内涵
票据的特征		负载债权、流通性、无因性、文义性等
票据的功能	重点掌握	票据的汇兑、支付、流通、信用功能

基本概念

票据 狭义的票据法 广义的票据法 汇票 本票 支票 一般票据 变式票据 光票票据 跟单票据 完全有价证券 不完全有价证券

引例

票据功能实例

2010年9月华融制衣公司为购买原材料向四海贸易公司(以下简称四海公司)开具了期限为3个月，票面金额为1 000万元人民币的银行汇票一张，四海公司随后将该汇票背书转让给了金桥贸易公司(以下简称金桥公司)用以购买原棉。金桥公司在采购原棉的过程中获悉，由于国内原棉大量出口东南亚地区，致使市场供求关系趋于紧张，2010年10月左右原棉价格可能会迅速上涨，金桥公司于是决定大量囤积原棉，但苦于公司资金规模过小。2010年9月金桥公司向银行贴息兑现了四海公司背书转让的汇票，同时由华冠商贸公司(金桥公司的关联公司)向金桥公司开具一张期限为3个月，票面金额为3 000万元人民币的汇票，金桥公司随后将该汇票贴息兑现。

请结合本实例思考票据的功能。

资料来源：徐孟洲．票据法教学案例．北京：法律出版社，2006.

15.1 票据的概念与功能

15.1.1 票据的概念

人们在日常生活中经常接触到票据，商品经济越发达，票据应用越广泛，在现代商务交往中，票据已经取代现金成为最主要的商业货币。马克思就曾经指出，在商业和资本主义生产方式的发展过程中，票据已经“形成真正的商业货币”，它“是绝对地当做货币来发生作用”的，并且“真正的信用货币不是以货币流通(无论是金属货币还是纸币)为基础，而是以汇票的流通为基础的”①。“商事活动需要票据，如同船需要水”②。

汉语词句寓意宽泛，在不同的语境下，相同的词语往往有不同的含义，票据一词也是如此。通常在两个意义上使用票据这个词，一个是宽泛意义上的票据，如将发票、邮票、车票、会计凭证等称为票据，学者将在这种意义上使用的票据概念称为广义上的票据。但正如赵新华教授所说，汇票、本票、支票与发票、车票、会计凭证存在本质的区别，适用的法律规范也极不同，因此，在科学的意义上，并不存在广义的票据概念，广泛意义上笼统地使用票据的概念并无特别意义。③民商事法律理论中所称的票据，是严格意义上的票据，

① 马克思．资本论．第三卷[M]．北京：人民出版社．1966：457.

② [日]铃木竹雄．票据法・支票法[M]．东京：有斐阁．1989：64.

③ 赵新华．票据法论[M]．长春：吉林大学出版社，1998：4.

是指由出票人签发的，约定由自己或者委托他人在见票时或者票据所载日期无条件支付确定的金额给收款人或者持票人的一种有价证券。[①]在这一意义上，《票据法》第二条第二款规定：“本法所称票据，是指汇票、本票和支票。”

15.1.2 票据的功能

票据具有如下功能。

1. 票据的汇兑功能

现金汇兑的需求是票据制度产生的第一推动力，汇兑功能也是早期票据唯一的功能。即使是在商品经济高度发达的今天，绝大多数国际贸易的结算仍然需要利用票据的汇兑功能。

2. 票据的支付功能

票据的支付功能是随着票据的汇兑功能产生而自然产生的，当商人阶层普遍认可票据的汇兑功能，接受票据作为支付工具，就成为商人的必然选择。票据的安全，易于携带、保管、清点的特点及其在减少流通费用、简化结算手续、提高资金利用效率方面的作用使它很快就成为了“商人货币”。

3. 票据的流通功能

背书制度使票据可以在不同商人之间转手而不需要货币出现。同一票据在不同商人之间多次作为支付工具出现时，票据的流通功能就随之产生了。所以有学者说，转让是票据的必然属性，离开了转让以及由多次转让形成的流通，票据就失去了其作为票据的特点，票据制度在经济上也失去了作用。[②]

4. 票据的融资和信用功能

票据的融资和信用功能是近代票据的新兴功能。这种功能一经产生便迅速取代传统票据的汇兑、支付和流通功能，成为现代票据最为重要和具有突出特点的功能。票据贴现、再贴现、抵押、担保等成为了企业融资的重要通道。

15.2 票据的特征与种类

15.2.1 票据的特征

从本质上说，票据属于一种有价证券。所谓有价证券，是指设定并证明持券人有权取得一定财产权利的书面凭证。[③]有价证券是设定财产权利的证券，除票据外还包括债券、股票、仓单、提单等。与其他有价证券相区别，票据具有如下特征。

1. 票据是负载着债权的有价证券

票据上所负载的是票据权利人可以请求票据义务人给付一定金额的权利，从性质上说属于债权。这与负载着成员权的股票等有价证券不同。

---

① 于莹．票据法[M]．高等教育出版社，2008：2.

② 谢怀栻．票据法概论．[M]．北京：法律出版社，1990：103.

③ 魏振瀛．民法[M]．北京：高等教育出版社，北京大学出版社，2007：131.

2. 票据是流通证券

流通是票据的基本功能，在商事活动中，由于纸币的局限性决定了商人更倾向以票据作为结算的手段，这决定了票据注定要取代纸币，逐渐成为了商事活动中的通货。而其他的有价证券，基于它们自身的性质，不被允许作为通货出现。

3. 票据是负载着无因性权利的有价证券

票据权利虽然在性质上属于债权，但它与传统的债权并不完全相同，它具有无因性。票据权利的无因性是指票据权利仅以票据法的规定发生，而不需要考虑票据权利发生的原因或基础。①这与其他负载着普通债权的有价证券不同。

典型案例 15-1

L 支行诉 H 支行承兑汇票纠纷案

1996 年 3 月 2 日，某器材公司与某技术公司签订购销合同，约定由技术公司向器材公司提供视频器材 3 000 套，货款总金额 1 707 万元。4 月 15 日，因产品质量问题，器材公司、技术公司、H 支行(系器材公司的开户银行)、L 支行(系技术公司的开户银行)共同签订了一份补充协议，约定 H 支行在协议生效后，开具 850 万元银行承兑汇票，承兑后交由 L 支行保管，并由 L 支行负责监督技术公司按期交货。如技术公司不按期交货，L 支行负责将不能交货部分承兑汇票退还给 H 支行，在技术公司未按期交货前，L 支行不得对该承兑汇票贴现和抵押。4 月 21 日，技术公司向 L 支行申请贴现该银行承兑汇票，L 支行同意贴现，并于当日向中国人民银行某支行申请再贴现。7 月，因与技术公司在履行购销合同过程中有纠纷，器材公司向 H 市法院提起诉讼。8 月 15 日，H 市法院根据器材公司的申请，向 H 支行发出止付通知，要求 H 支行暂停支付承兑款项 850 万元。8 月 20 日，H 支行以此为由函告 L 支行停止承兑货款。9 月 11 日，L 支行复函称，其已经办理了汇票贴现后才收到通知，无法停止支付。后 L 支行因向 H 支行要求承兑该银行承兑汇票被拒绝，遂向 S 市人民法院起诉。

资料来源：霍使. 设定条件的票据贴现有效吗. 金融法苑，2001-1(41).

4. 票据是文义证券

票据所创设的一切权利和义务，必须完全地、严格地按照票据上所记载的文字而定，票据记载之外的任何理由、事项或证据都不能作为解释或者确定票据权利的根据。即使票据上记载的文义存在错误，也要以该文义为准。

典型案例 15-2

票据文义性特征实例

A 公司与 B 公司签订买卖协议后，即从 C 银行开出一张银行承兑汇票。A 公司在票据背面加盖了“本票不得背书转让”字样，未签章即交给了 B 公司。B 公司随即到其开户的 D 银行申请贴现。D 银行贴现

① 范健. 商法[M]. 北京：高等教育出版社，北京大学出版社，2002：312.

后即向C银行要求承兑，遭到拒绝后又向A公司追索。A公司以其有禁止转让背书为由拒绝付款。对出票人A公司将禁止转让背书字样记载于票据背面的效力，一审法院经审理认为，D银行认为出票人加盖“本票不得背书转让”章必须盖到票据正面的理由，没有相关法律依据，不予支持。二审法院则认为，本案汇票的背面是背书人栏，出票人A公司仅在第一背书人栏内记载“不得转让”而不签章，而由收款人B公司在第一背书人栏签章，对于善意受让人D银行而言，其根据票据的文义性特征和票据实务，完全有理由相信禁止背书系由收款人而非出票人所作。

资料来源：最高人民法院中国应用法学研究所. 人民法院案例选•商事(1992-1999). 北京：中国法制出版社，2000-730.

5. 票据是完全有价证券

有价证券可分为完全有价证券和不完全有价证券。完全有价证券是指证券上的权利完全依附于证券之上，权利的行使与证券须臾不可分离的有价证券。仓单、提单等有价证券即使灭失(指有价证券的绝对丧失)，只要能够证明仓储或者托运的货物属于货主所有，货主仍然可以行使相应的权利，因此，这些有价证券属于不完全有价证券，而票据作为完全有价证券一旦灭失，票据权利随之消灭。

典型案例 15-3

服饰中心与阳光视线公司转账支票纠纷案

2010年1月4日，北京阳光视线广告有限公司(以下简称阳光视线公司)向朝阳法院申请公示催告，称该公司将一张票据金额为5 650元的转账支票丢失，要求法院立即停止对该票据的支付。当天，朝阳法院即向该公司的开户银行发出公示催告止付通知书止付了该票据，并发出公告要求利害关系人在公告发布之日起60日内向法院申报权利。2010年2月8日，北京杰威诗乐服装服饰中心(以下简称服饰中心)向朝阳法院申报权利，称阳光视线公司曾与服饰中心签订服装加工定做合同，服饰中心向该公司交付了服装后，在结算货款时，该公司交付给服饰中心一张转账支票。服饰中心在承兑该支票时，被银行拒绝，方得知法院已经通知银行止付该支票，因此来院要求给予解决。

资料来源：傅沙沙，石岩. 公司骗法院公告业付支票被罚. 京华时报，2007-2-14.

15.2.2 票据的种类

根据不同的标准可以对票据进行不同的分类，重要的票据分类有以下3种。

1. 一般票据与变式票据

通常票据的基本当事人是由不同的民事主体担当的，但有时也存在一个民事主体担当多个票据基本当事人的情形，由此产生的票据被称为变式票据。其中，出票人与付款人同为一人的称为对己票据；出票人与收款人同为一人的称为指己票据；付款人与收款人同为一人的称为付受票据；出票人、付款人、收款人同为一人的称为己付己受票据。

2. 光票票据与跟单票据

光票票据是指无需附随任何其他单据即可付款的票据，而跟单票据则是指需要附随提单、仓单、保险单、装箱单等单据，才能进行付款的票据。

3.《票据法》对票据的分类

根据《票据法》第二条，票据分为汇票、本票和支票。汇票是出票人签发的，委托付款人在见票时或者在指定日期无条件支付确定的金额给收款人或者持票人的票据；本票是出票人签发的，承诺自己在见票时无条件支付确定的金额给收款人或者持票人的票据；支票是出票人签发的，委托办理支票存款业务的银行或者其他金融机构在见票时无条件支付确定的金额给收款人或者持票人的票据。

15.3 票据法的体系发展

15.3.1 票据法的含义

任何一个部门法都会涉及广义的法与狭义的法的区别问题，票据法也不例外。所谓狭义的票据法，又称形式意义上的票据法，是指专门规范票据关系的法律规范，在我国即指1995 年 5 月 10 日第八届全国人民代表大会常务委员会第十三次会议通过，1996 年 1 月 1 日实施，并经第十届全国人民代表大会常务委员会第十一次会议于 2004 年 8 月修订的《票据法》；所谓广义的票据法，又称实质意义上的票据法，是指一切规范票据关系的法律规范，除了有关票据的专门立法以外，还包括其他法律规范中有关票据的具体规定。

15.3.2 票据法的体系

票据法虽然具有国际化、统一化的趋势，但由于各国票据产生的历史不同，各国的实际情况也不同，各国票据法也存在着一定的差别。将世界各国较为接近的票据法进行归类，可以分成 3 个不同的体系。

1. 法国票据法体系

法国票据法体系又称拉丁法系，是世界上最早形成的票据法体系。最早的立法可推及至 1673 年路易十四颁布的《商事条例》中相关的票据法规范。该票据法体系影响了西班牙、意大利、土耳其、拉丁美洲各国等国家，但由于该体系产生于资本主义发展早期，当时的票据主要被用来作为汇兑工具，该体系将票据关系与作为票据关系基础的原因关系紧密相连，不利于票据的流通，因此逐渐解体。1935 年法国根据日内瓦统一票据法修改本国的票据法，至此法国票据法体系终结。

2. 德国票据法体系

德国票据法体系又称日尔曼法系，滥觞于 1847 年为统一德国各地票据规则在《普鲁士票据法》基础上制定的《普通票据条例》。德国票据法体系与法国票据法体系的不同之处在于，19 世纪德国资本主义已经取得了长足的进展，德国票据法已经开始关注票据的流通功能和信用功能，而不把票据局限于作为汇兑工具来使用。因此，在德国票据法中，原因关系与票据关系获得了根本性的脱离，此后，欧洲各国开始模仿德国票据法制定自己的票据法，形成了大陆法系比较一致的票据立法。由于认为支票不能起到票据的信用功能，流通功能也非常有限，与汇票和本票有本质的区别，德国票据法体系的国家将支票单独立法，未规定在票据法体系中。

3. 英国票据法体系

英国票据法体系又称英美票据法体系，最早是以习惯法的形式存在，到1882年英国整理形成了《英国票据法》。英美票据法体系与德国票据法体系最大的不同在于它将支票和汇票、本票一起规定在票据法体系中而未单独立法。

15.3.3 国际票据法的统一

随着国际贸易的繁荣发展，票据的适用范围不断扩大，完全超出了一国地域逐渐成为了国际商业信用和交易结算的工具。各国票据法的不同规定必然造成交易成本的增加、缔约机会的减少。为了统一国际票据法，使国际交易更为顺畅，国际法学会等组织进行了种种努力，先后开展了多次统一票据法的运动。

1. 海牙统一票据法

1910年经德国、意大利两国提议，由荷兰政府主持，在海牙召开了第一次国际统一票据法会议，31个国家与会，在这次会议上通过了一系列的公约和规则，这些公约和规则被称为海牙统一票据法。海牙会议结束后由于英、美等4国未在公约上签字，公约签订后，还未等到各国批准手续完成，第一次世界大战爆发，海牙统一票据法遂告中止。

2. 日内瓦统一票据法

1920年前后，国际联盟开始考虑着手从事国际票据法的统一工作，1930年在日内瓦召开了统一票据法国际会议，31个国家与会，在这次会议上形成了关于汇票、本票的3个公约，1931年又召开了第二次会议，37个国家与会，并在会议上签署了关于支票的3个公约，以这两次会议上的6个公约为核心形成了日内瓦统一票据法体系，英美两国仍未签署其中的一些主要公约。于是，此公约签署后世界上形成了两个独立的票据法体系，即日内瓦统一票据法体系和英美票据法体系。

3. 联合国统一票据法

1972年联合国决定着手从事国际票据法统一工作，目前形成了一个公约，但该公约并未调和英美票据法体系与日内瓦统一票据法体系。只是对某些实际问题提出了解决方案，因此，可以说至今仍没有一个统一、完整的国际票据法体系存在。

15.3.4 我国票据法的发展

我国历史上首部《票据法》是在1929年出台的，该《票据法》施行至1949年中华人民共和国成立。从1949年开始到20世纪80年代的30多年里，我国国内取消了汇票和本票，只允许使用支票，票据法名存实亡。从1983年中国人民银行制定了《汇票结算办法》开始至1988《银行结算办法》出台，新中国才逐渐形成了自己的票据制度，至1995年我国终于有了自己的《票据法》。应该说，我国的《票据法》与英美票据法体系和德国票据法体系均有不同，是比较独特的票据法。

引例分析

票据功能实例

本例中，华融公司以票据代替货币向四海公司支付原材料的对价，此时票据起到了支付功能。随后，四海公司通过背书将该票据转让给金桥公司，票据再一次作为支付工具出现，这体现了同一票据在不同当事人之间可以多次流转的特性，实现了票据的流通功能。

金桥公司收到票据后，没有在票据到期后收回货款，而是在票据到期前利用票据的贴现制度提前融通了资金，同时金桥公司的关联公司在没有为金桥公司实际提供资金的情况下，通过票据的贴现制度为金桥公司购买原棉提供了高效率、低成本的融资，这实现了票据的信用和融资功能。当然，我国现行法律对融资性票据还存在着种种限制，如何既能发挥票据的融资、信用功能，又能有效地避免金融风险是我国票据法面临的时代难题。

本 章 小 结

在现代商务交往中，票据已经取代现金成为最重要的商业货币。票据属于有价证券，但并非所有的有价证券都是票据，只有那些出票人签发的，约定由自己或者委托他人在见票时或者票据所载日期无条件支付确定的金额给收款人或者持票人的有价证券才能称为票据。因此，票据是一种负载着债权的，具有流通性、无因性、文义性的完全有价证券。

票据具有支付、汇兑、流通、信用及融资等功能，现代票据最重要的功能是信用与融资功能。基于对票据功能的不同认识，现存的两大票据法体系对票据的种类及特征的认识存在细微的差别。为弥合分歧，由联合国主导的，国际票据法统一行动正在进行中。

我国票据法既包括1996年颁布的《票据法》，也包括其他法律规范中有关票据的具体规定，我国票据法体系虽然与英美票据法体系相近处颇多，但自身的特点仍很明显，因此，可谓自成体系。

思 考 题

1．世博会门票、仓单、提单等票证也有价值，但为何不能被称为票据法上的票据？

2．为什么融资和信用功能是现代票据最重要的功能？

3．为什说票据是一种负载着债权的，具有流通性、无因性、文义性的完全有价证券？票据的无因性、文义性和完全有价证券性体现在哪些方面？

4．为什么国际票据法有统一的必要，却迟迟无法实现统一？

5．我国票据法体系具有哪些不同于其他票据法体系的特点？

练 习 题

1．单项选择题

(1) 按照我国票据法规定，下列属于票据的是(　　)。

A．邮票　　B．发票　　C．汇票　　D．存单

(2) 我国票据法体系与下列哪一票据法体系相似点最多(　　)。

A．法国票据法体系　　B．德国票据法体系

C．英美票据法体系　　D．荷兰票据法体系

(3) 依票据法原理，票据被称为无因证券，其含义是指(　　)。

A．取得票据无需合法原因

B．转让票据须以向受让方交付票据为先决条件

C．占有票据即能行使票据权利，不问占有原因和资金关系

D．当事人发行、转让、背书等票据行为须依法定形式进行

2. 多项选择题

在英美法系中，票据应包括(　　)。

A．汇票、本票、支票　　B．汇票、本票，不包括支票

C．汇票、支票，不包括本票　　D．国际汇票、国际本票

第16章 票据法总论

本章教学要点

知识要点	掌握程度	相关知识
票据行为的概念	熟悉	狭义票据行为和广义票据行为的内涵
票据权利的内涵		区分票据权利与票据法权利
票据义务的类型		各票据债务人所负的不同义务
票据基础关系的类型		票据关系与票据基础关系之间的联系与区别
票据瑕疵的内涵		票据瑕疵的体现方式
票据丧失的内涵		绝对的票据丧失与相对的票据丧失
票据行为的性质	了解	两种关于票据行为性质的学说
票据权利的性质		票据权利实质上是一种债权
票据权利的种类		付款请求权、追索权和辅助请求权的内涵
票据权利的保全		票据权利保全与行使的关系
票据涂销的效力		我国票据涂销制度现状
涉外票据法律适用		涉外票据法律关系处理适用的原则与具体规则
票据行为的种类	掌握	出票、背书、承兑的内涵
票据行为的特点		票据行为的无因性、独立性和要式性
票据权利的行使		票据权利的行使方式、期限以及未按规定行使票据权利的效力
票据权利的消灭		付款请求权和追索权消灭的原因
票据伪造的效力		票据伪造的效力及举证责任
票据变造的效力		票据变造的效力及举证责任
票据更改的效力		票据更改的内涵及效力
票据行为的要件	重点掌握	实质要件和形式要件
票据代理		有权票据代理的生效要件和其他形式票据代理的效力
票据权利的善意取得		票据权利善意取得的要件
票据法上的权利		利益偿还请求权与怠于通知损害赔偿请求权
票据抗辩的效力		票据抗辩的具体类型和效力
抗辩延续的类型		抗辩延续的原因和效力
票据救济		票据救济的三种方式及程序

基本概念

票据行为　出票　背书　承兑　保证　票据权利　付款请求权　追索权　再追索权　辅助请求权　发行取得　票据义务　票据抗辩　抗辩切断　票据关系　票据基础关系　票据原因关系　票据瑕疵　票据伪造　票据变造　票据更改　票据涂销　票据丧失　票据救济　挂失止付

引例

票据功能实例

长城宽带网络服务上海有限公司诉艾利斯特国际贸易有限公司票据付款请求权纠纷案

2001 年 3 月，艾利斯特国际贸易(上海)有限公司(以下简称艾利斯特公司)按约向长城宽带网络服务上海有限公司(以下简称长城公司)供应通信产品。长城公司收货后，于同年 5 月 18 日开具了金额为人民币 103 万元，到期日为 2001 年 8 月 18 日的商业承兑汇票一张，并进行了承兑记载。2001 年 8 月 23 日长城公司表示，出具给艾利斯特公司的商业承兑汇票已到期，要求延至同年 10 月月底前分期付清票款。为此，艾利斯特公司未在汇票到期日提示付款。后长城公司未依约付款，艾利斯特公司遂向法院提起诉讼。

请结合本案例思考票据权利的行使及消灭。

资料来源：徐孟洲．票据法教学案例．北京：法律出版社，2006：35.

16.1　票据行为

16.1.1　票据行为概述

票据行为也称票据法律行为，是指以发生票据上债务为目的所为之要式法律行为。票据行为有广义、狭义之分。在我国票据法中，狭义的票据行为是指出票(发票)、背书、承兑、保证 4 种行为，而广义的票据行为还包括付款、更改、见票等。一般情况下，人们所说的票据行为是指狭义的票据行为。

《票据法》上规定的票据行为包括出票、背书、承兑、保证 4 种。

1. 出票

出票也称发票，是指出票人签发票据并将其交付给收款人的票据行为。汇票、本票、支票都存在出票行为。因此，出票行为也被称为基本的票据行为或者主票据行为，其他票据行为被称为附属票据行为或者从票据行为。

2. 背书

背书是指在票据背面或者粘单上记载有关事项并签章的票据行为。汇票、本票和支票都可以进行背书。作成背书的人，称为背书人；通过背书取得票据的人，称为被背书人。

3. 承兑

承兑是指汇票付款人承诺在汇票到期日支付汇票金额的票据行为。承兑不适用于见票即付的汇票，也不适用于本票和支票。承兑是汇票的专有票据行为。

4. 保证

《票据法》没有规定保证的概念。这是因为《票据法》中保证与《中华人民共和国担保法》中保证的含义并无不同。依据《票据法》第八十条与第九十三条可知，保证行为只存在于汇票和本票中，支票中不存在保证行为。

16.1.2 票据行为的性质

关于票据行为究竟是合同行为还是单独行为，历来有两种学说。英美法系国家主张契约说，认为票据债务的形成是票据债务人与权利人缔结契约所致，且票据必须交付债权人才能够发生票据上的法律关系。票据本身就是契约。按照契约说的推论，票据未交付前遗失、被盗的，因票据行为尚未完成，债务人无须负责。

与契约说相对，日内瓦法系国家多持单方行为说。该说认为，票据上的债务只需要票据债务人的行为而成立，无须双方合意。该说又分为创造说和发行说，创造说认为票据权利一经票据债务人创造即告产生，而发行说认为票据权利必须经票据债务人交付才算完成。[①]根据这两种学说，遗失、被盗的票据又会有不同命运。但是，从现代各国票据法的规定看，无论发行说还是创造说，对票据遗失、被盗都采取了相同做法，因此两种学说的区别已无必要了。

16.1.3 票据行为的特点

票据行为有如下特点。

1. 票据行为的无因性

票据行为无因性理论是德国学者巴尔(Bahr)在萨维尼(Shadell)的物权行为无因性理论的基础上，加以改造最早引入票据法的。[②]票据行为无因性理论认为，票据行为与作为其发生前提的基础关系相分离，票据行为是创设票据关系的唯一根据，票据行为与票据关系均不受基础关系存在及效力瑕疵与否的影响。

2. 票据行为的独立性

票据行为的独立性是指某一票据行为的有效与否不影响另一票据行为的效力。票据行为的独立性体现在票据上有无行为能力和限制行为能力人签章的，不影响其他签章的效力；票据上有伪造、变造的签章的，不影响票据上其他真实签章的效力；被保证人的债务无效或者可抗辩的，保证人仍然负有责任。

3. 票据行为的要式性

票据行为的要式性是指票据行为具有法律规定的行为方式及效力解释，行为人在为票据行为时，不能自行选择行为方式，而必须依照法律规定的方式进行，同时不允许对票据行为的效力进行任意性解释。

---

① 刘心稳．票据法[M]．北京：中国政法大学出版社，1999：58.

② 陈华彬．论德国私法上无因性概念的形成．梁慧星．民商法论丛．14．北京：法律出版社，2000：360.

16.1.4 票据行为的要件

1. 实质要件

票据行为生效的实质要件包括以下几点。

1) 行为人具有票据能力

票据能力是指票据权利能力与票据行为能力，前者是指享有票据权利、承担票据义务的资格，后者是指独立享有票据权利、承担票据义务的能力。

2) 行为人意思表示真实

票据行为人意思表示真实，是指票据行为体现出来的意思与行为人内心的真实意思一致。意思表示不真实一般表现为重大误解、欺诈、胁迫、趁人之危及显示公平。

典型案例 16-1

某公司诉某银行承兑汇票纠纷案

甲公司对丙公司负有800万元债务，债务履行期限为1998年12月1日，乙公司是该债务的保证人。1998年11月，甲公司与乙公司合谋，捏造了购销合同一份，甲公司向乙公司开出即期商业汇票一张，金额800万元，乙公司持汇票和购销合同向某银行申请承兑。银行审查甲公司账户后，发现账户资金充足，故对该汇票予以承兑。乙公司于1998年12月11日将该汇票背书转让给丙公司。丙公司随后向银行提示付款，银行发现甲公司经营不力且账户资金不足，拒绝承兑汇票。丙公司遂诉至法院，要求银行兑付该汇票。

资料来源：中国法院网.

2. 形式要件

民法上意思表示的作出方式多样，口头、书面、行动均可为意思表示。而票据法规定的意思表示的作出方式较为单一，一般分为3步：进行必备事项的记载；签章；交付。由于以上票据行为都是在票据上完成的要式行为，因此也把票据行为称为票据上行为。

1) 票据之记载

票据行为首先表现为一种记载行为，进行符合《票据法》规定的票据记载，当然成为票据行为的成立要件之一。票据记载的具体内容称为记载事项，针对记载事项性质及效力的不同，可以将记载事项分为必要记载事项、有益记载事项及无益记载事项。

2) 票据之签章

票据签章是票据行为人在进行了相应的记载后，进行的表明票据行为人身份的记载活动，虽然其也是在票据上进行的，也是一种记载活动，但它与票据记载是不同的概念，也有各自特定的内容。

3) 票据之交付

《票据法》第二十条、第二十七条都有将票据交付作为票据行为生效要件的规定，对于是否应当将票据交付作为票据行为生效的要件，学者看法不一。一些学者提出了创造说，按照创造说的理论，票据行为是单方法律行为，票据一经签发，无须另为票据交付，票据债务即当然发生，无须收款人有接受的意思表示。另一些学者则提出了发行说，认为不应存在无债权人的债务，记载和签章完成后，票据行为的做成还需要交付票据。

典型案例 16-2

中国工商银行上海市长宁支行诉南汇县百货总公司汇海商场商业汇票纠纷案

1997 年 8 月 26 日，南汇县百货总公司汇海商场(以下简称汇海商场)签发了一张号码为 IXIV20555923，收款人为富士坤公司的商业承兑汇票，汇票金额 80 万元，汇票到期日 1998 年 1 月 23 日，并由中国工商银行上海市长宁支行(以下简称长宁支行)予以承兑。汇票上无交易合同号码。同日，上海富士绅制衣有限责任公司(以下简称富士绅公司)持该商业承兑汇票向长宁支行申请贴现，长宁支行经审核后于同年 9 月 3 日予以贴现。1998 年 1 月 23 日，长宁支行持该商业承兑汇票向汇海商场的开户银行提示付款，汇海商场开户银行以收款人“‘坤’错，交易合同不复写”为由予以退票。长宁支行遂向人民法院起诉。

资料来源：金赛波，冯守尊．票据法案例精选．北京：法律出版社，2008.

16.1.5 票据行为的代理

1. 有权代理

商品经济社会，人须充任多重身份往往分身乏术，代理随之而生。民法上有专章规定代理制度，《票据法》大体适用，但有碍票据流通的内容则有所更改，规定票据代理制度的是《票据法》第五条。根据该条，有权代理需要具备两个要件：其一为本人与代理人之间有实质的代理关系；其二，须代理人在票据上表明其代理身份并签章，两者缺一不可。其中本人与代理人之间有实质的代理关系是构成票据有权代理的实质要件，而代理人在票据上表明代理身份并签章则是构成票据有权代理的形式要件，该形式要件又可细分为明示本人之名义、表示代理之意旨及代理人的签名或盖章。

2. 票据行为的其他代理形态

1) 无权代理、越权代理

在无权代理的情况下，由于代理人在票据上签章，根据票据的文义性，无权代理人应自行承担由此而产生的票据义务，而本人由于没在票据上签章因此不承担票据义务。在越权代理的情况下，代理人在代理权限内所为的行为后果由被代理人承担，而超过代理权限范围从事的行为适用无权代理的处理原则。

2) 表见代理

表见代理制度是在无权代理或者越权代理的情况下，为了解决第三人利益保护的问题而设立的。因此，一旦善意持票人有合理依据认为代理人是代本人签发的票据，则本人应付责任。需要注意的是，由于《票据法》没有规定表见代理制度，本人承担表见代理的责任应该依据的是《民法通则》及《合同法》的规定，而非依据《票据法》。

3) 票据代行

票据代行是票据代理人不以自己的名义而直接以被代理人的名义为相应的票据行为，

也就是说票据上只有本人的签章，而无代理人的签章也无代理的内容。票据代行是法人票据行为中的常见现象，因此，通常把票据代行称为机关方式的票据行为。

16.2 票据权利

16.2.1 票据权利概述

1. 票据权利的概念

狭义的票据权利又称票据上权利，是基于票据行为而发生的权利。根据《票据法》第四条第四款的规定，票据权利，是指持票人向票据债务人请求支付票据金额的权利，包括付款请求权和追索权。

广义的票据权利除付款请求权和追索权外，还包括票据法上的权利。票据法上的权利是指基于票据法的特别规定而发生的权利，《票据法》除付款请求权和追索权外还规定了4种权利：①利益偿还请求权；②损害赔偿请求权；③提示权；④补充权。

2. 票据权利的性质

狭义的票据权利是特定的一方当事人请求特定的另一方当事人为特定给付的权利，因此狭义的票据权利在性质上属于狭义的债权，且为金钱债权，但此种金钱债权与其他金钱债权的不同之处在于，它是以作为有价证券的票据来表现的金钱债权，在这一点上，票据权利也可以称为票据上债权。广义的票据权利在性质上属于广义的债权，其中既有狭义债权(债权请求权)如利益偿还请求权、怠于追索通知损害赔偿请求权，也有作为变动权的补充权、提示权。

3. 票据权利的种类

1) 付款请求权

付款请求权是指持票人对主债务人享有的依票据而请求支付票上所载金额的权利。在票据权利的行使顺序上，付款请求权是第一次请求权，持票人必须首先向主债务人请求支付票据金额，只有在主债务人拒绝的情况下才能行使追索权。

2) 追索权

追索权是指在付款请求权未能实现时发生的，持票人对从债务人所享有的，请求偿还票上所载金额及其他有关金额的权利。它是第二次请求权，以第一次请求权未实现为前提。

3) 辅助请求权

辅助请求权是指在付款请求权或者追索权未能实现时发生的，持票人对票据保证人所享有的请求支付票据上所载金额及其他有关金额的权利。它是较为独立的一种权利，与付款请求权不同，它不是第一次请求权，与追索权不同，它的义务人是特定的票据从债务人即保证人。

16.2.2 票据权利的取得

1. 票据权利的原始取得

票据权利的取得与一般财产权利的取得方式一样，也可以分为原始取得和继受取得。

票据权利的原始取得，是指持票人不经由其他前手权利人，而最初取得票据权利。票据权利的原始取得又分为发行取得和善意取得两种。

1) 发行取得

发行取得是指权利人依出票人的出票行为有原始取得票据权利。出票行为是初始的创造票据权利的行为，因此，发行取得是票据权利的最主要的原始取得方式，没有发行取得，票据权利的其他取得方式也就无从谈起。真实出票行为固然能形成票据关系，虚假的出票行为也可以产生票据权利。

2) 善意取得

善意取得又称为即时取得，是指票据上的受让人按照《票据法》规定的转让方法善意地从无权处分人处取得票据，因而能够享有票据权利。[①]

2. 票据权利的继受取得

票据权利的继受取得，是指持票人从有票据处分权的前手权利人处受让票据，从而取得票据权利。根据票据权利继受取得的不同途径，继受取得可分为以下两种。

1) 票据法上的继受取得

票据法上的继受取得，是指依票据法规定的转让方式而继受取得票据权利，包括背书取得票据权利，保证人履行保证债务或背书人偿还追索金额后取得票据权利。

2) 非票据法上的继受取得

非票据法上的继受取得，包括依继承、公司合并、营业受让等方式取得票据权利。

16.2.3 票据权利的行使与保全

1. 票据权利行使与保全的关系

票据权利的行使是指票据权利人请求票据债务人履行票据义务，以实现票据权利的行为，如持票人请求支付票据金额的行为。票据权利的保全是指票据权利人为防止票据权利丧失而为的各种行为，如持票人请求出具拒绝证书的行为。在大部分情况下，票据权利的行使同时也是票据权利的保全过程，所以，各国票据法一般都将票据权利的行使与票据权利的保全合并加以规定。

2. 票据权利行使与保全的方式

票据权利的行使方式是票据权利人向票据债务人提示票据，既包括提示承兑也包括提示付款。与一般金钱债权的行使方式不同，票据权利的行使要求持票人提示票据，依票据行使票据权利。这是由票据的流通性和文义性决定的。票据权利属于特别的往取债权，而不是通常的赴偿债权，票据的辗转流通使得票据债务人无从得知最后的权利人为何人。因而，须经过票据权利人提示，才能最终确定票据义务人履行义务的相对方，并同时确定履行义务的期限。

票据权利的保全，除进行票据提示外，还可以采取票据法规定的方式进行，如中断票据权利的消灭时效。中断票据权利的消灭时效可以通过诉讼实现，也可以通过作成拒绝证书等形式实现。

---

① 梁宇贤．票据法新论[M]．瑞兴图书股份有限公司，1998：104.

3. 票据权利行使和保全的处所

票据权利的行使处所亦即票据提示的处所，通常为票据上载明的付款地，票据上未指定付款地时，则应在票据当事人的营业场所进行，票据债务人无营业场所的，在其住所或者居所进行。

4. 票据权利行使的期间

1) 提示承兑

提示承兑是指持票人向付款人出示汇票，并要求付款人承诺付款的行为。根据《票据法》第三十九条、第四十条的规定，定日付款或者出票后定期付款的汇票，持票人应当在汇票到期日前向付款人提示承兑；见票后定期付款的汇票，持票人应当自出票日起 1 个月内向付款人提示承兑，见票即付的汇票无须提示承兑。

2) 提示付款

持票人应当按照下列期限提示付款：见票即付的汇票，自出票日起 1 个月内向付款人提示付款；定日付款、出票后定期付款或者见票后定期付款的汇票，自到期日起 10 日内向承兑人提示付款；本票自出票日起，付款期限最长不得超过 2 个月。本票的提示付款期限为出票日起 2 个月内；支票的持票人应当自出票日起 10 日内提示付款。

5. 未按规定行使票据权利的效力

1) 未按规定提示承兑的

《票据法》第四十条第二款规定："汇票未按照规定期限提示承兑的，持票人丧失对其前手的追索权。"由此可知，此时持票人并不丧失付款请求权。同时，根据最高人民法院的司法解释，综合《票据法》第六十五条可知，持票人未按规定期限提示承兑的，并不丧失对出票人的追索权。由于本票和支票中没有承兑制度，所以本票和支票无须承兑。

2) 未按规定提示付款的

《票据法》第五十三条第二款规定："持票人未按照前款规定期限提示付款的，在作出说明后，承兑人或者付款人仍应当继续对持票人承担付款责任。"但根据《票据法》第七十九条及第九十一条可知，出票人仍然需要承担票据责任。

16.2.4 票据权利的消灭

1. 付款请求权的消灭

1) 付款请求权的一般消灭

付款请求权的一般消灭是指依一般债权的消灭原因而使付款请求权归于消灭，包括依清偿、抵销、免除、混同等原因的消灭，其中最主要的原因是清偿。

2) 付款请求权因时效完成而消灭

《票据法》规定的票据付款请求权的消灭时效不同于诉讼时效，消灭时效意味着一旦时效期间经过，票据的权利就消灭了。当然，由于票据的无因性，基础关系中债权的消灭并不必然导致票据付款请求权的消灭，同样，票据付款请求权因时效而消灭，也不会导致基础关系中债权的消灭。

2. 追索权的消灭

1) 因保全行为欠缺而消灭

《票据法》上对追索权规定了特别的保全手段，即要求票据权利人在一定期间内，进行票据的提示，或者出示有关证明文件，从而实现对追索权的特别保全。

2) 因时效完成而消灭

《票据法》第十七条三、四款规定，持票人对前手的追索权(除对出票人的追索权外)，自被拒绝承兑或者被拒绝付款之日起 6 个月；持票人对前手的再追索权，自清偿日或者被提起诉讼之日起 3 个月内不行使而消灭。

16.2.5 票据法上的权利

1. 利益偿还请求权

为了保证票据的流通顺畅和交易安全，《票据法》规定了较短的消灭时效和严格的票据权利行使要件，从而容易导致实质上存在的票据权利可能因为形式上的原因归于消灭。当发生这种情形时，原有的票据权利人不能通过行使票据权利实现利益，而原有的票据债务人则无缘无故地获得了利益，对当事人来说是不公平的。正是从公平的观念出发，《票据法》规定了利益偿还请求权。[①]

利益偿还请求权(也称利益返还请求权)是指票据上权利因时效完成而归于消灭或者怠于为权利保全行为，而丧失票据权利时，持票人得向因此而实质上获得利益的票据债务人请求偿还与其未支付的票据金额相当的利益的权利。利益偿还请求权是一种独立的请求权，不同于不当得利请求权，也不属于不法行为的损害赔偿请求权。对利益偿还请求权性质的研究是有意义的，因为，如果利益偿还请求权属于票据权利，则票据权利的时效规定也适用于该种权利。[②]

2. 怠于追索通知的损害赔偿请求权

怠于追索通知的损害赔偿请求权，是指在发生追索时，追索权利人未在法律规定的时间内，将追索一事通知其前手，因而造成其前手损失时，该受损害的前手得请求追索权利人进行赔偿的权利。《票据法》第六十六条规定，持票人应当自收到被拒绝承兑或者被拒绝付款的有关证明之日起 3 日内，将被拒绝事由书面通知其前手；其前手应当自收到通知之日起 3 日内书面通知其再前手。持票人也可以同时向各汇票债务人发出书面通知。未按照前款规定期限通知的，持票人仍可以行使追索权。因延期通知给其前手或者出票人造成损失的，由没有按照规定期限通知的汇票当事人，承担对该损失的赔偿责任，但是所赔偿的金额以汇票金额为限。

---

① 王小能．中国票据法律制度研究[M]．北京：北京大学出版社，1998：80.

② 余振龙，姚念慈．国外票据法．上海：上海社会科学院出版社，1991：147．王小能．中国票据法律制度研究[M]．北京：北京大学出版社，1998：88．佟柔．中国民法[M]．北京：法律出版社，1990：592．施文森．票据法新论[M]．台北：三民书局，1987：95．董惠江．票据利益返还请求权制度研究[J]．中国法学，2001，2：115-116.

16.3 票据义务与票据抗辩

16.3.1 票据义务

票据义务是指票据债务人依票据所载文义应当履行的、向持票人支付票据所载金额及其他必要金额的义务，《票据法》第四条将其称为票据责任，实质上是对义务和责任的混淆。根据票据义务人的不同票据义务可以作如下区分。

1. 出票人的票据义务

汇票出票人承担的义务为担保义务；本票出票人的义务是票据金额的给付义务；支票的出票人承担的义务主要是担保付款义务。

2. 背书人的票据义务

背书人所承担的义务是担保义务，与汇票出票人相似，该种担保义务也包括担保承兑和担保付款两种。

3. 承兑人的票据义务

付款人在完成承兑行为后，就成为承兑人，承兑人负有绝对的付款义务，该种义务与本票出票人的义务相似。

4. 保证人的票据义务

保证人所负担的义务既可能是付款义务，也可能是担保承兑或者担保付款义务。

16.3.2 票据抗辩

1. 票据抗辩的概念及种类

票据是无因证券，根据票据的无因性，票据义务的履行不受作为票据基础关系的原因关系、资金关系效力的影响。然而，这并不意味着票据义务在任何情况下都必须实际履行，票据权利在任何情况下都会得以实现。《票据法》为衡平持票人与票据义务人的利益设计了票据抗辩制度。

《票据法》上所指的抗辩就是票据债务人提出相应的理由和事实否定票据权利人的主张的行为。依《票据法》第十三条第三款的表述，抗辩即指票据债务人根据本法的规定对票据债权人拒绝履行义务的行为。根据抗辩事由的不同以及效力的不同，可以将票据抗辩分为对物抗辩和对人抗辩。

1) 对物抗辩

所谓对物抗辩是指基于票据这种“物”本身所存在的事由提出的抗辩。票据是一种严格的文义性证券，严格的票据记载规定和票据权利行使程序的规定使得票据权利往往由于形式上的原因而无效，票据义务人基于这种票据形式上的原因提出的抗辩即对物抗辩。对物抗辩是全部或者部分义务人向所有持票人行使的抗辩。在对物抗辩的条件下，即使持票人是善意的，票据义务人也可以基于“物”上存在的抗辩事由对抗之。

2) 对人抗辩

票据的对人抗辩是基于持票人的原因产生的抗辩。根据《票据法》第十三条第二款，票据债务人可以对不履行约定义务的与自己有直接债权债务关系的持票人进行抗辩。票据的对人抗辩只能对特定的持票人主张，一旦持票人变化，原有的抗辩就中断了。对人抗辩是票据义务人向部分持票人行使的抗辩。

2. 抗辩切断与抗辩延续

票据权利转移时，原票据义务人享有的抗辩权并不随票据权利发生转移，这是票据抗辩制度与民事抗辩制度的不同之处，这种对抗辩进行限制的制度，在《票据法》上被称为抗辩切断制度。

抗辩切断是指在就某一票据权利存在着对人抗辩事由的场合，当该票据权利以《票据法》规定的转让方式转让时，该抗辩事由不随之转移，票据义务人不得以之对抗后手票据权利人。按照《民法通则》和《合同法》的规定，抗辩随着债务的转移而转移，具有连续性，而在《票据法》中，抗辩却不随义务的转移而转移，法学家形象地将其称为切断。抗辩切断制度是为了保证票据的流通，基于票据的无因性和文义性创设的，但是为了防止恶意当事人利用这一制度，《票据法》规定在两种情况下抗辩能够不被切断而得以延续。

1) 因恶意抗辩所导致的抗辩延续

具体而言，《票据法》上存在着两种类型的恶意抗辩。

(1) 第一种类型的恶意抗辩。《票据法》第十二条规定："以欺诈、偷盗或者胁迫等手段取得票据的，或者明知有前列情形，出于恶意取得票据的，不得享有票据权利。持票人因重大过失取得不符合本法规定的票据的，也不得享有票据权利。"此时，票据义务人对持票人的前手享有基于持票人缺乏实质受领资格的对人抗辩，持票人在明知或者应当知道其前手票据权利存在瑕疵的情况下，仍然通过背书方式取得票据的，不得享有抗辩切断制度对持票人的保护效果。票据义务人对持票人前手的抗辩权得以延续向持票人主张。

(2) 第二种类型的恶意抗辩。《票据法》第十三条规定："票据债务人不得以自己与出票人或者与持票人的前手之间的抗辩事由，对抗持票人。但是，持票人明知存在抗辩事由而取得票据的除外。"此时，票据义务人对持票人的前手享有基于原因关系和特约关系而生的对人抗辩，持票人在明知存在此等抗辩事由，其前手票据权利存在瑕疵的情况下，仍然通过背书方式取得票据的，不得享有抗辩切断制度对持票人的保护效果。

2) 因未按法律规定支付对价所导致的抗辩延续

根据《票据法》的规定，票据的取得，必须给付对价，但因税收、继承、赠与可以依法无偿取得票据的，不受给付对价的限制。此类票据权利的取得方式属于非票据法上的继受取得。依据这种票据权利的取得方式取得票据权利的持票人，所享有的票据权利不得优于其前手的权利。也即是说，债务人对持票人前手所享有的抗辩权，对持票人也有效。

16.4 票据关系与票据基础关系

16.4.1 票据关系

票据的法律关系分为由票据行为产生的法律关系以及非由票据行为产生但和票据有关

的法律关系。为区分二者，将前一种关系称为票据关系，后一种关系称为票据基础关系或非票据关系。

1. 参与票据关系的主体

票据关系是指基于票据行为产生的债权债务关系。《票据法》上，作为票据关系的基本当事人，通常包括出票人、收款人、持票人、保证人、付款人 5 人。其中，本票的出票人同时又是付款人，票据的收款人同时可能成为票据背书行为中的背书人，票据的持票人同时也可能成为票据背书行为中的被背书人，汇票中的付款人还可能承担承兑人的角色。以上当事人之间可能发生 10 种关系，具体如下图所示。

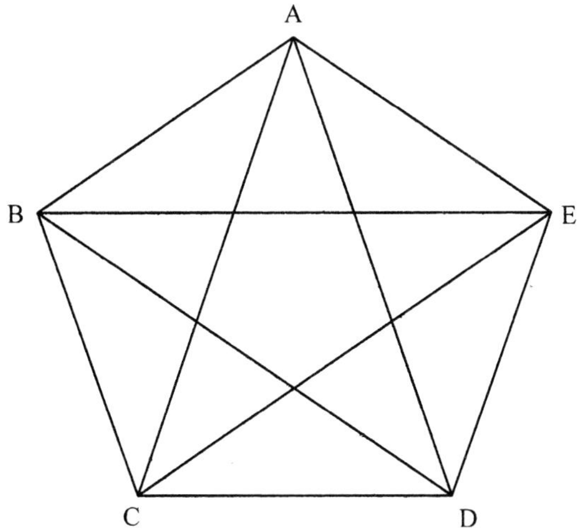

A=出票人(付款人)

B=收款人(背书人)

C=持票人(被背书人)

D=付款人(承兑人)

E=保证人

2. 参与票据关系的主体之间的权利义务

以票据权利、义务的角度看，在 5 个票据当事人中，处于票据权利人地位的是持票人，其余当事人均为负担票据义务的票据义务人。其中，作出承兑行为的承兑人以及本票中的出票人是第一债务人，而其他债务人为第二债务人。

当然，以上 5 个票据当事人之间不仅仅存在票据权利义务关系，还可能基于非票据行为而发生非票据关系。这种非票据关系(票据基础关系)与票据关系之间的区隔与牵连使《票据法》得以区别于其他民事法律而存在。

16.4.2 票据基础关系

票据基础关系又称为非票据关系，是指非基于票据行为发生，存在于票据关系背后，作为票据关系存在基础的，当事人之间的法律关系。票据基础关系主要包括票据原因关系、票据资金关系和票据预约关系。

1. 票据原因关系

票据原因关系是指票据当事人之间基于一定的原因收受票据而产生的关系。产生原因关系的当事人必须是票据上的当事人，如果一方为票据上的当事人，另一方不是票据上的当事人则不能称为票据原因关系，而是普通的民事关系。

根据票据的无因性和文义性，一般来说原因关系不会对票据当事人之间的权利义务产生作用。原因关系的瑕疵既不会使票据权利人的权利产生瑕疵，也不能使票据义务人以此为抗辩不履行票据义务。当然票据原因关系与票据关系相分离是有限度的，在特殊场合下，票据原因关系也会与票据关系产生牵连，具体体现：原因关系可以作为票据义务人对抗特定票据权利人的抗辩理由；原因关系可以作为证明票据权利人对票据义务人享有利益返还请求权的证据。

2. 票据资金关系

票据资金关系是指汇票或者支票的出票人或其他资金义务人与付款人之间建立的委托付款法律关系。汇票之付款人原无承兑或付款的义务，其之所以会为出票人付款，乃因其能够得到积极或者消极的补偿。积极的补偿是指财产的增加，如现金支付加上利息；消极的补偿是指义务的免除，如债务的抵销或者免除。

资金关系与原因关系一样，与票据关系相分离，一般不会对票据当事人之间的权利义务产生作用，但在某些特殊情况下，票据资金关系也会与票据关系产生牵连。主要包括汇票的承兑人虽然已经承兑，但如果出票人持有票据向其请求付款，则得以拒绝付款之抗辩；支票的付款人在出票人的存款额度范围外或与出票人订立的信用合同约定的额度范围外，得拒绝持票人请求支付票据金额的请求。

3. 票据预约关系

票据预约关系是指票据行为人与其相对人之间就票据行为，尤其是就票据签发或转让等事项预先达成的合意。

票据预约关系与票据原因关系一样，都属于票据的基础关系，受民法、合同法等法律部门的调整。票据预约关系本身并不能发生票据关系，当事人如果没有履行票据预约，也仅仅是民法上合同不履行的问题，不发生票据法上的效力。只有在特殊情况下，票据的预约关系才会与票据关系产生牵连，这体现在票据预约关系可以作为票据义务人对抗特定票据权利人的抗辩事由。

16.5 票 据 瑕 疵

票据瑕疵是指由于票据上存在一定问题，而使票据发生某种异常变化，使之不再是一般意义上的票据或者不能再作为正常的票据流通使用。票据瑕疵与票据形式上的欠缺含义并不相同，票据形式上的欠缺是指票据欠缺《票据法》所规定的必要记载事项，而票据瑕疵则是在必要记载事项完备的情况下，记载事项本身被伪造、更改、涂销。

在实践中票据瑕疵主要体现为票据伪造、票据变造、票据更改和票据涂销 4 种情形。

16.5.1 票据伪造与变造

1. 票据伪造

票据伪造是指行为人假借他人名义，在票据上为一定的票据行为。从这一意义上来说，票据伪造也就是票据签章的伪造。[①]

① 蔡荫恩．商事法概要[M]．台北：三民书局，1970：219.

1) 票据伪造的效果

(1) 对被伪造人的效力：如果被伪造人没有任何过错，对被伪造人来说，由于被伪造人没有在票据上签章，因此，无需承担票据责任，即使是善意持票人，被伪造人也可对抗之；如果被伪造人基于自己的过错造成票据代行的，如将公章交给伪造人保管，此时由于印章是真实的，除被代行人能够证明系因印章被盗等印章持有人无过错的情况外，印章的名义人(印章上显示姓名或者名称的人)应当承担票据责任。

(2) 对伪造人的效力：如果伪造人未在票据上签名的，由于伪造人的签章未出现在票据上，因此伪造人不负票据责任，但应负刑法、行政法及侵权行为法上的责任；如果伪造人同时也在票据上签名的，则根据《票据法》第四条，应当由伪造人承担票据责任，如果被伪造人同时存在过错造成票据代行的，伪造人与被伪造人应当承担连带责任。同时，伪造人仍应负刑法、行政法及侵权行为法上的责任。

(3) 对其他真正签名人的效力：根据《票据法》第十四条第二款，基于票据行为的独立性，其他在票据上真实签章的人不受影响。

2) 票据伪造的举证责任

《票据法》第三十一条规定："以背书转让的汇票，背书应当连续。持票人以背书的连续，证明其汇票权利。"由此可知，持票人是否拥有票据权利，应由持票人自己证明。在票据伪造场合，持票人向被伪造人行使权利时，应该以背书连续性来证明票据权利，即持票人应该以签章为签章人本名主张票据真实。如果持票人能证明这一点，而签章人又不能证明签章是伪造的，则签章人须负票据责任，但若主张票据是伪造的当事人能证明签章是伪造的，则应认定票据伪造的事实。

2. 票据变造

票据变造是指无票据记载事项变更权限的人，对票据上记载事项加以变更，从而使票据法律关系的内容发生改变。票据变造要求变造后的票据为形式上有效的票据，如果票据变造前为形式上有效的票据，但变造后成为形式上无效的票据，即票据变造导致票据无效，则票据上的权利随之消灭，不发生本章所述的票据变造的法律后果。司法实践中，对票据金额、日期、收款人的变造即发生此等效果。但是，如果变造之前的票据为形式上无效的票据，但变造后票据成为形式上有效的票据，则可能发生本章所述的票据变造的法律后果。

1) 票据变造的效果

《票据法》第十四条第三款的规定："票据上其他记载事项被变造的，在变造之前签章的人，对原记载事项负责；在变造之后签章的人，对变造之后的记载事项负责；不能辨别是在票据被变造之前或者之后签章的，视同在变造之前签章。"在不能辨别是在票据变造前签章还是在票据变造后签章时，推定是在票据变造前签章的做法可以减轻债务人的责任，同时对持票人的权利又不产生实质性影响。票据变造人除了要按照票据变造的记载承担票据责任外，还可能因侵权承担损害赔偿责任，以及刑法上的相关责任。

2) 票据变造的举证责任

(1) 票据有无变造的举证责任：外形无变造时(从票据外观形态上观察)，由主张有变造一方承担；外形有变造时(从票据外观形态上观察)，由主张无变造一方承担。

(2) 票据签章在票据变造前后的举证责任：对于票据签章是在票据变造前还是变造后无法辨认时，依照《票据法》的规定，当然应该推定其是在票据变造前签章，若票据当事人提出相反主张应举证证明之。

典型案例 16-3

上海通海船舶修造厂诉上海双龙商厦及上海润广工贸发展有限公司票据纠纷案

1999年9月9日，上海通海船舶修造厂(以下简称通海厂)职工持号码BD951413空白转账支票一张至双龙商厦购物，货物价值294元，双龙商厦财务收取该支票后填写金额294元、收款人双龙商厦，并向通海厂开具了等额增值税专用发票。当日下午，一男子到双龙商厦购物，双龙商厦将BD951413支票未经背书即找零给该男子。同年9月12日，一男子持BD951413号支票赴上海润广工贸发展有限公司(以下简称润广公司)购物价值5 100元，此时支票的金额已变造为48 587元，该男子要求以现金返还支票余额。润广公司提出应等该支票金额转账成功后方可提取现金，并当即向该男子出具收据一张。嗣后润广公司将支票交银行托收，银行未察觉支票被变造的情况，予以兑付，润广公司据此将票款差价43 487元以现金方式返还该男子。该男子取款后未提取所购的货物。嗣后，通海厂因发现BD951413支票从294元变造为48 587元，致其损失48 293元，遂向人民法院起诉，要求双龙商厦与润广公司共同赔偿其经济损失。

资料来源：http://www.lawyee.net/Case/Case_Pisplay.asp?RID=24267.

16.5.2 票据更改与涂销

1. 票据更改

票据更改是指票据行为人为更正自己在票据上的错误，以一定的方式对票据记载内容加以变更的行为。《票据法》第九条第三款规定："对票据上的其他记载事项，原记载人可以更改，更改时应当由原记载人签章证明。"由此可见，票据更改与票据变造的主要区别在于票据更改是原记载人所作的更改，票据更改是合法的行为。

票据更改必须是有票据更改权限人所为的行为。《票据法》对可以更改的事项也作了限定，票据金额、日期、收款人名称，任何人均不得更改，一旦更改，票据无效。另外，原记载人的更改权限只限于他自己原来记载的事项，原记载人无权更改其他票据行为人所进行的票据记载。原记载人更改了记载事项后，应当在更改处签章证明，否则不发生更改的效力。票据一经更改，就发生更改的法律效力，持票人只能依更改后的票据记载，请求票据债务人履行票据债务，而票据更改的原记载人当然也依更改后的票据记载承担票据责任。

2. 票据涂销

票据涂销是指将票据上原有的签名及记载事项加以涂抹或消除的行为。《票据法》没有关于票据涂销的规定，亦即是说，立法上对票据涂销是不予承认的。实务中，如果当事人填写汇票有错误，往往只能作废重填，不允许涂改。上海市《票据暂行规定》之《实施细则》附件就把票据"字迹擦改或模糊"作为退票理由之一。这种做法对于防止利用涂销弄虚作假、谋取不当利益的行为的确有所裨益，但又不能不看到，这种对涂销过苛的防范，同时也带来一些负面效应。因为在实务中，常有当事人涂销票据记载事项的情况，假若票据当事人或其他人对票据记载事项进行了涂销，就作为废票处理要求重新发票，再恢复到涂销前的状态，则必然阻塞票据流通。例如，已经多手背书的票据在一次背书中被墨水涂染，如果就此作废会对票据流通产生极为不利的影响。因此，亟待改进该制度。

16.6 票据的丧失与救济

16.6.1 票据丧失与票据救济概述

1. 票据丧失与票据救济的界定

票据丧失是指持票人非出于自己的本意而丧失对票据的占有，包括绝对丧失和相对丧失。[①]绝对丧失是指票据的消灭，如撕毁、被焚等；相对丧失是指票据权利无法行使，如票据遗失、被盗等。由于票据是文义证券，票据权利的行使方式是提示，票据义务人履行义务时有权要求交付票据，因此，无论是票据的绝对丧失，还是票据的相对丧失都意味着票据权利无法行使。这就需要法律为票据权利人设置救济的途径，帮助其实现票据权利。

票据救济是指票据权利人因某种原因，丧失对票据的实际占有，致使票据权利的行使受到一定障碍时，为使其票据权利得以实现，而对票据权利人提供的特别的法律救济。票据救济的目的不在于防范他人对票据权利的侵害，而在于使因丧失票据的占有而受到障碍的票据权利得以恢复行使，亦即此处所谓的票据救济的方式与违约救济方式、侵权救济方式不同，不是某种票据责任。

2. 票据救济的途径

票据法为应对票据丧失提供的救济途径通常包括两种，即非诉讼救济途径和诉讼救济途径。

1) 非诉讼救济途径

非诉讼救济途径，即不经法院，而通过相关的金融机构采取相应的措施，使票据权利人获得一定的救济。非诉讼救济的主要途径是挂失止付制度。挂失止付制度是票据丧失时，票据权利人可以采取的一项及时且较为有效的保护措施，但停止支付只是暂时的紧急补救措施，一般还要通过诉讼途径，才能最终恢复票据权利人的票据权利。

2) 诉讼救济的途径

诉讼救济是丧失票据的票据权利人，请求法院依一定的诉讼程序，对其票据权利给予确认，由此获得票据权利实现的救济程序。诉讼救济的途径是票据权利人得以恢复票据权利行使的最终途径，包括普通程序和公示催告程序。

16.6.2 挂失止付

挂失止付即在发生票据遗失、被盗或者灭失时，为防止可能发生的损害，由票据权利人通知票据上的付款人，就该票据停止支付。

1. 挂失止付的提出

挂失止付的提出人应为丧失票据的人，即失票人。通常情况下为最后一手被背书人。如果出票人在票据上记载了票据的收款人，或者背书人在票据上记载了被背书人，但在给付票据之前，出票人或者背书人丧失了票据，则出票人或者背书人成为挂失止付的提出人。

挂失止付的相对人应为丧失票据上所载明的付款人，在票据上载明代理付款人时，也包括代理付款人。

---

① 谢怀栻．票据法概论．北京：法律出版社，1990：78.

2. 挂失止付的效力

根据《票据法》第十五条第二款，收到挂失止付通知的付款人，应当暂停支付。在已有停止支付通知，而票据上的付款人仍为票据支付时，无论其为善意亦或恶意，均应承担损害赔偿责任。但在挂失止付之前，如果付款人已经向持票人进行了付款，则不发生挂失止付的效力。

3. 挂失止付的终了

挂失止付的终了包括两种情况：

(1) 暂停支付的期限届满。根据中国人民银行的《支付结算办法》暂停支付的期限为12日，自第13日起，付款人即不再承担暂停付款的义务，当然该办法仅对银行有效，但其他付款人的暂停支付期限可以参照该规定，且国际惯例一般也是12日。

(2) 依人民法院的止付通知书。此时银行应遵守人民法院的止付通知的要求，停止支付该票据的票面金额，直到人民法院再次下达有关文书要求其支付相应金额为止。

16.6.3 公示催告

公示催告是指在票据等有价证券丧失的场合，由法院依申请人的申请，向未知的利害关系人发出公告，告知其如未在一定期间内申报权利、提出证券，则通过相应的判决宣告其权利无效，从而催促利害关系人申报权利，提出证券的一种特别诉讼程序。

1. 公示催告的申请

1) 公示催告的申请条件

在提出公示催告的申请时，应具备以下几项条件：确有票据丧失的事实；票据权利确实存在。如果票据权利已经消灭或者票据形式不完备而未发生票据权利的，不得申请公示催告；不存在利害关系人之间的权利争执。如已有利害关系人出现，则不应提出公示催告而应直接进行普通的侵权诉讼。

2) 公示催告的申请期间

根据《票据法》第十五条，失票人未向付款人通知挂失止付时，可以随时向人民法院申请。在失票人已经向付款人通知挂失止付时，则应当在通知挂失止付后3日内，向人民法院申请。

3) 公示催告的申请人

公示催告程序的申请人应为票据的合法权利人，即票据上所载的收款人，或能够依背书连续而证明自己为合法持票人的被背书人，以及已经在票据上签名但票据尚未交付的出票人、背书人。

4) 公示催告的申请方式

票据的公示催告应向票据支付地的基层人民法院提出。具体方式为申请书，申请书中应写明有关票据的具体内容如票据金额、背书人等，以及申请的理由与事实如丢失的大体经过、丢失的证明。

2. 公示催告的进行

在申请人提出公示催告的申请后，有管辖权的人民法院应当立即对申请进行必要的审查，认为其符合法律规定时，应予以受理；如果认为其不符合受理条件的，应当在7日内裁定驳回申请。

受理公示催告程序后，人民法院应在3日内发出公告，催促利害关系人申报权利[①]。公示催告的期间至少应为60日。人民法院在受理公示催告的申请后，应当立即向票据付款人发出停止支付的通知，付款人自收到停止支付的通知之日起，至公示催告程序终结之日止，不得进行票据金额的支付，公示催告期间进行的票据权利转让行为均属无效。

3. 公示催告的终结

1) 裁定终结

裁定终结公示催告程序，是在公示催告期间内或者在公示催告期间届满后、除权判决作出前，有人提出权利申报或者提出相关的票据主张权利时，人民法院即应裁定终止公示催告，并通知申请人和票据付款人。此后，申请人和申报权利人应通过普通民事诉讼程序，提起有关的确权之诉解决其纠纷。

2) 判决终结

判决终结公示催告程序，是在公示催告期间届满，而没有人提出权利申报或者提出相关的票据时，或者申报人所申报的票据与申请人丧失的票据不存在同一性时，依公示催告的申请人的申请，由人民法院作出判决，宣告票据无效，并作出除权判决。

典型案例 16-4

庞权辉诉中国建设银行广州市新市办事处公示催告纠纷案

2004年11月2日，广州市番禺区大石华新塑料厂(经营人为庞权辉)以广州市白云区利宝电子厂向其开出的转账支票(收款人名称空白、金额为31 933元、付款人为中国建设银行广州市新市办事处)被他人冒领为由，向原审法院申请公示催告。原审法院受理该公示催告申请后，于同日上午向中国建设银行广州市新市办事处(以下简称新市办事处)发出停止支付通知书，新市办事处签收了停止支付通知书，并另收取了庞权辉支票挂失费用31.93元。2004年11月2日下午，该票据金额被广州市白云区达成综合经营部委托广州市商业银行白云支行收款取走。在公示催告期间，无利害关系人申报该支票权利，原审法院根据申请，于2005年1月10日作出判决，宣告上述支票无效，申请人广州市番禺区大石华新塑料厂有权自判决公告之日起向支付人请求支付。该判决于2005年1月25日公告。庞权辉于2005年1月26日向新市办事处请求支付上述支票金额，新市办事处以该支票的金额已被取走为由拒绝支付。庞权辉遂提起诉讼。

资料来源：http://wwww.lawyee.net/Case/Case-Pisplay.asp?rid=54748.

16.6.4 普通程序

根据《票据法》第十五条第三款，失票人可以在失票后提起公示催告，也可以向人民法院提起普通诉讼程序。这里所说的普通诉讼程序即民事诉讼法规定的、一般民事诉讼所适用的第一审普通程序。失票人可就公示催告和普通程序任选其一获得救济。

---

① 公告的具体方法《票据法》没有规定，一般应将公告贴于法院的公告栏，以及在有关报纸或其他新闻媒介上刊登，公告的具体内容应包括申请人申请书中的内容，并申明到期不申报的法律后果。

1. 普通程序的提起

与公示催告程序不同，普通诉讼中，失票人以自己为原告人，以付款人为被告人，请求人民法院确认其合法持票人的地位，并判令付款人进行票据付款。在特殊情况下，失票人也可以付款人之外的票据义务人为被告提起诉讼。失票人提起普通诉讼的期间、条件与提起公示催告的规定相同，在其他方面，包括起诉条件、法院管辖、案件受理等则与提起一般民事诉讼完全相同。

失票人提起诉讼后，应就自己是票据的合法权利人、付款人有付款义务一事进行必要的举证。由于普通程序并没有使票据上附着的票据权利失效，善意持票人仍得依据票据主张票据权利，付款人由此可能出现二次付款的情形。为了避免付款人遭受损害，法院应判令失票人提供与票据金额相应的担保，在票据不可能再次出现之时，该担保可以撤销。

2. 普通程序中的权利争议

由于普通程序并没有消灭票据权利，因此，无论是否已经作出判决，如果丧失的票据再次出现并提示付款，则失票人和现实的持票人之间，必然发生票据权利的争议。在这种情况下，人民法院必须就该票据权利的争议，另行审理，确认真实权利人，这就是由普通诉讼引起的票据权利争议。依该权利争议发生的时间不同，可以区分为以下几类。

1) 普通程序判决前的权利争议

当丧失的票据再次出现并提示付款发生在普通程序判决前时，付款人正处于诉讼之中，不能向现实的持票人迳行付款。人民法院应先行裁定终结正在进行的普通诉讼程序，指令失票人另行提起新的票据权利纠纷诉讼，以确认票据的真实权利人。

2) 普通程序判决后的权利争议

如果丧失的票据再次出现并提示付款发生在普通程序判决后时，付款人尚未付款的，应通知失票人或者现实持票人，由失票人或者现实持票人提起诉讼，经法院确认真实的票据权利人，再行付款。付款人如果已经按照判决付款的，仍应通知失票人或者现实持票人提起诉讼，但后一诉讼的判决不发生否定先诉判决的效果，只作为付款人二次付款后向失票人请求赔偿损失的依据。

16.7 涉外票据法律关系

16.7.1 涉外票据概述

1. 涉外票据的概念

《票据法》在确立涉外票据的标准时，采用了行为地主义原则，以票据行为的发生地作为确定涉外票据的标准。《票据法》第九十四条规定："涉外票据，是指出票、背书、保证、承兑、付款等行为中，既有发生在我国境内，又有发生在我国境外的票据。"

需要注意的是，由于付款是一种事实行为而非票据行为，属于依《票据法》的直接规定而产生的准票据行为。所以，以《票据法》作为涉外票据判定标准的"票据行为"，是指广义的票据行为。

2. 涉外票据法律适用的一般原则

1) 履行条约义务原则

国际法优于国内法，是法律适用的一项基本原则，缔约国遵守缔结或参加的国际条约，是其一项基本国际义务。国际条约可能与国内法的规定不尽相同，这时，条约规则和国内法规则就会发生冲突，国际条约就应该成为涉外法律关系首先应该适用的规范。当然，一国在加入该条约时就明确表示保留的条款，对该国不发生法律效力。

2) 适用国内立法原则

在适用国内立法的时候，不应当仅限于国内法对于票据的实体法规定，同时也应当包括适用国内法关于涉外票据冲突规范的规定，而且应当首先适用国内法对涉外票据的冲突规范的规定。也就是说，对涉外票据适用国内法，会发生两种结果：一种结果是涉外票据同一般国内票据一样，直接适用国内法的规定；另一种结果是通过对涉外票据适用国内法中关于冲突规范的规定，而最终导致对涉外票据适用外国法的规定。

3) 遵循国际惯例原则

国际惯例是在长期反复的实践中形成的、各国普遍承认的、具有固定内容的习惯做法，在某种程度上，也具有规范的效力。通常所说的国际惯例，应当是《国际法院规约》中规定的“作为通例”并“经接受成为法律”的国际习惯，如国际贸易惯例。由于国际惯例具有很大的任意性，它本身并不是法律规则，所以国际惯例对于各国来说并不具有当然的适用义务。一般情况下，只有在票据当事人事先明确约定或事后共同认可适用国际惯例时，才可以适用国际惯例，否则不能适用。

16.7.2 我国关于涉外票据法律适用的规定

1. 票据当事人行为能力的准据法

《票据法》第九十六条规定：“票据债务人的民事行为能力，适用其本国法律。票据债务人的民事行为能力，依照其本国法律为无民事行为能力或者为限制民事行为能力而依照行为地法律为完全民事行为能力的，适用行为地法律。”可见，我国票据法关于票据当事人行为能力的冲突规范，采取了以属人法主义为原则，以行为地法主义为例外的折中主义。

2. 票据行为方式的准据法

我国票据法关于票据行为方式的冲突规范的规定，见于《票据法》第九十七条、第九十八条。《票据法》第九十七条规定：“汇票、本票出票时的记载事项，适用出票地法律。支票出票时的记载事项，适用出票地法律，经当事人协议，也可以适用付款地法律。”《票据法》第九十八条规定：“票据的背书、承兑、付款和保证行为，适用行为地法律。”

3. 票据行为效力的准据法

《票据法》第九十七条和第九十八条没有对票据行为方式和行为效力加以区别，所以，从一般的解释来看，既然我国票据法并未特别表明仅适用于解决行为方式的冲突，因而也可以认为，该准据法的规定，同样应该适用于解决行为效力的冲突。

4. 票据权利行使与保全的准据法

《票据法》第一百条规定：“票据的提示期限、有关拒绝证明的方式、出具拒绝证明的期限，适用付款地法律。”显然，我国票据法采用了付款地法主义；《票据法》第九十九条规定：“票据追索权的行使期限，适用出票地法律。”我国在追索权行使期限的准据法上采取了出票地法主义。

5. 票据丧失后持票人救济的冲突规范

《票据法》第一百零一条规定："票据丧失时，失票人请求保全票据权利的程序，适用付款地法律。"《票据法》的这一规定符合国际公约和各国票据立法通例。综观世界各国的票据立法，虽然对失票人救济程序的规定不尽相同，但法律适用的规定却基本一致，即适用付款地法律。这主要是考虑到适用付款地法律是最合理、最方便和最有利于失票人利益的方式，同时也便于确定票据债务人应负的义务，以确保票据权利人票据权利的实现。

引例分析

长城宽带网络服务上海有限公司诉艾利斯特国际贸易有限公司票据付款请求权纠纷案

本案争议焦点为未经提示付款，作为持票人的艾利斯特公司是否丧失向出票人长城公司行使商业承兑汇票之付款请求权等票据权利。法院审理认为，长城公司出具的定日付款商业承兑汇票，记载完整，真实有效。艾利斯特公司未在汇票到期日提示付款，在作出说明后，作为承兑人的长城公司仍应当继续对持票人艾利斯特公司承担票据付款责任，即艾利斯特公司并不丧失向长城公司请求票据付款的权利。根据《票据法》的规定，持票人未在法定期限内提示付款，承兑人或者付款人仍应继续承担付款责任的前提条件仅是由持票人作出说明，但法律并未对说明的时间及形式作出进一步规定。本案中，鉴于艾利斯特公司已在诉讼中对未按时提示付款的原因作出说明，故长城公司理应就其承兑的票据承担付款责任。

本 章 小 结

票据行为有广义与狭义之分，《票据法》所称的票据行为是指狭义票据行为，包括出票、背书、承兑、保证4种。票据行为若要发生效力，除要求行为人具有行为能力，且意思表示真实外，还要求在形式上具备签章、记载、交付三要件。票据行为可以委托他人代理完成，但票据行为的有权代理必须满足相应要件。

票据权利包括付款请求权、追索权和辅助请求权。基于出票行为取得票据权利，即发行取得是票据权利取得最为常见的方式。除发行取得外，善意取得、背书取得以及非票据法上的继受取得，都是合法获取票据权利的方式。依法取得的票据权利应按照法定程序和方式行使或保全，否则可能产生票据权利消灭的后果。《票据法》除规范票据权利外，也规定了4种票据法上的权利，即利益偿还请求权、损害赔偿请求权、提示权、补充权。票据义务是票据债务人依票据所载文义，向持票人支付票据所载金额及其他必要金额的义务。票据债务人得以拒绝履行义务的合法原因即票据抗辩。票据抗辩分为对物抗辩和对人抗辩两类，对人抗辩存在抗辩切断的可能，为防止恶意当事人利用抗辩切断损害持票人的利益，票据法设计了抗辩延续制度。

票据关系是指基于票据行为产生的法律关系，而票据基础关系是非由票据行为产生的但和票据有关的法律关系。票据瑕疵包括票据伪造、票据变造、票据更改和票据涂销。票据丧失包括绝对丧失与相对丧失。票据相对丧失后，失票人可以选择挂失止付、公示催告或者普通程序获得救济。

涉外票据是票据行为中既有发生在境内，也有发生在境外的票据。由于各国票据法规定不同，涉外票据就存在准据法的选择问题。在票据当事人行为能力的冲突上，我国票据法奉行的是以属人法主义为原则，以行为地法主义为例外的折中主义。在票据行为方式和效力、票据权利行使与保全、票据丧失后持票人救济的冲突上，我国票据法规定应当适用票据行为地的法律。

思　考　题

1. 狭义票据行为与广义票据行为的关系是什么？
2. 票据行为无因性、独立性、要式性体现在哪些方面？
3. 票据行为不符合实质要件的规定会对票据效力产生怎样的影响？
4. 票据权利善意取得制度的立法目的是什么？它与《票据法》的哪些制度相关联？
5. 票据未按规定提示付款或承兑为何不会丧失对出票人的追索权？
6. 未支付对价的抗辩与未支付对价导致的抗辩延续有何区别？
7. 票据更改中的举证责任有哪些？
8. 票据普通诉讼的优点和弊端各是什么？
9. 当我国票据法的规范与国际条约规定冲突时应当如何处理？

练　习　题

1. 单项选择题

(1) 甲拾得某银行签发的金额为5 000元的本票一张，并将该本票背书送给女友乙作生日礼物，乙不知本票系甲拾得，按期持票要求银行付款。假设银行知晓该本票系甲拾得并送给乙，对于乙的付款请求，下列说法中正确的是(　　)。

A. 根据票据无因性原则，银行应当支付
B. 乙无对价取得本票，银行得拒绝支付
C. 虽甲取得本票不合法，但因乙不知情，银行应支付
D. 甲取得本票不合法，且乙无对价取得本票，银行得拒绝支付

(2) 朱某持一张载明金额为人民币50万元的承兑汇票，向票据所载明的付款人某银行提示付款。但该银行以持票人朱某拖欠银行贷款60万元尚未清偿为由拒绝付款，并以该汇票票面金额冲抵了部分届期贷款金额。对某银行行为的定性，下列选项中正确的是(　　)。

A. 违反票据无因性原则的行为　　B. 违反票据独立性原则的行为
C. 行使票据抗辩之对人抗辩的行为　　D. 行使票据抗辩之对物抗辩的行为

(3) 张某向李某背书转让面额为10万元的汇票作为购买房屋的价金，李某接受汇票后背书转让给第三人。如果张某与李某之间的房屋买卖合同被合意解除，则张某可以行使的权利是(　　)。

A. 请求李某返还汇票
B. 请求李某返还10万元现金
C. 请求从李某处受让汇票的第三人返还汇票
D. 请求付款人停止支付票据上的款项

2. 多项选择题

(1) 甲公司与乙公司交易中获面额为 100 万元的汇票一张，出票人为乙公司，付款人为丙公司，汇票上有丁、戊两公司的担保签章，其中丁公司担保80万元，戊公司担保20

万元。后丙公司拒绝承兑该汇票。以下判断中正确的是(　　)。

A．甲公司在被拒绝承兑时可以向乙公司追索 100 万元

B．甲公司在被拒绝承兑时只能依据与乙公司的交易合同要求乙公司付款

C．甲公司只能分别向丁公司追索 80 万元和向戊公司追索 20 万元

D．丁公司和戊公司应当向甲公司承担连带责任

(2) 甲向乙开具金额为 100 万元的汇票以支付货款。乙取得该汇票后背书转让给丙，丙又背书转让给丁，丁再背书转让给戊。现查明，甲、乙之间并无真实交易关系，丙为未成年人，票据金额被丁变造。下列选项中正确的的(　　)。

A．尽管甲、乙之间没有真实交易，但该汇票仍然有效

B．尽管丙为未成年人，但其在票据上的签章仍然有效

C．尽管票据金额已被丁变造，但该汇票仍然有效

D．戊不能向甲、乙行使票据上的追索权

(3) 大卫是甲国人，同时具有乙国国籍，其住处在甲国，其惯常居所在乙国。后因在丙国为票据行为所引起的票据纠纷在我国涉诉。为确定大卫之票据行为的效力，我国法院首先要确定他是否具有民事行为能力。按照《票据法》的规定，票据债务人的民事行为能力适用其本国法。大卫同时具有甲国国籍和乙国国籍，我国法院应(　　)。

A．以大卫有住所的甲国法律为其本国法

B．以票据行为地丙国的法律为其本国法

C．以大卫有惯常居所的乙国法律为其本国法

D．以与大卫有最密切联系的国家的法律为其本国法

3. 不定项选择题

甲股份有限公司经董事会决议，变更公司章程，在其营业范围中增加“制售成衣”一项，但尚未向工商行政部门办理变更登记手续。董事长刘某未经授权与乙纺织厂签订一项定购布料的合同，并代表公司签发以某银行为付款人、乙为收款人的汇票一张给乙，作为预付款。乙因欠丙货款，将该票据背书转让给丙，丙又背书转让给丁。票据到期后，丁涂销了乙的背书。

(1) 对甲公司董事长刘某代表公司签发的票据的效力，下列判断中正确的是(　　)。

A．因甲公司尚未办理营业范围的变更登记，故签发票据的行为无效

B．因刘某未经授权，故签发票据的行为无效

C．因该汇票以支付定金为目的，故该票据无效

D．该票据有效

(2) 对于丁的涂销行为产生的后果，下列判断中正确的是(　　)。

A．丁提示付款时，某银行可以背书不连续而拒绝付款

B．若丁提示付款而某银行拒付时，丁可以向乙行使追索权

C．若丁提示付款而某银行拒付时，丁可以向丙行使追索权

D．丁的涂销行为导致该票据无效

第17章 汇　票

本章教学要点

知识要点	掌握程度	相关知识
实质背书的内涵	熟悉	一般背书与特别背书
形式背书的内涵		委托收款背书与设定质权背书
追索权的内涵		追索权与再追索权
汇票出票的效力	了解	汇票出票对出票人、持票人、付款人的不同效力
承兑的程序与效力		完整承兑行为的步骤和效力
保证的效力		汇票保证对保证人与被保证人的效力
汇票出票的记载事项	掌握	记载事项的内容以及记载事项瑕疵对出票、背书、承兑、保证行为以及对汇票本身的影响
汇票背书的记载事项		
汇票承兑的记载事项		
汇票保证的记载事项		
追索权行使的程序		提示承兑或付款，作成拒绝证书以及通知
特别背书的效力	重点掌握	4种特别背书的不同效力
追索权的行使要件		不同情形下追索权成立的条件
追索权的效力		追索权的对人效力与对物效力

基本概念

实质背书 形式背书 限制背书 回头背书 期后背书 空白背书 部分背书 分别背书 提示承兑 期前追索 期后追索 追索通知

引例

中国投资银行天津支行诉天津轻工业贸易有限公司票据纠纷案

天津轻工业贸易有限公司(以下简称轻工公司)委托江苏昆山生产服务公司(以下简称服务公司)进口原木，开具了以服务公司为收款人的商业承兑汇票，票面记载有“不得转让”字样，服务公司因资金紧张为由融得一笔流动资金，以背书的方式将该汇票交给中国投资银行天津支行作为质押。贷款到期后服务公司未能偿还债务，中国投资银行天津支行要求轻工公司兑现其开具的汇票，轻工公司则以服务公司违反法律规定转让汇票为由拒绝兑付。

请结合本案例思考汇票的出票、背书、承兑及追索权。

资料来源：吴福胜. 一项判决三点质疑. 法制与经济，1998(2)：33-34.

17.1 汇票的出票

17.1.1 汇票出票的记载事项

《票据法》第一百零八条明确规定，汇票、本票、支票的格式应当统一，其格式由中国人民银行规定。在我国，即使是商业承兑汇票也必须由银行印制，否则，银行将拒绝代理付款。汇票出票的记载事项包括以下几项。

1. 绝对必要记载事项

1) 表明“汇票”的字样

票据文句能将票据与一般的债权文件相区分，从而确定该证券引发的法律关系适用票据法规范。同时，也能够将不同的票据区分开来，以便确定当事人之间权利、义务的具体内容。

2) 无条件支付的委托

无条件支付的委托是表明汇票本质的文句，它表明付款人不得在付款时提出任何条件，从而保障了票据的流通性，简化了票据关系。

3) 确定的票据金额

票据金额的记载是票据权利行使不可缺少的内容，它表明了票据权利的内容。为便于支付时票据金额的确认，并考虑使票据金额不易被变造，对于票据金额的记载通行重复记载的作法。

4) 付款人名称

汇票是委托他人付款的票据，当然要求载明出票人委托的付款人。

5) 收款人名称

收款人的名称是证明背书连续性的文义凭证，收款人即第一手背书人。没有收款人的名称，显然无法证明票据权利的真实性。

6) 出票日期

出票日期是确定出票后定期付款的汇票到期日的依据，也是确定见票即付和见票后定期付款的汇票提示期间的依据，它还是确定票据时效的重要依据。

7) 出票人签章

出票人签章是表明出票人身份和判断票据同一性的重要依据，同时，也是付款人付款后行使追偿权的凭证，自然是应当记载的事项。

2. 相对必要记载事项

1) 付款日期

汇票的付款日期也称到期日，即汇票上付款人应当支付票据金额的日期。汇票的付款日期对于确定付款人开始履行付款义务的期限、行使付款人的票据未到期的抗辩具有重要意义。

2) 付款地

付款地对于票据诉讼的管辖、票据义务的履行、拒绝证书的作成等均有意义，属于票据出票时应当记载的事项。

3) 出票地

出票地对于涉外票据的法律适用有着重要意义。因此，要求对出票地的记载清楚、明确。如果没有记载票据的出票地，出票地为出票人的营业场所、住所或者经常居住地。

3. 绝对有益记载事项

汇票的绝对有益记载事项是指票据法规定的，可以由当事人选择记载的事项，如果当事人记载了，则按照当事人的记载发生票据法上的效力。《票据法》规定的汇票出票行为的绝对有益记载事项有以下 3 项。

1) 禁止转让事项

汇票的出票人在出票时为了限制持票人的范围，可以在票据上记载禁止转让的文句。

2) 外币支付的事项

票据金额为绝对必要记载事项必须记载，但对票据金额的记载不以人民币为限，可以记载外币。

3) 代理付款人的事项

票据上记载代理付款人的，该记载发生效力，持票人应当向代理付款人提示请求付款。

4. 相对有益记载事项及无益记载事项

《票据法》第二十四条的规定：“汇票上可以记载本法规定事项以外的其他出票事项，但是该记载事项不具有汇票上的效力。”可见，除了上述的必要记载事项和绝对有益记载事项以外，其他的一切出票人的记载事项均为相对有益记载事项或者无益记载事项。这些事项的记载不能发生汇票上的效力，如果属于相对有益记载事项的，可能发生民法上的效力。如果属于无益记载事项就不发生任何法律效力，如果属于绝对无益记载事项甚至可能使票据无效。[①]

---

① 于莹．票据法[M]．北京：高等教育出版社，2008：122.

典型案例 17-1

广东省深圳市赛格进出口公司诉无锡市郊区农行汇票纠纷案

1996 年 1 月 22 日，广东省深圳市赛格进出口公司(以下简称赛格公司)根据与案外人无锡市恒昌车辆贸易总公司(以下简称恒昌公司)签订的代理进口摩托车发动机总成协议，对外开立了信用证。为此，恒昌公司按照约定签发了到期日分别为同年 11 月 16 日、12 月 16 日，收款人均为赛格公司的两张银行承兑汇票，均为无锡市郊区中国农业银行承兑。后在交付赛格公司前，恒昌公司将该两张汇票遗失，恒昌公司曾于同年 8 月 2 日在《南方日报》登报声明汇票作废，又于同年 9 月 2 日向无锡市郊区人民法院申请公示催告。法院于当天通知郊区中国农业银行停止支付。在法律规定的公示催告期届满后，恒昌公司未向法院申请除权判决。恒昌公司后来交付给赛格公司的，是遗失的银行承兑汇票第一联复印件和郊区中国农业银行于 8 月 28 日出具的内容为“由于银行承兑汇票被出票人遗失，出票人已登报声明作废，因此同意在遗失汇票的底联复印件上加盖本行汇票专用章，作为收款人向本行收款的有效依据；汇票到期后，收款人必须派员凭此复印件结算票面款项”的说明函。在银行承兑汇票第一联复印件上的汇票签发人签章栏内，加盖了郊区农行的汇票专用章，但是没有恒昌公司的签章。赛格公司按复印件记载的日期，在到期后持上述遗失汇票第一联的复印件向郊区中国农业银行提示付款时，遭到郊区中国农业银行拒付，因此提起诉讼。

资料来源：徐孟洲．票据法教学案例．北京：法律出版社，2006.

17.1.2 汇票出票的效力

1. 汇票出票对出票人的效力

票据签发后，其对出票人的效力表现为产生了票据债务，这种票据债务不属于直接的付款义务而是间接的担保义务。《票据法》第二十六条规定：“出票人签发汇票后，即承担保证该汇票承兑和付款的责任。出票人在汇票得不到承兑或者付款时，应当向持票人清偿本法第七十条、第七十一条规定的金额和费用。”由此可知，这种担保义务包括担保承兑和担保付款两个方面。

2. 汇票出票对付款人的效力

出票人在出票后，票据上的委托付款人付款的文句并不发生票据法上的效力，仅仅是票据出票人和付款人之间的原因关系。因此，付款人并不受票据关系的约束，付款人也不因此承担票据义务。此时，汇票的出票而使付款人产生的责任仅仅是一种相对付款责任，而不是绝对付款责任。付款人是否承担付款是尚未确定的事情。

实际上，汇票出票后，付款人可以依自己的独立意愿，进行两种不同的选择，在该汇票为需要由其进行承兑的汇票时，付款人即可以决定予以承兑，也可以决定拒绝承兑。在汇票无须承兑时，付款人既可以决定予以付款，也可以决定拒绝付款。

3. 汇票出票对收款人及持票人的效力

出票行为一经完成，持票人便由此产生了票据权利，即一定金额的支付请求权。具体来说这种权利表现在 3 个方面：①收款人可以行使提示权，向付款人提示承兑或者提示付款；②收款人可以行使付款请求权和追索权，在未获承兑或未获付款时，向出票人请求支付票据金额；③收款人可以将票据转让，从而获得相应的对价给付。

17.2 汇票的背书

17.2.1 背书的种类

背书按照不同性质有不同分类，一般学理上根据签发背书的目的，把背书分为实质背书和形式背书两类。

1. 实质背书

实质背书以票据权利转移为目的，因而又称转让背书。实质背书依其不同特征还可以再分为一般背书，即依照票据法规定的背书内容，进行完整的背书记载的背书；特别背书，即在一般背书以外的，在背书记载及背书人等方面有特别情况的背书。

2. 形式背书

形式背书又称非转让背书，是指不以票据权利转移为目的，仅在形式上具有背书的外观，而在实质上不转让票据权利的背书。形式背书主要包括委托收款背书和设定质权背书。

17.2.2 一般背书

1. 背书人

为确保背书的连续，我国《支付结算办法》第三十三条第二款规定，第一手背书人应当是票据上记载的收款人，其后的每一手背书的背书人，均为前一背书所记载的被背书人。

2. 背书的记载事项

根据《票据法》第二十七条第四款规定，背书应当在背面或者粘单上进行，而且在印制好格式的汇票中背书也应当在背书栏中依次进行，不能随意在空白位置上进行。如果需要粘单的，应当由粘单上的第一记载人在粘接处签章，以证明粘单与票据的衔接。与出票的记载事项相似，《票据法》也规定了背书的必要记载事项、有益记载事项和无益记载事项。

17.2.3 特别背书

1. 限制背书

限制背书是指在背书中附加某些特别的记载，从而对票据的转让效力给予一定限制的背书，限制背书一般包括禁止转让背书和无担保背书两种。

1) 禁止转让背书

禁止转让背书和出票人记载的禁止背书不同，表现在出票人进行禁止背书记载的，①受让人虽然能够取得转让人的债权，但该种债权已经不具有票据权利的性质，变为了一般性质的债权，此时，不承认对人抗辩的切断制度，即出票人得以一切对抗转让人的抗辩事由对抗受让人，且无论善意、恶意均可对抗。②受让人无善意取得制度的保护，适用于善意取得制度的规定，在此不再适用。③转让人不承担担保责任，亦即转让人转让该债权后，如果债务人到期不履行债务，也不能向转让人进行追索。而票据上进行禁止转让背书记载的，仅发生记载禁止转让的背书人免除担保义务的效力。

2) 无担保背书

无担保背书，即在背书上进行相应文句的记载，就可以免除背书人的担保承兑和担保付款的责任。日内瓦票据法体系认为，背书人并非是最终的票据债务人，其免除担保付款的责任，只是相对减少了权利人实现权利的可能的途径，并不是完全取消了权利人实现权利的可能。《票据法》上没有明确规定可以进行无担保背书的记载，因此，该类记载属于相对无益记载应当视为没有记载。

2. 回头背书

回头背书是指以先前在票据上签名的票据义务人为被背书人的背书。当债权人与债务人出现混同时，一般债权会出现债权因混同而消灭的情形，然而票据债权则不发生此种效力。回头背书具有背书的效力，可以继续转让票据权利，并担保票据权利的实现。但是由于回头背书的被背书人可能会有票据权利与义务的重叠，所以根据回头背书的被背书人先前在票据上的地位不同，其能够行使的权利范围也不同。

3. 期后背书

期后背书是指在票据被拒绝承兑、拒绝付款或者超过付款提示期限时所进行的背书。期后背书属于无效背书，不能发生一般背书效力。需要注意的是在票据到期后进行的背书并不一定是期后背书，只有在票据到期后并经过了提示期限的背书才称为期后背书，属于无效，而在票据到期后，提示期限经过前的背书仍然是有效背书。期后背书属于无效背书，但是并非没有任何法律的效力，它仅仅应当作为一般债权的转让处理。

4. 空白背书

由于被背书人是背书的绝对必要记载事项，没有记载的票据无效。因此，我国票据法上不承认空白背书的效力，如果事实上发生了空白背书，也必须在行使票据权利时，将被背书人名称记载完成方能行使票据权利。

典型案例 17-2

华北电力物资供销储运公司诉中国银行通州市支行票据纠纷案

1998 年 11 月 2 日，江苏省通州市金属材料总公司(以下简称金属公司)向中国银行通州市支行(以下简称通州中行)申请办理银行承兑汇票一份，出票人为金属公司，收款人为通州市金平建材厂(以下简称金平建材厂)，到期日为 1999 年 5 月 2 日，通州中行在承兑行栏内加盖了汇票专用章。汇票背面记载的第一背书人和被背书人均为金平建材厂；第二背书人为丰驰物资有限公司，被背书人为金和工贸有限公司；华北电力物资供销储运公司(以下简称储运公司)，为第五被背书人，亦为最后被背书人。1999 年 4 月 27 日，储运公司委托北京市工商银行石门分理处(以下简称石门分理处)收款，通州中行于同年 5 月 5 日出具拒付理由书，载明“汇票背书不连续”，并连同汇票退回石门分理处。储运公司遂提起诉讼。法院在审理中查明，银行承兑汇票绝对必要记载事项齐全。汇票的背书栏有背书人的签章，但被背书人一栏均未填写单位名称属空白背书。储运公司在取得该汇票后，公司出纳员在委托石门分理处办理收款业务时，应分理处要求将空白的被背书人一栏填写被背书人的单位名称时，将第一被背书人错写成第一背书人，造成背书不连续。

资料来源：祝铭山．票据纠纷(典型案例与法律适用)．北京：中国法制出版社，2003.

17.2.4 形式背书

1. 委托收款背书

委托收款背书应当进行背书人、被背书人及“委托收款”字样的记载。委托收款背书无须另行出具委托手续，付款人基于该背书付款的，无论被背书人是否有代理权均可以免责。

委托收款背书的被背书人有权代背书人行使几乎一切背书人可以行使的权利，除了代背书人行使付款请求权、追索权、利益返还请求权和怠于通知的损害赔偿请求权外，还可以代背书人进行诉讼。但是其权利也并非不受限制，被背书人不得进行背书转让也不得设定质押；在有关诉讼中，非经背书人特别授权，不得接受反诉、同意和解、免除债务、变更诉讼请求等，总之，其不能在实质上对权利进行处分。

2. 设定质押背书

设定质押背书应当进行背书人、被背书人及“质押”字样的记载。设定质押背书的被背书人与委托收款背书的被背书人不同，可能成为真正的票据权利人，一旦质押到期，被背书人可以依法实现质权，成为票据的真实权利人，此时，其本人即可请求票据金额的支付或者进行追索。设定质押的被背书人也基于背书的连续而当然取得权利人资格，无须另外的证明。

17.3 汇票的承兑

17.3.1 承兑的概念和记载事项

承兑是指汇票付款人在汇票上明确表示在汇票到期日支付汇票金额的票据行为。承兑是远期汇票特有的票据行为，本票、支票以及即期汇票中均不存在承兑。

承兑的绝对必要记载事项包括承兑文句和承兑人两项。

1. 承兑文句

《票据法》第四十二条第一款规定：“付款人承兑汇票，应当在汇票正面记载承兑字样。”实践中，在统一票据用纸上，通常预先印好相应的承兑文句，而无须承兑人自己另行记载。

2. 承兑人

与背书中背书人的记载事项相似，承兑人这一记载事项往往与承兑人签章是重合的。

以上两项记载事项未记载时，不发生承兑的效力。

承兑的相对必要记载事项即承兑日期，《票据法》规定，付款人承兑汇票时应当记载承兑日期，汇票上未记载承兑日期的，付款人收到提示承兑汇票之日起的第三日为承兑日期。

承兑的绝对无益记载事项为附条件承兑，《票据法》第四十三条规定：“承兑附有条件的，视为拒绝承兑。”

17.3.2 承兑的程序

承兑的程序如下。

1. 提示承兑

提示承兑，是指持票人向付款人出示汇票，并要求付款人承诺付款的行为。提示承兑本身不是票据行为，而是承兑行为的前提和必要手续。[①]提示承兑的人称为提示人，付款人称为被提示人。提示承兑应当在法定的期间内进行，具体而言，定日付款或者出票后定期付款的汇票，持票人应当在汇票到期日前向付款人提示承兑；见票后定期付款的汇票，持票人应当自出票日起 1 个月内向付款人提示承兑；见票即付的汇票无须提示承兑。

2. 承兑和拒绝承兑

在持票人提示承兑后，付款人应当在一定时间内作出承兑或者拒绝承兑的决定。根据《票据法》的规定，付款人对向其提示承兑的汇票，应当自收到提示承兑的汇票之日起 3 日内承兑或拒绝承兑。付款人在 3 天考虑期限届满后，既不表示承兑，也不表示拒绝承兑的，应视为拒绝承兑。

3. 汇票的回单与交还

持票人向付款人提示承兑时，必须将汇票交给付款人占有，而付款人收到汇票时，应当向持票人签发收到汇票的回单。回单上必须记名汇票提示承兑的日期并签章。付款人无论最终决定承兑或拒绝承兑，都应当将汇票交还给持票人。

17.3.3 承兑的效力

付款人承兑汇票后，应当承担到期付款的责任，这种付款责任是一种绝对责任、第一性责任。付款人承兑之前，持票人享有的票据权利仅仅是一种期待权，一旦付款人承兑，这种期待权便成为了现实性的权利。

17.4 汇票的保证

17.4.1 汇票保证的概念和分类

汇票的保证，是指汇票债务人以外的第三人为担保特定汇票债务人履行债务，以负担同一内容的汇票债务为目的而为的附属票据行为。

汇票保证有全部保证和部分保证、单独保证和共同保证、正式保证和略式保证之分，我国票据法仅承认全部保证不承认部分保证，既承认单独保证也承认共同保证，只承认正式保证不承认略式保证(只有保证人签章而无“保证”字样的保证)。

17.4.2 保证的记载事项

《票据法》第四十六条规定：“保证人必须在汇票或者粘单上记载下列事项：表明“保证”的字样；保证人的名称和住所；被保证人的名称；保证日期；保证人签章。”在这些记载事项中，保证文句、保证人名称属于绝对必要记载事项，保证人住所、被保证人名称、保证日期为相对必要记载事项。

《票据法》未规定保证的有益记载事项，从一般规定来看，保证人应当可以记载《票据

---

① 范健．商法[M]．北京：高等教育出版社，北京大学出版社，2002：352.

法》规定以外的其他事项，但该事项并不属于绝对有益记载事项，即该记载不能发生票据上效力，且该记载亦不得包含可能影响票据保证成立的内容。

《票据法》规定的保证的无益记载事项为附条件保证。《票据法》第四十八条规定："保证不得附有条件；附有条件的，不影响对汇票的保证责任。"

17.4.3　保证的效力

保证人为汇票提供保证后，必须承担相应的责任，具体表现：

(1) 保证人负有与被保证人完全相同的票据责任。这种票据责任属于连带保证责任。

(2) 如被保证人的票据债务因形式欠缺原因而无效的，保证人的票据责任可以排除，但保证人仍要承担相应的民事责任。

当然，保证人履行保证义务后，便可取得汇票持票人的地位，向其他票据债务人进行追偿。

17.5　汇票的追索权

17.5.1　汇票追索权概述

汇票追索权，是指持票人在汇票到期不获付款或期前不获承兑或有其他法定原因时，在依法行使或保全了汇票权利后，向其前手请求偿还汇票金额、利息及其他法定款项的一种票据权利。

追索行为产生追索法律关系，该法律关系主体为追索权人和被追索人。追索权人有二，即最后持票人和因清偿而取得权利的人。最后持票人是行使最初追索权的人；已为清偿的汇票债务人即为再追索权人。被追索人清偿后与持票人有同一权利。[①]被追索人包括出票人、背书人、保证人和其他债务人。

根据不同的标准，可以将追索权作出不同的划分。根据持票人行使追索权的时间不同，可以将追索权分为期前追索权和期后追索权。根据行使追索权的主体不同，可将追索权分为最初追索权和再追索权。

17.5.2　追索权的行使

1. 追索权的要件

1) 期后追索

根据《票据法》第六十一条第一款的规定，持票人在汇票到期日后行使追索权的唯一法定原因是汇票到期被拒绝付款。

2) 期前追索

根据《票据法》第六十二条第二款的规定，发生下列情形之一时，持票人也可以在汇票到期日之前行使追索权：汇票被拒绝承兑；承兑人或者付款人死亡、逃匿；承兑人或者付款人被依法宣告破产或者因违法被责令终止业务活动。

---

① 刘清波．商事法[M]．台北：台湾商务印书馆股份有限公司，1986：233．
《票据法》第六十八条作了相同规定。

3) 再追索权

当被追索人履行了追索义务，向追索人偿还了票据债务，并依法收回票据后，他便取得了持票人的地位，可以向其他票据债务人行使再追索权。当然，该票据应在形式上符合票据法的要求，并且对再追索义务人主张权利的时效期间尚未届满。

2. 追索权行使的程序

追索权行使的各项程序如下。

1) 提示承兑或提示付款

持票人行使追索权，必须先向付款人提示汇票。持票人未按照《票据法》规定提示承兑和提示付款的，原则上丧失对其前手的追索权。但是，如果持票人提示承兑遭拒绝，或者付款人或承兑人死亡、逃匿，或者付款人或承兑人受破产宣告或者被责令停业，或者有其他原因使持票人无从为承兑提示或付款提示，那么，持票人可以不为承兑提示或付款提示而直接向其前手行使追索权。

2) 作成拒绝证书

持票人行使追索权时，应当提供被拒绝承兑或者被拒绝付款的有关证明，即拒绝证书。拒绝证书包括拒绝证明和退票理由书两种形式。如果持票人因承兑人或者付款人死亡、逃匿或者其他原因而不能取得拒绝证明时，可以用其他证明文件来代替拒绝证明。

3) 拒绝事由的通知

拒绝事由的通知，也称追索通知，是指持票人为向其前手行使追索权而事先将汇票不获承兑或不获付款的事实告知其前手的行为。《票据法》第六十六条第一款规定：“持票人应当自收到被拒绝承兑或者被拒绝付款的有关证明之日起 3 日内，将被拒绝事由书面通知其前手。该持票人的前手应当自收到通知之日起 3 日内书面通知其再前手。持票人也可以同时向各汇票债务人发出书面通知。”若未按此规定通知的，根据《票据法》第六十六条第二款规定，持票人应当承担对该损失的赔偿责任，但所赔偿的金额以汇票金额为限。

3. 追索权的效力

追索权的效力是指追索权行使的法律后果，它包括对人的效力和对物的效力两个方面。其中，对人的效力又分为对追索人和对被追索人的效力。对物的效力是指对追索金额所产生的效力。

1) 对人效力

票据法为了保障持票人的追索权能够得到实现，赋予持票人连带追索权、选择追索权、变更追索权和代位追索权。连带追索权，根据《票据法》第六十八条第一款规定，汇票的持票人可以对出票人、背书人、承兑人和保证人连带追索；选择追索权，根据《票据法》第六十八条第二款规定，持票人可以不按照汇票债务人的先后顺序，对其中任何一人、数人或者全体行使追索权；变更追索权，根据《票据法》第六十八条第三款规定，持票人对汇票债务人中的一人或者数人已经进行追索的，对其他汇票债务人仍可以行使追索权；代位追索权，根据《票据法》第六十八条第三款规定，被追索人清偿债务后，与持票人享有同一权利。

对被追索人来说，持票人行使追索权，对被追索人产生两方面的效力：①汇票出票人、背书人、承兑人和保证人对持票人承担连带责任；②被追索人清偿汇票债务后，与持票人享有同一权利。

典型案例 17-3

沂南县城区农村信用合作社诉青州黎纳制衣有限责任公司等票据追索纠纷案

2001年6月17日，山东省青州市永茂制衣有限公司(以下简称永茂公司)与潍坊汇源制革有限公司(以下简称制革公司)签订皮革购销合同。合同签订后，青州黎纳制衣有限责任公司(以下简称黎纳公司)去其开户银行中国银行青州支行(以下简称青州支行)申请办理了3张共计100万元的银行承兑汇票，出票人均为黎纳公司，收款人是永茂公司，到期日为2001年10月18日，并由青州支行承兑。永茂公司当日取得上述3张汇票后，用于支付购货订金，转让给制革公司，并在第一背书人栏内签章，但未记载被背书人名称和时间。制革公司于2001年6月20日和25日两次去沂南县原皮购销供应中心(以下简称供应中心)购买猪原皮，先后将其中两张汇票交付给供应中心。2001年6月25日，供应中心将所持的汇票的第一被背书人补记为供应中心，并在第二背书人栏内签章，亦未记载被背书人名称和时间。之后，供应中心去其开户银行沂南县城区农村信用合作社(以下简称信用社)申请贴现。信用社委托中国工商银行沂南支行(以下简称沂南支行)于同日电报查询汇票的真伪，青州支行于6月28日回电称属实。同日，信用社为供应中心办理了汇票贴现手续。2001年10月15日，信用社在第二被背书人栏内进行补记后，通过开户银行沂南支行办理委托收款。孰料，青州支行电告沂南支行称：汇票已于2001年10月8日办理挂失止付手续，请与出票人黎纳公司联系(经查明，因永茂公司与制革公司产生纠纷，永茂公司称汇票丢失，向青州支行办理挂失止付手续，后又申请青州市法院将其转让的上述3份汇票裁定停止支付)。信用社遂向法院提起诉讼。

资料来源：http://www.chinawurt.org/article/detail/2003/01/id/29810.shtml.

2) 对物效力

追索权的对物效力表现为一定的追索金额，包括最初追索金额和再追索金额。最初追索金额，是指持票人向汇票债务人行使追索权请求支付的金额，一般包括汇票金额、法定利息和追索费用3部分。《票据法》第七十条规定："持票人行使追索权，可以请求被追索人支付下列金额和费用：被拒绝付款的汇票金额；汇票金额自到期日或者提示付款日起至清偿日止，按照中国人民银行规定的利率计算的利息；取得有关拒绝证明和发出通知书的费用。"再追索金额，是指偿还义务人行使再追索权时要求其前手清偿的金额，一般也包括3部分，即已清偿的追索金额、法定利息和再追索费用。[①]

引例分析

中国投资银行天津支行诉天津轻工业贸易有限公司票据纠纷案

本案的争议焦点在于出票人记载有"不得转让"的汇票能否质押。根据《票据法》的规定，出票人记载有"不得转让"字样的票据不得转让，因此，在案件的审理过程中一种意见认为，权利质押的标的只能是依法可以转让的财产权，不可转让的权利不得设立质押，该质押行为应认定为无效。而另一种意见认为

① 范健．商法[M]．北京：高等教育出版社，北京大学出版社，2002：363-364.

汇票的质押不能等同于汇票权利的转让，因为，出质人不能偿还到期债权时，质押权人实现其担保物权的方式有3种，即转让票据、直接行使票据权利、要求出质人行使票据权利。质押权人并不是一定要通过从出质人处取得汇票权利才能够实现质押权，他完全可以要求出质人行使票据权利，并在出质人怠于行使票据权利时代位其行使票据权利。所以，出票人记载有“不得转让”字样的汇票可以成立质押。

本章小结

汇票是最具代表性的票据，对汇票法律关系的规范是票据法的核心。《票据法》以近1/2的篇幅详细规定了汇票的出票、背书、承兑、保证、付款和追索权的内容。汇票权利产生于出票行为，出票行为的完成必须记载相应的事项，完成相应记载事项的出票行为使出票人承担担保承兑和担保付款的义务，使持票人享有票据权利。汇票权利转移最为常见的方式是背书，背书分为实质背书和形式背书，实质背书需要记载相应的事项并保持背书的连续，实质背书可以产生票据权利转移的效力，形式背书仅限于委托收款背书和设质背书，不能产生票据权利转移的效力。远期汇票的持票人要行使票据权利，应当在规定的期限内向付款人提示承兑，提示承兑要按照法律规定的期限和程序进行。付款人可以选择承兑或者拒绝承兑，付款人拒绝承兑的，持票人可以向其他票据债务人进行追索。

思考题

1. 汇票出票时记载“不得转让”的，记载的效力如何？
2. 汇票出票时票据号码的记载属于何种记载事项？效力如何？
3. 背书附有粘单时，粘单的接缝处应当如何签章？
4. 背书上有分别背书或部分背书的记载时，票据的效力如何？
5. 背书上出现回头背书现象时如何处理？

练习题

1. 单项选择题

(1) 若原背书人在汇票上记载有“不得转让”字样时，下列表述中正确的是(　　)。
A. 若持票人将此票据再行背书转让，该背书行为无效
B. 在特定条件下，持票人可以将此票据再行背书转让
C. 若持票人再行背书转让，原背书人对现持票人不承担保证责任
D. 此票据只能背书记载“委托收款”字样，不能背书记载“质押”字样

(2) 乙公司在与甲公司交易中获金额为 300 万元的汇票一张，付款人为丙公司。乙公司请求承兑时，丙公司在汇票上签注：“承兑。甲公司款到后支付。”下列关于丙公司付款责任的表述中正确的是(　　)。
A. 丙公司已经承兑，应承担付款责任
B. 应视为丙公司拒绝承兑，丙公司不承担付款责任
C. 甲公司给丙公司付款后，丙公司才承担付款责任
D. 按甲公司给丙公司付款的多少确定丙公司应承担的付款责任

(3) 甲公司于 2004 年 4 月 6 日签发一张汇票给乙公司，到期日为 2004 年 7 月 6 日。乙公司于 2004 年 5 月 6 日向付款人提示承兑，被拒绝。乙公司遂将该汇票背书转让给丙公司。乙公司在此汇票上的背书的性质属于(　　)。

A. 回头背书　　B. 限制背书

C. 期后背书　　D. 附条件背书

2. 多项选择题

(1) 甲公司在与乙公司交易中获汇票一张，出票人为丙公司，承兑人为丁公司，付款人为戊公司，汇票到期日为 2003 年 11 月 30 日。当(　　)时，甲公司可以在汇票到期日前行使追索权。

A. 乙公司申请注销法人资格　　B. 丙公司被宣告破产

C. 丁公司被吊销营业执照　　D. 戊公司因违法被责令终止业务活动

(2) 甲、乙签订一份购销合同。甲已由银行承兑的汇票付款，在汇票的背书栏记载有“若乙不按期履行交货义务，则不享有票据权利”，乙又将此汇票背书转让给丙。下列对该票据有关问题的表述正确的是(　　)。

A. 该票据的背书行为为附条件背书，效力待定

B. 乙在未履行交货义务时，不得主张票据权利

C. 无论乙是否履行交货义务，票据背书转让后，丙取得票据权利

D. 背书上所附条件不产生汇票上效力，乙无论交货与否均享有票据权利

3. 辨析题

(1) 票据权利与票据法上权利

(2) 对人抗辩与对物抗辩

(3) 抗辩切断与善意取得

第18章 本票与支票

本章教学要点

知识要点	掌握程度	相关知识
本票的类别	熟悉	《票据法》中本票的类别
支票的类别		现金支票、转账支票与空头支票
空白支票的内涵		空头支票与空白支票
本票及支票对汇票规则的适用	了解	凡是票据法本票及支票部分的特别规则未作出规定的，均适用《票据法》有关汇票的规定
本票出票行为的特别规则	掌握	本票记载事项的特别规定
支票资金关系的特别规则		《票据法》不允许出票人开具空头支票，签发空头支票的效力
支票出票行为的特别规则		支票记载事项的特别规定
本票提示见票的特别规则	重点掌握	提示见票的期限以及未按规定期限提示见票的效力
支票提示付款的特别规则		支票提示付款的期限以及未按规定提示付款的效力

基本概念

提示见票　银行本票　空头支票　空白支票　现金支票　转账支票　见票即付

引例

弘和有限责任公司遗失空白转账支票案

2003 年 4 月 1 日，王某持弘和有限责任公司(以下简称弘和公司)的空白转账支票(该支票后被证实是弘和公司遗失的预留公司印章的空白支票)到东安百汇商厦购买物品，价值合人民币 12 400 元。东安百汇商厦售货员根据王某的提示填写了支票，包括开户银行名称、签发人账户、用途及大小写金额等事项。其中大写金额中的“百”字错写。4 月 2 日，东安百汇商厦财务持该支票到银行转账，银行以账户不符退回支票。东安百汇商厦凭支票上的印鉴要求弘和公司偿付货款。弘和公司以已经登报宣告该支票作废为由拒绝支付，东安百汇商厦遂向人民法院提起诉讼。

请结合本案例思考支票的特别规则。

资料来源：http://bloy.sina.com.cn/slblog-5af88.bdcoloojuh6.html.

18.1　本　票

18.1.1　本票对汇票规则的适用

本票是出票人签发的，承诺自己在见票时无条件支付确定金额给收款人或者持票人的票据。由于本票与汇票有着诸多相同或者相近之处，在适用的规则方面也就表现出相当多的一致性，这样一来，作为一种立法技术上的处理，《票据法》规定，有关本票的出票、背书、保证、付款行为和追索权的行使，本票特别规则中未作规定的，适用汇票的有关规定。

18.1.2　本票的特别规则

1. 关于本票出票人的资格限制

《票据法》规定，本票的出票人必须是具有支付本票金额的可靠资金来源，保证支付的银行。在实际的经济活动中，如果企业想要使用本票，则通常要向银行申请签发本票，银行以自己为出票人，发出本票并将其交付持票人。

2. 本票出票行为的特别规则

有关本票出票行为的特殊规则主要体现在本票的记载事项中。

1) 本票的绝对必要记载事项

本票的绝对必要记载事项与汇票相比少了付款人名称，这是因为本票属于自付票据，付款人即是出票人，基于同一原因，本票的记载事项中也没有无条件支付的委托，取而代之的是无条件支付的承诺。

2) 本票的相对必要记载事项

本票的相对必要记载事项包括付款地和出票地两项，由于本票的付款人与出票人为同一人，因此，本票上未记载付款地或未记载出票地的，均为出票人的营业场所。与汇票相比，本票的相对必要记载事项中没有付款日期，这是因为本票是承诺自己在见票时无条件付款即见票即付的票据。

典型案例 18-1

中国银行深圳支行诉中国工商银行某支行及某合作公司票据纠纷案

1995 年 12 月 24 日，某合作公司与香港商人陈某约定：合作公司用 400 万港元从陈某手中购买香港某银行开出的本票两张。陈某在上述两张本票的收款人空白栏内填入合作公司后，合作公司当日即持票到中国工商银行某支行办理兑付。由于该行与香港某银行无直接业务关系，便建议合作公司到中国银行深圳支行(以下简称深圳支行)办理兑付。同月 25 日，中国工商银行某支行与合作公司一起到深圳支行办理兑付业务。深圳支行(系香港某银行在海外的联行)审查后，认为该两张本票票面要件相符，密押相符，便在本票上盖了“印押相符”章，合作公司与中国工商银行某支行分别在两张本票后背书签章。深圳支行即将票据金额划入中国工商银行账内，中国工商银行某支行又将此款划入合作公司账户。合作公司见款已入账，在认为没有问题的情况下将 400 万元港元划到陈某指定的账户上。迟至 1996 年 8 月 22 日，深圳支行方向香港某银行提示付款。同月 30 日，深圳支行接到香港某银行的退票通知书称此两张本票系伪造，拒绝付款。深圳支行即日向中国工商银行某支行退回本票并说明理由，要求其归还票面金额。中国工商银行某支行接票后当日即函复深圳支行请求控制合作公司在深圳支行的港币账户。此时陈某已不知去向。深圳支行遂以中国工商银行某支行与合作公司为共同被告提起诉讼。

资料来源：www.148com.com/html/562/80693.html.

3. 本票提示见票的特别规则

由于本票无须承兑，因此不存在提示承兑；由于本票持票人请求付款的相对人不是付款人，因而也不存在提示付款。本票持票人提示出票人支付票据金额的行为被称为提示见票。根据《票据法》的规定，持票人应当自出票日起 2 个月内向出票人提示见票。若持票人未按规定提示见票，丧失对出票人以外的前手的追索权。但本票持票人对出票人的付款请求权，不受该条限制，在出票日后 2 年内，持票人均可随时请求出票人付款。

18.2 支　　票

18.2.1 支票对汇票规则的适用

支票是出票人签发的，委托办理支票存款业务的银行或者其他金融机构在见票时无条件支付确定金额给收款人或者持票人的票据。票据法理论认为，汇票属于信用证券，具有信用功能，同时也具有支付功能，而支票仅为单纯的支付证券，不具有信用功能。基于这种认识，一些国家将汇票与本票的规则规定在一起，称为票据法，而将支票的规则单独规定，称为支票法。不过就规则的内容看，支票与汇票规则大同小异，实无重复规定的必要。有鉴于此，我国票据法规定，支票的出票、背书、付款行为和追索权的行使适用汇票的有关规定。

18.2.2 支票的特别规则

1. 关于支票资金关系的规则

支票所具有的单纯支付证券的性质决定了支票出票人与支票付款人之间必须存在资金关系，即申请人必须开立支票存款账户存入足够的现金。在我国不允许出票人签发空头支票。所谓空头支票是指出票人所签发的支票金额超过其付款时在付款人处实有存款金额的支票。当然，出票人签发的支票是否为空头支票应以持票人提示付款之时为准。出票人若签发了空头支票，也不当然导致票据无效，根据《票据法》第八十九条可知，出票人仍应当按照票据记载承担票据责任。

2. 关于支票出票行为的规则

1) 出票人出票种类的选择

出票人在出票时可以根据实际需要选择签发不同种类的支票。在支票上印有“现金”字样的支票为现金支票，其只能用以支取现金；在支票上印有“转账”字样的支票为转账支票，其只能用以转账；支票上未印有“现金”或“转账”字样的支票为普通支票，其既可以用以支取现金也可以用以转账，但用以转账时必须在支票正面注明，否则只能用以支取现金。

2) 出票的记载事项

出票的记载事项包括以下几项。

(1) 绝对必要记载事项。支票的绝对必要记载事项与汇票相比少了收款人名称，这是因为我国票据法允许存在未记载收款人名称的空白支票。但应注意，由于《支付结算办法》第一百一十九条规定，未经补记的收款人名称空白的支票，不得背书转让和提示付款，因此，实践中持票人在提示付款前应当将收款人补记完整。

典型案例 18-2

五星电器公司诉中国银行徐州分行错误解付票款纠纷案

2004 年 8 月 6 日，徐州市胜达装饰材料经销处(以下简称胜达经销处，为犯罪嫌疑人虚构企业)持金额为 1 900 元的转账支票到五星电器公司购买传真机。因传真机价值 1 550 元，五星电器公司将多出的差额 350 元用转账支票退还给胜达经销处。2004 年 9 月 9 日，五星电器公司财务人员在核对账目时发现被银行划走了 12.7 万余元。五星电器公司到其开户行中国银行徐州分行营业部(以下简称徐州分行)查询，发现据以划走 12.7 万元的支票上的背书人为徐州市恒鑫电器设备经销处，支票上的字迹非五星电器公司财务人员书写。该支票虽与五星电器公司退款给胜达经销处 350 元的支票票号相同，但该支票上的印制年份却与五星电器公司处留存的支票存根的印制年份不同。另外，该支票的出票日期为 8 月 23 日，背书日期却为 8 月 15 日，且该支票上填写的背书人的开户行是“中行营业厅”，而不是徐州分行的正确简称“中行营业部”。五星电器公司认为该支票是伪造的，遂向法院起诉要求徐州分行承担责任。

资料来源：未能识别出变造支票中国银行审核过失赔偿 13 万. 中国江苏网，2005-5-26.

(2) 相对必要记载事项。支票的相对必要记载事项包括付款地和出票地两项，支票上未记载付款地的，付款人的营业场所为付款地；支票上未记载出票地的，出票人的营业场所、住所地或者经常居住地为出票地。与汇票相比，支票的相对必要记载事项中没有付款日期，这是因为在我国，支票限于见票即付。

(3) 相对无益记载事项。我国的票据法将到期日的记载规定为支票的相对无益记载事项。支票限于见票即付，不得另行记载付款日期，另行记载付款日期的，该记载无效。

3. 关于空白支票的规则

空白支票是指在出票时，对若干必要记载事项未进行记载，即完成签章并予以交付而授权他人在其后进行补记，经补记后才使其有效的支票。我国票据法允许签发的空白支票分为两类，即金额空白支票和收款人名称空白支票。

典型案例 18-3

北京市商贸公司诉北京盛业光泽投资顾问有限公司票据纠纷案

2002 年 6 月 12 日，北京市商贸公司(以下简称商贸公司)交付北京盛业广泽投资顾问有限公司(以下简称盛业公司)一张出票人为北京文博装饰工程有限公司(以下简称文博公司)、出票日期为 2002 年 6 月 10 日、付款银行为中国工商银行×××支行、金额为 132 万元、收款人一项为空白的转账支票以抵偿钢材货款。盛业公司在支票收款人空白处自行补记后持该支票向银行提示付款，因超过期限，银行拒绝付款，支票被退回。盛业公司向文博公司作出说明，要求对方按照支票金额付款，被拒绝，故向人民法院提起诉讼。

资料来源：张严方．空白支票转止的票据权利以定．法人杂志，2007，(1)：98-99.

4. 关于支票付款的规则

《票据法》规定，支票的持票人应当自出票日起 10 日内提示付款，超过提示付款期限，付款人可以不予付款，但出票人仍应向持票人承担票据责任。

引例分析

弘和有限责任公司遗失空白转账支票案

本案中弘和公司签发预留印鉴的空白转账支票系违法行为。根据《银行结算办法》规定，支票“未按规定填写，被涂改冒领的，由签发人负责。”中国人民银行《关于不得签发空白支票的补充规定》以及《转账支票使用须知》均强调“不得签发预留印鉴的空白支票。”弘和公司却无视上述规定，违法签发预留印鉴的空白支票。弘和公司未妥善保管支票，支票遗失后，又未按法定公示催告程序宣告票据无效，根据法律规定，宣告票据无效只能通过公示催告程序由法院作出，票据当事人单方面声明票据作废的做法是没有法律效力的。因此，弘和公司辩称支票已作废没有法律依据，弘和公司在空白支票遗失后，没有采取法定补救措施，致使支票被他人冒领，对此，弘和公司应承担责任。

本章小结

由于本票、支票与汇票在诸多方面存在相似之处，我国票据法对3种票据相同的规则未作重复性规定。当然，基于本票和支票的特殊性，票据法对本票和支票也作了一些特殊规定。在本票出票人的资格方面，只有银行才可以成为本票的出票人；在本票的记载事项方面，本票的绝对必要记载事项和相对必要记载事项与汇票有所不同；本票的提示见票规则也与汇票有区别。在支票的资金关系方面，我国票据法不允许出票人开具空头支票；在支票的记载事项方面，支票的绝对必要记载事项无收款人一项，相对必要记载事项无付款日期一项；支票的提示付款规则也与汇票有区别。

思考题

1. 本票与汇票相一致的规则有哪些？
2. 本票未按规定期限提示见票的，为何持票人对出票人的付款请求权不会丧失？
3. 支票与汇票相一致的规则有哪些？
4. 空头支票上背书的当事人是否需要承担票据责任？
5. 支票未按规定提示付款的，支票上的背书人是否还承担票据责任？
6. 本票、支票的绝对必要记载事项各有哪些？

练习题

1. 单项选择题

(1) 下列关于本票的表述中错误的(　　)。

A．我国票据法上的本票包括银行本票和商业本票

B．本票的基本当事人只有出票人和收款人

C．本票无须承兑

D．本票是由出票人本人对持票人付款的票据

(2) 熊某因出差借款。财务部门按规定给熊某开具了一张载明金额1万元的现金支票。熊某持支票到银行取款，银行实习生马某向熊某提出了下列问题：你真的是熊某吗？为什么要借1万元？熊某拒绝回答，马某遂拒绝付款。根据票据法原理，关于马某行为，下列选项中错误的是(　　)。

A．侵犯熊某人格尊严　　B．违反票据无因性原理

C．侵犯持票人权利　　D．违反现金支票见票即付规则

2. 多项选择题

(1) 依据《票据法》，下列有关本票与支票的表述中正确的是(　　)。

A．本票包括银行本票和商业本票

B．本票的基本当事人为出票人、付款人和收款人

C．支票限于见票即付，不得另行记载付款日期

D．支票可以背书转让

(2) 甲公司于 2006 年 3 月 2 日签发同城使用的支票 1 张给乙公司，金额为 10 万元人民币，付款人为丁银行。次日，乙公司将支票背书转让给丙公司。2006 年 3 月 17 日，丙公司请求丁银行付款时遭拒绝。丁银行拒绝付款的正当理由有(　　)。

A．丁银行不是该支票的债务人

B．甲公司在丁银行账户上的存款仅有 2 万元人民币

C．该支票的债务人应该是甲公司和乙公司

D．丙公司未按期提示付款

第五编 保险法

第19章 保险与保险法概述

本章教学要点

知识要点	掌握程度	相关知识
保险的概念	熟悉	保险的法律界定
保险法的调整对象		保险公法关系和保险私法关系
保险与相关概念的比较	了解	保险与储蓄、救济、自保、赌博、保证的区别
保险的特征	掌握	自愿性、有偿性、双向性、互助性、损益性
保险的种类		财产保险和人身保险；原保险与再保险；原保险、再保险和共同保险；强制保险和自愿保险；财产保险、责任保险、保证保险和人身保险；单一危险保险和综合危险保险；纯商业保险和政策性保险
保险法的基本原则	重点掌握	最大诚实信用原则、保险利益原则、损失补偿原则、近因原则

基本概念

保险　保险法　保险法调整对象　保险利益　近因

引例

刘某诉保险公司索赔案

原告刘某于2001年7月以35万元的价格购入轿车一辆，以该轿车为标的，于当年9月与保险公司签订机动车辆保险合同。原告投保的车辆损失险的保险金额100万元，保险期1年。2002年2月17日，原告驾驶该车发生交通事故，因路滑冲出公路与路边树木相撞，造成车体严重损毁而报废。事故发生后，保险公司派人对事故现场进行勘查。原告随后向保险公司提出索赔要求，保险公司认为原告为价值35万元的车投保100万元的保险金，未履行应有的如实告知的义务，存在欺诈行为，拒绝赔付保险金。

请结合本案例思考《保险法》的最大诚实信用原则。

资料来源：http://bbs.eblcu.cn/redirect.php?fid=4128goto=nex toldset tid=419543.

19.1　保险的概念与特征

19.1.1　保险的定义

保险法是以保险关系作为调整对象的一个部门法，研究保险法，必须首先弄清保险的含义。保险法中的“保险”，是一个专门的术语，是由日本学者根据英文“insurance”一词翻译而来，在我国使用时，最初被音译为“燕梳”。

1. 保险的理论含义

现代社会，保险是一种特殊的经济活动，是一种与现代经济发展和社会保障系统的建立密切相关的专门制度。保险一词具有多方面的含义和解释，对保险通常有广义和狭义两种理解。广义上，保险是指通过建立专门用途的后备基金，用以偿付自然灾害和意外事故带来的经济损失或为社会安定发展作物质准备的一种经济形式；狭义上，保险特指商事保险或商业保险，即保险人通过订立合同，以集中起来的保险费建立保险基金，用于对被保险人因保险事故(自然灾害或意外事故)造成的经济损失进行补偿，或对被保险人的人身伤亡或疾病等给付保险金的行为。商法中的保险是从狭义上理解的商事保险。

然而，仅就商事保险而言，其含义或性质在不同的领域也存在不同的认识。通常情况下，人们从两个方面来描述商事保险，即商事保险既是一种经济制度又是一种法律关系，既具有金融性又具有法律性。作为经济制度，保险是一种对不可预计的损失进行重新分配的融资活动①，是一种商业性质的活动；作为法律关系，保险是根据法律规定或当事人双方

① 道弗曼．当代风险管理与保险教程[M]．奇瑞宗，等译．北京：清华大学出版社．2002：2.

约定所确立的一方承担支付保险费的义务，由另一方对其投保的标的因保险事故而导致的损失承担经济补偿或给付责任的一种权利义务关系。

2. 保险的法律界定

《保险法》对保险作了明确界定。该法第二条规定："本法所称保险，是指投保人根据合同约定，向保险人支付保险费，保险人对于合同约定的可能发生的事故因其发生所造成的财产损失承担赔偿保险金责任，或者当被保险人死亡、伤残、疾病或者达到合同约定的年龄、期限等条件时承担给付保险金责任的商业保险行为。"这个概念可以从以下 4 个方面理解：

(1) 保险法所界定的保险特指财产保险和人身保险。

(2) 保险法上的保险仅指商业保险，不包括社会保险。

(3) 保险法上的保险是以保险合同为基础，由投保人向保险人承担支付保险费义务，而由保险人向投保人承担于约定事故发生后赔偿或给付保险金责任的一种特定合同责任。

(4) 从行为性质、目的和结果上看，保险法上的保险是一方当事人根据约定向另一方当事人提供特定给付的经济保险。①

19.1.2 保险的特征

保险作为一种特殊的民事法律行为，即商行为，具有如下特征。

1. 自愿性

保险通过投保人与保险人在意思自治基础上订立的保险合同发生，根据合同自由原则，双方当事人均自愿与对方达成保险协议，除了法律规定的强制保险以外，任何集体或个人不得强迫保险公司或投保人与对方订立保险合同。

2. 有偿性

保险是一种商业营业行为，保险公司以营利为目的，保险人为保险标的提供保险保障，并不是无偿的，需要以投保人支付或承诺支付保险费作为对价，所以保险具有有偿性，是一种有偿行为。

3. 双向性

保险是保险人与投保人双方约定的法律行为，双方的权利义务关系是确定的，且互为权利义务主体。投保人支付保险费，保险人就应承担风险保障责任，当发生保险事故造成损失时，由保险人赔偿或给付保险金。

4. 互助性

保险属于互助合作行为，通过多数人投保，用其交纳的保费作资金以建立保险基金，作为被保险人、受益人获得经济补偿的资金来源和基础。所以，保险是在投保人(被保险人)之间形成的一种间接的互助共济关系。

5. 损益性

一方面，在发生保险事故的情况下，投保人可能以较少的保费支出换取较多的保险金

---

① 范健．商法[M]．2 版．北京：高等教育出版社，北京大学出版社，2002：466-467.

赔付；另一方面，如果没有发生保险事故，那么投保人则仅履行了缴纳保险费的义务而不能收回保险费。而保险人的情形与此相反。

6. 附条件性和附期限性

这里的附条件性和附期限性，是针对保险金的支付而言的，是指保险金的支付具有不确定性和偶然性，只有在合同约定的条件成立或期限到来时，保险人才支付保险金。

19.1.3 保险与相关概念的比较

1. 保险与储蓄

保险与储蓄，都是处理经济不稳定的善后措施，都可以表现为将现有收入的一部分储存起来以备将来的需要，但二者毕竟是不同的，其区别体现在以下几点。

(1) 实施方法不同：储蓄可以单独个别进行，属自助行为，除定期储蓄外，活期储蓄随时提存；保险是多数人的互助合作行为，保险金的支付附有条件或者期限。

(2) 给付和反给付关系上前提条件不同：储蓄以个别均等关系为条件，储户可利用金额以存款为限；保险以综合均等关系为条件，补偿或给付额一般远高于保险费。

(3) 目的不同：储蓄可以满足各种不同的需要，可以用于补偿意外事故损失，也可以用于教育、婚姻等费用支出；而保险一般是针对意外事故所导致的损失。

(4) 时效不同：储蓄在实践中不适用时效制度；而保险合同则适用时效制度。

2. 保险与救济

保险与救济都是人类抗御意外灾害事故所致损失时采取的补救方法，但二者之间的区别也是明显的：

(1) 救济不需要筹备基金，即使筹备也完全来自外援，不需要受益者的分担金，所以是无偿的；保险则必须建立起保险基金，故必须是有偿的。

(2) 救济是一种单方的法律行为，救济方没有义务一定要对受灾者实施救济，受灾者没有请求权；保险则是一种双方法律行为，只要在保险期限内发生了保险事故，给被保险人造成损失，保险人就必须履行约定的义务。

(3) 救济的数量和形式由救济者自由决定，可以是实物救济，也可以是金钱救济；而保险金额是由合同约定的，须严格受法律和合同的约束，而且通常都是以金钱的形式出现。

(4) 救济的对象是不特定的，救济者可以对国内外的任何受灾单位和个人实施救济；而保险保障的对象则是特定的，其损失补偿只能向参加保险的人提供。

(5) 救济者可以是国家机关，可以是社会团体，还可以是个人；而保险人只能是依法设立的各种保险组织。

3. 保险与自保

保险与自保在目的和后备基金的提留方法上基本相同，二者的区别主要有以下几点。

(1) 自保是由本经营单位单独承办的，特点是该经营单位自己保留危险，而不是转移危险；保险是由许多人和单位共同协助进行的，特点是参加者将危险转移给保险人承担。

(2) 自保的准备财产，须经过较长时间的积聚，因此它对标的损失的赔偿，须依据自留后备基金的多少作足额赔偿或非足额赔偿；而保险标的发生损失，只要属于保险责任，保险人就必须按合同如数予以赔偿。

(3) 对于自保，如果发生了危险事故，就需从自留资金中拿出一部分来弥补损失，如果危险未发生，就不需动用自留资金，仍为自保单位所有；而保险，投保人交付保险费后，就财产保险合同而言，无论危险事故是否发生，不能从保险人处收回。

4. 保险与赌博

保险与赌博都具有射幸性和偶然性，在给付和反给付之间都不需要建立个别均等关系，因此，经常会出现只有给付而未接受反给付的情况，也经常出现接受比给付更多的情况。但二者的区别是本质的：

(1) 赌博除个别国家或地区外，是绝大多数国家法律所禁止的不法行为，也是违反道德的；而保险无论在任何国家或地区都是合法的，也是道德所赞同的。

(2) 赌博不是也不可能成为安定社会经济生活的手段，相反它只会给社会带来消极作用；保险则通过分散危险，消化损失，达到互助共济，从而实现保障社会经济生活安定的目的。

(3) 赌博的对象不受限制，可以是任何物，且赌注的大小与赌徒赢钱多少没有固定的比例；而保险则是以保险利益为前提，投保人必须对保险标的有一定的利害关系才能投保，保险费与保险金之间有一定的比例关系。

(4) 赌博是冒险取利，损人利己；保险则以科学的数理计算为基础。

(5) 赌博的结果是变确定的因素为不确定的因素，创造危险；而保险的结果是变不确定因素为确定因素，转移危险。

5. 保险与保证

保险与保证在民商法上都是一种契约关系，都是对未来偶然事件所致损失的补救方法，但二者毕竟是不同的两种契约关系：

(1) 保证从属于主契约，保证人只有在债务人不履行或不能履行义务时，才代替债务人履行债务；保险则是保险人和投保人之间的一种独立契约。

(2) 保证的成立往往是个人主观上的信任和保证人自愿的结果；而保险的成立虽然大多数是被保险人的自愿，但也有少数是出于强制。

(3) 保证人代偿债务是为他人履行义务，因而享有先诉抗辩权、求偿权和代位权；而保险人依约赔偿损失或给付保险金，是履行自己应尽的义务，原则上赔偿后再无求偿权等其他权利可言，除非财产保险中保险事故的发生是第三者的责任所致。

(4) 保证是依靠一个或少数个体的信用及经济实力承担保证责任；而保险则是通过多数经济单位的结合，共同分担危险。

(5) 保证不需要进行数理计算，不需要单独建立保证基金；而保险必须以精确合理的数理计算为基础建立保险基金。

19.1.4 保险的种类

无论是在理论上，还是在实践中，保险的分类标准很多，而且没有严格的规定，要给众多的保险险种确定一个严格的分类标准是很困难的，究竟是采用何种分类标准，往往取决于对保险进行分类的目的，即根据不同的要求依不同的方法进行分类。而从保险法的角度看，对保险的分类属于保险法理论研究的重要内容，应该能够为保险立法和保险法律的适用提供理论指导。依此标准划分保险的种类，并探讨各自的规律，有助于更好地了解保险行为的特点。目前，最常见的保险分类有以下几种。

(1) 根据保险标的的不同，分为财产保险和人身保险。

(2) 根据承担责任次序的不同，分为原保险与再保险。

(3) 根据危险转移形式的不同，分为原保险、再保险和共同保险。

(4) 根据实施形式的不同，分为强制保险和自愿保险。

(5) 根据保险保障范围的不同，分为财产保险、责任保险、保证保险和人身保险。

(6) 根据承保数量的不同，可分为单一危险保险和综合危险保险。

(7) 根据保险人经营性质不同，可分为纯商业保险和政策性保险。①

19.2 保险法的概念及地位

19.2.1 保险法的概念及调整对象

1. 保险法的概念

保险在通常理解上有广义与狭义之分，与此相对应，保险法亦有广义和狭义之分。广义保险法指以保险关系为调整对象的一切法律规范的总称，包括商业保险法和社会保险法。对于狭义保险法，理论上有不同的理解，一种观点认为保险法是指以保险合同形成的商事保险关系为调整对象的法律规范的总称，即保险法是指商业保险法；而另一种观点则认为保险法仅指商业保险法中的保险合同法，而不包括保险业法。

本书采用狭义保险法的第一种观点，认为保险法是包括保险合同法和保险业法在内的一个法律部门，它调整的是保险人与投保人、被保险人以及受益人之间形成的商事法律关系和国家对保险企业、保险市场实施监督管理的法律关系。②

2. 保险法的调整对象

部门法的调整对象与部门法的概念密切相关，保险法的概念就是从确定其调整对象入手的。根据前述保险法的概念，我们认为，保险法的调整对象不包括社会保险行为及其形成的社会关系，而仅指商业保险行为及其形成的社会关系。这种社会关系又包括保险私法关系和保险公法关系两个方面。

1) 保险私法关系

保险私法关系包括：①保险人与投保人之间的关系；②保险中介关系；③保险方之间的关系；④投保方之间的关系。

2) 保险公法关系

保险公法关系包括：①国家与保险人之间的关系；②国家与投保人之间的关系；③国家与保险中介人之间的关系。

综上所述，“保险法的调整对象为国家、保险人和投保人以及保险中介人等多方主体因参与商业保险活动而形成的社会关系”③。

---

① 范健．商法[M]．2版．北京：高等教育出版社，北京大学出版社，2002：469.

② 覃有土，樊启荣[M]．保险法学．北京：高等教育出版社，2003：22.

③ 覃有土，樊启荣[M]．保险法学．北京：高等教育出版社，2003：23.

19.2.2 保险法的渊源及地位

1. 保险法的渊源

保险法的渊源，也就是保险法的表现形式。由于法系不同及立法体例的差异，各国保险法的表现形式也不尽相同。关于保险法的表现形式，大致可以分为以下 3 类：

(1) 将保险法列入商法典中，作为商法典的组成部分。大陆法系中多数实行民商分立体制的国家，都采用这种立法体例，如法国、西班牙和日本等。

(2) 将保险法列入民法典中，作为民法债编的一章。大陆法系中个别实行民商合一体制的国家和原社会主义国家，均采用这种立法模式，如意大利、苏联及东欧各国等。

(3) 制定单行保险法律。大陆法系中的其他国家以及英美法系国家多采用此种立法形式，主要有德国、瑞士、英国、美国以及我国台湾省等。

一般来说，实行民商合一体制的国家，保险法作为民法的特别法，与民法具有普通法和特别法的关系；而在民商分立的国家中，保险法与公司法、票据法、海商法等一起纳入商法典，被视为商事法的一种。

对于我国保险法的立法体例，曾经存在争议。但从目前的保险法立法来看，我国制定的是单行的保险法典，即《保险法》，调整保险私法关系和保险公法关系。除了这部法律以外，在其他法律法规中也存在调整保险关系的法律规范。

2. 保险法的地位

对于保险法在我国法律体系中的地位，理论上也有不同的认识。有的主张保险法应为商法的组成部分；有的认为应将保险法归属于民法，作为民法的特别法；有的认为应归属于经济法范畴；还有的主张保险法是我国社会主义法律体系中的一个独立的法律部门。在我国，目前既无统一的民法典，也无统一的商法典，然而在民事、商事立法上我国更接近于大陆法系的民商分立体制。而且，从学科体系建设的角度出发，建立独立的商法学学科，并将保险法及公司法、票据法等归入商法体系，是合理的、必要的。因此，我们认为，保险法应该被归入商法体系之中，但同时保险法亦是从属于民法范畴的特殊法律规范。

19.3 保险法的基本原则

保险法的基本原则是贯穿整个保险法律规范体系，指导各项保险法律制度适用的根本性行为规则。一般认为，保险法的基本原则主要有以下几方面的内容。

19.3.1 最大诚实信用原则

诚实信用原则简称诚信原则。如前所述，保险法中所要求的诚实信用不是一般的诚实信用，而是最大的诚实信用，因此保险合同被称作最大诚信合同。在保险合同领域，最大诚实信用原则指保险活动中的当事人在行使权利和履行义务时，应当从善意出发，意思表示必须真实合法，讲究信誉，恪守诺言，不规避法律、法规。在保险实务中，投保人遵守诚信原则主要体现为告知和保证，保险人遵守该项原则主要体现为弃权和禁止抗辩。

1. 告知

保险法上的告知，是指保险合同订立时，投保人或者被保险人向保险人所作的口头或者书面的陈述。各国的保险法一般均规定，在订立保险合同时投保人或被保险人应将有关保险标的的重要事项如实告知保险人，也就是通常所说的告知义务。

1) 告知的内容

投保人或被保险人履行告知义务并不是将与保险标的有关的一切事项都要向保险人说明，而是选取其中的重要部分，即重要事实来进行告知。各国的立法一般均采用“重要事实”这个概念，但是如何认定某一事实是否为重要事实，立法和理论上都有不同的意见。

目前，关于告知义务的立法通常有两种模式：客观主义和主观主义。客观主义立法模式对于告知的内容无确定性的规定，投保人对事实上与危险状况有关的一切情况都有义务如实告知保险人。而主观主义立法模式则规定，投保人仅对保险人询问的问题有如实告知的义务，对询问以外的问题则不负告知义务。保险人询问的事项都是与保险有关的重要事实，只要投保人告知了“重要事实”，即如实回答了保险人的询问，就认为投保人履行了告知义务。因此，此种模式也被称作询问主义。《保险法》采用了主观主义，有利于保护被保险人的利益。

2) 告知的时间和方法

既然告知义务是一种先合同义务，那么该项义务的履行当然是在保险合同订立时进行。合同订立后，双方的权利义务已经确定，此时投保人或被保险人获得的有关重要事实的资料，无须再向保险人告知。

关于告知的方法，各国的立法并没有特别的限制，既可以是口头的也可以是书面的，既可以是明示的也可以是默示的。但如果立法上采用主观主义，那么在实践中通常采用书面问答的方式，由保险人在投保书或者附加的询问表中设置问题，由投保人逐项填写回答，即以一种书面明示的方式来履行告知义务。

3) 告知的违反

告知义务的违反，理论上通常包括两种情况：告知不实和未告知。告知不实，包括误告或错告，指投保人告知的内容与事实不一致，投保人基于故意而为的告知不实即为错告，基于过失而为的告知不实即为误告；未告知，即应告知而不告知，指投保人对于有关重要事实没有向保险人告知，包括隐瞒和遗漏。

典型案例 19-1

保险合同中投保人的如实告知义务实例

刘某雇佣船舶运送95吨重型废钢，并到保险公司对该批货物进行投保，保险公司向刘某签发保险单。该保险单载明，投保人为刘某，保险的货物为95吨重型废钢，保险金额为99 590元。保单生效后，该船舶行驶途中沉没，货物全部灭失。事故发生后，刘某向保险公司报险并请求赔偿保险金。但保险公司认为，刘某雇佣的船舶核定吨位为60吨，货物严重超载，导致事故发生。因刘某投保时未履行如实告知义务，有重大过错，保险公司可以免责，拒绝赔付。刘某起诉至法院。法院审理认为，在订立保险合同时，保险人没有对货物是否超载的事项进行询问，投保人对没有询问的事实不负告知义务。双方在保险合同关系中，应以合同约定确定权利义务，保险人对投保人超载行为没有过问，也没有明确约定免责，推定其自愿承担该风险。法院判决保险公司向刘某支付保险金。

资料来源：http://www.doc88.com/p-28443737799.html.

2. 保证

保证是指保险合同中以书面文字或通过法律规定的形式由投保人或被保险人向保险人承诺为或不为某种行为或者承诺某一事实存在或不存在的保险合同的条款。保证是保险法中的一项重要制度，但是在我国的保险立法中却没有任何规定。

1) 保证的种类

保证根据存在形式，分为明示保证和默示保证两种。

明示保证，是指投保人或被保险人在保单或其附件中对于某一特定事项明确表示担保其真实性。根据保证的事项是否已真实存在又可以将明示保证分为确认保证和承诺保证。

默示保证，是指投保人或被保险人对于某一特定事项虽未明确表示担保其真实性，但该事项的真实存在是保险人决定承保的依据，并成为保险合同内容之一的保证。

2) 保证的违反

违反保证的情形主要是投保人所担保的事项与客观事实不符。在确认保证，体现为投保人担保过去或现在某一特定事项的存在，而事实上不存在，或者担保某一特定事项不存在，而事实上却存在；在承诺保证，投保人担保将来某一特定事项的作为，而事实上投保人并未作为，或者担保将来不为某一特定行为，而事实上却予以为之。

3. 弃权

弃权是指保险人放弃因投保人或被保险人违反告知义务、保证条款或者合同约定义务而产生的抗辩权利。通常是保险人放弃合同解除权，要求增加保险费的权利或者拒绝赔偿的权利等。

1) 弃权的构成要件

构成弃权必须具备两个条件：一是保险人必须有弃权的意思表示，这种权利既可以是明示的也可以是默示的；二是保险人必须知道有权利存在。如果保险人不知自己因投保人的违反义务行为而享有某种权利，那么就缺少弃权的前提，他是不可能作出是否弃权的意思表示的，无论是明示还是默示。

2) 弃权的范围

一般而言，除下列情况外，保险人可放弃一个有效保险合同项下的任何权利：

(1) 保险人抛弃除外或不包括危险，须由当事人双方合意作出，并有对价关系存在。

(2) 条件如与社会公共利益有关，不得抛弃。

(3) 权利如是法律赋予的，不得抛弃。

(4) 对于事实的主张，不得抛弃。[①]

---

① 李玉泉．保险法[M]．北京：法律出版社，2003：73.

4. 禁止抗辩

禁止抗辩，也称禁止反言，我国台湾地区称为失权，是指保险人明知保险合同有瑕疵或投保人及被保险人违反告知义务或保证而享有对抗的权利，却以不正当的行为使投保人或被保险人善意、合理地相信合同无瑕疵，则保险人只能接受其行为的约束而丧失抗辩权。

1) 禁止抗辩的适用条件

禁止抗辩的适用，须具备下述条件：

(1) 保险人曾就订立保险合同有关的重要事项，为虚伪的陈述或行为。

(2) 此项虚伪陈述或行为的目的，是在预期为投保人或被保险人所信赖，或者投保人或被保险人的信赖，并不违背保险人的原意。

(3) 投保人或被保险人曾以善意信赖此项陈述或行为。

(4) 投保人或被保险人因信赖保险人而作出某种行为，并因此而导致自己受损害。①

2) 禁止抗辩的适用范围

禁止抗辩以侵权行为为基础。一般来说，保险人有下列行为之一，均可产生禁止抗辩的效果：

(1) 保险人交付保单时，明知保险合同有违背条件、无效、失效或其他可解除的原因，而仍交付保险单，并收取保险费的。

(2) 保险人的代理人，就投保申请书及保险单上的条款，作错误解释，而使投保人或被保险人信以为真的。

(3) 代理人代替投保人填写投保申请书时，为使投保申请书容易被保险人接受，故意将不实的事项填入投保申请书，或隐瞒某些事项，而投保人在保险单上签名时，不知其为虚伪的。

(4) 保险人或其代理人表示已依照被保险人的请求为某一行为，而事实上未实施的。

(5) 保险人或其代理人对被保险人的身份或职业进行错误的分类，而被保险人不知道或未经被保险人同意的。②

19.3.2 保险利益原则

保险利益，也称可保利益，是指投保人对保险标的具有的法律上承认的利益。投保人对保险标的不具有保险利益的，保险合同无效。传统的保险利益原则认为，签订保险合同时，投保人必须具有保险利益；合同履行中，特别是发生保险事故时投保人仍然须具有保险利益，否则合同也将归于无效。

1. 财产保险的保险利益

1) 财产保险利益的成立要件

财产保险保险利益是指投保人对特定财产所具有的实际或法律上的利益。构成财产保险的保险利益必须具备下列条件：

(1) 必须是合法利益，即法律所允许的利益。

---

① 李玉泉．保险法[M]．北京：法律出版社，2003：73.

② 李玉泉．保险法[M]．北京：法律出版社，2003：73.

(2) 必须是有经济价值的利益，即能够用货币来衡量或计算。

(3) 必须是确定的利益，即利益于现今或将来确定存在且数额容易确定。

2) 财产保险保险利益的具体认定

从享有保险利益的主体及作为保险利益内容的权益等方面概括，凡属下列情形之一的，都可以认为具有保险利益：享有法律上权利的人；保管人；占有；股东；基于合同而产生的利益；期待利益。

3) 财产保险保险利益的存在时间

我国保险法无明文规定，以往国际惯例要求投保人在投保时即应具有保险利益，但近来认为保险合同订立时可不存在，仅在事故发生时必须存在保险利益，特别是涉及商品的险种。

2. 人身保险的保险利益

1) 人身保险保险利益的特点

人身保险的保险利益指投保人对于被保险人的生命或身体所具有的利害关系。它与财产保险的保险利益有很大不同：

(1) 财产保险的保险利益必须是可以用金钱衡量的利益，因为财产保险的目的在于补偿被保险人因保险事故所受的损失，被保险人不得因保险事故的发生而双重受益。人身保险的目的并不在于补偿被保险人的损失，因此不会发生双重受益的问题。

(2) 财产保险的保险利益必须于保险事故发生时存在，而人身保险的保险利益则必须于合同成立时就存在，合同成立后投保人是否具有保险利益，不影响合同效力。

(3) 在财产保险中，只要投保人对于保险标的有保险利益就可投保。而人身保险与此不完全相同，主要是指投保人以他人生命为保险标的投保以死亡为给付保险金条件的人身保险险种时，除了要求投保人对该人具有保险利益以外，投保人的投保还必须获得其同意，否则合同无效。

2) 人身保险保险利益的具体认定

对于人身保险的保险利益，国外立法有利益主义、同意主义和折中主义 3 种立法模式，从《保险法》第五十三条的规定看，我国采用的是折中主义，该条规定，如果投保人对被保险人具有法律上承认的利害关系，那么就可认定投保人具有保险利益；此外，被保险人同意投保人为其订立合同的，视为对被保险人具有保险利益。

3) 人身保险保险利益的存在时间

人身保险的保险利益必须于合同订立时即存在，而保险事故发生时可以不存在，此与财产保险的保险利益不同，二者之所以存在这样的区别，主要是因为：

(1) 避免道德危险发生，保护被保险人的生命安全和身体健康。

(2) 维护保单持有人的利益。

(3) 大部分寿险也是一种投资，仅要求保险合同成立时具有保险利益，可使此类投资具有流动性，否则就会限制资产的可转让性，从而降低其作为投资的价值。

3. 保险利益的转移和消灭

1) 保险利益的转移

保险利益的转移，指在保险合同有效期限内，投保人将保险利益转移给受让人。包括以下几种方式。

(1) 继承。在财产保险，被保险人死亡时，除另有规定，保险利益原则上因继承而转移给继承人；但在人身保险，被保险人死亡，如属死亡保险或两全保险，即为保险事故发生，保险人应承担给付保险金的责任，保险合同消灭，不存在保险利益转移的问题，如属其他人身保险或因非保险事故导致的死亡，保险合同也因保险标的的灭失而消灭。

(2) 转让。我国仅承认运输货物保险的保险标的转让后，保险利益自动随之转移，另有约定的，则依照约定。

(3) 破产。在财产保险中，投保人破产时，其保险利益转移给破产债权人，保险合同仍为破产债权人而存在；人身保险中投保人破产对合同无甚影响。

2) 保险利益的消灭

在财产保险中，保险标的灭失，保险利益即归消灭。在人身保险中，投保人与被保险人之间丧失构成保险利益的各种利害关系时，原则上保险利益也随之消灭，但在人寿保险则有例外。

典型案例 19-2

损失补偿原则的适用实例

2000 年 10 月 27 日，原告王金虎与被告某保险公司淮安中心支公司签订了保险合同，合同约定王金虎投保主险平安康泰人身险，保险金额为 20 000 元，附加险为意外伤害保险，保险金额为 10 000 元。附加意外伤害保险条款约定“被保险人因遭受意外伤害事故，并自事故发生之日起 180 日内进行治疗，本公司就实际支出的合理医疗费用超过 100 元的部分给付意外伤害保险金”。附加意外伤害保险条款还规定了 11 项免责条款，但合同中没有约定王金虎如受第三人侵权而得到第三人的赔偿，保险公司可以对第三人已经赔偿的部分不支付保险金。保险合同签订后，原告按约履行了合同义务。2003 年 8 月 6 日，原告驾驶两轮摩托车因与案外人驾驶的小客车相撞而受伤。经住院治疗，共支出医疗费用 20 195.57 元，该医疗费用由肇事车主支付了 13 600 元，原告支付了 65 95.57 元。此后，原告依据意外伤害保险条款向被告主张意外伤害保险金 10 000 元，被告仅向原告支付了保险金 6 595.57 元，拒付差额 3 404.43 元，原告提起诉讼，要求判令被告支付保险金 3 404.43 元。法院判决被告承担赔偿责任，支付原告保险金 3 404.43 元。

资料来源：http://wenku.baidu.com/view/ld6a157931b7650-0508147e.html.

19.3.3 损失补偿原则

保险法上，损失补偿是指当保险事故发生使投保人或被保险人遭受损失时，保险人必须在保险责任范围内对投保人或被保险人所受的实际损失进行补偿。

1. 损失补偿的范围

损失补偿的范围如下。

(1) 保险事故发生时保险标的实际损失。实际损失的计算，通常以受损财产的实际现金价值，即市场价格为准。

(2) 合理费用。合理费用主要包括施救费用和诉讼支出。前者指事故发生后为施救所支出的费用，而事故发生前所为预防措施而支出的费用一般不包括在内。但在特殊情况下，事故虽未发生但有迹象表明不采取措施将肯定发生，为避免因必然发生的危险造成更大的损失，即使是事故前支出的费用，保险人亦应赔偿。

(3) 其他费用。主要指为确定实际损失所支付的受损保险标的的检验、估价、出售等费用。

2. 损失补偿的方法

损失补偿的方法如下。

(1) 现金赔付，通常是由保险人用现金或支票支付给被保险人在保单项下应得的金额。

(2) 修理，主要适用于汽车保险方面。

(3) 更换，最常见于玻璃保险中，如替被保险人装修玻璃窗等。

(4) 重置，损失发生时或发生后合理时间内，在当时的情况下使用类似种类和质量的材料，以合理的速度进行修理或重建受损财产。

典型案例 19-3

某果品公司诉保险公司保险索赔案

南方某果品公司与吉林省某市销售部订立购销柑橘的合同。果品公司向保险公司投保了货物运输保险综合险(含盗窃险)。果品公司依约向销售部发运两车皮柑橘。货物到达目的地后，销售部提货时发现，第一节车皮车门有一道70厘米的口子，明显有被撬痕迹，车门处的保温被也被撕开。经验货，70筐柑橘被盗，220筐柑橘冻坏变质。果品公司知道情况后，立即通知了保险公司，请求保险公司赔偿290筐柑橘因被盗所受损失。保险公司认为对被冻坏的220筐柑橘不属于保险责任范围，拒绝赔偿。果品公司向法院提起诉讼。法院审理认为，220筐柑橘被冻坏是因为小偷盗窃时损坏保温被所致，盗窃是直接原因，而盗窃致损是保险合同的承保范围，保险公司应承担220筐柑橘的赔偿责任。

19.3.4 近因原则

保险人承担保险责任，既不是完全取决于是否发生了保险事故，也不完全取决于保险事故是否造成了损失，而是取决于在符合保险合同规定的前提下，保险事故与损失之间的因果关系。在保险事故与损失之间必须具有直接的因果关系，保险人才负补偿责任。这种直接的因果关系就被称作“近因”。近因原则的运用规则如下。

1. 单一原因造成的损失

对于单一原因造成的损失，造成损失的原因只有一个，损失与其他事件没有紧密联系，这个原因就是损失的近因。只要看该原因是否属于承保危险，如果是，那么保险人就应该在符合损失补偿原则的前提下承担保险责任，赔偿或给付保险金；如果该原因不属于承保危险，那么保险人就不需要承担责任。

2. 多种原因造成的损失

对于多种原因造成的损失，各个原因对保险标的的损失都有一定的影响或促进作用，判断哪一个原因是最具决定意义的近因，情况则非常复杂。按照多个原因发生的时间顺序，可将其分为 3 种情形。

1) 多个原因同时发生

当有多个原因同时发生与损失可能都有因果关系时，首先是确定近因，在这种情形下，损失必须归因于那个具有现实性、支配性和有效性的原因。

2) 多个原因连续发生

在这种情况下，多个原因中持续起决定作用或处于支配地位的原因是近因，即只有效果上最接近于损失而不一定是时间上或空间上最接近于损失的原因才是近因，如该原因为承保危险，那么投保人、被保险人就可以获得赔偿，否则不能得到赔偿。

3) 多个原因间断发生

多个原因间断发生是指在因果关系网中前因与最终的损失并不是连续发生，二者之间还存在新的干预原因(后因)，前后因之间并不存在必然联系，后因作为新产生的独立原因最终导致了一定的损失的情况。针对这部分损失，前因就被作为后因的新干预原因所取代而成为远因，而后因则成为损失的近因。

引例分析

刘某诉保险公司索赔案

本案主要体现了保险法中的最大诚信原则的要求。最大诚信原则是诚实信用原则在保险法中的具体体现。本案中，被告保险公司认为原告刘某为 35 万元的轿车投保 100 万元的车辆损失险，并且在投保时未履行如实告知义务存在欺诈行为。对于本案中原告的行为是否构成欺诈，存在两种观点：一种观点认为投保人的行为违反了最大诚实信用原则中关于如实告知义务的要求，允许保险公司以此为由解除保险合同；另一种观点认为，原告虽没有履行如实告知的义务，但被告作为专业的保险公司，在原告投保 100 万元的车辆损失险的时候，也应当遵循最大诚信原则的要求，对保险合同进行认真审查，否则视为其对保险合同撤销权的放弃。因此，保险公司不能以原告存在隐瞒行为为由解除合同。编者赞同第二种观点。

本 章 小 结

保险的功能在于将个人因遭受各种财产风险、人身风险以及责任风险所产生的损失，予以分散消化，以保障人们生产、生活的正常进行。其具有维持社会安定、促进经济繁荣的作用，已经为现代市场经济所肯定。有关保险的性质有损失说、非损失说、二元说 3 种学说。保险作为一种特殊的民事法律行为具有自愿性、有偿性、双向性、互助性、损益性、附条件性和附期限性的特征，这些特征使得保险区别于储蓄、救济、自保、保证等相关概念。依据不同的标准，可以将保险分为财产保险和人身保险、原保险与再保险、强制保险和自愿保险、单一危险保险和综合危险保险。保险法是以保险私法关系和保险公法关系为调整对象的法律规范，最大诚实信用原则、保险利益原则、损失补偿原则、近因原则是保险法的基本原则，贯穿整个保险法律规范体系，指导各项保险法律制度。

思 考 题

1. 保险的概念及特征各是什么？
2. 保险与保证有哪些区别？
3. 保险法的调整对象有哪些？
4. 保险法的最大诚实信用原则有何含义？
5. 近因原则的主要内容是什么？

练 习 题

1. 单项选择题

(1) 根据保险法的基本原则，下列情形中不能保险的是(　　)。

A．遭遇洪水的袭击　　B．机动车驾驶员对第三人的责任
C．道德上的风险　　D．手术失败

(2) 在保险法的基本原则中，一般认为只适用于财产保险的原则是(　　)。

A．损失补偿原则　　B．最大诚信原则
C．保险利益原则　　D．近因原则

2. 多项选择题

(1) 根据保险的实施形式，可将保险分为(　　)。

A．原保险　　B．再保险　　C．强制保险　　D．自愿保险

(2) 有关保险定义的损失说可分为(　　)。

A．损失补偿说　　B．损失分担说　　C．危险转嫁说　　D．经济确保说

第 20 章　保险合同概述

本章教学要点

知识要点	掌握程度	相关知识
保险合同的概念	熟悉	保险合同的法律界定
保险合同的特征		具有射幸、双务、有偿、诺成等特征
保险合同的分类	了解	人身保险合同和财产保险合同；定值保险合同和不定值保险合同；足额保险合同、不足额保险合同和超额保险合同；个别保险合同、集合保险合同和总括保险合同；单保险合同和复保险合同；原保险合同和再保险合同
保险合同的形式		投保单、暂保单、保险单和保险凭证等
保险合同的主体	掌握	保险人、被保险人、投保人和受益人
保险合同的订立程序		保险合同的订立要经过要约和承诺两个阶段
保险合同的效力	重点掌握	保险合同的生效、变更和消灭

基本概念

保险合同　保险人　投保人　被保险人　受益人　原保险　再保险　投保　承保　投保单　暂保单　保险单　保险凭证

引例

保险合同成立纠纷案

2005年6月10日，某市安康保险公司为扩展业务，到大华公司推销保险业务。大华公司职员郝某听了安康保险公司的保险推销员丁某的有关健康保险业务的介绍，认为应该为自己的健康买一份保险。而且，安康保险公司提供的条件也不错，保费也有优惠，遂与安康保险公司订立了一份健康保险合同。保险合同签订的当天，郝某即按照保险合同的约定交付了全部保险费，但安康保险公司却一直未将保险单交付郝某。郝某于保险合同签订6日后因胃出血住院治疗。

请结合本案例思考保险合同的特征、订立及效力。

资料来源：林嘉．商法练习题集(2版)．北京：中国人民大学出版社，2009-217.

20.1　保险合同的概念和特征

1. 保险合同的概念

《保险法》第1条第一款规定："保险合同是投保人与保险人约定保险权利义务关系的协议。"这个概念有3层含义：

(1) 保险合同的当事人必须是投保人和保险人，二者互为权利义务发生和存续的主体。

(2) 保险合同当事人之间的关系是保险权利义务关系，即投保人向保险人支付约定的保险费，保险人对合同约定的保险事故在保险期间内造成的保险标的的损失或者被保险人发生约定的特殊情形，承担赔偿或给付保险金的责任。

(3) 保险合同是投保人和保险人协商一致的结果，而不是任何一方单方面的意思表示。

2. 保险合同的特征

1) 保险合同是射幸合同

对投保人而言，如果发生约定的保险事故，他可以获得远远超过其支出的保险费数额的保险金，如果没有发生，他可能只支出保险费而无任何收益。对保险人而言，他赔付的保险金可能远远大于其所收取的保费，但也可能只收取保费而不承担支付保险金的责任。

2) 保险合同是双务合同

就单个保险合同而言，投保人的义务是支付保险费，保险人的义务是发生约定损失或情形时赔付保险金。就全部保险合同而言，投保人履行支付保险费的义务和保险人履行支付保险金的义务是对应的，互为条件，双方都承担着积极的确定的法律义务。

3) 保险合同是有偿合同

保险合同作为有偿合同，指投保人因给付保险费而换取保险人承诺负担危险责任的对价。没有这种对价，保险合同就不发生效力。

4) 保险合同是标准合同、附合合同

保险合同是由保险人单方面预先制订而成立的标准化合同，其订立并非投保人与保险人自由协商的结果，而是投保人对保险人事先确定的合同条款表示“同意”，在具体保险活动中投保人不能自行拟定保险合同的内容，一般也不能将已经标准化和定型化的合同予以任意更改。但也有个别种类的保险合同可由双方当事人协商签订。

5) 保险合同是远期服务合同

投保人、被保险人买保险通常不是为了立即受益，只是为了取得在保险期间内的风险保障，如果将来保险标的发生了保险事故，被保险人遭受了某种损失符合赔付条件时，就可以获得赔偿。

6) 保险合同是属人合同

保险合同是基于个人性质的合同，保险人对投保人或被保险人的了解和认识，如自然人的性别、年龄、文化程度、生活习惯和健康状况，法人的组织方式、经营范围、信用程度、素质等，都会直接影响保险人的承保决定。

7) 保险合同是诺成合同

保险合同之成立以双方当事人合意为要件，不以保费实际交付为要件。投保人不按约定交付保险费，保险人不按约定承保风险，只是合同解除的条件，而不是合同成立的条件。

8) 保险合同是非要式合同

保险合同的成立不以书面的形式为要件，只要投保人和保险人双方意思表示一致，合同即可成立，因此保险合同属非要式合同。

9) 保险合同是继续性合同

保险合同并非仅为一时的法律关系，而为继续性的法律关系，故保险合同属于继续性合同。

10) 保险合同是最大诚信合同

保险合同承保的危险是不确定的，如果投保人或被保险人欺诈或隐瞒就有可能导致保险人判断失误并上当受骗；同时，保险人也可能凭借自己所掌握的专业保险知识，对订立时本有瑕疵的合同却不提出异议仍收取保费，待被保险人索赔时则以此瑕疵为抗辩理由，达到拒赔和无偿占有保费的双重目的。因此，保险合同要求的诚信程度比一般的合同都高，是最大限度的诚实信用。

20.2 保险合同的分类

根据不同的标准，保险合同可以分为以下不同类型。

1. 人身保险合同和财产保险合同

根据保险合同标的的不同，可将保险合同分为人身保险合同和财产保险合同。我国的保险立法将责任保险作为财产保险的一种，故在立法中仅对财产保险和人身保险作了法律上的界定。《保险法》第十二条第三款规定："人身保险是以人的寿命和身体为保险标的保险合同。"第四款规定："财产保险是以财产及其有关利益为保险标的的保险合同。"

2. 定值保险合同和不定值保险合同

根据保险价值在保险合同中是否预先确定，保险合同可分为定值保险合同和不定值保险合同。定值保险合同指载明保险双方约定保险价值的合同；不定值保险合同指保险双方未在合同中预先确定价值，需在事故发生后确定保险价值的合同。在定值保险合同中若保险标的发生全损，无论保险标的在事故发生时的价值大小，保险人均以确定的保险价值为基础计算保险金；而在后者中，保险金一般以事故发生时保险标的的实际价值为标准计算，但保险金不得超过约定的保险金额。

3. 足额保险合同、不足额保险合同和超额保险合同

根据保险金额与保险价值的关系，保险合同可分为足额保险合同、不足额保险合同和超额保险合同。足额保险合同指保险金额等于保险价值的合同；不足额保险合同指保险金额低于保险价值的合同。不足额保险合同在发生保险事故导致损害时，保险人对被保险人损失的赔偿责任仅以保险金额为限，超出保险金额以外的部分保险人不负赔偿责任，视作被保险人自保；超额保险合同是指保险金额大于保险价值的保险合同。

4. 个别保险合同、集合保险合同和总括保险合同

根据保险标的的状况，保险合同可分为个别保险合同、集合保险合同和总括保险合同。个别保险合同是指以一人或者一物为保险标的的保险合同；集合保险合同是指以集合多数性质相似的保险标的而订立一个保险合同，合同对每一保险标的分别规定有各自的保险金额；总括保险合同是指以可变动的多数人或者物的集体为标的的保险合同。保险人对承保的多数保险标的只确定一个不变的保险金额，保险事故发生后，保险人在保险金额的限度内承担保险责任。

5. 单保险合同和复保险合同

根据保险人的情况，保险合同可分为单保险合同和复保险合同。单保险合同是指投保人对同一保险标的就同一保险利益、同一保险事故、同一保险期间与一个保险人订立的合同；复保险合同是指投保人对同一保险标的就同一保险利益、同一保险事故分别向两个以上保险人订立保险的保险合同。

典型案例 20-1

陶瓷公司重复保险赔偿案

2005 年 3 月 20 日，某陶瓷公司就本厂的厂房和设备向甲保险公司投保了财产保险，保险金额 60 万元，系足额保险。同年 6 月 9 日，陶瓷公司又就该厂房和设备向乙保险公司投保了财产险，也是足额保险。同年 8 月，陶瓷公司所在地遭遇冰雹袭击，导致厂房、设备损毁，损失额达 40 万元。根据《保险法》的规定，除合同另有约定外，重复保险的各保险人按照其保险金额与保险金额总和的比例承担赔偿责任。因此，陶瓷公司所遭受的损失应由甲、乙两家保险公司各赔偿实际损失的一半，即各赔 20 万元。

6. 原保险合同和再保险合同

根据保险人所负责任的次序，保险合同可分为原保险合同和再保险合同。原保险合同是指保险人对被保险人直接承担保险责任的合同，又称“第一次保险”。根据原保险合同，保险人对被保险人因保险事故所遭受的损失直接承担赔偿责任，这种责任是由保险人与投保人订立的保险合同直接产生，具有“原始”和“最初”的性质；再保险合同是指保险人将其承担的保险业务，以分保的方式部分转移给其他保险人的合同。

20.3 保险合同的主体和内容

20.3.1 保险合同的主体

保险合同的主体包括保险人、投保人、被保险人、受益人。

1. 保险人

1) 保险人的定义

保险人又称承保人，是指与投保人订立保险合同，并按照合同约定承担赔偿或给付保险金责任的保险公司。其特征如下：

(1) 保险人仅指经营保险业务的保险公司，其资格的取得必须符合法律的规定。

(2) 保险人有权利收取保险费。

(3) 保险人有履行承担赔偿或者给付保险金的义务。

2) 保险人的义务

(1) 条款说明义务。保险合同是一种标准合同、格式合同，合同的条款是保险人事先拟定的，投保人只能选择同意或者不同意，而保险条款所使用的又都是保险专业术语，投保人很难理解其真实含义，因而有必要由保险人向其进行解释说明，这也是诚实信用原则对保险人的要求。

(2) 防灾防损义务。防灾防损义务指保险合同成立后，保险人应积极采取措施进行防灾防损工作。防灾防损既是投保人的义务，又是保险人的义务。因为保险人积累了大量赔案资料，掌握了丰富的有关危险的信息，可协助被保险人提高危险管理水平。

(3) 支付保险金义务。保险合同是一种保障性合同，保险人的主要义务就是在合同有效期间内，一旦发生保险事故或出现规定的保险事件，由保险人提供经济上的保障，进而维护整个社会经济生活的安全。

(4) 保密义务。保险人在办理保险业务的过程中，能够了解到投保人、被保险人和受益人的业务、财产等属于个人隐私或者秘密的事项，这些事项如果未经其本人同意而被保险人公开，就可能会损害投保人、被保险人或者受益人的合法权益，因此，保险人对这些事项应当负责保密。

2. 投保人

1) 投保人的定义

投保人又称要保人，根据《保险法》第十条第二款的规定，是指与保险人订立保险合同，并按照合同约定负有支付保险费义务的人。投保人应具备 3 个要件：

(1) 投保人必须具有民事权利能力和民事行为能力。

(2) 投保人对保险标的应具有保险利益。

(3) 投保人必须承担支付保险费的义务。

2) 投保人的义务

不同种类的保险合同，投保人的义务不尽相同，但一般都包括以下义务。

(1) 给付保险费的义务。给付保险费是投保人的主要义务，保险费是投保人转移风险，由保险人承担保险责任的对价，是建立保险基金的基础，没有保险费约定的保险合同无效。

(2) 防灾防损、维护保险标的安全的义务。在财产保险中，被保险人应当遵守国家有关消防、安全生产操作、劳动保护等方面的规定，维护保险标的安全。投保人、被保险人故意制造保险事故，保险人有权解除保险合同，不承担赔偿或给付保险金的责任；在人身保险中，投保人故意造成被保险人死亡、伤残或者疾病的，保险人不承担给付保险金的责任。受益人故意造成被保险人死亡、伤残、疾病的，或者故意杀害被保险人未遂的，该收益人丧失受益权。

(3) 通知义务。通知义务包括两项内容：一是危险增加的通知义务。危险增加指订立保险合同时，当事人双方未曾估计到的危险可能性的增加。因此，在保险合同中，“危险增加”是有特定含义的，即必须具有显著性、持续性和未曾估计性。二是危险事故发生的通知义务。危险事故发生的通知义务是在保险合同订立后，当保险合同约定的危险事故发生时，应由投保人、被保险人或受益人及时通知保险人。

(4) 施救义务。施救义务是指投保人或者被保险人在保险事故发生后，为防止保险标的损失进一步扩大而实施的积极救助行为，以减少损失的程度或范围。投保人因履行施救义务而支出的必要合理费用，由保险人负责补偿。如果投保人、被保险人不履行此项义务的，保险人对由此所造成的扩大的损失，不负赔偿责任。

3. 被保险人

被保险人是指其财产或者人身受保险合同保障，享有保险金请求权的人。投保人可以为被保险人。被保险人具有以下特征：

(1) 被保险人是保险事故发生时遭受损失的人。

(2) 被保险人是享有赔偿请求权的人。

(3) 被保险人可以是投保人，也可以是第三人。

(4) 被保险人的资格一般没有严格限制，可以是无民事行为能力人。但是死亡保险合同的被保险人不得是无民事行为能力人，除非是父母为未成年子女投保。

4. 受益人

受益人是指人身保险合同中被保险人或者投保人指定的享有保险金请求权的人。投保人、被保险人可以为受益人。其特征如下：

(1) 受益人享有保险金请求权。

(2) 受益人由被保险人或者投保人指定，可以变更。

(3) 投保人、被保险人可以为受益人。

(4) 受益人不受有无民事行为能力及保险利益的限制。

20.3.2 保险合同的内容

保险合同的内容主要指保单的内容，即为确定保险合同当事人的权利义务而在保险合同中加以记载的事项，是保险人对所承保的保险标的履行保险责任的依据，主要反映在保险条款上。根据《保险法》第十八条的规定，保险合同的基本条款主要如下：

(1) 保险人的名称和住所。

(2) 投保人、被保险人的姓名或者名称、住所，以及人身保险的受益人的姓名或者名称、住所。

(3) 保险标的。

(4) 保险责任和责任免除。

(5) 保险期间和保险责任开始时间。

(6) 保险金额。

(7) 保险费以及支付办法。

(8) 保险金赔偿或者给付办法。

(9) 违约责任和争议处理。

(10) 订约时间。

20.4 保险合同的订立

20.4.1 保险合同的订立程序

与一般的民事合同一样，保险合同的订立通常也要经过要约和承诺两个阶段。

1. 要约

保险合同订立中的要约，是指投保人为订立保险合同而向保险人发出的单方意思表示，即提出保险请求，在保险实务中被称作“投保”。投保实际上就是向保险人发出的希望与保险人订立保险合同的意思表示。因为保险合同是一种格式合同，保险人已经事先拟定并印制好各种保险单证，如投保单，保险单等，但保险人这些行为属于要约邀请。投保人索取并填写投保单，同意保险人拟定的合同条款，再将投保单交给保险人的行为，才构成要约，即投保。

2. 承诺

保险合同订立中的承诺，是指保险人同意接受投保人提出的保险要约的意思表示，在保险实务中被称作“承保”。保险人在收到投保人交付的投保单后，经逐项审核，认为符合承保条件并在投保单上签字或盖章的意思表示，就是保险人的承诺。但是，如果保险人在收到投保单时又提出了新的条件，那么其行为就不能构成承诺，而是构成了一个新的要约，这一要约只有在得到投保人的承诺后，保险合同才能成立。

20.4.2 保险合同的形式

保险合同的形式不是表现为一份书面协议，而是主要表现为投保单、暂保单、保险单和保险凭证等文件。

1. 投保单

投保单又称投保书、要保书，是指投保人表示愿意同保险人订立保险合同的书面申请。保险合同订立后保险人签发保险单前发生的事故，投保单将作为索赔和理赔的依据；此外，如果保险单或保险凭证的记载不清或有遗漏，可以对投保单的内容进行补充；而投保人对投保单中询问的事项告知不实又不作修正的，保险人亦可将其作为解除合同的依据。

2. 暂保单

暂保单，又称临时保险书、临时保险单，是指保险人在签发正式保险单或保险凭证之前发出的一种临时保险凭证。在出具正式保单之前，暂保单可为被保险人提供保险凭证和临时保障。暂保单虽是非正式保险合同，但载明了保险合同的主要内容，与正式保单具有同等效力。

3. 保险单

保险单，简称保单，又称保险证券，是保险合同成立后，保险人向投保人、被保险人签发的保险合同的正式书面凭证。保险单一经签发，保险合同双方当事人之间的法律关系即明确确定，因此保险单是认定保险人和投保人、被保险人权利义务的最主要依据，是发生保险事故时被保险人进行索赔和保险人进行理赔的凭证。

4. 保险凭证

保险凭证又称小保单，是保险人发给投保人以证明保险合同已经订立或保险单已经正式签发的一种凭证。保险凭证具有与保险单相同的法律效力。凡保险凭证未载明的事项，应以正式的保险单的内容为准；如果保险凭证所载事项与正式保险单的内容相矛盾，或者正式保险单未予载明的事项，则应以保险凭证为准。

20.5 保险合同的效力

20.5.1 保险合同的生效

保险合同的生效，是指已经成立的保险合同在当事人之间发生一定的法律约束力。与一般民事合同的生效相同，保险合同生效通常应当具备以下要件。

1. 行为人主体合格

行为人主体合格，即缔约人在订立合同时具有相应的缔约能力。对投保人而言，自然人、法人或其他组织必须具有民事权利能力和民事行为能力，由保险代理人订立合同的必须有保险人授权；对保险人而言，其缔约能力表现为是否具有法律所赋予的经营保险业务的资格，即是否是依法设立的保险公司，是否在营业执照核准的经营范围内营业。

2. 意思表示真实

意思表示真实，即意思表示的行为人的表示行为与内心的效果意思相一致。保险合同是在双方当事人自愿的基础上订立的，任何一方不得把自己意志强加于对方；不欺诈对方，不隐瞒事实真相；投保人订立合同的要求必须要经过保险人同意承保，保险人对投保人提出的投保要求进行修改或附加条件，也要经投保人同意。

3. 合同的内容合法

合同的内容合法，即不违反法律和社会公德、公共利益。投保人对保险标的具有保险利益；保险标的本身必须合法；合同条款不违反法律的强制性规范；保险的目的是为分散风险，消化损失，稳定社会的经济生活。

20.5.2 保险合同的变更

保险合同的变更是指在保险合同的有效期间内，因一定法律事实的发生，按照法律规定的条件和程序改变保险合同的主体、内容或效力。保险合同的变更可以分为变更的类型和变更的程序两个方面。

1. 保险合同变更的类型

1) 保险合同主体的变更

保险合同主体的变更主要指投保人、被保险人或受益人的变更。由于保险标的不变，仅为投保人或保险合同关系人发生变化，故通常称之为保险合同的转移，习惯上叫作保险单的转让。

2) 保险合同内容的变更

保险合同内容的变更是指在主体不变的情况下，改变合同中约定的事项。保险合同内容的变更包括被保险人地址的变更；保险标的数量的增减；品种、价值或存放地点的变化；保险期限、保险金额的变更；保险责任范围的变更等。

3) 保险合同的失效与复效

在各国的保险立法中，一般规定在人身保险合同中，投保人因未按期缴纳保险费致保险合同失效后，在一定期间内，投保人尚可依一定的手续恢复保险合同的效力，即保险合同失效后又复效，我国学者称之为保险合同的效力变更。

2. 保险合同变更的程序

保险合同变更程序主要有两方面内容：

(1) 保险合同的变更必须经保险人与投保人协商同意，一般是由投保人、被保险人向保险人提出变更建议，经保险人同意即形成变更。

(2) 保险合同的变更必须采取法定形式，由保险人在原保险合同或其他保险凭证上批注或附贴批单，或由当事人订立变更合同的书面协议。

典型案例 20-2

罗某诉保险公司保险索赔案

1999年1月5日，某汽车出租公司(以下简称出租车公司)将其所有的桑塔纳轿车向当地某保险公司(以下简称保险公司)投保了机动车辆险、第三者责任险和附加盗抢险，被保险人为该出租车公司，保险期限自1999年1月6日零时起至2000年1月5日24时止。合同签订后，出租车公司如期交付了保险费。1999年5月2日，出租车公司将一辆桑塔纳轿车过户给罗某个人所有，同时罗某与出租车公司约定，其每年向出租车公司交纳管理费和各种税费，车辆以出租车公司的名义向保险公司投保，保险费由罗某个人交付。1999年10月10日，罗某驾车营运时在某地遭到歹徒劫持，并将其车抢走。事故发生后，出租车公司向保险公司提出索赔，保险公司以保险标的转让没有通知保险公司办理批改为由拒赔。罗某不服，遂起诉至法院。法院审理认为，出租车公司与保险公司签订的保险合同合法有效。在保险合同有效期内，出租车公司将保险车辆转让给罗某，虽然没有通知保险公司，但该车仍由出租车公司管理，保险事故发生时，出租车公司对该车具有保险利益，保险公司应承担赔偿责任。

资料来源：http://10.com/ziliao/article-34782.html.

20.5.3 保险合同的消灭

保险合同的消灭是指保险合同成立后，因一定法律事实的出现，使保险合同关系不复存在。保险合同消灭的主要原因有保险合同因无效而消灭；保险合同因解除而消灭；保险合同因自然终止而消灭。

1. 保险合同无效

保险合同无效是指保险合同成立后，根据法律规定或合同约定的原因自始不发生效力。

1) 保险合同无效的原因

无效原因，可由当事人约定，除约定无效原因外，《保险法》明文规定了一系列无效原因，这些规定一般属于强制性规范，当事人不得协议变更。各国保险立法规定的保险合同无效的主要原因如下：

(1) 承保危险不存在。

(2) 投保人或被保险人对保险标的不具有保险利益。

(3) 在复保险中，除另有规定外，投保人故意违反事后通知及事前告知义务企图以此获得不法利益的，保险合同无效。

(4) 在超额保险中，因投保人的恶意订立的合同，全部无效；非因投保人欺诈而订立的，超过部分无效。

(5) 人身保险中，为保护被保险人的利益，各国一般对以他人生命为标的订立的死亡保险加以限制。

(6) 保险合同中规定有关保险人责任免除条款的，保险人在订约时应向投保人明确说明，未说明的，该条款不产生效力。

2) 保险合同无效的确认及法律后果

无效合同的确认权归仲裁机关和人民法院，但是，一旦合同被确认为无效，则不需当事人主张，仲裁机关或法院可直接判定。保险合同被确认无效后，当事人之间的权利义务关系自始消灭，视为合同未成立。

2. 保险合同的解除

保险合同的解除是指在保险合同生效后，经过双方当事人协商，或者由一方当事人根据法律规定或合同约定的条件行使解除权，从而提前结束合同效力的法律行为。

1) 保险合同解除的条件

约定解除习惯上又称“协议注销”，当约定的解除条件具备时，当事人一方或双方有权解除保险合同。法定解除的条件，各国保险法一般规定有以下几项：

(1) 投保人违反告知义务，足以影响保险人决定是否承保或者提高保险费率的。

(2) 投保人违反保证条款。

(3) 投保人违反通知危险增加的通知义务。

(4) 投保人违反给付保险费的义务。

(5) 被保险人或者受益人骗取保险金的。

(6) 投保人、被保险人或者受益人故意制造保险事故的。

(7) 投保人、被保险人违反防灾防损义务的。

(8) 投保人申报的被保险人的年龄不真实，且其真实年龄不符合承保年龄的。

2) 保险合同解除的方法

(1) 协议解除的方法。协议解除是指当事人经过协商一致，将所订立的合同加以解除的方法。其特点在于合同是否解除取决于当事人双方意思表示一致，而不是基于一方的意思，也不需要有解除权。

(2) 行使解除权的方法。解除权行使的方法是指享有解除权的当事人以一方的意思表示解除保险合同的方法。解除权是形成权，只有解除权一方的意思表示即发生解除的效力，但解除权也有一定的限制。

(3) 保险合同解除的效果。保险合同一经解除，当事人之间的权利义务即告消灭。在溯及既往或者保险责任开始前解除的场合，保险人负有返还保费的义务，投保人应支付手续费。如果解除是因为投保人的不当行为所致，保险人无须返还保费。在仅向将来发生消灭的场合，保险人应将自解除时起至合同期限届满时止所收保费返还给投保人，解除前的保费不予返还。

典型案例 20-3

保险合同变更解除纠纷案

1998 年 4 月 19 日，王某与某市保险公司签订了一份家庭财产保险合同，保险金额 10 万元，保险期限为 1 年。合同约定，王某需缴纳保险费 4 000 元，分两次缴清，1998 年 4 月 20 日缴纳 2 000 元，1998

年 10 月 20 日缴纳余下的 2 000 元。合同签订后，王某按照约定缴纳了首期保险费 2 000 元。到同年 10 月 20 日，王某没有按照约定缴纳剩余的 2 000 元保险费，经保险公司多次催要仍未缴纳，但保险公司并没有做出解除保险合同的意思表示。1998 年 11 月 3 日，王某家被盗，直接损失 6 万余元。事发后，王某立即将情况通知保险公司，于 11 月 5 日向保险公司提出索赔请求，并补缴了 2 000 元保险费。保险公司认为，王某本应于 1998 年 10 月 20 日缴纳保险费，但经多次催告后仍未缴纳，保险合同已经解除，拒绝给予赔偿。王某向法院提起诉讼。法院审理认为，王某没有按期缴纳保险费，经保险公司催要后仍未缴纳，保险公司享有解除保险合同的权利。保险公司没有实际行使解除权，保险合同的效力没有消灭，保险公司应对王某承担保险责任。王某行为构成违约，依法也应当承担违约责任。

3. 保险合同的终止

保险合同的终止是保险合同关系的消灭，指保险合同因某种事由的出现而自动归于消灭。保险合同终止的主要原因如下：

1) 保险合同期限届满

保险合同期限体现在保险期间条款中，保险期间是保单的基本条款，因此每个保险合同都是有期限限制的。合同生效后，虽未发生保险事故，但保险期限届满之日起保险合同即告消灭，这种终止是保险合同消灭的最普遍、最基本的原因。

2) 保险合同的履行

在保险合同有效期限内，保险事故发生，保险人依合同规定履行全部保险金给付义务后，保险合同即告消灭。但是在财产保险部分损失的场合，保险人为一次给付后并不必然的消灭合同，当事人可以解除的方式使合同归于消灭；或者在保险期间内，保险标的连续受损，保险人赔偿总额达到保险金额时，合同才消灭。

3) 保险标的灭失及被保险人死亡

财产保险中，保险标的因承保危险以外的原因而全部灭失，投保人丧失保险利益，合同自行消灭；人寿保险中，被保险人非因保险责任范围内的原因而死亡，合同也自动消灭。此时，如果是投保人故意行为所致，保险人不予返还保险费，否则，返还消灭之日起至保险期限届满之日止所收的保费。

引例分析

保险合同成立纠纷案

本案争议的焦点在于未交付保险单的保险合同是否成立。《保险法》规定：除另有规定外，保险合同自成立之日起生效。保险合同属非要式合同。保险合同的成立不以书面的形式为要件，只要投保人和保险人双方意思表示一致，合同即可成立，出具保险单是法律规定的保险人在合同成立后应承担的义务，是保险合同的证据，而不是保险合同成立的要件。在本案中，郝某与安康保险公司订立了健康保险合同，并且按照健康保险合同的约定交付了全部保险费，该保险合同已经成立并生效。安康保险公司未能及时交付保险单的行为不影响保险合同的成立及效力，安康保险公司应当按照健康保险合同的约定承担责任，赔偿郝某因胃出血住院治疗所产生的费用。

本章小结

保险合同是保险关系得以产生的依据，各类保险业务的开展均以订立保险合同为前提和基础。作为各国保险制度的直接运作手段，保险合同是商业保险所必需的一种特定的法律形式，因此成为保险法主要规范的内容。保险合同是投保人与保险人约定保险权利义务关系的协议，是射幸合同、双务合同、有偿合同、标准合同、诺成合同、非要式合同、继续性合同、最大诚信合同。保险合同根据保险合同标的的不同，可分为人身保险合同和财产保险合同；根据保险价值在保险合同中是否预先确定，分为定值保险合同和不定值保险合同；根据保险金额与保险价值的关系，分为足额保险合同、不足额保险合同和超额保险合同；根据保险标的的状况，分为个别保险合同、集合保险合同和总括保险合同；根据保险人的情况，分为单保险合同和复保险合同；根据保险人所负责任的次序，分为原保险合同和再保险合同。保险合同的主体包括保险人、投保人、被保险人、受益人。保险合同的内容是确定保险合同当事人的权利义务关系、保险人对所承保的保险标的履行保险责任的依据，主要反映在保险条款上。保险合同的形式不是表现为一份书面协议，而是主要表现为投保单、暂保单、保险单和保险凭证等文件。保险合同的变更是指在保险合同的有效期间内，因一定法律事实的发生，按照法律规定的条件和程序，保险合同的主体、内容或效力发生变更。保险合同的变更必须经保险人与投保人协商同意。保险合同成立后，因一定法律事实的出现，使保险合同关系不复存在，保险合同消灭。保险合同消灭的主要原因有保险合同因无效而消灭，保险合同因解除而消灭，保险合同因自然终止而消灭。

思考题

1. 保险合同的概念及特征各是什么？
2. 保险合同的可分为哪些类型？
3. 保险合同的内容及形式各包括哪些内容？
4. 投保人的通知义务有哪些？
5. 保险人的说明义务有哪些？
6. 保险合同的变更有哪些类型？
7. 保险合同的消灭的原因有哪些？

练习题

1. 单项选择题

(1) 保险人对保险合同中的保险责任免除条款未向投保人明确说明的，产生的后果是(　　)。

A．保险合同无效

B．该条款不产生效力

C．对该条款作不利于保险人的解释

D．可以减少投保人的保险费

(2) (　　)是保险单的简化形式，其法律效力与保险单等同。

A．投保单　　B．保险合同　　C．要保书　　D．暂保单

2. 多项选择题

(1) 下列关于保险合同特征的表述中正确的是(　　)。

A．保险合同是射幸合同　　B．保险合同是格式合同

C．保险合同是双务合同　　D．保险合同是诺成合同

(2) 当被保险人未按照保险合同的约定履行其对保险标的应尽的安全责任时，保险人(　　)。

A．可以要求被保险人增加保险费，但是不得解除合同

B．可以解除合同，但是必须争得被保险人的同意

C．可以要求增加保险费

D．可以解除合同

第21章 财产保险合同

本章教学要点

知识要点	掌握程度	相关知识
财产保险合同的概念	熟悉	财产保险合同的内涵及特征
财产保险合同的分类	了解	依照保险标的的不同，可分为财产损失保险合同、责任保险合同、信用保险合同和保证保险合同 依照投保主体的不同，可分为家庭个人财产保险合同和企业经营财产保险合同
财产保险合同的主要内容	掌握	企业财产保险合同的内容 家庭财产保险合同的内容 责任保险合同的内容 信用保险合同的内容 保证保险合同的内容
代位求偿权	重点掌握	代位求偿权的概念、成立要件和行使

基本概念

财产保险合同　代位求偿权　企业财产保险合同　家庭财产保险合同　责任保险合同　信用保险合同　保证保险合同

引例

保险公司赔偿责任范围实例

丰华有限责任公司的主营业务是生产办公家具。为保证本公司的厂房、生产设备及原材料不受意外损失，丰华有限责任公司向安华保险公司投保了企业财产保险。双方按照法律的规定签订了企业财产保险合同。在保险合同约定的保险期限内，丰华有限责任公司的厂房因受台风影响而遭受损失，价值 50 万元的生产设备和原材料因受雨水浸泡而报废。丰华有限责任公司为了获得更多的保险金以减少损失，在向安华保险公司申报损失时，将受损的厂房、生产设备和原材料的价值申报为 75 万元。这一情况后被安华保险公司的理赔员进行现场检查时发现。

请结合本实例思考企业财产保险合同的保险责任。

资料来源：林嘉．商法学习题集(2 版)．北京：中国人民大学出版社，2009.

21.1　财产保险合同概述

21.1.1　财产保险合同的概念和特征

财产保险合同是指投保人与保险人达成的，由投保人缴付保险费，保险人对于投保的物质财产及其有关利益因保险事故而造成的经济损失承担赔偿责任的保险合同。财产保险合同不仅具备一般保险合同的属性，而且具有自己的特征，主要表现在以下几个方面。

1．财产保险合同的保险标的是特定财产及其有关利益，故又称其为损失保险

作为财产保险合同标的的“特定财产及其有关利益”有广义与狭义两种理解。狭义的财产保险标的是指各种有形的实体财产，包括动产和不动产等各种物质财产；广义的财产保险标的则是指各种有形或无形财产及其有关利益，除上述狭义标的范围外，还包括赔偿责任、信用、保证等内容。

2．财产保险合同是补偿性合同

财产保险合同的适用必须严格遵守损害补偿原则。如果投保人或被保险人并未因保险事故而遭受实际损失，保险人无需承担保险金赔偿责任。此外，投保人或被保险人虽然可以通过财产保险合同获得保险补偿，但不能取得额外收益，因此，财产保险合同的保险金额应取决于保险标的自身实际具有的价值。

3. 财产保险合同根据保险标的价值确定保险金额

财产保险合同的保险标的是有形或无形财产及其有关利益，其价值能够用金钱予以计算或衡量，所以财产保险合同的保险金额是根据保险标的的实际价值来确定的。基于财产保险合同的补偿性质，《保险法》禁止订立保险金额超过保险价值的财产保险合同，以防止道德危险的发生。

4. 财产保险合同强调保险标的因保险事故致损之时的保险利益

保险利益的存在是保险合同订立和履行的基础，但相比较而言，人身保险合同严格要求投保人在投保之时应当具有保险利益，而在给付保险金时则不以保险利益作为前提条件。而在财产保险合同中，不仅规定投保人在投保之时具有保险利益，而且强调被保险人在保险标的因保险事故遭受损失之时，也必须具有保险利益。

5. 财产保险合同一般是短期性保险合同

在市场经济条件下，财产保险合同所承保的各类财产都是具有价值的商品，这种经济属性决定了其在市场交换中的流动性。因此，保险人一般是按年度来测算保险标的的损益结果，并按年约定财产保险合同的保险期限。

6. 代位求偿和委付是财产保险合同特有的制度

基于财产保险合同的补偿性，形成了代位求偿和委付两项特殊的制度。两者的核心内容都着眼于被保险人因发生保险事故而遭受财产损失的时候，可以通过财产保险合同取得不超过实际损失的保险赔偿金。其目的是既保障被保险人获取保险补偿的权益，又防止被保险人因保险而获取额外利益。①

21.1.2 财产保险合同的分类

财产保险合同的种类多种多样，依照不同的标准，对财产保险合同可以进行不同的分类。

1. 依照保险标的不同分类

依照保险标的不同，财产保险合同可以分为财产损失保险合同、责任保险合同、信用保险合同和保证保险合同。

(1) 财产损失保险合同，是以补偿投保人或被保险人有形财产及其相关利益的损失为基本保障内容，其保险标的是除农作物、牲畜以外的一切动产和不动产，投保人既可以是自然人也可以是法人。

(2) 责任保险合同，是指投保人或被保险人与保险人之间以被保险人依法所应负的民事赔偿责任为保险标的的保险形式，即保险人根据约定代为承担被保险人对第三人的赔偿责任。

(3) 信用保险合同，是指保险人对被保险人所从事的商品销售或商业贷款业务活动提供保险，当债务人不履行法定或约定的义务未对被保险人清偿时，由保险人负责赔偿。

(4) 保证保险合同，是指由保险人为被保证人的行为对第三人所造成的经济损失承担赔偿责任的一种保险形式。

---

① 覃有土．保险法教程[M]．北京：法律出版社，2002：156-159.

2. 依照投保主体不同分类

依照投保主体不同分类，财产保险合同可以分为家庭个人财产保险合同和企业经营财产保险合同。

(1) 家庭个人财产保险合同，是指以城乡居民(包括个体工商户、农村承包经营户)家庭或个人所有、占有及保管、租赁的财产为保险标的的保险。

(2) 企业经营财产保险合同，是指以国家、集体、企事业单位、人民团体等所有或经营的财产为保险标的的保险。

除以上关于财产保险合同的理论分类，我国的保险立法对财产保险业务范围也作了法律上的划分。根据《保险法》第九十五条的规定，财产保险业务一般包括财产损失保险、责任保险、信用保险、保证保险等业务形式。

21.1.3 代位求偿权

代位求偿权是指因第三者对保险标的的损害而造成保险事故的，保险人自向被保险人赔偿保险金之日起，在赔偿范围内代位行使被保险人对第三者请求赔偿的权利。

典型案例 21-1

保险合同中代位求偿权的适用实例

丁某于 2005 年 5 月为其 9 周岁的儿子丁海购买了一份人身保险。至 2008 年 9 月，丁某已支付了 3 年多的保险费。当年 10 月，丁海患病住院，因医院误诊致残。根据法律规定，人身保险不存在代位求偿权，受益人可以同时向保险人和第三人索赔，不存在先后顺序。因此，在本案中，丁某可以在向保险公司索赔的同时，要求医院承担赔偿责任。

1. 代位求偿权的取得方式

各国保险立法对于保险人取得代位求偿权的方式主要有两种立法例：一是当然代位主义，代位求偿权的取得以理赔为要件，只要保险人向被保险人赔偿后，就自动取得代位求偿权；二是请求代位主义，保险人向被保险人赔偿后，并不能取得代位求偿权，还须有被保险人将其享有的对第三人的损害赔偿请求权让与或转让给保险人这一行为。

《保险法》第六十条规定：“因第三者对保险标的的损害而造成保险事故的，保险人自向被保险人赔偿保险金之日起，在赔偿金额范围内代位行使被保险人对第三者请求赔偿的权利。”从这一规定来看，我国采用的是当然代位主义。但是在我国的保险实践中，保险人在支付了保险赔款的同时，通常要求被保险人签发赔款收据和权益转让书，以起到证明作用。

2. 代位求偿权的成立要件

代位求偿权的适用必须具备下列要件：

(1) 损害事故必须属于保险事故。

(2) 保险事故的发生必须是由于第三者的行为引起的。

(3) 被保险人必须对第三者享有赔偿请求权。

(4) 保险人已经向被保险人赔偿保险金。

典型案例 21-2

保险人代位求偿权行使实例

某实业公司于1998年6月26日将其使用的凌志轿车向某保险公司投保了车辆损失险、第三者责任险、盗抢险等险种。其中盗抢险的保险金额为42万元，保险期限自1998年9月30日起至1999年9月29日止。1999年9月27日晚，该车在某物业公司开办的汽车保管站保管时被盗，该停车场对车辆被盗事实无异议，某保险公司依据保险合同的约定，于2000年2月29日向被保险人支付保险赔偿金29.4万元。随后，被保险人向保险人签发了《权益转让书》，保险人取得该车项下价值29.4万元的代位求偿权。保险公司取得保险代位求偿权后，向人民法院起诉了保管站的开办人某物业公司，诉讼请求中索赔金额是29.4万元。法院审理认为，保管站在保管车辆时车辆被盗，保管站对该车所受的损失应承担赔偿责任。依据《保险法》的规定，保险公司向被保险人支付保险赔偿金后即取得代位求偿权，判决保管站向保险公司支付赔偿金29.4元。

资料来源：http://10.com/Ziliao/article-34774.html.

3. 代位求偿权的行使

1) 行使代位求偿权的名义

我国保险实践中保险人既可以自己的名义也可以被保险人的名义行使，而保险立法上没有明确规定，理论界对此存有争议。保险代位求偿权是依法律规定而发生，其行使不以被保险人移转赔偿请求权为条件，只要具备代位权的行使要件，保险人即可以自己名义行使被保险人对第三人的赔偿请求权。因此，保险人在行使代位求偿权时，应以自己的名义向负有赔偿责任的第三者进行追偿。

2) 行使代位求偿权的对象

保险人的代位求偿权，应当向对保险标的的损失负有民事赔偿责任的第三者行使，不仅包括自然人，也包括法人或其他单位。但是，若第三者与被保险人具有经济上的利害关系，如被保险人一定范围内的亲属或雇员，应当禁止保险人向其行使代位求偿权，以使被保险人所获得的保险赔偿金能真正发挥其补偿功能。

3) 行使代位求偿权时被保险人的义务

行使代位求偿权时被保险人的义务如下：

(1) 被保险人应当向保险人提供必要的文件和其所知道的有关情况。

(2) 协助保险人向第三者求偿。

(3) 未经保险人许可，被保险人不得放弃对第三者的请求赔偿权，保险人赔偿前放弃的，保险人不承担赔偿责任；保险人赔偿后放弃的，该行为无效；如果因被保险人故意或者重大过失致使保险人不能行使代位求偿权，保险人可扣减或者要求返还相应的保险金。

21.2 企业财产保险合同

所谓企业财产保险合同，是指投保人与保险人达成的，以投保人所拥有的处于合同约定的固定地点的财产为保险标的，由保险人在保险标的因发生保险事故而造成损失时承担保险责任的协议。本书以“企业财产保险合同”来统称“财产保险基本险合同”和“财产保险综合险合同”。

21.2.1 企业财产保险合同的保险标的

根据《保险法》对于财产保险合同保险标的的要求，企业财产保险合同的保险标的可以分为3类。

1. 可保财产

对于可保财产，从实物形态来讲，可概括为9类：房屋、建筑物、装修设备；机器设备；交通运输工具及设备；通信设备器材；工具、仪器、生产用具；产成品、半成品、原材料和其他商品物资；管理用具和低值易耗品；建造中的房屋、建筑物和建筑材料；账外或已摊销的财产。

2. 特约承保财产

特约承保财产必须经保险人与投保人事先特别约定，经过了必要的质量查勘或采取相应的安全防护措施后，保险人才予以承保。具体包括、金银、珠宝、首饰、钻石、玉器、古玩、古币、古书、古画、邮票、艺术品、稀有金属等珍贵财物；堤堰、水闸、铁路、道路、涵洞、桥梁、码头；矿井、矿坑内的设备和物资，但不包括矿井、矿坑本身。

3. 不保财产

对于不属于一般生产资料或无法确定价值的财产，保险人不予承保，主要包括土地、矿藏、矿井、矿坑、森林、水产资源、未经收割或收割后尚未入库的农作物；货币、票证、有价证券、文件、账册、图表、技术资料、电脑资料、枪支弹药以及无法鉴定价值的财产；违章建筑、危险建筑、非法占用的财产；在运输过程中的物资。

21.2.2 企业财产保险合同的保险责任

1. 财产保险基本险合同

1) 保险责任

财产保险基本险合同条款列明的保险事故包括火灾；雷击；爆炸；飞行物体及其他空中运行物体坠落；“三停损失”，即被保险人拥有财产所有权的自用供电、供水、供气设备因上述保险事故遭受损坏，引起停电、停水、停气而造成的保险财产的直接损失；施救造成承保财产的损失；合理的必要的施救费用。

2) 附加责任

为适应投保人的需要，财产保险基本险合同在承保基本险保险责任的基础上，可以由双方约定承保附加风险，如暴风、暴雨、洪水、雪灾、冰凌、泥石流、崖崩、突发性滑坡、雹灾、水暖管道爆裂、破坏性地震、盗抢保险等。

2. 财产保险综合险合同

财产保险综合险合同的保险责任，除了包括财产保险基本险合同规定的各项保险事故外，还包括下列自然灾害：暴雨、洪水、台风、暴风、龙卷风、雪灾、雹灾、冰凌、泥石流、崖崩、突发性滑坡、地面突然塌陷等。

财产保险综合险合同也可以加保其他风险，如矿下财产保险、露堆财产保险、橱窗玻璃破碎保险、机器损坏保险、营业中断保险、盗窃保险等。

21.2.3 企业财产保险合同的除外责任

1. 财产保险基本险合同

根据财产保险基本险合同条款的规定，下列风险保险人不承担保险责任：

(1) 战争、敌对行动、军事行动、武装冲突、罢工、暴动等政治风险。

(2) 被保险人及其代表人的故意行为或纵容所致的损失。

(3) 核反应、核辐射和放射性污染。

(4) 地震、暴雨、洪水、台风、暴风、龙卷风、雪灾、雹灾、冰凌、泥石流、崖崩、水暖管道爆裂、抢劫、盗窃。

(5) 保险财产因保险事故所引起的各种间接损失。

(6) 保险财产因本身缺陷或由于保管不善导致的损失。

(7) 由于行政行为或执法行为所致的损失。

(8) 其他不属于保险责任范围内的损失和费用。

2. 财产保险综合险合同

财产保险综合险合同的除外责任与上述财产保险基本险合同除外责任的(1)、(2)、(3)、(5)、(6)、(7)、(8)项内容相同，除此以外还包括两项：

(1) 地震。

(2) 堆放在露天或罩棚下的保险财产以及罩棚，由于暴风、暴雨造成的损失，但被保险人与保险人特别约定予以承保的除外。

21.3 家庭财产保险合同

家庭财产保险合同是指投保人与保险人达成的，对于承保的家庭财产因发生保险事故造成的损失，由保险人承担保险赔偿责任的合同。

1. 家庭财产保险合同的保险标的

家庭财产保险合同的保险标的包括可保财产和不保财产两类。

1) 可保财产

家庭财产保险合同的可保财产包括以下内容：

(1) 房屋及其附属设备。

(2) 衣服、卧具、家具、用具、器具、家用电器、文化娱乐用品、交通工具等生活资料。

(3) 农村家庭的农具、工具、已收获的农产品、副业产品、家畜家禽。

(4) 个体劳动者的营业用具、工具、原材料、商品。

经被保险人与保险人约定，并且在保险单上载明的属于被保险人代他人保管的或者与他人共有的上述财产也可以成为家庭财产保险合同的承保财产。

2) 不保财产

下列财产不在家庭财产保险合同的保险财产范围之内：

(1) 金银、首饰、珠宝、货币、有价证券、票证、邮票、古玩、字画、文件、账册、图表、技术资料、花草、树木、鱼、鸟、盆景等无法鉴定价值的财产。

(2) 违章建筑和正处于紧急危险状态的财产等。

2. 家庭财产保险合同的保险责任

被保险人投保的存放或坐落于家庭财产保险合同所载明地点的家庭财产，因下列原因造成的损失，保险人负赔偿责任：

(1) 火灾、爆炸。

(2) 雷击、冰雹、雪灾、洪水、海啸、地面突然塌陷、崖崩、龙卷风、泥石流。

(3) 空中飞行物体坠落以及外来的建筑物和其他固定物体因灾害事故而倒塌致保险财产损失。

(4) 暴风、暴雨使房屋主要结构(外墙、屋顶、屋架)倒塌造成保险财产的损失。

(5) 在发生上述灾害事故时，为了防止灾害蔓延或因施救、保护所采取必要措施而造成保险财产的损失和支付的合理费用。

3. 家庭财产保险合同的除外责任

下列原因造成的保险财产的损失，保险人不负赔偿责任：

(1) 战争、军事行动或暴力行为。

(2) 核辐射和核污染。

(3) 被保险人及其家庭成员的故意行为。

(4) 电机、电器(包括属于电器性质的文化娱乐用品)、电气设备因使用过度、超负荷、碰线弧花、走电、自身发热等原因所造成的其本身的损毁。

(5) 堆放在露天或罩棚下的保险财产，以及用芦席、稻草、油毛毡、麦秆、芦苇、帆布等材料为外墙、屋顶、屋架的简陋屋棚，由于暴风、暴雨所造成的损失。

(6) 虫蛀、鼠咬、霉烂、变质、家禽的走失或死伤，以及其他不属于家庭财产保险合同的保险责任条款所列保险责任范围内的损失。

4. 家庭财产保险合同的附加保险

根据实际生活需要，投保人在投保普通家庭财产保险合同或者家庭财产两全保险合同、长效还本家庭财产保险合同、团体家庭财产保险合同的前提下，经被保险人与保险人特别约定，可以在原保险单上采用附贴或批单形式加保盗窃保险、自行车全车失窃险、家用电器专项保险或者船民水上责任特约保险。

21.4 责任保险合同

责任保险合同，也称第三者责任保险合同，是指以投保人或被保险人依照法律或合同应当向第三者承担的民事赔偿责任为保险标的的一种财产保险合同。

典型案例 21-3

机动车第三者责任险纠纷案

2004 年 2 月 1 日，某市客运公司将其一辆客车投保了机动车辆车身险和第三者责任保险。4 月 7 日，该车满载着旅客向某风景区驶去。到目的地，旅客下车后，司机准备启动车辆倒车时，将一名旅客撞成重伤，经送医院抢救，人虽脱险，医疗费用却花费了 17 900 元。事后，交通部门裁定，该旅客的医疗费应由客运公司负责。于是，客运公司向保险公司提出第三者责任险索赔，遭到拒赔。双方发生分歧：客运公司认为既然投了第三者责任险，并交纳了近千元保险费，保险车辆所造成损失应由保险方赔偿。而保险方认为，本案中被撞伤的是该车的乘客，不属于机动车辆第三者责任险中的"第三者"，因此，保险方没有义务赔偿。双方诉至法院。法院审理认为，机动车第三者责任险合同中的第三者是指因被保险机动车发生意外事故遭受人身伤亡或者财产损失的人，但不包括投保人、被保险人、保险人和保险事故发生时被保险机动车本车上的人员。该案中此乘客已经下车，不属于车上人员，属于机动车辆第三者责任险中的"第三者"。保险公司应承担赔偿责任。

资料来源：百度文库.

1. 责任保险合同的责任基础

能够成为责任保险合同保险标的的责任风险必须具备下述条件：

(1) 应当是被保险人依法应当承担的民事责任，包括违约、侵权和间接责任。

(2) 应当是被保险人应当承担的过失责任或法定无过失责任。

(3) 应当存在着被保险人的民事违法行为与损害结果间的因果关系。

(4) 应当是被保险人向第三人承担的民事赔偿责任。

而开展责任保险的前提条件必须是具有健全的法律责任制度，包括 4 个方面：一般民事责任制度、产品责任制度、雇主责任制度和职业责任制度。

2. 责任保险合同的分类

根据适用范围的不同，责任保险一般被分为公众责任保险、产品责任保险、雇主责任保险和职业责任保险 4 类。

1) 公众责任保险

公众责任保险又称普通责任保险或综合责任保险，主要承保被保险人在各种公众场合从事生产、经营活动中致使第三者人身伤害或财产损失的经济赔偿责任，是责任保险中适用范围最为广泛的保险类别。

2) 产品责任保险

产品责任保险是承保被保险人因生产、出售、供应、保养或修理产品或商品而造成用户或消费者遭受人身伤害或财产损失的赔偿责任的一种保险。

3) 雇主责任保险

雇主责任保险又称劳工抚恤保险，是承保雇主对其雇员在受雇工作期间执行任务时因发生意外事故导致伤残、死亡或职业病的经济赔偿责任的一种保险。

4) 职业责任保险

职业责任保险也称业务过失责任保险或职业赔偿保险，是承保律师、医生、经纪人、代理人、会计师、设计师等各种提供专业技术服务的人员在从事专业技术工作时，由于疏忽或过失造成他人人身和财产损失而引起的经济赔偿责任的一种责任保险。

3. 责任保险合同的保险责任

保险人承担的保险责任包括两个方面：

(1) 被保险人依法对受害第三人所应承担的人身伤亡或财产损失的赔偿责任。其中，保险人对于第三人人身伤害的赔偿包括死亡的丧葬费用、伤残补助费用和医疗费用等；而对于第三人的财产损失则限于其直接损失，间接损失一般不予赔偿。

对于被保险人根据合同约定所应承担的合同责任，必须经投保人与保险人的特别约定，才能列为责任保险合同的保险责任范围。

(2) 因民事赔偿纠纷所引起的诉讼费用、律师费用及其他事先经保险人同意支付的费用。

4. 责任保险合同的除外责任

责任保险合同的除外责任一般包括以下几个方面：

(1) 战争、军事行动、罢工造成的损害。

(2) 核风险(核损害责任保险除外)。

(3) 被保险人的故意行为造成的损害。

(4) 被保险人所有、占有、控制或管理的财产的损失，以及被保险人的家属、雇员的人身伤亡或财产损失(雇主责任保险除外)。

(5) 被保险人的契约责任(特别约定除外)。

21.5 信用保险合同

信用保险合同，又称商业信用保险合同，是指保险人对被保险人在信用放贷或信用售货(借贷赊销)交易过程中，当债务人不履行法定或约定的义务未对被保险人清偿时，由保险人负责赔偿的一种财产保险合同。

1. 信用保险合同的特征

1) 合同目的的公益性

保险公司订立信用保险合同，建立信用保险关系，非以营利为目的，而是为了促进工商业健康发展，保障金融业务安全的公共目标，是以国家宏观调控为政策根据的保险业务。

2) 主体的特殊性

经营信用保险业务的保险公司应该自主管部门取得经营此项业务的特别授权，而投保人必须是交易关系的权利人。

3) 承保危险的不规律性

信用保险合同，在合同有效期内发生的保险事故或危险，没有稳定的规律可循，受主观因素影响很大。

2. 信用保险合同的分类

按照适用范围的不同，信用保险合同可以分为出口信用保险合同、(国外)投资信用保险合同和(国内)商业信用保险合同。

(1) 出口信用保险合同是指以出口商在商品出口过程中不能及时收回货款的收汇风险为承保标的的信用保险合同。

(2) 投资信用保险合同是指承保海外投资者由于东道国实行国有化、征收等政治原因不能收回投资成本及利润而造成投资损失时的赔偿责任的信用保险合同。

(3) 国内商业信用保险合同是指保险人对被保险人(债权人)所从事的国内商品销售或商业贷款业务活动提供保险，当债务人不能对被保险人偿还借贷或者赊欠的款项时，由保险人负责赔偿的信用保险合同。

3. 信用保险合同的保险责任

信用保险合同中所规定的各种保险事故，其共性特征是不可抗力或无法预料的原因，主要包括以下保险责任。

1) 政治危险责任

政治危险责任是由于政治运动和政府政治法律制度改变而导致被保险的财产及利益遭受损失，因信用保险合同约定，保险人将予以赔偿的一种合同约定的责任。政治危险事故不以被保险人的主观意志为转移，当事人几乎不可能预见，更不能阻止其发生发展，这是将其列为保险责任的重要根据。政治危险主要指战争、类似战争的行为、暴动、罢工、叛乱、没收、征用、外贸管理制度的变化等。

2) 信用危险责任

信用危险责任是指债务人主观或客观原因导致的被保险财产或利益的损失，认为属于债务人信用不良而引起，保险人依据合同应给予赔偿的合同约定责任。它主要包括与被保险人签约的外国政府的毁约导致出口合同被迫解除，对方公司因破产而致使支付不能等情况。

4. 信用保险合同的除外责任

信用保险合同的除外责任因具体险种不同而有差别，但其主要标志是由于被保险人的过失而造成损失应由自己承担。

21.6 保证保险合同

保证保险合同是指由保险人为被保证人(义务人)的行为(作为或不作为)对第三人(权利人)所造成的经济损失承担赔偿责任的一种财产保险合同。保证保险的实质是由保险人代被保证人向第三人(权利人)提供的一种担保，如果因被保证人的违约或违法行为致使第三人经济损失的，由保险人负赔偿责任。

1. 保证保险合同的特征

1) 保险人资格的特许性

承办保证保险业务的合法保险公司应具备相应的条件，必须有国家行政管理部门的特别许可，既可以是政府的金融机关，也可以是公法上的保险组织，而一般的商业保险公司难得获得此项特权。

2) 承保危险的信用性

保证保险合同的保险人承担赔偿责任的危险事故，是针对被保证人(被保险人)的信用不良造成的主观性危害，这在一般财产保险合同中是被列为除外责任的。

3) 当事人身份的三重性

在保证保险合同关系中，被保证人(债务人)是投保人，权利人是被保险人，保证人是保险人。

4) 保险责任的连带性

虽然订立了保证保险合同，但是被保险人的风险并没有完全转移给保险人，而只是附条件地将连带责任转给保险人，即只有当投保人不能履行义务时，保险人才负连带责任。

5) 代位求偿性

保险人为被保证人向其权利人支付的任何赔偿，有要求被保证人返还的权利。即保证保险人在赔偿权利人的损失后，便取得向被保证人追偿的权利。因此，保证保险人一般事先都会对被保证人的资信进行审查，并要求被保证人提供反担保，以保障其对权利人支付的任何赔偿能从被保证人处得到追偿。

2. 保证保险合同的分类

保证保险合同通常分为诚实保证保险合同和确实保证保险合同两大类。

1) 诚实保证保险合同

诚实保证保险合同，又称信用保证保险合同或忠诚保证保险合同，是指被保证人于行为不诚实或疏于职守给权利人造成经济损失时，由保险人给予赔偿的一种财产保险合同。

2) 确实保证保险合同

确实保证保险合同，是指被保险人于不履行其法律或合同义务给权利人(或债权人)造成损失时，由保险人负赔偿责任的一种财产保险合同。

3. 保证保险合同与保证合同的区别

保证保险合同与保证合同的区别如下：

(1) 保证合同是保证人为担保债务人履行债务而与债权人订立的协议，因此，其当事人是主合同的债权人和保证人，被保证人(债务人)不是保证合同的当事人。保证人既可以是自然人，也可以是法人；而保证保险合同的保证人(保险人)必须是依法成立的具有法人资格的保险组织，不能是自然人，且权利人和被保证人都可以作为投保人与保险人订立合同。

(2) 保证合同通常具有单务性和无偿性；而保证保险合同则具有有偿性和双务性。

(3) 保证合同保证人的责任有连带责任和补充责任之分；而在保证保险合同中，只要被保证人不履行债务，使权利人遭受损失，保证人就应在保险金额限度内承担补偿责任，无连带责任和补充责任之分。

引例分析

保险公司赔偿责任范围实例

根据《保险法》的规定，保险事故发生后，投保人、被保险人或者受益人以伪造、变造的有关证明、资料或者其他证据，编造虚假的事故原因或者夸大损失程度的，保险人对其夸大的部分不承担赔偿或给付保险金的责任。被保险人有上述行为致使保险人支付保险金或者支出费用的，应当退回或者赔偿。在本案中，安华保险公司只应赔偿丰华有限责任公司的实际损失，对于因调查丰华有限责任公司实际损失情况及虚假部分的调查费用，应由丰华有限责任公司承担。如果安华保险公司已经支付了 75 万元的保险金，可以要求丰华有限责任公司退还虚假部分的赔偿金。

本 章 小 结

财产保险是保险业务中的重要组成部分，它可以为各类财物提供保险保障，其功能在于补偿被保险人因保险事故而遭受的损失。财产保险合同的保险标的是特定财产及其有关利益，根据保险标的价值确定保险金额。依照保险标的的不同，财产保险合同可以分为财产损失保险合同、责任保险合同、信用保险合同和保证保险合同；依照投保主体的不同，财产保险合同可以分为家庭个人财产保险合同和企业经营财产保险合同。代位求偿是财产保险合同中特有的制度，代位求偿权是指因第三者对保险标的的损害而造成保险事故的，保险人自向被保险人赔偿保险金之日起，在赔偿范围内代位行使被保险人对第三者请求赔偿的权利。代位求偿权的适用必须具备损害事故必须属于保险事故、保险事故的发生必须是由于第三者的行为引起的、被保险人必须对第三者享有赔偿请求权、保险人已经向被保险人赔偿保险金 4 个方面要件。企业财产保险合同、家庭财产保险合同、责任保险合同、信用保险合同、保证保险合同均具有各自的保险责任以及除外责任。

思 考 题

1．财产保险合同的概念及特征各是什么？
2．财产保险合同有哪几种分类？
3．代位求偿权的内涵、成立要件及行使各包括哪些内容？
4．企业财产保险合同的保险标的、保险责任及除外责任各是什么？
5．家庭财产保险合同的保险标的、保险责任及除外责任各是什么？
6．责任保险合同的保险责任及除外责任各是什么？

7．信用保险合同的保险责任及除外责任各是什么？

8．保证保险合同的概念及特征各是什么？

练 习 题

1．单项选择题

(1) 甲以正常速度驾驶汽车(已投保)途中，突遇行人乙在非人行道处横穿公路，甲紧急刹车，仍将其撞倒。保险公司在机动车第三者责任强制保险责任限额内对乙支付保险金后，乙还有一部分损害未获赔偿。对于这部分损害赔偿承担问题，下列说法正确的是(　　)。

A．由保险公司承担赔偿责任

B．由乙自行承担

C．由甲承担部分赔偿责任

D．由甲承担全部赔偿责任

(2) 刘某向保险公司投保了家庭财产保险。刘某夫妇到外地学习，与刘某同住的姐姐替他们照顾家中事务。某日，刘某的姐姐外出时忘记锁门，致刘家被窃，财物遭受损失。下列说法正确的是(　　)。

A．由于刘某的姐姐存在过错，保险公司可以不承担赔偿责任

B．由于刘某的姐姐存在过错，保险公司可以要求解除保险合同

C．由于刘某的姐姐存在过错，保险公司对刘某履行赔偿义务后，享有向刘某姐姐追偿的权利

D．保险公司应当对刘某进行赔偿，且不得向刘某的姐姐追偿

(3) 下列财产中，不属于普通家庭财产保险承保范围的是(　　)。

A．房屋及其附属设备　　B．衣服、卧具

C．珠宝、首饰　　D．个体劳动者的营业用器具、工具等

2．多项选择题

(1) 刁某将自有轿车向保险公司投保，其保险合同中含有自燃险险种。一日，该车在行驶中起火，刁某情急之下将一农户晾在公路旁的棉被打湿灭火，但车辆仍有部分损失，棉被也被烧坏。保险公司应承担的赔偿责任有(　　)。

A．车辆修理费500元

B．刁某误工费400元

C．农户的棉被损失200元

D．刁某乘其他车辆返回的交通费30元

(2) 下列合同类型中，属于信用保险合同的是(　　)。

A．出口信用保险合同　　B．再保险合同

C．国内投资信用保险合同　　D．信托投资合同

(3) 王某将自己居住的房屋向保险公司投保家庭财产保险。保险合同有效期内，该房屋因邻居家的小孩玩火而被部分损毁，损失 10 万元。下列选项错误的是(　　)。

A．王某应当先向邻居索赔，在邻居无力赔偿的前提下才能向保险公司索赔

B．王某可以放弃对邻居的赔偿请求权，单独向保险公司索赔

C．若王某已经从邻居处得到 10 万元的赔偿，其仍可以向保险公司索赔

D．若王某从保险公司得到的赔偿不足 10 万元，其仍可以向邻居索赔

3. 辨析题

保证保险合同与保证合同

第22章 人身保险合同

本章教学要点

知识要点	掌握程度	相关知识
人身保险合同的概念	熟悉	人身保险合同的内涵及特征
人身保险合同的分类	了解	人寿保险合同、健康保险合同和意外伤害保险合同；个人人身保险合同、团体人身保险合同和联合人身保险合同；利益分配保险合同和无利益分配保险合同；一次给付人身保险合同和分期给付人身保险合同；普通人身保险合同和特种人身保险合同
人身保险合同保险金的给付方式	掌握	一次性支付方式、利息收入方式、定期收入方式、定额收入方式、终身收入方式
人身保险合同的特殊条款	重点掌握	不可抗辩条款、年龄误告条款、宽限期条款、复效条款、贷款条款、自杀条款、不丧失价值任选条款、战争条款、保险单转让条款等

基本概念

人身保险合同　人寿保险合同　利益分配保险合同　意外伤害保险合同　不可抗辩条款

引例

人身保险合同中保险人的如实告知义务

2002 年 6 月 22 日，甲为自己投保生死两全保险，其子乙为受益人。2004 年 7 月 15 日，甲在旅游途中发生意外事故不幸死亡。乙找到保险公司申领保险金，保险公司经调查，确认甲的死亡属保险责任范围。但当保险公司查验乙提供的有关证明资料时，发现甲投保时填的投保年龄 63 岁是虚假的，实际上，投保时甲已经超过了人身保险条款规定的最高投保年龄。保险公司遂以此为理由，拒付保险金，只同意扣除手续费后，向乙退还甲的保险费。乙则以甲并非故意虚报年龄，不存在过错为理由，要求保险公司按照保险合同支付保险金。后乙将保险公司告上法庭。

请结合本案例思考人身保险合同中保险人的如实告知义务。

资料来源：林嘉．商法练习题(21 版)．北京：中国人民大学出版社，2009.

22.1　人身保险合同概述

22.1.1　人身保险合同的概念和特征

根据《保险法》第十二条的规定，人身保险合同是以人的寿命和身体为保险标的保险合同。具体而言，人身保险合同是指投保人与保险人约定，由投保人向保险人交纳一定数额的保险费，当被保险人因约定的意外事故或者衰老等原因而死亡、伤残、疾病或者合同期限届满时，由保险人支付保险金或赔偿金的合同。

与财产保险合同相比，人身保险合同具有如下特征。

1．保险合同主体的自然性

人身保险合同的保险标的是人的生命、健康或者身体利益，法人、胎儿和尸体不能作为被保对象。而且，人身保险合同以保险标的的存在形式为保险利益，这种利益属于人格利益，独立于价值评价而存在。

2．保险金定额给付性

由于保险标的的人格化，不能用金钱确定其价值，因而不存在保险价值，人身保险合同只按双方约定的保险金额来提供保障，保险金额作为保险人给付保险金的最高限额。

3．保险期限的长期性

人身保险合同特别是人寿保险一般都是长期业务，保险期限持续几年、几十年甚至始于被保险人的出生终于被保险人的死亡。

4. 保险的储蓄性

人寿保险的保险费一般由危险保费和储蓄保费两部分组成。后者实际上相当于投保人存放于被保险人处的储蓄存款。储蓄保费的投资收益使投保人不仅可以获得经济保障，还可以享受到投资所带来的收益。

5. 危险的规律性

人身保险合同特别是人寿保险合同约定的保险人给付保险金的事故，其发生具有内在的频率，能够比较准确的统计和预测，即以生命表作为承保技术的基础。生命表是人身保险特别是寿险确定保险费率的基本根据。

6. 保险费的非讼性

人身保险合同的保险人不得以诉讼手段强制要求投保人支付保险费，这一规定充分肯定了人身保险的高度社会公益性，并且照顾到保险的长期投资特征，推定投保人仅仅是善意原因而未及时缴费，应该给予宽限期。

7. 保险单的有价性

人身保险合同，特别是人寿保险合同，在投保人支付保险费后，可以将保险单作为有价凭证。因为投保人所支付的保险费，经过积存，可以形成现金价值，这部分价值是属于被保险人、受益人的利益。

22.1.2 人身保险合同的分类

按照不同标准，对人身保险合同可以进行不同的分类。

1. 依照保险范围分类

依照保险范围不同分类，人身保险合同可以分为人寿保险合同、健康保险合同和意外伤害保险合同。

(1) 人寿保险合同是指保险人以被保险人死亡或者约定期限内生存为保险事故而给付保险金的合同。

(2) 健康保险合同又称疾病保险合同，是指以被保险人在保险期限内患病、分娩，因患病、分娩所致残废、死亡或造成医疗费用支出、工作能力丧失和收入减少为给付保险金条件的合同。

(3) 意外伤害保险合同是指以被保险人在保险期限内因遭受意外伤害或因此而导致残废或死亡为给付保险金条件的合同。

2. 依照投保主体不同分类

依照投保主体的不同，人身保险合同可以分为个人人身保险合同、团体人身保险合同和联合人身保险合同。

(1) 个人人身保险合同是指以自然人个人作为投保人，以自己或他人的生命、健康和意外伤害为保险责任范围，以单张保险单承保单个被保险人人身风险的人身保险合同；

(2) 团体人身保险合同是指以企业、事业单位、机关、团体等法人单位或非法人组织等团体为投保人，以集体名义投保，以其职工的死亡、残废、意外伤害等为保险责任范围的人身保险合同。

(3) 联合人身保险合同是指把存在一定利害关系的两个或两个以上的人如父母、夫妻、子女或合作人等视为联合被保险人，共用一张保单同时投保的人身保险合同。

3. 依照投保人、被保险人是否参加保险人经营的利益分配分类

依照投保人、被保险人是否参加保险人经营的利益分配不同，人身保险合同可以分为利益分配保险合同和无利益分配保险合同。

(1) 利益分配保险合同是指投保人或被保险人不仅可以保单为凭证，在保险事故发生后获得保险金，而且还可以参加保险公司经营利益分配的人身保险合同；

(2) 无利益分配保险合同是指保险人在保险事故发生后除依约向被保险人、受益人给付保险金外没有其他法律义务，被保险人不能参加保险公司利益分配的人身保险合同。

4. 依照保险金给付方法分类

依照保险金给付方法不同，人身保险合同可以分为一次给付人身保险合同和分期给付人身保险合同。

(1) 一次给付人身保险合同是指保险人于保险事故发生或保险期限届满时，将约定的保险金一次性支付给受益人或被保险人的人身保险合同。

(2) 分期给付人身保险合同是指保险人于保险事故发生或保险期限届满时，将约定的保险金分期支付给受益人或被保险人直到全部付完约定的保险金额或者直到被保险人死亡时为止的人身保险合同。

5. 依照经营方式分类

依照经营方式的不同，人身保险合同可以分为普通人身保险合同和特种人身保险合同。

(1) 普通人身保险合同是指采用自由协商方式订立，以个人投保为主的人身保险合同。

(2) 特种人身保险合同是指与普通人身保险合同相对应、性质较为特殊、应采用专门方式经营的一种人身保险合同。

22.1.3 人身保险合同的特殊条款

人身保险合同除了应订明投保人和被保险人的姓名和住所、保险责任、除外责任、保险金额、保险期间、保险费及费率、保险金的给付方法等基本条款外，还经常采用特殊的人身保险合同常用条款。这些常用条款在人身保险合同中占据重要地位，只要投保人接受了该项条款，或者订立了合同，合同双方当事人都必须严格遵守，任何一方违反该条款，将承担相应的合同责任或法律责任。

1. 不可抗辩条款

根据诚实信用原则，投保人对保险标的的危险情况必须据实告知，否则保险人有权解除合同。但根据不可抗辩条款，保险人只能在合同生效后的一定期限内以投保人违反告知义务为由行使合同解除权，超过该期限，不得主张权利，合同效力不发生影响。保险人行使抗辩权利的期限一般为 2 年。

2. 年龄误告条款

一般情况下，投保人误告被保险人年龄的，可以按其真实年龄予以更正；但是被保险人的真实年龄超过该份人身保险合同最高承保年龄的，合同可作无效处理，保险人返还保险费；如果被保险人的真实年龄小于该份人身保险合同最低承保年龄的，合同自被保险人

达到最低承保年龄时方生效；若误报年龄大于真实年龄，造成保险费溢缴，保险人应退还溢缴部分，若误报年龄小于真实年龄，投保人应补交欠缴保费及利息。

3. 宽限期条款

对于分期缴纳保险费人身保险合同，在投保人未按期交纳后续保险费时，保险人暂不得行使解约权，而应赋予投保人一定的宽限期，即在宽限期内投保人未交保费的，合同仍然有效。

4. 复效条款

宽限期届满投保人仍未缴纳保费，合同效力中止，此后一定期限内，被保险人在具备可保条件并补交所欠保费本息的前提下，经保险人同意，合同效力恢复。

5. 贷款条款

长期人身保险单可积累现金价值，投保人可在积存于保险人的责任准备金累计金额内申请贷款，而以保单作抵押，习惯上称之为保单质押贷款或保单贷款。然而，申请贷款毕竟要将一部分款额暂时脱离保险人的使用和管理，因此应该明确贷款的数额和使用期限。

6. 自杀条款

为避免蓄意自杀者通过保险为家属或其他人谋得保险金，保险人一般把被保险人的故意自杀行为列为除外责任。

典型案例 22-1

被保险人自杀的赔偿金给付案

某厂女工朱某，因恋爱受刺激两次自杀未遂被及时发现而救下，经医生诊断为“抑郁性精神病”。出院后的朱某，并无异常行为，只是变得更加抑郁寡欢，常流露出悲观厌世的情绪。一日，朱某乘母亲外出买菜时，悬梁自尽。3 年前朱某投保了 20 年期简易人身保险 10 份，保险金额 4 000 元，其间并无欠缴保险费的记录。朱某死后，其母亲以受益人的身份向保险公司申请给付 4 000 元的死亡保险金。根据《保险法》的规定，由于朱某投保已经超过 2 年，所以朱某自杀，保险公司也应承担保险责任。

7. 不丧失价值任选条款

人身保险合同投保人所交付的保险费兼有储蓄性质，保险单积存的责任准备金理论上属于投保人、被保险人所有，不因合同效力的变化而丧失现金价值，故被称为“不没收价值”或“不没收给付”。保险人对“不没收价值”得应投保人的要求以特定方式予以返还。

8. 战争条款

一般的人身保险合同通常把战争死亡列为除外责任，但是只有战争与被保险人的死亡之间存在直接的因果关系，才能成为除外责任。

9. 保险单转让条款

人身保险合同不能变更被保险人，一般人身保险条款均规定，保险单的转让，非经书面通知保险人，不发生效力。这样规定，使保险人在因不知转让的事实，而将保险金给付原受益人时，不负任何责任。

22.1.4 保险金的给付方式

人身保险合同保险金的支付方式如下[①]：

(1) 一次性支付方式，即保险人将保险金一次性以现金或支票方式付给受益人。

(2) 利息收入方式，即保险金受领人将保险金留存于保险人处，按预定的保证利率，按年、按季或按月向保险人领取保险金的利息。

(3) 定期收入方式，根据投保人的要求，在约定的给付期间内，按预定的保证利率，以年金结算的方式给付，并计算出每期给付的金额，由保险金受领人按期领取。

(4) 定额收入方式，根据保险金受领人的要求，确定每隔若干周期，提供受领人选定的固定金额，因而给付期数应根据保险金的总额和实际的利率来确定。

(5) 终身收入方式，实际上是以支付保险费的办法来购买受益人的终身年金。受益人可以按时领取年金，直到其死亡为止。终身收入方式又可分为单纯终身收入方式和定期保证终身收入方式两种。

22.2 人寿保险合同

22.2.1 人寿保险合同的概念和特征

人寿保险合同是指投保人与保险人约定，以被保险人于约定期限内生存或死亡为保险事故而由保险人给付保险金的人身保险合同。

人寿保险合同的特征表现如下：

(1) 保障对象是人的生命或者说是寿命，而不包括身体健康，这一点构成了人寿保险合同与其他人身保险合同的最主要区别。

(2) 人寿保险合同的保险期间具有长期性，以适应人寿保险的交费特点，实现订立人寿保险合同的目的。

(3) 人寿保险合同是最典型的商业化合同，通常采用带有明显商业性质的经营策略，以推销的形式开展业务。

22.2.2 人寿保险合同的分类

以给付保险金的条件为标准可以将人寿保险合同分为以下几种。

1. 死亡保险合同

死亡保险合同是以被保险人的死亡为保险事件，当被保险人在保险期限内死亡时由保险人给付保险金的保险合同。其主要特征：单独的保险受益人；严格的体检程序；不具有储蓄性。按照保险期间长短，死亡保险合同可以分为定期死亡保险合同和终身死亡保险合同两类。

① 李玉泉．保险法[M]．北京：法律出版社，2003：258-259.

(1) 定期死亡保险合同，习惯上称为定期保险合同，是以被保险人在规定期间内发生死亡事故而由保险人负责给付保险金的保险合同。

(2) 终身死亡保险合同，又称终身寿险合同，是以被保险人的死亡作为保险事故而由保险人支付保险金的保险合同。

2. 生存保险合同

生存保险合同是指以被保险人在规定期限内生存作为给付保险金的条件的保险合同。按照保险费缴付和保险金给付的不同，生存保险合同可分为单纯的生存保险合同与年金保险合同。

生存保险合同的特征表现：

(1) 订立生存保险合同的目的不是弥补由于被保险人死亡而给其家属造成的生活困难，而是侧重于保障被保险人本人未来的生活。

(2) 由合同目的决定，生存保险合同一般无单独的第三者受益人，投保人、被保险人和受益人多数情况下都是同一人。

(3) 生存保险合同不具有储蓄性质，如果被保险人在合同期限内死亡，保险人不退还保险费，而被保险人名下的责任准备金将作为生存者利益由到期生存者共享。

(4) 在经营上生存保险具有非独立性，一般将其附加在人寿保险的其他险种上。

3. 混合保险合同

混合保险合同，又称生存和死亡两全保险合同，简称(生死)两全保险合同或储蓄保险合同，是指被保险人无论在保险期间内死亡或生存到保险期限届满时，均可领取约定保险金的一种保险合同。其特征体现保障的全面性和保险的储蓄性。

按照保险期限的长短和保险金的给付方法不同，混合保险合同可以分为长期混合保险合同、短期混合保险合同和多倍给付保险合同。

(1) 长期混合保险合同，是一种保险人在较长期限内提供保险，被保险人于丧失工作能力、需要提供晚年生活保障时，可请求保险金给付的混合保险合同。

(2) 短期混合保险合同，是以固定期限内的被保险人死亡或届满时生存为支付保险金的事由，具有投资积累或购置产业、应付多种需求的功能，主要并不是为被保险人提供养老保障。

(3) 多倍给付保险合同，是一种加重定期保险特征，并不按照保单价值数额支付保险金的一种两全保险合同。如果被保险人于保险期限届满前死亡，将获得二倍或多倍的保险金给付，以增加保费换取保险人支付超额保险金之对价。

22.2.3 人寿保险合同的除外责任

人寿保险合同的除外责任一般包括：

(1) 被保险人因犯罪行为，致其死亡或者残疾。

(2) 被保险人自杀的，除法律另有规定，保险人不承担保险金给付责任。

(3) 投保人在投保时，未如实告知被保险人年龄等重大情况的，但是法律另有规定的除外。

(4) 被保险人或者受益人、投保人以欺诈行为骗取保险金的，保险人不承担给付保险金的责任，对已经支付的有权要求返还。

(5) 投保人、受益人故意造成被保险人死亡、伤残的。

22.3 健康保险合同

22.3.1 健康保险合同的概念和特征

健康保险合同，又称疾病保险合同，是指投保人和保险人约定，当被保险人在保险期限内患疾病、分娩，以及因疾病、分娩导致残废、死亡或其他经济损失时，由保险人给定保险金的人身保险合同。

健康保险合同的特征表现以下方面。

1. 保险性质双重性

健康保险合同在保险标的的价值确定上具有定值保险与不定值保险的双重特征，在保险金给付上介于给付性保险和补偿性保险之间。

2. 保险经营的非独立性

该保险一般不是商业保险中的独立经营品种，多采用与其他人身保险相混合，或者附加在其他险种之上。

3. 承保危险的特殊性

健康保险合同承保之危险，主要是疾病(包括分娩)，在构成要件与表现形式上都有别于其他人身保险合同。

22.3.2 健康保险合同的分类

根据给付保险金目的的不同，健康保险合同可分为两大类：经济利益保险合同和医疗给付保险合同。

1. 经济利益保险合同

经济利益保险合同，是指在健康保险合同中，为了补偿被保险人由于疾病所致的经济预期利益损失，而约定因保险事故的发生而致使被保险人丧失经济利益时，由保险人给付保险金的人身保险合同。

2. 医疗给付保险合同

医疗给付保险合同，是指在健康保险合同中，为了补偿被保险人由于医治疾病所花费的医疗费用，约定于被保险人因病需要治疗、能够治疗而且已合理治疗时，由保险人承担上述费用给付责任的人身保险合同。

22.3.3 健康保险合同的保险责任

健康保险合同的保险事故可分为疾病、分娩(生育)、因疾病或分娩(生育)所致的残废、因疾病或分娩(生育)所致的死亡 4 项，以及因此 4 项而导致的工资收入减少、医疗费用支出和遗属生活费、教育费、婚嫁费、丧葬费等费用。

1. 疾病

疾病是指被保险人因自身内部原因引起的肉体和精神的痛苦和不健全。健康保险合同中所称的“疾病”应符合3个条件：第一，疾病是内在原因引起的身体健康状况的破坏，明显、剧烈的外来原因引起的痛苦和不健全应视为伤害；第二，疾病是偶然原因引起的，既不是意料之中的，又不是身体的自然变化规律；第三，疾病是由于非先天的原因造成的。

2. 分娩

分娩，因分娩(包括流产)而提供的保险服务通常称为生育给付。生育给付是指被保险人本人或其配偶因生育关系，需要提供生产服务和药物的费用，以及因分娩而误工导致工资丧失时，能够得到保险给付。生育保险金给付包括现金给付及医疗给付，一般情况下，被保险人本人生育时，除可领取医疗给付外，还可领取生育补助的现金给付；而被保险人配偶生育时，仅领取医疗给付，包括产前身体检查、生育助产、保胎以及防病所需支出的费用。

3. 因疾病、分娩导致残废

因疾病、分娩导致残废是指一定时间内不能从事以前的职业，以后也找不到适合的任何有报酬的职位的状态，即被保险人丧失劳动能力，无法靠自己取得生活来源，因此残废保险具有工资补偿性质。

4. 因疾病、分娩导致死亡

因疾病、分娩导致死亡排除由于意外伤害而引起被保险人死亡的情况。

22.3.4 健康保险合同的除外责任

对于下列原因引起的保险事故，保险人不承担给付保险金的责任：

(1) 被保险人故意自杀或企图自杀而造成的疾病，甚至是引起的伤残或死亡。

(2) 被保险人于合同订立时已患有的疾病。

(3) 因堕胎而导致被保险人患有某种疾病、残废或死亡，但保险人对医师为抢救孕妇生命而采取的堕胎措施造成的后果必须承担责任。

(4) 战争或类似战争行为所致的疾病。

(5) 从事不法行为所致的疾病。

(6) 酗酒、吸食麻醉剂而引起的病变。

22.4 意外伤害保险合同

典型案例 22-2

意外伤害保险合同索赔纠纷案

2005年11月5日晚，某保险公司业务员甲在她的家中向其邻居乙(一名司机)销售了一份意外伤害保险。双方均在保单上签名。约定被保险人为乙，保险期间为2005年11月6日0时起至2006年11月6日

0时止，当时，乙就将100元保费交给了甲，约定第二天由甲将保险公司签发的保单交给乙的妻子。次日凌晨7时许，乙驾车不慎发生交通事故，住院55天，花去医疗费2万多元。事故发生的当天上午，乙之妻向保险公司索要保单，保险公司则以乙在保单上没有填写本人的职业和受益人的身份证号码，所以保险公司无法完成核保、承保工作；乙系营运货车司机，在保险公司的《职业分类表》中属于六类职业，而乙投保的险种限四类以下职业，所以即使乙没有发生意外事故，保单也不会通过保险公司的核保，因此，保险公司将该保单注明作废，并拒绝赔偿。乙向法院提起诉讼。

1. 意外伤害保险合同的概念和特征

意外伤害保险合同，又称伤害保险合同，是指投保人与保险人约定，当被保险人在保险期限内因遭受意外伤害或因此而导致残废或死亡时，由保险人给付保险金的人身保险合同。

意外伤害保险合同的特征表现为承保危险的广泛性；保险期限的短期性；危害结果的可推定性；被保险人职业及行为的限定性。

2. 意外伤害保险合同的分类

根据保障范围的不同，意外伤害保险合同可以分为普通意外伤害保险合同和特种意外伤害保险合同。

1) 普通意外伤害保险合同

普通意外伤害保险合同，又称一般意外伤害保险合同、个人意外伤害保险合同或单纯意外伤害保险合同，是指以被保险人个人为保险对象，对其在日常生活中因一般意外事故而导致的死亡或残废提供保障的人身保险合同。

2) 特种意外伤害保险合同

特种意外伤害保险合同，是指以特定种类的意外伤害为保险事故，对被保险人因此类事故而导致的死亡或残废提供保障的人身保险合同。

3. 意外伤害保险合同的保险责任

意外伤害保险合同的保险人承保被保险人因意外伤害所引起死亡或残废的保险金给付责任，但不负责被保险人因疾病所致的死亡。

1) 伤害

伤害，是指自然人外表可见的身体受伤，包括使体外留有痕迹或有一定症状的伤害与经解剖或X光透视发现的内脏损伤。构成保险法上的意外伤害，必须具备3个条件。

(1) 外来：必须是外来的或外界原因造成的事故，而非身体内在原因如疾病所导致。

(2) 偶然(意外)：事故发生必须是意外的、当事人不可预料的和不希望发生的，而不是当事人故意制造的。

(3) 剧烈：事故必须是突然发生且一瞬间引起剧烈的变化，而非被保险人长期操劳或磨炼所引起的。

2) 死亡

死亡是指自然人机体生命活动和新陈代谢的终止，包括生理死亡与宣告死亡。

3) 残废

残废是指人体组织的永久性缺损或人体器官正常机能的永久性丧失，如丧失视觉、听觉等。

4. 意外伤害保险合同的除外责任

对于下列原因引起的保险事故，保险人不承担给付保险金的责任：

(1) 被保险人故意自杀。

(2) 被保险人因从事违法犯罪行为引起的伤害。

(3) 被保险人在吸食、注射毒品后发生的意外伤害。

(4) 被保险人因服毒或煤气中毒而导致的伤害。

(5) 被保险人因疾病原因造成伤害。

(6) 被保险人因酗酒或吸食麻醉剂而造成的伤害。

(7) 投保人或受益人故意造成被保险人的伤害。

(8) 战争、内乱以及类似行为所致被保险人伤害。

(9) 核爆炸、灼伤、辐射或核污染所造成的伤害。

(10) 被保险人从事不必要的冒险行为所致损伤，主要是各种危险的体育活动。

上述有些意外伤害在意外伤害保险条款中虽然一般被列为除外责任，但是如果经过投保人与保险人特别约定并专门加收保险费后，保险人也可予以承保，称为特约承保意外伤害，包括因战争导致被保险人遭受的意外伤害；因医生误诊、药剂师发错药品、施行手术时切错部位等医疗事故造成的意外伤害；因核辐射造成的意外伤害；被保险人在从事登山、跳伞、滑雪、江河漂流、赛车、拳击、摔跤等剧烈的体育活动或比赛中遭受的意外伤害。

引例分析

人身保险合同中保险人的如实告知义务

本案涉及的是在订立人身保险合同过程中投保人如实告知义务的履行问题。《保险法》明确规定，保险人可以就保险标的或被保险人的有关情况提出询问，投保人应当如实告知；投保人故意隐瞒事实，不履行如实告知义务的，或者因过失不履行如实告知义务的，足以影响保险人是否同意承保或提高保险费率的，保险人有权解除保险合同。在本案中，甲作为投保人在订立人身保险合同过程中，虚报自己年龄，且其真实年龄已经超过了人身保险条款规定的最高投保年龄。这一行为足以影响到保险人是否承保。根据《保险法》的有关规定，无论甲的行为是出于故意还是过失，保险人都有权解除保险合同，保险公司对于合同解除前发生的保险事故是不承担赔偿责任的。所以法院应当驳回乙的诉讼请求。

本章小结

人身保险合同是商业保险中最基本的两种合同形式之一，与财产保险合同相对应，侧重于对人身利益给予保障。人身保险合同的主要功能并不在于损失补偿，而是以保护被保险人生命、身体的完整不受侵犯为目的的一种定额给付合同。人身保险合同是以人的寿命和身体为保险标的保险合同，依照保险范围的不同，人身保险合同可以分为人寿保险合同、健康保险合同和意外伤害保险合同；依照投保主体的不同，人身保险合同可以分为个人人身保险合同、团体人身保险合同和联合人身保险合同；依照投保人、被保险人是否参加保险人经营的利益分配的不同，人身保险合同可以分为利益分配保险合同和无利益分配保险合同；依照保险金给付方法不同，人身保险合同可以分为一次给付人身保险合同和分期给付人身保险合同；依照经营方式的不同，人身保险合同可以分为普通人身保险合同和特种人身保险合同。人身保险合同除了应订明投保人和被保险人的姓名和住所、保险责任、除外责任、保险金额、保险期间、保险费及费率、保险金的给付方法等基本条款外，还经常采用特殊的人身保险合同常用条款，主要有不可抗辩条款、年龄误告条款、宽限期条款、复效条款、贷款条款、自杀条款、不丧失价值任选条款、战争条款、保险单转让条款。人寿保险合同、健康保险合同、意外伤害保险合同的保险责任、除外责任各不相同。

思考题

1. 人身保险合同的概念及特征各是什么？
2. 人身保险合同的特殊条款有哪些？
3. 保险金的给付方式有哪些？
4. 人寿保险合同的除外责任有哪些？
5. 健康保险合同的保险责任及除外责任有哪些？
6. 意外伤害保险合同的特征有哪些？
7. 意外伤害保险合同的保险责任及除外责任有哪些？

练习题

1. 单项选择题

(1) 以死亡为给付保险金条件的人身保险中，被保险人死亡后，如受益人先于被保险人死亡，又没有其他受益人，保险人应向(　　)履行给付保险金的义务。

A. 投保人指定的人　　B. 被保险人的继承人
C. 投保人自己　　D. 受益人的继承人

(2) 公民甲通过保险代理人乙为其 5 岁的儿子丙投保一份幼儿平安成长险，保险公司为丁，下列表述正确的是(　　)。

A. 该保险合同中不得含有以丙的死亡为给付保险金条件的条款
B. 受益人请求给付保险金的权利自其知道保险事故发生之日起 5 年内不行使而消灭

C．当保险事故发生时，乙与丁对给付保险金承担连带赔偿责任

D．保险代理人乙只能是依法成立的公司，不能是个人

(3) 李某为其子投保了以死亡为给付保险金条件的人身保险，期限 5 年，保费一次缴清。两年后其子因抢劫罪被判处死刑并已执行。李某要求保险公司履行赔偿义务。对此，保险公司应(　　)。

A．依照合同规定给付保险金

B．根据李某已付保费，按照保险单的现金价值予以退还

C．可以不承担给付保险金的义务，也不返还保险费

D．可以解除合同，但应全额返还保险费

2. 多项选择题

(1) 两年前，陈某以其 6 岁的儿子陈丹为被保险人投保了一份 5 年期的人寿保险，未指定受益人。今年 8 月，陈丹因病住院，由于医院的医疗事故致使陈丹残疾。按照《保险法》的规定，下列表述正确的是(　　)。

A．陈某既可以向医院索赔，也可以同时要求保险公司承担责任

B．保险公司应当向陈某支付保险金，并且不得向医院追偿

C．陈某投保时无须陈丹的书面同意

D．如陈丹不幸死亡，则推定陈某为受益人

(2) 史某为其母亲投保了意外伤害保险，在保险期内，史母因交通事故死亡。(　　)

A．如果史母指定史某为受益人，则保险公司应当向史某给付保险金

B．如果史母指定第三人为受益人，则保险公司应当向第三人给付保险金

C．如果史母指定自己为受益人，则保险公司应当向其法定继承人给付保险金

D．如果史母未指定受益人，则保险公司应当向史某给付保险金

第六编　破　产　法

第23章　破产法概述

本章教学要点

知识要点	掌握程度	相关知识
破产的概念	熟悉	狭义的破产与广义的破产
破产法的概念	熟悉	现行《破产法》的特点
破产法的立法目的	了解	维护社会主义市场经济秩序 公平清理债权债务 保护债权人和债务人合法权益 规范企业破产程序
破产法的效力	掌握	破产法的时间效力 破产法的空间效力 破产法的对人效力
破产原因	重点掌握	破产原因 重整原因

基本概念

破产　破产法　破产程序　破产原因　破产能力　属地主义　普及主义　空间效力　时间效力　对人的效力

引例

华贸有限责任公司破产案

华贸有限责任公司对外负债 300 万元，其中对中国工商银行某分行负债 150 万元，对天天有限责任公司负债 100 万元，对天泽有限责任公司负债 50 万元。目前，华贸有限责任公司尚存流动资金 60 万元。此外，华贸有限责任公司还有一些固定资产，评估折价后价值 210 万元，这一部分固定资产已抵押给中国工商银行。据此，华贸有限责任公司目前全部资产 270 万元，小于其全部负债 300 万元，属于资不抵债的情形。

请结合本案例思考企业的破产原因。

23.1　破产与破产法

1. 破产的概念

破产(insolvency/bankruptcy)是与债务人不能清偿到期债务的财务困境相关联的概念。破产是市场经济体制下的一种必然的经济现象，是市场竞争的必然产物。一个健全、完善的市场经济法律体系，应当具备一个有机运行的市场主体法律机制、市场运行法律机制和市场退出法律机制。规范债务人不能清偿到期债务从而启动破产和解、破产重整或者破产清算程序来处理债权、债务关系的破产法律规范构成了市场退出法律机制的核心和关键。法律意义上的破产是指当债务人出现破产原因或者即将出现破产原因时，对债务人实施的挽救程序以及就债务人的总财产实行的概括性清算程序的统称。

破产的概念具有狭义和广义两种含义。狭义的破产是指破产清算，是当债务人不能清偿到期债务且资不抵债时，为满足债权人正当合理的清偿要求，在法院的监督之下，就债务人的总财产实行的以分配为目的的清算程序；广义的破产是指由破产清算程序与破产和解、破产整顿等预防性程序共同构成的统一的破产法律制度体系。

2. 破产法的概念

破产法是关于债务人出现破产原因时，宣告其破产并对债务人的全部财产进行清算或者为避免债务人进入破产清算程序所建立起来的破产预防法律制度的总称。破产法作为市场经济法律体系的重要组成部分，兼具实体法和程序法的双重属性，既有破产原因、破产财产的范围、管理人的职权、债权人会议和债权人委员会的职权、破产财产的分配等实体法的规范，又有破产申请的提出和受理、破产宣告、债权申报、破产程序的中止和终结等程序性规范。

我国于 1986 年通过了《中华人民共和国企业破产法(试行)》(以下简称《企业破产法(试行)》)，但基于当时社会经济状况的局限，该法仅适用于全民所有制企业法人。为弥补其不足，1991年颁布的《民事诉讼法》第十九章规定了全民所有制以外的企业法人的破产还债程序，最高人民法院也分别于1991年、2002年相继颁布了《最高人民法院关于贯彻执行(中华人民共和国企业破产法(试行))若干问题的意见》、《最高人民法院(关于审理企业破产案件若干问题的规定)》两个司法解释。2006年8月27日，第十届全国人大常委会第二十三次会议通过了现行《中华人民共和国企业破产法》以下简称《企业破产法》。相较于1986年的《企业破产法(试行)》，现行破产法主要有以下特点：第一，立法目的明确为公平清偿债权债务，保护债权人和债务人的合法权益，维护市场经济秩序；第二，破产法的适用范围扩大到承担有限责任的各种所有制企业法人；第三，破产原因界定为不能清偿到期债务，并且资产不足以清偿全部债务或者明显缺乏清偿能力；第四，破产案件的适用程序界定为破产清算、重整、和解；第五，设立重整制度，给有拯救希望的企业法人以再生的机会；第六，设立破产管理人制度，并规定在人民法院受理破产申请同时指定管理人；第七，规定共益债务，同时规定共益债务由债务人财产随时偿还原则；第八，设立债权人委员会作为破产监督人，监督破产程序的进行；第九，扩大追加分配的财产范围，最大限度地保护债权人利益；第十，规定了破产欺诈等破产违法行为的法律责任。

23.2　破产法的立法目的

破产法的立法目的也即破产法的立法宗旨，根据认识角度的不同，可以作多方面的解读。《企业破产法》第一条规定："为规范企业破产程序，公平清理债权债务，保护债权人和债务人的合法权益，维护社会主义市场经济秩序，制定本法。"这一规定确立了我国破产法的立法目的。

1. 规范企业破产程序

我国1986年制定了适用于全民所有制企业的《企业破产法(试行)》。1991年又以修订后的《民事诉讼法》第十九章规定了适用于国有企业以外的所有企业法人的"企业法人破产还债程序"。这些法律初步建立了我国的破产法律制度，促进了我国市场经济体制的形成。近年来，又陆续出台了多个与破产法相关的司法解释、行政法规、部门规章等，这些法规文件繁冗复杂，又彼此冲突，造成破产程序在一定程度上的混乱。为了适应市场经济的发展，完善破产法立法，现行《企业破产法》总结国内外的经验，为陷入经营困境的企业提供了以变价分配为目标的清算程序和以企业再建为目标的重整程序、和解程序，使整个破产程序合理规范，使企业破产实现程序上的有法可依，操作上的公正有序。

2. 公平清理债权债务

公平是破产法的核心价值。公平清理债权债务作为破产法的立法目的之一，其含义主要有：首先，它意味着本法被定位为债务清理法；其次，它意味着对所有债权在破产程序开始时，无论是否到期均视为已经到期；再次，对于债权人的权利，依照不同的性质作出清偿位阶上的安排；最后，对所有债权都应该按法定顺序进行分配，当对同一顺序的债权人不足清偿时，按债权的比例进行清偿。

3. 保护债权人和债务人合法权益

企业在破产过程中主要涉及债权人和债务人两类主体。在破产法律关系中，债权人和债务人分别享有不同的权利，承担不同的义务，这就要求在破产程序中，要公平地保护破产法律关系中双方主体的合法权益，以确保破产程序高效有序的进行。在企业的破产实践中，既有债务人“恶意破产”以逃避债务的情况，也有部分债权人只顾一己的眼前利益，将一些有挽救希望的企业推入破产清算的情形。[1]为保护债权人合法权益，破产法规定了破产无效行为、破产管理人、破产撤销权、破产抵销权、别除权等具体制度。对于债务人合法权益的保护，破产法引入了重整程序。

4. 维护社会主义市场经济秩序

维护良好的社会主义市场经济秩序，保障国民经济各部门、各单位和公民正常的经济活动，是社会经济发展的基本条件。债务清偿秩序是社会主义市场经济秩序的重要表现形式，维护公平的清偿秩序是破产法的宗旨之一。一个有序和高效的破产秩序可以让债务人、债权人以及其他市场参与主体对企业不能清偿到期债务的法律后果有明确的预期，并依据这种预期作出相应的经营判断，决定自己的交易行为。这样整个市场的各个参与主体都能谨慎、规范地进行各种交易活动，进而维护良好的社会主义市场经济秩序。

23.3 破产法的效力

1. 破产法时间上的效力

破产法时间上的效力，或者说破产法的适用时间问题较为简单。《企业破产法》第一百三十六条规定：“本法自 2007 年 6 月 1 日起施行，《企业破产法(试行)》同时废止。”根据该条规定，我国 1986 年制定的适用于全民所有制企业的《企业破产法(试行)》不再适用。此外，1991 年颁布的《民事诉讼法》第十九章专门规定了适用于非全民所有制企业以外的所有企业法人的“企业法人破产还债程序”。2007 年全国人大常委会对《民事诉讼法》进行修订，删去了第十九章，但由于《民事诉讼法》是由全国人大制定的基本法律，全国人大常委会无权予以修改或者废止，所以《企业破产法》对此未作规定，留待将来的《民事诉讼法》修订时再删除该章内容。

2. 破产法空间上的效力

破产法空间上的效力即破产法的适用地域范围。探讨破产法的适用地域范围，主要是指破产法的域外效力，即一国的破产程序对破产人在域外其他国家的财产是否有效。关于破产程序的域外效力，存在两种主张：一种是属地主义，一种是普及主义。属地主义主张域内的破产程序不对债务人位于域外的财产直接发生效力；同样，域外的破产程序不对债务人位于域内的财产直接发生效力。普及主义主张承认域内破产程序的域外效力和域外破产程序的域内效力，以便债权人能得到更加充分的保护。《企业破产法》第五条规定了处理跨境破产的基本内容：“依照本法开始的破产程序，对债务人在中华人民共和国领域外的财产发生效力。对外国法院作出的发生法律效力的破产案件的判决、裁定，涉及债务人在中

---

① 王卫国. 破产法精义[M]. 北京：法律出版社，2007：3.

华人民共和国领域内的财产，申请或者请求人民法院承认和执行的，人民法院依照中华人民共和国缔结或者参加的国际条约，或者按照互惠原则进行审查，认为不违反中华人民共和国法律的基本原则，不损害国家主权、安全和社会公共利益，不损害中华人民共和国领域内债权人的合法权益的，裁定承认和执行。” 这一规定体现了我国对于跨界破产问题的基本态度。

3. 破产法的对人效力

破产法的对人效力即破产法对人的适用范围问题。现行《企业破产法》第二条规定：“企业法人不能清偿到期债务，并且资产不足以清偿全部债务或者明显缺乏清偿能力的，依照本法规定清理债务。企业法人有前款规定情形，或者有明显丧失清偿能力可能的，可以依照本法规定进行重整。”根据该条规定，破产法的适用范围包括国有企业、法人型集体企业、私营企业和三资企业，上市公司与非上市公司，有限责任公司与股份有限公司以及金融机构。同时，为缓解其他非法人型企业和社会组织的破产无法可依的问题，现行《企业破产法》第一百三十五条规定：“其他法律规定企业法人以外的组织的清算，属于破产清算的，参照适用本法规定的程序。”另外，现行《企业破产法》没有赋予自然人破产能力，自然人不属于破产法的调整范围。

23.4 破产原因

典型案例 23-1

华葡酿酒有限公司破产案

华葡酿酒有限公司(以下简称华葡公司)是 1994 年 6 月 7 日由唐山市曹雪芹家酒(集团)公司(以下简称曹酒集团)和澳门佳酿有限公司(以下简称佳酿公司)共同组建的合资企业。其注册资本总额为 980 万美元，其中曹酒集团应出资 588 万美元，占注册资本的 60%，佳酿公司应出资 392 万美元，占注册资本的 40%。合资企业成立后，双方一直存在争议。后佳酿公司申请仲裁，2001 年 12 月 11 日，中国国际贸易仲裁委员会作出裁决：①终止合营合同，按照现有实际出资比例进行清算；②确认佳酿公司出资额为 83 000 美元，占其应出资额的 2.12%，佳酿公司其他投入不能认定为出资，但可以作为对合资企业债权进行清算，曹酒集团出资额为 3 951 196.4 美元，占其应出资额的 67.2%；③确认曹酒集团承担自行安装调试设备责任、负责单方生产期间的财务盈亏、房屋场地租赁费用及设备折旧费用。根据上述裁决，2003 年 3 月 12 日唐山市商务局作出对华葡公司进行特别清算的批复，并委托中国国际贸易促进委员会河北调解中心负责组织实施。经特别清算，华葡公司截止到 2003 年 7 月 8 日的资产经评估为 1 378.6 万元人民币，债务总额为 4 374.3 万元人民币，资产负债率为 317%，已严重资不抵债，具备了破产原因。华葡酿酒有限公司特别清算委员会经书面表决，并经企业审批机关批准，申请华葡公司破产。

资料来源：http://www.lawygee.net/case/case-display.asp?rid=148945.

1. 原《企业破产法》对破产原因的规定及缺陷

破产原因，又称破产界限，是指企业被宣告破产时应具备的条件。破产原因是债务人丧失清偿能力，当事人得以提出破产申请，法院据以启动破产程序、作出宣告破产所依据的法律事实。对破产原因规定之宽严，不仅体现出对债权人和债务人利益之平衡及保护倾向与力度，而且可能影响到失业人数与社会秩序等诸多方面，所以破产原因的规定对破产法的实施效果会产生重要影响。关于企业的破产原因，《企业破产法(试行)》第三条规定："企业因经营管理不善造成严重亏损，不能清偿到期债务的，依照本法规定宣告破产。"此规定适用于全民所有制企业法人。据此可见，《企业破产法(试行)》对破产原因规定了3个条件：第一，经营管理不善；第二，造成严重亏损；第三，不能清偿到期债务。这3个条件的规定具有不易界定、缺乏可操作性等弊端。因此，《企业破产法(试行)》对破产原因的表述不够科学。

典型案例 23-2

中国汽车工业销售总公司破产案

中国汽车工业销售总公司建立之初的生产经营活动，主要依靠国家计划调配和其上级主管部门中国汽车工业总公司履行行业管理职能过程中提供的业务。随着中国汽车工业总公司行业管理职能的取消和市场经济的深入，该公司原有的经营模式无法适应市场竞争，不良资产大量产生，亏损日益严重，不能清偿到期债务，遂向北京市第一中级人民法院申请宣告破产。北京市第一中级人民法院根据中国汽车工业销售总公司的破产申请，依法进行了相关审查工作。经审理查明，中国汽车工业销售总公司成立于1992年，原隶属于中国汽车工业总公司，为全民所有制企业，注册资金5 588万元。截至2007年6月30日，经中准会计师事务所有限责任公司审计，中国汽车工业销售总公司资产总额为6 803.23万元，负债总额为39 132.88万元，资产负债率为575.21%。中国汽车工业销售总公司亏损严重，不能清偿债务，具备破产原因，无法继续进行经营，应予宣告破产。

资料来源：http://news.qq.com/a/20070820/003024.html.

2. 现行《企业破产法》对破产原因的规定

《企业破产法》第二条规定："企业法人不能清偿到期债务，并且资产不足以清偿全部债务或者明显缺乏清偿能力的，依照本法规定清理债务。企业法人有前款规定情形，或者有明显丧失清偿能力可能的，可以依照本法规定进行重整。"

该条第一款规定了破产清算的原因，主要包括以下两种情况：第一，企业法人不能清偿到期债务，并且资产不足以清偿全部债务。"不能清偿到期债务"，即无力偿债，国际上又称为"现金流标准"，其含义是，债务人已全面停止偿付到期债务，且没有充足的现金流量偿付正常营业过程中的到期的现有债务。"资产不足以清偿全部债务"，又称资不抵债，国际上也称作"资产负债表标准"，主要是指企业法人的资产负债表上，全部资产之和小于其对外的全部债务。第二，企业法人不能清偿到期债务，并且明显缺乏清偿能力。"明显缺乏清偿能力"替代"资不抵债"作为与"不能清偿到期债务"并列的条件，是对后者的限制。根据这一限制，一时不能支付但仍有偿付能力的企业不适用破产程序。

该条第二款规定了重整原因。重整是指在企业无力偿债的情况下，依照法律规定的程序，保护企业继续营业，实现债务调整和企业整理，使之摆脱困境，走向复兴的再建型债务清理制度。对破产重整的原因，采用复合规定与单一规定相结合的方式，即企业法人的重整原因由作为破产原因的两项事实构成，或由“明显丧失清偿能力的可能”一项事实构成。首先，当企业法人满足了该法第一款的破产原因的情况下，即可提出进行重整；其次，虽然企业还不具备破产原因，如果企业明显具有了丧失清偿能力的可能性，企业也可以进行重整。所谓“有明显丧失清偿能力可能”，是指债务人虽然尚未具备破产原因，但是根据其经营状况和财务信息，可以明确地预知不能清偿到期债务的事态将会在未来的一定时刻发生。此时，赋予债务人及时启动重整程序的机会，有利于实现早期拯救，提高企业困境的治愈率。

引例分析

华贸有限责任公司破产案

对于本案例要进行具体分析：①如果对天泽有限责任公司的债务已到期，而对中国工商银行和天天有限责任公司的债务尚未到期，此时虽然华贸有限责任公司已资不抵债，但是仍能够以其流动资金清偿对天泽有限责任公司的债务时，华贸有限责任公司就不具备破产原因；②如果对天天有限责任公司、天泽有限责任公司的债务已到期，但对中国工商银行的债务尚未到期，此时，华贸有限责任公司的流动资金不足以对天天有限责任公司、天泽有限责任公司进行清偿，而固定资产不能用于清偿对天天有限责任公司、天泽有限责任公司的到期债务时，华贸有限责任公司此时具备破产原因；③如果所有债务均已到期，中国工商银行和天天有限责任公司没有对华贸有限责任公司提起追债诉讼，但天泽有限责任公司已申请人民法院强制执行，此时，华贸有限责任公司具备破产原因，中国工商银行、天天有限责任公司或者华贸有限责任公司均可向人民法院提出华贸有限责任公司破产的申请。

本章小结

本章主要介绍了关于破产法的基本理论。破产是指当债务人出现破产原因或者即将出现破产原因时，对债务人实施的挽救程序以及就债务人的总财产实行的概括性清算程序的统称。破产法是关于债务人出现破产原因时，宣告其破产并对债务人的全部财产进行清算或者为避免债务人进入破产清算程序所建立起来的破产预防法律制度的总称。破产法的立法目的也即破产法的立法宗旨，主要包括以下四方面：规范企业破产程序；公平清理债权债务；保护债权人和债务人合法权益；维护社会主义市场经济秩序。破产法的效力主要体现在3个方面：破产法时间上的效力；破产法空间上的效力以及破产法的对人效力。在分析原破产法对破产原因的规定及缺陷的基础上，介绍了现行破产法对破产原因的规定。

思考题

1.《企业破产法》对破产原因是如何界定的？

2．现行《企业破产法》的立法目的是什么？
3．现行《企业破产法》有哪些特点？
4．破产法的效力体现在哪些方面？

练 习 题

1．不定项选择题

(1) 下列关于我国现行《企业破产法》适用范围的表述中，正确的是(　　)。
A．仅适用于国有企业
B．可以适用于合伙企业、个人独资企业
C．只适用于三资企业和国有企业
D．适用于所有类型的企业法人

(2) 下列关于破产原因的说法中，正确的是(　　)。
A．债务人被宣告破产的实质原因是丧失债务清偿能力
B．丧失债务清偿能力是债务人被宣告破产的唯一原因
C．债务人在不能清偿到期债务的同时资不抵债是破产的原因之一
D．债务人停止支付便达到了破产的界限

(3) 根据现行《企业破产法》的规定，依法在我国开始的破产程序，(　　)发生效力。
A．仅对债务人国内的财产
B．仅对债务人国外的财产
C．对债务人国内和国外的财产
D．仅对债务人管理的境内财产

2．案例分析题

A 公司对外负有到期债务 400 万元，其中欠 B 银行到期贷款 300 万元，欠 C、D、E 企业到期欠款合计 100 万元。A 公司现有流动资金 200 万元，固定资产 50 万元，另有对 F 公司的债权 200 万元，F 公司长期亏损，已经停产，其固定资产已对外抵押，经人民法院强制执行，仍然无法偿付债务。

问题：此时，A 公司是否具备破产原因？

第24章 破产管理人与债权人会议

本章教学要点

知识要点	掌握程度	相关知识
破产管理人的基本理论	熟悉	破产管理人的概念 破产管理人的法律地位
破产管理人的任职资格	了解	破产管理人的选任方式
破产管理人的职责		破产管理人的义务
债权人会议制度的基本理论	掌握	债权人会议的概念和作用 债权人会议的性质和组成
债权人会议的议事规则		债权人会议的召集和主持 债权人会议的决议规则、决议效力
债权人会议的职权	重点掌握	债权人委员会的组成
债权人委员会		债权人委员会的职权

基本概念

管理人　管理人任职资格　管理人选任方式　管理人职责　管理人义务　债权人会议　债权人委员会

引例

天纱纺织厂破产案

天纱纺织厂是一家全民所有制企业，该厂自1992年以来，在传统的计划经济向市场经济转轨的过程中，由于经营管理不善，产品缺乏创新，致使产品滞销。从1992年开始，连年亏损。当地政府曾采取一系列措施，试图挽救该厂，但该厂状况未见好转，致使亏损额越来越大。到1998年12月，企业债务已高达1 943.5万元，而该企业的资产和债权也只有965.5万元，且企业大部分资产作了银行贷款的抵押。1998年12月28日，该厂的债权人交通银行向该市中级人民法院申请天纱纺织厂破产。该市中级人民法院在接到债权人申请后，经审查后，认为可以立案，在规定的时间内通知了已知的债权人，并于1999年1月10日公告要求天纱纺织厂所有的债权人申报债权，决定在1999年3月18日召开第一次债权人会议。

请结合本案例思考债权人会议的组成。

24.1　破产管理人制度

24.1.1　破产管理人概述

1. 破产管理人的概念

设立破产管理人制度是国际上通行的做法，是英美法系国家破产法中较为成熟的制度之一。现行《企业破产法》建立了破产管理人制度并设专章对此作出了较为详细的规定。此项制度的设立，对于保护债权人和债务人的利益、完善我国破产制度具有重要的意义。

破产管理人是指依照破产法的规定，在破产重整、破产和解和破产清算程序中负责债务人财产管理和其他事项的机构或个人。[①]破产管理人是破产程序中最重要的一个机构，它具体管理破产中的各项事务，破产程序进行中的其他机关或组织仅起到监督和辅助的作用。破产程序能否在公正、公平和高效的基础上顺利进行和终结，与破产管理人关系甚为重大。

2. 破产管理人的法律地位

由于破产管理人在企业破产程序中处于举足轻重的地位，学理上对破产管理人的法律地位也是见仁见智，存在着多种不同的观点。在英美法系国家中占主导地位的是信托说。

① 《企业破产法》并未使用破产管理人一词，而是使用的管理人一词，可能考虑到法院受理当事人的破产申请后，债务人未必进入破产清算程序，可能进入重整程序，所以不应一律称为破产管理人，但其实即使是债务人进入重整程序，也必须先提出所谓的“破产申请”，所以称为破产管理人也并无不妥，且在许多语境下适用管理人一词容易与企业的管理人员相混淆，所以本书使用习惯上的破产管理人称谓。

此学说以信托理论为基础，将破产人视为信托人，将破产财产视为信托财产，破产管理人则作为受托人，为受益人即所有债权人的共同利益而管理、处分破产财产。在大陆法系国家中，对破产管理人的法律地位除信托说外，主要有以下几种学说：

(1) 代理说。该说认为，破产管理人是代理人，以他人名义行使破产程序中的职务权限。代理说的主要依据是，破产程序性质上属于清偿程序，重在破产人与破产债权人之间的私人清偿关系。破产管理人虽依法被选任或由法院指定，但仍然不失其为私法上之代理人地位。

(2) 职务说。该说认为，破产程序在法律上为全体债权人对破产人所进行的强制执行程序，重视国家强制执行机关对破产人与破产债权人之间的公法关系，故而破产管理人的法律地位应视为类似强制执行机关工作人员的公务员，其行为是一种职务行为。

(3) 财团代表说。该说认为，债务人财产因破产宣告而成为以破产清算为目的而存在的独立财产，这些财产被整体人格化后，则形成类似财团法人性质的破产财团，破产管理人是这种人格化财产的代表机关。

我国立法中目前并没有采用财团法人及破产财团的概念，所以难以直接采用破产财团代表说。但从管理人的法律地位分析，破产财团代表说更为合理，本书赞同采取此学说。

24.1.2 破产管理人的任职资格和选任方式

1. 破产管理人的任职资格

关于破产管理人的任职资格，各国并无特别的限制。一般具有行为能力者，无论其是否为债权人均可选任。但基于破产管理人要负责管理和清算事务，管理人就必须具备一定的专业素质或者特定的执业资格，才能应对破产程序的复杂性。

原《企业破产法》及《民事诉讼法》第十九章对管理人的资格未做明确规定，现行《企业破产法》第二十四条对此作了规定："管理人可以由有关部门、机构的人员组成的清算组或者依法设立的律师事务所、会计师事务所、破产清算事务所等社会中介机构担任。人民法院根据债务人的实际情况，可以在征询有关社会中介机构的意见后，指定该机构具备相关专业知识并取得执业资格的人员担任管理人。有下列情形之一的，不得担任管理人：①因故意犯罪受过刑事处罚；②曾被吊销相关专业执业证书；③与本案有利害关系；④人民法院认为不宜担任管理人的其他情形。个人担任管理人的，应当参加执业责任保险。"

2. 破产管理人的选任方式

破产管理人的选任方式，在国外立法中存有差异。有由法院选任的，如日本；有由债权人会议选任的，如英国、美国；也有以法院选任为原则，而允许债权人会议另行选任的，如德国。《企业破产法(试行)》中没有设立破产管理人制度，与管理人相对应的概念是清算组。《企业破产法(试行)》第二十四条规定："人民法院应当自宣告企业破产之日起 15 日内成立清算组，接管破产企业。清算组成员由人民法院从企业上级主管部门、政府财政部门等有关部门和专业人员中指定。清算组可以聘任必要的工作人员。清算组对人民法院负责并且报告工作。"可见，原破产法是以政府官员为主体的破产清算组构成模式。但问题也由此产生：其一，被指定的人员能否脱离本职工作全身心投入到破产案件的处理中去；其二，来自这些部门的人员是否都具备必要的专业知识和技能，是否通晓必要的破产法律知识；其三，这种人员构成的清算组，其工作是否效率，清算工作能否做到客观、公正。基于理论上和实务中遇到的上述种种难题，现行《企业破产法》第二十二条规定："管理人由人民法院指定。债权人会议认为管理人不能依法、公正执行职务或者有其他不能胜任职务情形的，可以申请人民法院予以更换。指定管理人和确定管理人报酬的办法，由最高人民法院规定。"

24.1.3 破产管理人的职责

既然破产管理人是被专门选任负责破产财产管理和破产财产清算事务之人，那么从法理上讲，凡是合于破产程序进行的目的、与其作为破产财团的代表机关的身份相适应的一切行为均应解释为在其职责范围之内，原无必要一一列举，也不可能列举穷尽。但为了便于利害关系人的制约和监督，各国破产法一般都或简或繁的对其职责范围作了列举。

《企业破产法》第二十五条规定："管理人履行以下职责：①接管债务人的财产、印章和账簿、文书等资料；②调查债务人财产状况，制作财产状况报告；③决定债务人的内部管理事务；④决定债务人的日常开支和其他必要开支；⑤在第一次债权人会议召开之前，决定继续或者停止债务人的营业；⑥管理和处分债务人的财产；⑦代表债务人参加诉讼、仲裁或者其他法律程序；⑧提议召开债权人会议；⑨人民法院认为管理人应当履行的其他职责。"《企业破产法》同时规定，在第一次债权人会议召开之前，管理人决定继续或者停止债务人的营业或者实施《企业破产法》第六十九条规定的下列行为之一的，应当经人民法院许可："①涉及土地、房屋等不动产权益的转让；②探矿权、采矿权、知识产权等财产权的转让；③全部库存或者营业的转让；④借款；⑤设定财产担保；⑥债权和有价证券的转让；⑦履行债务人和对方当事人均未履行完毕的合同；⑧放弃权利；⑨担保物的取回；⑩对债权人利益有重大影响的其他财产处分行为。"债权人会议设立债权人委员会的，管理人实施上述行为应得到债权人委员会的许可。

24.1.4 破产管理人的义务

破产管理人的职责繁琐且难尽其详，因而有必要设定其一般义务，加以规范。理论上讲，在破产管理人的财团代表人的地位确立之后，凡是与破产财团设立目的有关的一切行为，破产管理人均可进行。与之相应，立法便应对其规定一个总的义务规则。例如，规定破产管理人及其成员执行职务，应尽"善良管理人"的义务，其执行职务时的注意程度，应与其作为破产管理人的身份及自己的职业、地位、能力、学识等相适应，并明确规定破产管理人违反"善良管理人义务"时应承担的法律责任。按照《企业破产法》的规定，管理人应当勤勉尽责，忠实执行职务。管理人没有正当理由不得辞去职务，管理人辞去职务应当经人民法院许可。管理人未依照本法规定勤勉尽责，忠实执行职务的，人民法院可以依法处以罚款，给债权人、债务人或者第三人造成损失的，依法承担赔偿责任。

此外，由于破产事务的处理耗时费力，责任重大，且有负担财产责任的风险。因而，各国立法多规定破产管理人享有取得报酬的权利。现行《企业破产法》第二十八条第二款规定管理人的报酬由人民法院确定。如果债权人会议对管理人的报酬有异议，可以向人民法院提出。

24.2 债权人会议制度

24.2.1 债权人会议制度概述

1. 债权人会议的概念和作用

债权人会议是指在破产程序进行中，为便于全体债权人参与破产程序以实现其破产程序参与权，维护全体债权人的共同利益而由全体登记在册的债权人组成的表达债权人意志和统一债权人行动的议事机构。①

破产程序本是为普通债权的公平分配而设置，因而，全体债权人的意志和利益如何得到体现，是关系到破产程序中的机构构造和程序设计的关键性问题。概括起来，债权人会议的设立原因：其一，是统一债权人意志和行动，保证破产程序有序化的需要；其二，是公平保护全体债权人利益的需要；其三，是实现破产案件处理程序的经济性目标的需要。基于程序经济的考虑，“债权人不能单独地行使权利，决定诉讼活动，所以需要设立一个临时性机构，就破产事项协调意见，并决定采取何种诉讼行为”②，既为全体债权人提供了参与破产程序的机会，又不至于妨碍破产程序的顺利进行。

2. 债权人会议的性质

对于债权人会议的性质，破产法理论界主要存在以下学说：

(1) 债权人团体的机关说。这是日本学界的传统学说。该说基于破产债权人对破产程序进行中的诸多事项具有共同利益，主张全体债权人构成破产债权人团体，债权人会议则是该团体的机关。有的学者还主张，债权人全体成员构成的债权人团体是一个法人，债权人会议是该法人的机关。③

(2) 事实上的集合体说。这是日本学界当前的通说。该说主张债权人会议是由法院召集的临时性集合组织。该说不承认“债权人团体的机关说”，认为，一方面，债权人之间的利益存在不相一致的地方，另一方面，法律也未规定债权人会议具有民事主体地位。

(3) 自治团体说。这是我国台湾地区和大陆部分学者的主张。④依照该说，债权人会议并非法人组织，而是非法人性质的特殊社团组织，是表达债权人共同意志的一种自治性团体。

不难看出，破产程序中的各债权人在利益上既有一致的一面，也有差异的一面，但其一致性是主要的。这种差异性和一致性的统一，决定了债权人会议性质的复杂性。上列几种学说正是对债权人会议的复杂性特征，从不同侧面进行的描述。我们认为，债权人会议的性质应是对内协调和形成全体债权人的共同意思，对外通过对破产程序的参与和监督，来实现全体债权人的破产参与权的机构。从性质上讲，债权人会议是债权人团体在破产程序中的意思发表机关。也就是说，债权人会议的职能是要使全体债权人能够作为一个整体，就他们的权利行使和权利处分作出共同的意思表示，并为维护他们的共同利益而采取必要的行动。所以，债权人会议本质上是一个组织体，而不是临时的集会活动。

3. 债权人会议的组成

原则上，所有依法申报债权的债权人均为债权人会议成员，有权参加债权人会议，享有表决权。但是债权尚未确定的债权人，除人民法院能够为其行使表决权而临时确定债权额外，不得行使表决权。对债务人的特定财产享有担保权的债权人，未放弃优先受偿权利的，对和解协议以及破产财产的分配方案不享有表决权。

---

① 范健．商法．4版[M]．北京：高等教育出版社，北京大学出版社，2011：367.

② 王欣新，薛庆予．律师新业务[M]．北京：中国人民大学出版社，1990：35.

③ 石川明．日本破产法[M]．何勤华，周桂秋译．北京：中国法制出版社，2000：112.

④ 陈计男．破产法论[M]．台北：三民书局，1992：146.

债权人既可以亲自出席债权人会议，也可以委托代理人出席债权人会议。代理人代为出席的，其权利的行使应与债权人相同，享有债权人应有的发言、表决等权利。此外，破产法还规定了职工代表和工会代表参加债权人会议，对相关事项发表意见的权利。

典型案例 24-1

中国科健股份有限公司关于重整案件第一次债权人会议

2011 年 10 月 17 日，深圳中院作出(2011)深中法民七重整字第 1-2 号《民事裁定书》，裁定自 2011 年 10 月 17 日起对中国科健股份有限公司进行重整，并指定北京市金杜(深圳)律师事务所、深圳市正源清算事务有限公司为本公司管理人。中国科健股份有限公司重整案第一次债权人会议于 2011 年 12 月 16 日在深圳市中级人民法院第一审判庭召开。此次债权人会议进行了以下议程：①管理人向债权人会议报告阶段性工作进展情况。②管理人向债权人会议报告资产状况调查情况。③管理人报告债权申报审核情况并由债权人会议核查债权表。截至 2011 年 12 月 5 日，管理人共受理了有效债权申报 127 家，债权申报总额折合人民币 5 217 879 630.36 元；管理人经审核，对上述债权给予确认并编入《债权表》的有 117 家，确认债权总额为 2 996 205 251.81 元。④管理人向债权人会议通报了管理人报酬收取方案。⑤债务人向债权人会议报告经营事务及财产管理情况。⑥深圳市中级人民法院指定中国信达资产管理股份有限公司深圳市分公司为债权人会议主席。⑦管理人、债务人代表回答债权人询问。⑧管理人向债权人会议提交财产变价方案，并由债权人会议进行表决。以上决议符合《企业破产法》的相关规定，属于债权人会议职权范围之内。

资料来源：http://www.P5w.net/today/201112/t3996431.htm.

24.2.2 债权人会议的职权

根据《企业破产法》第六十一条的规定，债权人行使下列职权：

(1) 核查债权。

(2) 申请人民法院更换管理人，审查管理人的费用和报酬。

(3) 监督管理人。

(4) 选任和更换债权人委员会成员。

(5) 决定继续或者停止债务人的营业。

(6) 通过重整计划。

(7) 通过和解协议。

(8) 通过债务人财产的管理方案。

(9) 通过破产财产的变价方案。

(10) 通过破产财产的分配方案。

(11) 人民法院认为应当由债权人会议行使的其他职权。

24.2.3 债权人会议的议事规则

1. 债权人会议的召集和主持

债权人会议的召开，以保障债权人共同利益的实现及债权人破产程序参与权的行使为目的，以方便破产程序的公正、顺利进行为必要。基于此，《企业破产法》规定，第一次债权人会议由人民法院召集，自债权申报期限届满之日起 15 日内召开。以后的债权人会议，在人民法院认为必要时，或者管理人、债权人委员会、占债权总额 1/4 以上的债权人向债权人会议主席提议时召开。召开债权人会议，管理人应当提前 15 日通知已知的债权人。债权人会议设主席一人，由人民法院从有表决权的债权人中指定。债权人会议主席主持债权人会议。

2. 债权人会议的决议规则和决议效力

1) 债权人会议的决议规则

《企业破产法》第六十四条规定："债权人会议的决议，由出席会议的有表决权的债权人过半数通过，并且其所代表的债权额占无财产担保债权总额的 1/2 以上。但是，本法另有规定的除外。"根据该规定，债权人会议决议的通过，应同时具备两个条件：①按人数计算，出席会议的有表决权的债权人的过半数赞成。这里的半数不包括本数。人数计算以实际出席为准。②按金额计算，一般情况下，赞成者所代表的债权额占无财产担保债权总额的 1/2 以上。1/2 以上包括本数。数额计算以债权申报为准。"本法另有规定"，是指关于通过重整计划的规定和关于通过和解协议草案的规定。这两条规定的决议方式，与上述规定基本一致，主要的不同之处在于：同意者所代表的债权额在规定的债权总额中所占的比例必须达到 2/3 以上。此外，在通过和解协议的出席者中，不包括有财产担保并愿意由担保物优先受偿的债权人。

2) 债权人会议的决议效力

鉴于债权人会议系债权人借以实现其破产参与权的会议体机关，因而，债权人会议的任何一项决议，一旦为会议所通过，对所有债权人不论其出席会议与否，参加表决与否，表决赞成与否，均具有约束力。[①]《企业破产法》第六十四条第三款规定，债权人会议的决议，对于全体债权人均有约束力。债权人认为债权人会议的决议违反法律规定，损害其利益的，可以自债权人会议作出决议之日起 15 日内，请求人民法院裁定撤销该决议，责令债权人会议依法重新作出决议。

典型案例 24-2

S*ST 长岭(集团)股份有限公司破产重整案

长岭(集团)股份有限公司(以下简称"长岭股份")第一次债权人会议于 2008 年 3 月 20 日在宝鸡市召开，本次会议由宝鸡市中级人民法院召集，共有 137 户债权人参加，占已申报债权人的 85.09%。本次会议依照法定程序进行了以下议程：①确认债权。本次会议确认管理人编制的《申报债权拟确认表》中记载的双方无异议债权为 882 967 410.14 元，另有 10 户债权人对《申报债权拟确认表》记载的总额为 198 750 444.42 元债权提出异议，认为尚有 555 09 203.37 元债权应一并予以确认。②指定债权人会议主席。经宝鸡市中级人民法院指定宝鸡市商业银行为长岭股份破产还债一案的债权人会议主席。③成立债权人委

① 范健．商法[M]．4 版．北京：高等教育出版社，北京大学出版社，2011：371.

员会。成员包括西安飞机国际航空制造股份有限公司；宝鸡市联盟村经济合作社第五组；广州冷机股份有限公司；宝鸡市商业银行；浙江省慈溪市龙南电器有限公司；宝鸡市泰林化工有限公司；西安富莱明实业有限公司；甘肃长风信息科技(集团)有限公司；长岭(集团)股份有限公司职工代表李升前。④通报评估情况。⑤管理人报告工作。⑥经本次会议讨论决定，同意管理人提出的债务人继续经营的申请。此次会议符合《企业破产法》的相关要求。

资料来源：http://stock.jrj.com.cn/2008-03-24/000003441956.shtml.

24.2.4 债权人委员会

1. 债权人委员会的组成

为了保证债权人充分行使权利，特别是行使对债务人财产管理、处分和破产财产变价、分配过程的监督权，有必要将债权人的集体决定权授予他们的代表机构，这种代表债权人会议行使监督权力的机构就是债权人委员会。债权人委员会由债权人会议选任的债权人代表和一名债务人的职工代表或者工会代表组成。债权人委员会成员不得超过 9 人。债权人委员会成员应当经人民法院书面决定认可。

2. 债权人委员会的职权

根据《企业破产法》第六十八条的规定，债权人委员会行使下列职权：

(1) 监督债务人财产的管理和处分。

(2) 监督破产财产分配。

(3) 提议召开债权人会议。

(4) 债权人会议委托的其他职权。

债权人委员会执行职务时，有权要求管理人、债务人的有关人员对其职权范围内的事务作出说明或者提供有关文件。管理人、债务人的有关人员违反《企业破产法》规定拒绝接受监督的，债权人委员会有权就监督事项请求人民法院作出决定，人民法院应当在 5 日内作出决定。

引例分析

天纱纺织厂破产案

本案中债权人会议的召开不合法。债权人会议召开的时间不符合法律规定。根据现行《企业破产法》第四十五条规定：“人民法院受理破产申请后，应当确定债权人申报债权的期限。债权申报期限自人民法院发布受理破产申请公告之日起计算，最短不得少于30日，最长不得超过3个月。”第六十二条规定：“第一次债权人会议由人民法院召集，自债权申报期限届满之日起15日内召开。”根据该规定，人民法院受理案件后应发布公告，而债权人应于公告之日起3个月内申报债权。本案中，人民法院于1999年1月10日公告要求天纱纺织厂所有的债权人申报债权，决定在1999年3月18日召开第一次债权人会议，时间期限未满3个月，从而缩短了债权申报的时间，违反了法律规定，有可能导致一部分债权人不能及时申报债权。

本章小结

本章重点介绍了破产法中的两项重要制度，即破产管理人制度和债权人会议制度。破产管理人，是指依照破产法规定，在破产重整、破产和解和破产清算程序中负责债务人财产管理和其他事项的机构或个人。本章重点介绍了破产管理人的法律地位、破产管理人的任职资格、破产管理人的选任方式、破产管理人的职责以及破产管理人的义务等诸多问题。破产管理人制度是现行《企业破产法》中新增加的内容。此外，本章还重点介绍了债权人会议制度。债权人会议是在破产程序进行中，为便于全体债权人参与破产程序以实现其破产程序参与权，维护全体债权人的共同利益而由全体登记在册的债权人组成的表达债权人意志和统一债权人行动的议事机构。对这部分内容，重点介绍了债权人会议的概念和作用、债权人会议的性质、债权人会议的组成、债权人会议的职权、债权人会议的议事规则、债权人会议的召集和主持、债权人会议的决议规则和决议效力。债权人会议不是常设机构，一般不能经常性的召集和作出决定，但债权人委员会乃常设机构，关于债权人委员会的组成以及债权人委员会的职权本章也作了重点介绍。

思考题

1．破产管理人的任职资格有哪些？
2．破产管理人的职权范围是什么？
3．破产管理人的法律地位如何？
4．破产管理人的义务有哪些？
5．债权人会议的议事规则有哪些？
6．债权人会议的性质及职权各包括什么？
7．债权人委员会的职权有哪些？

练习题

1．多项选择题

(1) 根据企业破产法律制度的规定，下列各项中，应当召开债权人会议的情形有(　　)。

A．人民法院认为必要时

B．管理人提议召开时

C．债权人委员会提议召开时

D．占债权总额 1/4 以上的债权人向债权人会议主席提议时

(2) 管理人应当追回下列人员利用职权从企业获取的非正常收入和侵占的企业财产，包括债务人的(　　)。

A．董事　　B．监事　　C．经理　　D．副经理

(3) 关于债权人委员会，下列说法正确的是(　　)。
A. 债权人会议可以决定设立债权人委员会
B. 债权人会议应当设立债权人委员会
C. 债权人委员会由债权人会议选任的债权人代表和一名债务人职工代表或者工会代表组成
D. 债权人委员会成员应当经人民法院书面决定认可

2. 案例分析题

人民法院受理田康公司的破产清算申请，由甲、乙、丙、丁 4 人在该公司的破产案件中担任管理人。其中，甲曾因盗窃被刑事拘留，乙负有较大的个人债务，到期尚未清偿，丙是债权人的法律顾问，丁乃田康公司的经营管理人员。

问题：甲、乙、丙、丁的任职是否符合《企业破产法》规定？

第25章 债务人财产、破产费用与共益债务制度

本章教学要点

知识要点	掌握程度	相关知识
债务人财产的概念	熟悉	债务人财产的内涵
债务人财产的范围		破产财产
破产费用和共益债务的概念	了解	破产费用与共益债务的区别
破产不当行为	掌握	可撤销的欺诈破产行为 可撤销的个别清偿行为 无效的欺诈破产行为
债权人的相关权利	重点掌握	取回权 一般取回权 出卖人取回权 破产抵销权 别除权

基本概念

债务人财产　破产财产　破产撤销权 破产取回权　一般取回权　出卖人取回权　可撤销的欺诈破产行为　可撤销的个别清偿行为　无效的欺诈破产行为　别除权　破产抵销权　破产费用　共益债务

引例

天意公司破产案

2007 年 7 月 30 日，人民法院受理了天意公司的破产申请，并同时指定了管理人。管理人接管天意公司后，在清理债权债务过程中，有如下事项：①2006 年 4 月，天意公司向顺德公司采购原材料，欠款 80 万元未付。2007 年 3 月，双方签订一份还款协议，该协议约定，天意公司于 2007 年 9 月 10 日前偿还所欠顺德公司货款及利息共计 87 万元，并以天意公司所属一间厂房作抵押。还款协议签订后，双方办理了抵押登记。顺德公司在债权申报期内申报了上述债权。②2006 年 6 月，大地公司向建设银行借款 120 万元，借款期限为 1 年。天意公司以所属部分设备为大地公司提供抵押担保，并办理了抵押登记。借款到期后，大地公司未能偿还建设银行贷款本息。经天意公司、大地公司和建设银行协商，天意公司用于抵押的设备被依法变现，所得价款全部用于偿还建设银行，但尚有 20 万元借款本息未能得到清偿。③2006 年 8 月，天意公司向李某购买一项专利，尚欠李某 19 万元专利转让费未付。李某之子小李创办的人龙公司曾于 2006 年 11 月向天意公司采购一批电子产品，尚欠天意公司货款 21 万元未付。人民法院受理天意公司破产申请后，李某与人龙公司协商一致，人龙公司在向李某支付 19 万元后，取得李某对天意公司的 19 万元债权。人龙公司向管理人主张以 19 万元债权抵销其所欠天意公司相应债务。

请结合本案例思考债权人的相关权利。

25.1　债务人财产制度

25.1.1　债务人财产的概念

债务人财产，是指在破产程序中被纳入破产管理的为债务人所拥有的财产。人民法院受理破产申请时，债务人所拥有的所有财产即债务人财产。包括债务人企业现有的以及其他企业与个人所欠债务人的财产。

债务人财产是《企业破产法》首次使用的概念。《企业破产法》第三十条规定："破产申请受理时属于债务人的全部财产，以及破产申请受理后至破产程序终结前债务人取得的财产，为债务人财产。"由此可见，《企业破产法》的破产财产是指清算程序中在债权人之间进行分配的财产，实际上仍是债务人财产，只不过是在债务人被宣告破产后被称为破产财产。

《企业破产法》第四章对债务人财产作了专章规定。根据该章，在破产申请受理后，原被申请破产企业的财产即转为"债务人财产"。此后，这种财产即不再是一般意义的债务人控制的主要用于经营的财产，而是具有特定地位与目的的财产。这种财产具有以下两个特点：一是存在的目的由原来的生产经营转变为服务于破产事务；二是对这种财产的占有人发生变化，法院一旦受理破产申请即要指定管理人，接管债务人财产，此后，该财产即由管理人实际占有。

25.1.2 债务人财产的范围

根据我国法律的规定，债务人财产必须具备以下条件：一是必须是债务人可以独立支配的财产。从民法意义上说，债务人财产必须是破产企业享有完全处分权的财产。就企业会计制度而言，企业的资产包括所有者权益和负债。二是必须是破产程序终结前属于债务人的财产。此要件包含两层含义：①以破产受理为时间界限，在此之前已经合法处分的财产或财产权利不能列入债务人财产的范围；②破产受理后，破产程序终结前取得的财产和财产权利，也属于债务人财产。三是必须是可以依破产程序强制清偿的财产。此要件也有两层含义：①这些财产必须是根据《企业破产法》规定的清偿顺序用于清偿的财产；②这些财产依其性质必须是可以强制执行的，即可以由法院依法扣押、查封、冻结、变卖。对于国家明确规定的禁止流通物，不得强制执行，因而不得列入债务人财产。

根据《企业破产法》第三十条的规定，债务人财产由以下两部分构成。

(1) 破产申请受理时属于债务人的全部财产。

① 有形财产、无形财产、货币和有价证券、投资权益和债权。

② 中华人民共和国境内和境外的财产。

③ 已设置担保物权的财产。

(2) 破产申请受理后至破产程序终结前债务人取得的财产。

① 破产程序开始后债务人财产的增值，包括孳息、经营收益和其他所得，如租金、利息、销售利润、股票红利、不动产升值、新投资、退税等。

② 破产程序开始后收回的财产，如追回的欠款，追回的被侵占财产，接受返还的财产等。

③ 债务人的出资人在尚未完全履行出资义务的情况下补缴的出资。

此外，我国最高人民法院2002年在《关于审理企业破产案件若干问题的规定》第七十一条列举了9种不属于破产财产的情形。

(1) 债务人基于仓储、保管、加工承揽、委托交易、代销、借用、寄存、租赁等法律关系占有、使用的他人财产。

(2) 抵押物、留置物、出质物，但权利人放弃优先受偿权的或者优先偿付被担保债权剩余的部分除外。

(3) 担保物灭失后产生的保险金、补偿金、赔偿金等代位物。

(4) 依照法律规定存在优先权的财产，但权利人放弃优先受偿权或者优先偿付特定债权剩余的部分除外。

(5) 特定物买卖中，尚未转移占有但相对人已完全支付对价的特定物。

(6) 尚未办理产权证或者产权过户手续但已向买方交付的财产。

(7) 债务人在所有权保留买卖中尚未取得所有权的财产。

(8) 所有权专属于国家且不得转让的财产。

(9) 破产企业工会所有的财产。

根据《企业破产法》的规定，上述9项中第二项至第四项和第九项，在破产宣告前，仍然属于债务人财产，但在破产宣告后不列入破产财产。其余各项不属于债务人财产，但在破产宣告前，除权利人已经行使权利或者已经交付的外，债务人可以合法占有。债务人投资的全资子公司和控股、参股公司的财产，不属于债务人财产。但是，债务人在这些公司中享有的股权，属于债务人财产。

25.1.3 破产不当行为

现行《企业破产法》第三十一条、第三十二条和第三十三条分别规定了3种破产不当行为，即可撤销的欺诈破产行为、可撤销的个别清偿行为和无效的欺诈破产行为。

1. 可撤销的欺诈破产行为

《企业破产法》第三十一条规定："人民法院受理破产申请前一年内，涉及债务人财产的下列行为，管理人有权请求人民法院予以撤销：①无偿转让财产的；②以明显不合理的价格进行交易的；③对没有财产担保的债务提供财产担保的；④对未到期的债务提前清偿的；⑤放弃债权的。"该条规定了对5种欺诈破产行为的撤销权。破产法上的撤销权也是依据民法与合同法上撤销权的基本原理产生的，两者之间存在密切的联系，但目的不完全相同。在破产法律关系中，债务人无力偿债或即将陷于无力偿债的情况下，利益相关者对于债务人的财产存在着公平清偿和企业维持的合理预期。由此产生了法律对债务人财产加以保全和防止个别人抢先受偿的秩序要求。破产法针对程序开始前的交易活动设立的撤销权以及追回权，就是适应这种秩序要求而建立的。

典型案例 25-1

北京电力电容器厂破产管理人与华北铝业有限公司破产撤销权案

2007年10月12日，北京电力电容器厂(以下简称北容厂)与华北铝业有限公司(以下简称华北铝业)签订协议书，约定：截至目前，北容厂尚欠华北铝业本息合计120余万元，华北铝业同意北容厂给付120万元，其余部分华北铝业放弃。华北铝业同意北容厂用部分摩力圣汇公司的会员卡及部分现金偿还债务。2007年10月13日，北容厂与摩力圣汇公司签订协议书，约定：摩力圣汇公司替北容厂偿还华北铝业120万元的债务，摩力圣汇公司替北容厂偿还的债务从公司付给北容厂的房租中扣除。2007年11月20日，摩力圣汇公司给付华北铝业100万元的消费卡及20万元款项。2007年12月，北容厂因资不抵债申请破产。北容厂破产管理人请求人民法院撤销北容厂对华北铝业进行的清偿行为。根据《企业破产法》的规定，北容厂在人民法院受理其破产申请前6个月内已不能清偿到期债务，并且资产不足以清偿全部债务，但仍对华北铝业进行清偿，北容厂破产管理人有权请求人民法院予以撤销。

资料来源：http://10.com/danli/panli-145557.html.

2. 可撤销的个别清偿行为

《企业破产法》第三十二条规定："人民法院受理破产申请前6个月内，债务人有本法第二条第一款规定的情形，仍对个别债权人进行清偿的，管理人有权请求人民法院予以撤销。但是，个别清偿使债务人财产受益的除外。"管理人依据本条规定行使撤销权，应当符合两个基本条件：第一，个别清偿发生的时间是在法院受理破产申请前的6个月内，如果超出这一时间范围，就不可以主张此种撤销权；第二，个别清偿所涉及的债务是已届清偿期的债务，如果债务清偿期未届至，则属于可撤销的欺诈破产行为中的第四种情形，而非本条所规定的个别清偿行为。此外，需要注意的一点是，由于在破产程序开始前，债务人从事的是正常的经营，不免发生债务清偿的问题。因此，如果是使债务人收益的个别清偿，仍然受到法律的保护。

3. 无效的欺诈破产行为

《企业破产法》第三十三条规定："涉及债务人财产的下列行为无效：①为逃避债务而隐匿、转移财产的；②虚构债务或者承认不真实的债务的。"该条规定了两种绝对无效的欺诈破产行为。由于这两种行为的特点是具有明显的欺诈恶意，即使企业不具备破产原因，也是法律所禁止的行为。作为无效的行为，任何人在任何时候都可以主张其无效。

25.1.4 管理人的追回权

在破产实践中，对于可撤销的欺诈破产行为、可撤销的个别清偿行为和无效的欺诈破产行为，管理人应当行使撤销权或者主张行为无效。这些破产前的行为无论是被撤销还是无效，其行为无效的效力都应当追溯至行为发生之时。在基于此种行为的财产给付已经履行的情况下，要想使债务人的权利恢复原状，就应当赋予管理人以追回权。管理人除有权追回因破产不当行为而取得的债务人的财产之外，《企业破产法》还规定了管理人享有追回权的 3 种情况：①有权向尚未完全履行出资义务的出资人追索欠缴的出资，而不受出资期限的限制。②对企业管理层有特别追回权。即债务人的董事、监事和高级管理人员利用职权从企业获取的非正常收入和侵占的企业财产，管理人有权追回。③对质物、留置物的取回权。即管理人可以通过清偿债务或者提供为债权人接受的担保，取回质物、留置物。

25.1.5 债权人的相关权利

典型案例 25-2

北达商贸有限公司与五谷道场食品技术开发有限公司取回权纠纷案

2006 年 8 月 8 日，原告北达商贸有限公司(以下简称商贸公司)与被告五谷道场食品技术开发有限公司(以下简称食品公司)签订了产品经销协议及保证金协议。其中，保证金协议约定：自合同签订之日起 7 日内，原告向被告支付市场保证金 2 万元；经销合同期满后 3 个月，如原告无本合同第三条约定情况的，保证金应返还。合同签订当日，原告交付了保证金 2 万元，双方开始履行经销合同。被告在经营过程中，因资不抵债，进入破产程序。2008 年 11 月 17 日，原告向被告破产管理人申报债权，其申报债权包括：被告拖欠货款 17 812.16 元；保证金 2 万元。2009 年 2 月 24 日，原告诉至法院，要求被告返还保证金 2 万元。根据保证金协议的约定，该保证金系原告作为履行经销合同所进行担保而交付给被告的，并非原告特定财产。在被告未按协议约定退还保证金的情况下，该保证金已转化为原告对被告享有的债权，且在被告进入破产程序后，原告也就该保证金进行了破产债权的申报。故对于 2 万元保证金应当界定为破产债权，而不属于取回权的标的。

资料来源：http://10.com/panli/panli-169703.html.

1. 取回权

根据我国破产法的规定，取回权是指在破产程序中，对于不属于债务人的财产，其所有权人或者其他权利人不依照破产程序，通过管理人将该财产予以取回的权利。在破产程序中用于破产清偿的只能是债务人拥有所有权的财产，而不能把虽然由债务人占有但不属于债务人的第三人财产用于偿还破产债权，否则将构成对他人所有权的侵害。因此，取回权从本质上讲，是源于民法中的物权制度，即民法上物的返还请求权在破产程序中的一种表现形式。《企业破产法》规定的取回权类型有一般取回权和出卖人取回权两种。

1) 一般取回权

一般取回权是指从管理人接管的财产中取回不属于债务人的财产的请求权。《企业破产法》第三十八条规定："人民法院受理破产申请后，债务人占有的不属于债务人的财产，该财产的权利人可以通过管理人取回。但是，本法另有规定的除外。"所有权人将破产企业占有的属于自己的财产，通过行使取回权予以取回，是取回权行使的最常见的形态。权利人行使取回权应当向管理人主张，如果管理人对此予以拒绝，权利人可以向法院提出取回权确认之诉，对于法院予以确认的取回权，管理人不得拒绝权利人的取回请求。

2) 出卖人取回权

《企业破产法》第三十九条规定："人民法院受理破产申请时，出卖人已将买卖标的物向作为买受人的债务人发运，债务人尚未收到且未付清全部价款的，出卖人可以取回在运途中的标的物。但是，管理人可以支付全部价款，请求出卖人交付标的物。"出卖人取回权，是在卖方因买方破产而不能获得全部价款的情况下得到的一种法律保护，所以取回权的行使条件是债务人未付清全部价款。取回权的目的就是保护出卖人的利益。如果债务人已经付清所有价款，则出卖人就不存在任何损失，就不需要通过取回权来保护自己的利益。当然，管理人可以支付全部价款，请求出卖人交付标的物。

2. 破产抵销权

破产抵销权，是指破产债权人在破产宣告前对破产人负有债务的，无论债的种类和到期时间，得于清算分配前以破产债权抵销其所负债务的权利。各国破产法均对抵销权有所规定。日本破产法规定，破产债权人在破产宣告的当时对破产人负担债务的，得按破产程序予以抵销。美国联邦破产法也规定了破产程序中的债权债务抵销。《企业破产法》第四十条规定："债权人在破产申请受理前对债务人负有债务的，可以向管理人主张抵销。但是，有下列情形之一的，不得抵销：①债务人的债务人在破产申请受理后取得他人对债务人的债权的；②债权人已知债务人有不能清偿到期债务或者破产申请的事实，对债务人负担债务的；但是，债权人因为法律规定或者有破产申请一年前所发生的原因而负担债务的除外；③债务人的债务人已知债务人有不能清偿到期债务或者破产申请的事实，对债务人取得债权的；但是，债务人的债务人因为法律规定或者有破产申请一年前所发生的原因而取得债权的除外。"

此外，在破产抵销权行使的过程中要注意，破产抵销权的行使应以债权申报为必要。债权申报的重要意义之一，就是使所有对债务人财产提出的请求，都经过债权人会议的审查和确认。通过这种集体审查程序，可以保证请求权的真实性和准确性，从而防止利用虚假债权侵蚀债务人财产进而损害全体债权人利益的情况发生。因此，未依法申报的债权，其真实性、准确性未经过债权人会议审查确认的，不能主张抵销。

3. 别除权

在破产债权中，设定了某种形式担保的债权，由于具有了物权的特征，从而在权利位阶上优于一般的债权，在破产清算中具有了优先性。基于担保债权人在破产程序中的优先地位所形成的民事权利，破产法理论上一般称之为别除权。处理破产程序中担保债权如何适用法律的问题，实际上就是如何根据现行法律、法规正确行使别除权的问题。

所谓别除权，是指有财产担保的债权人，可以就破产人的特定财产，不依破产程序优先就担保标的受偿的权利。自破产宣告裁定作出之日起，别除权人即可行使别除权。通常在破产清算过程中，对破产企业的财产，应当按照破产程序的规定，在多个债权人之间进行公平合理地分配。但对于破产财产中的特定财产享有担保物权的权利人，可以不受破产程序的约束。对破产人的财产享有担保物权的债权人，对担保标的物有优先受偿的权利，并在无担保的破产债权人按照破产财产分配方案受偿之前随时进行清偿。

对破产人的特定财产享有担保物权的债权人，依法行使的别除权，具有如下法律特征：

(1) 别除权是破产程序中存在的权利。别除权是享有担保物权的债权人，在企业破产程序中，就破产人的特定财产所行使的权利。别除权的产生是由于在破产宣告前，别除权人在破产债务人的财产上已设定担保物权，在进入破产程序后，才可能发生债权人不依破产程序，针对特定的财产行使别除权。

(2) 别除权的优先性以担保物权为基础。别除权以担保物权的存在为基础，即对破产企业特定财产设定的担保物权。由于物权具有排他性，设定物权担保之债权人便就担保物较其他债权人享有优先受偿的权利。别除权人在破产程序中具有优先地位是由物权的排他性而来。别除权所具有的这种优先地位，从本质上而言，源于担保物权的所蕴涵的法律特质。

(3) 别除权以实现债权为目的。民法设立担保制度是以保障债权的实现为目的的，担保权从属于被担保债权。这一基本原理，破产法的别除权制度也同样遵循。

(4) 别除权以破产人的特定财产为标的物。别除权只能对被特定的财产行使，当别除权标的物不足以清偿被担保的全部债务时，别除权人不得就未足额清偿部分请求由破产财产获得优先清偿，而只能作为普通破产债权参加集体清偿。

(5) 别除权的行使不参加集体清偿程序。为了实现别除权的优先受偿权，需要将别除权标的物与破产财产区分开来，进而使别除权人能够不受清算人的任何干涉而顺利地行使权利。

(6) 别除权标的物在破产宣告后，不计入破产财产。别除权人有权就别除权标的物优先受偿，而其他破产债权人均不能对别除权标的物提出清偿请求，管理人也不能擅自将别除权标的物纳入破产财产来分配。

25.2 破产费用和共益债务

25.2.1 破产费用和共益债务的概念和范围

1. 破产费用的概念及范围

破产费用，是指破产程序开始后，为破产程序的进行以及为全体债权人的共同利益而从债务人财产中优先支付的费用。其特征如下：

(1) 破产费用是以债务人财产负担的给付义务。

(2) 破产费用是为破产债权人的共同利益支出的。

(3) 破产费用是优先清偿和随时清偿的给付义务。

《企业破产法》第四十一条明确规定了破产费用的范围：

(1) 破产案件的诉讼费用。

(2) 管理、变价和分配债务人财产的费用。

(3) 管理人执行职务的费用、报酬和聘用工作人员的费用。

2. 共益债务的概念及范围

共益债务，又称财团债务，是指破产程序中为全体债权人的共同利益而管理、变价和分配财产所负担的债务。①与之相对应的权利，为共益债权。其特征如下：

(1) 共益债务是在法院受理破产申请之后发生的债务。

(2) 共益债务是破产法列举规定的债务。

(3) 共益债务的负债主体是债务人财产。

《企业破产法》第四十二条规定了共益债务的范围：

(1) 因管理人或者债务人请求对方当事人履行双方均未履行完毕的合同所产生的债务。

(2) 债务人财产受无因管理所产生的债务。

(3) 因债务人不当得利所产生的债务。

(4) 为债务人继续营业而应支付的劳动报酬和社会保险费用以及由此产生的其他债务。

(5) 管理人或者相关人员执行职务致人损害所产生的债务。

(6) 债务人财产致人损害所产生的债务。

3. 破产费用和共益债务的区别

破产费用和共益债务都发生在破产程序中，都是为了保障破产程序的顺利进行以及全体破产债权人的利益而需要随时清偿、优先清偿的。但两者也有明显的区别：

(1) 内容不同。破产费用是为破产程序的顺利进行，为管理、变卖和分配债务人财产而必须付出的成本性费用，其发生具有必然性；共益债务是因破产程序中发生的各种行为如合同、侵权、不当得利等而负担的债务，其发生具有或然性。

(2) 目的不同。破产费用的意义在于保证破产程序的进行，即为了实现全体债权人的公平清偿以及企业拯救；共益债务是为了保护债务人财产的民事相对人的利益，即实现债务人财产对外民事关系中的利益平衡。破产费用在地位上相对优越于共益债务，反映在清偿顺序中，破产费用的受偿相对优于共益债务。

25.2.2 破产费用和共益债务的清偿原则

对于破产费用和共益债务遵循以下的清偿原则：即时清偿原则；顺序清偿原则；比例清偿原则。《企业破产法》第四十三条规定：“破产费用和共益债务由债务人财产随时清偿。债务人财产不足以清偿所有破产费用和共益债务的，先行清偿破产费用。债务人财产不足以清偿所有破产费用或者共益债务的，按照比例清偿。债务人财产不足以清偿破产费用的，管理人应当提请人民法院终结破产程序。人民法院应当自收到请求之日起 15 日内裁定终结破产程序，并予以公告。”

---

① 王卫国．破产法精义[M]．北京：法律出版社，2007：122.

引例分析

天意公司破产案

根据破产法的规定，人民法院受理破产申请前1年内，债务人对没有财产担保的债务提供财产担保的，管理人有权请求人民法院予以撤销。在本案中，2007年3月，天意公司将厂房抵押给顺德公司的行为发生在人民法院受理破产申请前1年内，因此，管理人有权请求人民法院予以撤销；建设银行不能将尚未得到清偿的20万元欠款向管理人申报普通债权。根据破产法的规定，如果破产人仅作为担保人为他人债务提供物权担保，担保债权人的债权虽然在破产程序中可以构成别除权，但因破产人不是主债务人，在担保物价款不足以清偿担保债额时，余债不得作为破产债权向破产人要求清偿，只能向原主债务人求偿；人龙公司的主张不成立。根据破产法的规定，债务人的债务人在破产申请受理后取得他人对债务人的债权的，不得抵销。

本章小结

本章主要介绍了债务人财产制度以及破产费用与共益债务制度。债务人财产是指在破产程序中被纳入破产管理的为债务人所拥有的财产。人民法院受理破产申请时，债务人所拥有的所有财产即债务人财产。对于债务人财产制度，本章也介绍了债务人财产的范围。此外，本章还介绍了3种破产不当行为，即可撤销的欺诈破产行为、可撤销的个别清偿行为和无效的欺诈破产行为。对管理人的追回权以及债权人的相关权利本章也作了重点交待。在债权人的相关权利中，重点分析了取回权、破产抵销权、别除权。此外，与破产财产制度不同，但在破产实践中又容易与破产财产制度相混淆的破产费用以及共益债务制度也是本章需要了解的内容。破产费用是指破产程序开始后，为破产程序的进行以及为全体债权人的共同利益而从债务人财产中优先支付的费用。共益债务，又称财团债务，是指破产程序中为全体债权人的共同利益而管理、变价和分配财产所负担的债务。对于破产费用和共益债务遵循以下的清偿原则：即时清偿原则；顺序清偿原则；比例清偿原则。

思考题

1. 债务人财产与破产财产的关系如何？
2. 债务人财产的范围包括哪些？
3. 别除权的内容是什么？
4. 破产不当行为有哪些？
5. 管理人的追回权包括哪些？
6. 取回权的种类和内容有哪些？
7. 破产抵销权的内容有哪些？
8. 破产费用和共益债务的概念和范围各是什么？
9. 破产费用和共益债务的清偿原则各是什么？

练　习　题

1. 不定项选择题

(1) 若在合同期限届满前承租人甲公司被宣告破产，关于租赁物是否属于破产财产，下列说法正确的是(　　)。

A. 出租人乙公司享有租赁物的所有权，承租人破产的，租赁物不属于破产财产

B. 如果出租人和承租人约定了租赁期限届满租赁物归属承租人，承租人破产的，租赁物属于破产财产

C. 承租人占有、使用租赁物，并承担租赁物造成的风险，因此租赁物属于破产财产

D. 租赁物属于破产财产，出租人乙公司有优先权

(2) 根据《企业破产法》的规定，下列各项中，可以作为破产费用从破产财产中优先拨付的有(　　)。

A. 破产案件的诉讼费用　　B. 管理人聘任工作人员的费用

C. 管理人执行职务的费用　　D. 破产财产的拍卖费用

(3) 下列属于破产费用的是(　　)。

A. 破产案件的诉讼费用

B. 管理、变价和分配债务人财产的费用

C. 管理人执行职务的费用、报酬和聘用工作人员的费用

D. 债务人财产受无因管理所产生的债务

2. 案例分析题

某国有企业因经营管理不善，依法被人民法院宣告破产。经管理人确认：①该企业的全部财产变价收入为 300 万元；②向中国建设银行某支行信用贷款 66 万元；③其他债权合计为 300 万元；④欠职工工资和法定补偿金 65 万元，欠税款 35 万元；⑤管理人查明法院受理案件前 3 个月无偿转让作价为 80 万元的财产(不包括在以上变价收入中)；⑥破产费用共 30 万元。

问题：本案中，中国建设银行某支行可以得到多少清偿额？

第26章 破产程序

本章教学要点

知识要点	掌握程度	相关知识
破产申请的提出	熟悉	破产申请提出的主体
破产申请的受理		破产申请受理的法律效果
和解制度	了解	和解协议 和解程序的启动
重整制度	掌握	重整程序的启动 重整计划的制定与表决 重整计划的批准与执行
破产清算	重点掌握	破产宣告 破产债权 破产财产的变价和分配 破产程序的终结

基本概念

重整制度　重整计划　和解制度　和解程序　和解协议　破产清算　破产宣告　破产债权　破产财产分配　追加分配

引例

志恒服装厂破产清算案

志恒服装厂现已被人民法院宣告破产进入破产程序。破产管理人对该厂的财产进行了清理，查清了服装厂的资产以及负债情况:

(1) 服装厂的总资产为2 000万元(变现价值)。其中，①服装厂的资产中有8处房产，领有1~8号产权证。其中1、2、3号房产已被服装厂向中国工商银行借款200万元时用于抵押，该3处房产变现价值为250万元。②服装厂的资产中有5辆汽车为向兄弟单位借来的，变现价值为150万元。③服装厂的资产中有10万元为共青团、工会经费所购置的财产。④服装厂的资产中有25万元为未到期债权。

(2) 服装厂的负债总额为2 600万元，其中税款320万元，职工工资和劳动保险费350万元，为维持生产经营向职工筹借的款项100万元，对其他债权人负债1 830万元。服装厂的其他债权人有8个：除中国工商银行外，还有债权人甲为交通银行，拥有350万元债权；债权人乙、丙、丁为企业，各拥有200万元债权；债权人戊、己为商业企业，各拥有300万元债权；债权人庚为个体户，拥有130万元债权。

(3) 服装厂在破产程序中应支付的破产费用为200万元。

请结合本案例思考破产财产的分配顺序。

26.1　破产申请的提出和受理

26.1.1　破产申请的提出

破产申请是破产申请人请求人民法院受理破产案件的意思表示，是启动破产程序的初始步骤。我国破产法实行的是受理开始主义，即破产程序只能在依法具有破产申请资格的当事人提出申请后，经人民法院受理而开始，人民法院不得依职权主动开始破产程序。这意味着，在我国破产申请的提出是破产程序开始的必要条件。

根据《企业破产法》的规定，破产申请提出的主体主要有以下几类。

1) 债权人申请

债权人到期的债权得不到清偿，可以到法院申请对债务人进行重整或破产清算，但不可以提出和解申请。

2) 债务人申请

债务人在出现破产或重整原因时可以向人民法院提出重整、和解或破产清算的申请。

3) 清算责任人申请

企业法人已解散，但未清算或者未清算完毕的，资产不足以清偿债务时，作为负有清算责任的人应向法院提出申请该企业法人的破产清算。清算责任人提出破产申请应当注意两点：第一，清算责任人的破产申请是在破产法上承担的一项义务。清算责任人无权选择不提出破产申请，也不得拖延时间故意不提出破产申请。第二，在提出破产申请时，破产清算程序是唯一的选择，不可以选择重整和和解的程序。

4) 金融监管机构

此处金融监管机构具体指银监会、证监会和保监会等监管部门。金融监管机构出于对拯救金融机构的考虑，当金融机构出现问题时，可以向法院提出对该金融机构进行重整或破产申请。

《企业破产法》第八条规定："向人民法院提出破产申请，应当提交破产申请书和有关证据。破产申请书应当载明下列事项：①申请人、被申请人的基本情况；②申请目的；③申请的事实和理由；④人民法院认为应当载明的其他事项。债务人提出申请的，还应当向人民法院提交财产状况说明、债务清册、债权清册、有关财务会计报告、职工安置预案以及职工工资的支付和社会保险费用的缴纳情况。在人民法院受理破产申请前，申请人可以请求撤回申请。"

26.1.2 破产申请的受理

破产案件的受理，通常也叫立案，是指人民法院在收到破产案件申请后，认为申请符合法定条件而予以接受，并由此开始破产程序的司法行为。法院裁定受理破产申请，是破产程序开始的标志。

破产案件受理后发生如下法律效果：

(1) 债务人及债务人有关人员不能对个别债权人再进行清偿，债务人对个别债权人的债务清偿无效。

(2) 债务人的债务人或者财产持有人应当向管理人清偿债务或交付财产。如债务人的债务人或者财产持有人故意不向管理人清偿债务或交付财产，使债权人遭受损失，则要求其承担责任，即不能免除其清偿债务或交付财产的义务。

(3) 管理人对破产申请受理前成立而债务人和对方当事人均未履行完毕的合同有权决定解除或者继续履行，并通知对方当事人。管理人自破产申请受理之日起 2 个月内未通知对方当事人，或者自收到对方当事人催告之日起 30 日内未答复的，视为解除合同。管理人决定继续履行合同的，对方当事人应当履行，但是，对方当事人有权要求管理人提供担保。管理人不提供担保的，视为解除合同。

(4) 债务人的有关人员承担相关义务。主要包括妥善保管其占有和管理的财产、印章和账簿、文书等资料；根据人民法院、管理人的要求进行工作，并如实回答询问；列席债权人会议并如实回答债权人的询问；未经人民法院许可，不得离开住所地；不得新任其他企业的董事、监事、高级管理人员。

(5) 保全措施和执行程序。一经进入破产程序，债务人的财产保全措施应当解除，执行程序应该中止。税务机关所采取的税收强制措施实际上就相当于法院的执行程序，应该中止。

(6) 民事诉讼程序。人民法院受理破产申请后，已经开始而尚未终结的有关债务人的民事诉讼或者仲裁应当中止；在管理人接管债务人的财产后，该诉讼或者仲裁继续进行。如果人民法院受理了破产申请以后，涉及有关债务人的民事诉讼，此时只能向受理破产申请的人民法院提起。

26.2 重整制度

26.2.1 重整制度概述

1. 重整制度的价值

企业是市场运行的主体。企业从生到灭的规范运行，有利于国家的经济稳定、繁荣，也有利于社会的稳定。破产制度主要是在债务人无力清偿债务时，把企业的有限财产公平地向全体债权人清偿的制度。但随着商品经济的高度发展，债务人的大量破产既损害债权人的利益，也损害社会利益。特别是大型企业的破产，由于它们在一国经济中具有举足轻重的地位，雇工人数成千上万，一旦破产就会给社会经济生活带来混乱。为了防止大型企业的破产，产生了公司的重整制度。现行《企业破产法》从挽救市场主体的角度出发，科学地创建了重整制度并以一章 25 条的篇幅予以重笔勾画。重整制度的规定是破产法价值取向发展中的一次突破，体现国家公权力透过司法程序对经济活动的一定干预，更注重保护社会整体利益。

公司重整具有双重社会意义。一是对被重整公司而言，公司重整的直接目的是挽救财务状况恶劣或已暂停营业及有停业危险的公司，因其有继续经营的价值、重整的可能和必要，从而予以重整使其免予解体或破产，获得再生；二是对公司之外的债权人及投资公众和社会经济而言，公司重整的间接目的是为保护公司债权人的利益、社会投资公众的利益及公司职工的利益，从而达到社会经济的安定与发展。

2. 重整的概念

重整是指经由利害关系人的申请，在法院的主持和利害关系人的参与下，对具有重整原因和重整能力的债务人进行生产经营上的整顿和债权债务关系上的清理，以使其摆脱财务困境，重获经营能力的破产预防制度。①

我国原破产法虽然在破产清算程序中设计了和解整顿程序，但其与现行《企业破产法》所规定的和解制度、重整制度有着本质的差异。我国原破产法规定，企业的整顿由其上级主管部门负责主持。究其本质是行政整顿，已不适应市场经济防范企业破产的需要。现行破产法以各国公认预防破产最为有力的重整制度取而代之。重整制度的目的在于预防破产，保护企业。

26.2.2 重整程序的启动

1. 重整的申请

债务人或者债权人可以依照《企业破产法》的规定，直接向人民法院申请对债务人进行重整。债权人申请对债务人进行破产清算的，在人民法院受理破产申请后宣告债务人破产前，债务人或者出资额占债务人注册资本 1/10 以上的出资人，可以向人民法院申请重整。

2. 重整的审查

《企业破产法》第七十一条规定：“人民法院经审查认为重整申请符合本法规定的，应

① 范健．商法[M]．4 版．北京：高等教育出版社，北京大学出版社，2011：372.

当裁定债务人重整，并予以公告。”从此规定可以看出，我国对破产重组的审查采取的是法院职权主义。法院的审查包括“形式审查”和“实质审查”。“形式审查”主要就申请人是否具有申请资格、法院有无管辖权、申请书所载内容是否合法、所附文件是否齐全等形式要件进行审查。“实质审查”则主要审查被申请重整者是否确有重整原因和必要。法院审查制度，对于防止重整申请权的滥用具有积极作用，是确保债权人利益的一项重要制度。

3. 重整期间

自人民法院裁定债务人重整之日起至重整程序终止，为重整期间。《企业破产法》对重整期间设定了有关营业保护及有关财产权利的限制的相关规定：

(1) 在重整期间，经债务人申请，人民法院批准，债务人可以自行管理财产和营业事务。移交给债务人自己管理财产和营业事务的，管理人的职责转为监督。

(2) 在重整期间，对债务人的特定财产享有的担保权暂停行使。但是，担保物有损坏或者价值明显减少的可能，足以危害担保权人权利的，担保权人可以向人民法院请求恢复行使担保权。债务人或者管理人为继续营业而借款的，可以为该借款设定担保。

(3) 债务人合法占有的他人财产，该财产的权利人在重整期间要求取回的，应当符合事先约定的条件。

(4) 在重整期间，债务人的出资人不得请求投资收益分配。债务人的董事、监事、高级管理人员不得向第三人转让其持有的债务人的股权。但是，经人民法院同意的除外。

(5) 在重整期间，有下列情形之一的，经管理人或者利害关系人请求，人民法院应当裁定终止重整程序，并宣告债务人破产：①债务人的经营状况和财产状况继续恶化，缺乏挽救的可能性；②债务人有欺诈、恶意减少债务人财产或者其他显著不利于债权人的行为；③由于债务人的行为致使管理人无法执行职务。

典型案例 26-1

星美联合股份有限公司破产重整计划

星美联合股份有限公司(以下简称星美联合)的破产重整计划的主要内容如下：

(1) 债务人经营方案。①按重整计划以上海鑫以实业有限公司(以下简称鑫以实业)提供的现金及非流通股股东让渡的部分股票对债权人进行清偿或补偿，债权人未获清偿的部分债权，由重庆城奥企业管理咨询有限公司(以下简称重庆城奥)负责清偿；星美联合将现有的全部资产转让给重庆城奥，作为重庆城奥承接债务的对价。鑫以实业向星美联合提供偿债资金，形成星美联合对鑫以实业的负债。②鑫以实业的关联方新世界中国房产有限公司向星美联合注入具有盈利能力的优质资产，完成星美联合的资产重组。

(2) 债权分类和调整方案。重整计划对债权作如下分类及调整：①优先债权组；②职工债权组；③税款债权组；④普通债权组。

(3) 出资人组及出资人权益调整方案。重整计划对星美联合的全部非流通股股东的权益作出调整，设立出资人组对相关事项进行表决。

(4) 债权受偿方案。①债权受偿方式；②偿债资金来源；③债权受偿期限。

(5) 重整计划的执行期。重整计划的执行期限为 6 个月，自法院裁定批准重整计划之日起计算。

(6) 重整计划执行的监督期限。重整计划的监督期限与执行期相同。

(7) 关于重整计划的特别说明。

资料来源：http://q.stock.sohu.com/cn/gg/111/698/11169801.shtml.

26.2.3 重整计划的制订、表决、批准与执行

1. 重整计划的制订

重整计划是有关公司重建的基本计划。包括重整债权人，重整担保权人和股东的全部或者部分权利的变更；公司营业或财产的转让、产权变更、资本减少或新股、债券的发行、兼并、分立；公司的新设等措施。

重整计划草案应当包括以下内容：债务人的经营方案；债权分类；债权调整方案；债权受偿方案；重整计划的执行期限；重整计划执行的监督期限；有利于债务人重整的其他方案。

关于重整计划制定的时间，《企业破产法》规定，债务人或者管理人应当自人民法院裁定债务人重整之日起 6 个月内，同时向人民法院和债权人会议提交重整计划草案。该期限届满，经债务人或者管理人请求，有正当理由的，人民法院可以裁定延期 3 个月。债务人或者管理人未按期提出重整计划草案的，人民法院应当裁定终止重整程序，并宣告债务人破产。

2. 重整计划的表决

重整计划实行分组表决制，即按照权利的实质相似性标准，将债权人和股东分为若干表决组，以一组为单位分别进行重整计划草案的表决，以各组均表决通过为重整计划草案通过标准的表决制度。重整计划实行按债权分类分组表决的制度，是当代破产法的通行做法。根据《企业破产法》第八十二条的规定，债权分组属于强制性规定，分为有担保的债权、职工债权、税收债权和普通债权四类，另外在普通债权内，可根据实际情况的需要，分出小额债权作为单独的表决组。

另外，根据《企业破产法》第八十四条的规定，表决组内采用人数和债权额的双重多数决，即出席会议的同一表决组的债权人过半数同意重整计划草案，并且其所代表的债权额占该组债权总额的 2/3 以上的，即为该组通过重整计划草案。各表决组均通过重整计划草案时，重整计划即为通过。

3. 重整计划的批准

自重整计划通过之日起 10 日内，债务人或者管理人应当向人民法院提出批准重整计划的申请。人民法院经审查认为符合规定的，应当自收到申请之日起 30 日内裁定批准，终止重整程序，并予以公告。

部分表决组未通过重整计划草案的，债务人或者管理人可以同未通过重整计划草案的表决组协商。该表决组可以在协商后再表决一次。双方协商的结果不得损害其他表决组的利益。

未通过重整计划草案的表决组拒绝再次表决或者再次表决仍未通过重整计划草案，但重整计划草案符合下列条件的，债务人或者管理人可以申请人民法院批准重整计划草案：

按照重整计划草案，对债务人的特定财产享有担保权的债权就该特定财产将获得全额清偿，其因延期清偿所受的损失将得到公平补偿，并且其担保权未受到实质性损害，或者该表决组已经通过重整计划草案；按照重整计划草案，债务人所欠职工的工资和医疗、伤残补助、抚恤费用，所欠的应当划入职工个人账户的基本养老保险、基本医疗保险费用，以及法律、行政法规规定应当支付给职工的补偿金以及债务人所欠税款将获得全额清偿，或者相应表决组已经通过重整计划草案；按照重整计划草案，普通债权所获得的清偿比例，不低于其在重整计划草案被提请批准时依照破产清算程序所能获得的清偿比例，或者该表决组已经通过重整计划草案；重整计划草案对出资人权益的调整公平、公正，或者出资人组已经通过重整计划草案；重整计划草案公平对待同一表决组的成员，并且所规定的债权清偿顺序不违反《企业破产法》第一百一十三条关于破产财产分配顺序的规定；债务人的经营方案具有可行性。人民法院经审查认为重整计划草案符合前款规定的，应当自收到申请之日起30日内裁定批准，终止重整程序，并予以公告。上述这种强行批准体现了司法权力对重整计划的干预，是重整程序区别于和解程序的一大特色。

4. 重整计划的执行

重整计划的执行是实现重整目的的最后一个环节。重整计划由债务人负责执行，由管理人监督重整计划的执行。在监督期内，债务人应当向管理人报告重整计划执行情况和债务人财务状况。监督期届满时，管理人应当向人民法院提交监督报告。管理人向人民法院提交的监督报告，重整计划的利害关系人有权查阅。经管理人申请，人民法院可以裁定延长重整计划执行的监督期限。债务人不能执行或者不执行重整计划的，人民法院经管理人或者利害关系人请求，应当裁定终止重整计划的执行，并宣告债务人破产。人民法院裁定终止重整计划执行的，债权人在重整计划中作出的债权调整的承诺失去效力。债权人因执行重整计划所受的清偿仍然有效，债权未受清偿的部分作为破产债权，此时的债权人，只有在其他同顺位债权人同自己所受的清偿达到同一比例时，才能继续接受分配。按照重整计划减免的债务，自重整计划执行完毕时起，债务人不再承担清偿责任。重整计划已经完成或者足以认定确定能够完成时，人民法院的应决定终结重整程序。重整程序一旦终结，公司的组织将恢复原状。

26.3 和解制度

26.3.1 和解制度概述

和解制度是指债务人在进入破产程序以后，在法院的主持下，债务人和债权人就延长债务人清偿债务的期限、减免部分债务等事项达成协议，从而中止破产程序，防止企业破产的制度。

设立和解制度的目的是为了弥补债务人一旦进入破产程序只能破产清算的不足而发展起来的一项程序性制度。在早期，破产制度的功能比较单一，主要是通过对债务人的财产进行清算来解决债权人与债务人之间的债权债务纠纷。破产的后果是债务人彻底解体，不再具有从事生产经营活动的主体资格。但债务人破产清算并不一定能使债权人获得比较理想的偿债效果，债务人的财产在优先扣除进行破产程序所需的庞大费用以及上交债务人所负的税款以后，对于普通债权人来讲，实际所得往往没有多少，实利不大。此外，随着市场竞争加剧，破产企业的数量也在不断增加，导致工人大量失业，影响社会稳定。因此，为了弥补破产制度的不足，就需要寻找一种既能解决债权人与债务人之间的债权债务纠纷，又能给陷入困境的债务人以摆脱困境的办法，破产和解制度应运而生。

26.3.2 和解程序的启动

和解程序的启动主体是债务人，即不能清偿到期债务，并且资产不足以清偿全部债务或明显缺乏清偿能力的企业法人。根据《企业破产法》第二条的规定，债务人具有破产原因时，可以向人民法院提出重整、和解或者破产清算申请。因此，债务人享有和解申请权。提出和解申请的条件是具有《企业破产法》第二条第一款规定的"不能清偿到期债务，并且资产不足以清偿全部债务或者明显缺乏清偿能力"的情形。在提出和解申请的时间上，债务人可以依照本法规定，直接向人民法院申请和解；也可以在人民法院受理破产申请后、宣告债务人破产前，向人民法院申请和解。

26.3.3 和解协议

1. 和解协议的通过

关于和解协议的通过须注意以下 2 点：其一，由债务人提出的和解协议草案，只有无担保的债权人才有表决权，有担保的债权人除非放弃优先受偿权，才有表决权；其二，经过债权人过半数同意，并且其所代表的债权额占该组债权总额的 2/3 以上的，即为通过和解协议。通过法院的认可后，终止和解程序，管理人向债务人移交财产和营业事务。如果和解协议不能通过，法院宣告债务人破产。

2. 和解协议的执行

关于和解协议的执行须注意以下 3 点：其一，经人民法院裁定认可的和解协议，对债务人和全体和解债权人均有约束力；其二，和解债权人对债务人的保证人和其他连带债务人所享有的权利，不受和解协议的影响；其三，人民法院受理破产申请后，债务人与全体债权人就债权债务的处理自行达成协议的，可以请求人民法院裁定认可，并终结破产程序。

3. 和解协议终止的后果

关于和解协议终止的后果须注意以下 2 点：其一，和解协议执行完毕，和解协议终止的，人民法院应宣告破产程序终结，公司将恢复正常经营；其二，和解协议未执行完毕，人民法院裁定终止和解协议执行并宣告债务人破产。和解债权人在和解协议中作出的债权调整的承诺失去效力。和解债权人因执行和解协议所受的清偿仍然有效，和解债权未受清偿的部分作为破产债权。此种情况下的债权人，只有在其他债权人同自己所受的清偿达到同一比例时，才能继续接受分配。为和解协议的执行提供的担保，继续有效。

26.4 破产清算

26.4.1 破产宣告

破产宣告是人民法院对债务人具备破产原因的事实作出有法律效力的认定。一经破产宣告，债务人称为破产人，债务人财产称为破产财产，人民法院受理破产申请时对债务人享有的债权称为破产债权。

破产宣告的法律效果如下。

1. 对破产案件的效果

破产宣告对于破产案件的效果，是破产案件转入破产清算程序。在破产宣告前，债务人还可以通过和解程序等方式避免破产清算，而一旦破产宣告，破产案件不可逆转地进入清算程序。

2. 对债务人的效果

破产宣告对债务人产生的法律后果主要包括债务人成为破产人；债务人财产成为破产财产；债务人丧失对财产和事务的管理权。

3. 对债权人的效果

对债权人来说，破产宣告使其获得了行使权利的特别许可。在破产宣告前，所有的债权请求都处于冻结状态。有财产担保的债权人即别除权人可以由担保物获得清偿；无财产担保的债权人依破产分配方案获得清偿。以上两种债权，均属于有权参加破产清算程序的债权。

26.4.2 破产债权

1. 破产债权的概念

破产债权，是指人民法院受理破产申请时对债务人享有的依法申报并获得确认的，债务人进入破产清算程序之后有权参与分配的债权[①]。《企业破产法》第一百零七条规定，债务人被宣告破产后，在人民法院受理破产申请时对债务人享有的债权称为破产债权。依照此规定，构成破产债权须符合以下条件：第一，破产债权应是在人民法院受理破产申请时已成立的债权；第二，破产债权必须是以财产请求为内容的债权；第三，破产债权是可以强制执行的债权；第四，破产债权必须是无财产担保的债权或者放弃优先受偿权的有财产担保的债权。

2. 破产债权的范围

具体而言，破产债权应当包括如下范围：第一，无财产担保的债权；第二，有财产担保但放弃优先权的债权；第三，附期限但破产受理时尚未到期的债权；第四，附条件但破产受理时条件尚未成就的债权；第五，保证人的追偿权；第六，因票据关系所生的债权，如付款人或者承兑人付款或者承兑后所产生的债权；第七，因解除合同而产生的债权；第八，债务人在破产宣告前因侵权、违约给他人造成财产损失而产生的赔偿责任也属于破产债权。

此外，不应作为破产债权的范围如下：第一，超过诉讼时效的债权。超过诉讼时效的债权，不受法律保护，不能申请强制执行，因而不能作为破产债权。第二，未依法申报的

① 范健．商法[M]．4版．北京：高等教育出版社，北京大学出版社，2011：379.

债权。未依法申报的债权，不具备构成破产债权的形式要件，视为债权人放弃依破产程序受偿的权利，也不得将其列为破产债权。第三，尚未执行的滞纳金、罚款、罚金。对破产人的这类财产处罚，本是针对破产人本人的违法行为而实施的，如对于在破产宣告时尚未执行的这类财产处罚，可以作为破产债权，由破产财产来支付，结果将会使可清偿破产债权的财产数额减少，等于是将处罚转为由全体破产债权人来承担，这是不公平的，也达不到惩罚违法行为人的目的。因此，对尚未执行的对破产人的财产处罚不能作为破产债权。

26.4.3 破产财产的变价和分配

1. 破产财产变价

破产财产变价，简称破产变价，是指管理人将非货币的破产财产，通过合法方式加以出让，使之转化为货币形态，以便于清算分配的过程。

破产财产变价方案须经债权人会议通过，变价方案经债权人会议表决未能通过的，由人民法院裁定。破产财产变价方案的提出和执行主体为管理人。

破产财产的变价方式由《企业破产法》作出规定。变价出售破产财产应当通过拍卖进行。但是，债权人会议另有决议的除外。破产企业可以全部或者部分变价出售。企业变价出售时，可以将其中的无形资产和其他财产单独变价出售。按照国家规定不能拍卖或者限制转让的财产，应当按照国家规定处理。

2. 破产财产分配

破产财产分配，是指破产管理人将变价后的破产财产，按照符合法定顺序并经合法程序确定的分配方案，对全体破产债权人进行公平清偿的程序。

破产财产在优先清偿破产费用和共益债务后，依照下列顺序清偿：破产人所欠职工的工资和医疗、伤残补助、抚恤费用，所欠的应当划入职工个人账户的基本养老保险、基本医疗保险费用，以及法律、行政法规规定应当支付给职工的补偿金；破产人欠缴的除前项规定以外的社会保险费用和破产人所欠税款；普通破产债权。破产财产不足以清偿同一顺序的清偿要求的，按照比例分配。破产企业的董事、监事和高级管理人员的工资按照该企业职工的平均工资计算。

破产财产的分配应当以货币分配方式进行。但是，债权人会议另有决议的除外。

管理人应当及时拟订破产财产分配方案，提交债权人会议讨论。破产财产分配方案应当载明下列事项：参加破产财产分配的债权人名称或者姓名、住所；参加破产财产分配的债权额；可供分配的破产财产数额；破产财产分配的顺序、比例及数额；实施破产财产分配的方法。债权人会议通过破产财产分配方案后，由管理人将该方案提请人民法院裁定认可。破产财产分配方案经人民法院裁定认可后，由管理人执行。

典型案例 26-2

昆明搪瓷厂申请宣告破产案

债务人昆明搪瓷厂申请宣告破产后，法院依法组成合议庭进行了审理，并于2004年2月24日依法裁定宣告该厂破产，并指定成立了清算组(后更名为破产管理人)，对该企业财产进行清算，经清算，破产财产共计 6 560 000 元，破产费用共计 9 605 134.56 元，其破产财产不足以支付破产费用，以上情况管理人已向债权人会议予以通报，无债权人提出异议。并且管理人依据《企业破产法》第一百三十二条的规定，将抵押物变现所得 165 万元优先用于清偿破产人所欠职工的工资和医疗、伤残补助、抚恤费用，所欠的应当划入职工个人账户的基本养老保险、基本医疗保险费用，以及法律、行政法规应当支付给职工的补偿金，共计 191.27 万元后，已无剩余的抵押物变现资产，该情况也已向抵押权人予以通报，抵押权人无异议。昆明搪瓷厂管理人于 2007 年 11 月 26 日向法院申请终结破产程序。管理人的申请符合法律规定，法院依照《中华人民共和国企业破产法》的相关规定，裁定如下：①终结本案破产程序；②未得到清偿的债权不予清偿；③管理人继续履行其法定职责。该裁定送达后立即生效。

资料来源：http://10.com/panli/panli-108861.html.

26.4.4 破产程序的终结

1. 破产程序终结概述

破产程序的终结，是指破产程序不可逆转地归于结束。破产人无财产可供分配的，管理人应当请求人民法院裁定终结破产程序。管理人在最后分配完结后，应当及时向人民法院提交破产财产分配报告，并提请人民法院裁定终结破产程序。人民法院应当自收到管理人终结破产程序的请求之日起 15 日内作出是否终结破产程序的裁定。裁定终结的，应当予以公告。

管理人应当自破产程序终结之日起 10 日内，持人民法院终结破产程序的裁定，向破产人的原登记机关办理注销登记。管理人于办理注销登记完毕的次日终止执行职务。但是，存在诉讼或者仲裁未决情况的除外。

破产人的保证人和其他连带债务人，在破产程序终结后，对债权人依照破产清算程序未受清偿的债权，依法继续承担清偿责任。

2. 追加分配

1) 追加分配的概念

追加分配是在破产分配完成、破产程序终结以后，对于新发现的属于破产人而可用于破产分配的财产，由人民法院按照破产程序的有关规则对尚未获得满足的破产请求权进行清偿的补充性程序。[①]追加分配具有如下特点：用于追加分配的财产，是破产程序终结后发现的财产；追加分配受法定除斥期间的限制；追加分配由法院负责实施；追加分配的方案应符合破产清算的有关规定。

2) 追加分配的财产范围

追加分配的财产主要包括以下两类：其一，破产人隐匿、转移的财产或者无偿转让的财产，第三人因破产人虚构债务或者承认不真实的债务、以明显不合理的价格压价出售财产、提供新担保、提前清偿未到期债务或者放弃债权而获得的不当收益，债权人接受不正当个别清偿的所得，债务人的董事、监事和高级管理人员利用职权从企业获取的非正常收

① 王卫国．破产法精义[M]．北京：法律出版社，2007：357.

入或者侵占的企业财产。其二，破产程序终结后收回的属于破产人的其他财产，如有关部门发还的遗失财产、被盗财产，破产程序中因纠正错误支出收回的款项，因权利被承认追回的财产，债权人放弃的财产和破产程序终结后实现的债权、物上请求权等财产权利。

对破产程序终结后发现的破产财产，可以由破产人的上级主管部门或者投资权人追回后，交人民法院分配，也可以由破产债权人直接请求受理原破产案件的人民法院予以追回后进行分配。

3) 追加分配的除斥期间

追加分配的除斥期间，是破产程序终结后连续计算的不能中断和不能延长的固定期间。在此期间内发现符合上述规定的财产的，应当予以追回并进行追加分配。按照《企业破产法》的规定，追加分配的除斥期间为两年。此期间的起算点有两种：一是因债务人财产不足以清偿破产费用，破产程序依照《企业破产法》第四十三条的规定终结之日；二是因破产人无财产可供分配，破产程序依照《企业破产法》第一百二十条的规定终结之日。

4) 追加分配的通知和公告

应当通知有权参加分配的债权人，并对追加分配的时间和金额进行公告。未收到通知的债权人，认为自己有权参加追加分配的，可以向人民法院提出请求。

5) 追加分配的方案

追加分配应依照《企业破产法》规定的顺序进行清偿。已经在清算分配中获得满足的顺位，不得参加追加分配。尚未获得完全清偿的请求权属于不同顺位的，应首先清偿在先顺位的请求权。同一顺位的请求权不能全部满足的，按比例清偿。实践中，可以根据最后分配的方案，确定应接受追加分配的债权人名单。

6) 小额财产的归属

进行追加分配总是需要一定的人员和费用。没有必要以较多的人力和费用分配较少的财产。所以，如果追加财产的数额较少，不足以支付分配费用的，则不再进行追加分配，由人民法院将其上缴国库。

引例分析

志恒服装厂破产清算案

《企业破产法》第一百一十三条规定："破产财产在优先清偿破产费用和共益债务后，依照下列顺序清偿：①破产人所欠职工的工资和医疗、伤残补助、抚恤费用，所欠的应当划入职工个人账户的基本养老保险、基本医疗保险费用，以及法律、行政法规规定应当支付给职工的补偿金；②破产人欠缴的除前项规定以外的社会保险费用和破产人所欠税款；③普通破产债权。破产财产不足以清偿同一顺序的清偿要求的，按照比例分配。"第一百零九条规定："对破产人的特定财产享有担保权的权利人，对该特定财产享有优先受偿的权利。"由此可知，在本案中，人民法院应当按照下列顺序来分配破产财产：①服装厂在破产程序中应支付的破产费用为200万元；②服装厂向中国工商银行借款200万元以抵押房产优先受偿；③职工工资和劳动保险费350万；④税款320万元；⑤向职工筹借的款项100万元，交通银行拥有350万元债权，债权人乙、丙、丁为企业，各拥有200万元债权，债权人戊、己为商业企业，各拥有300万元债权，债权人庚为个体户，拥有130万元债权。

本章小结

本章主要介绍破产法的程序法内容。首先，介绍了破产申请的提出和受理；其次，重点介绍了重整制度，重整是指经由利害关系人的申请，在法院的主持和利害关系人的参与下，对具有重整原因和重整能力的债务人进行生产经营上的整顿和债权债务关系上的清理，以使其摆脱财务困境，重获经营能力的破产预防制度。该部分分别讨论了重整制度的价值，重整的申请和审查，重整计划的制订、表决、批准和执行等内容。再次，介绍了和解制度。和解制度是指债务人在进入破产程序以后，在法院的主持下，债务人和债权人就延长债务人清偿债务的期限、减免部分债务等事项达成协议，从而中止破产程序，防止企业破产的制度。该部分分别介绍了和解程序的启动，和解协议的通过、执行和终止的后果等内容。最后，介绍了破产程序法中的另一重点内容即破产清算程序。该部分分别介绍了破产宣告的概念、法律效果，破产债权的概念、范围，破产财产变价，破产财产分配，破产程序的终结以及追加分配制度。

思考题

1. 破产申请提出的主体是什么？
2. 重整制度的价值是什么？
3. 关于重整计划的表决有哪些规定？
4. 关于和解协议的通过有哪些规定？
5. 关于破产宣告的法律效果有哪些？
6. 关于破产债权的范围是什么？
7. 关于破产财产变价与分配有哪些规定？
8. 追加分配的财产范围有哪些？

练习题

1. 不定项选择题

(1) 若甲公司提出和解申请，则以下说法中符合《企业破产法》规定的是(　　)。

A．甲公司既可以直接申请和解，也可以在破产程序后、破产清算程序终结以前申请

B．甲公司提出和解申请时，应提出和解协议草案

C．甲公司的出资额占注册资本 1/10 以上的出资人可以直接申请和解

D．和解协议应由出席债权人会议的有表决权的债权人过半数同意，并且其所代表的债权额应占无财产担保债权总额的 2/3 以上

(2) 若甲公司的破产清算申请被人民法院受理，将会产生的法律效力是(　　)。

A．甲公司应优先清偿乙商业银行的贷款

B．人民法院应当解除对甲公司财产的保全措施

C. 甲公司的法定代表人在破产程序终结前不得新任其他企业的董事、监事、高级管理人员

D. 人民法院应当中止对乙商业银行起诉的审理

(3) 下列有关重整制度的表述，说法正确的是(　　)。

A. 在重整期间，对债务人的特定财产享有的担保权暂停行使

B. 担保物有损坏或者价值明显减少的可能，足以危害担保权人权利的，担保权人可以向人民法院请求恢复行使担保权

C. 在重整期间，债务人或者管理人为继续营业而借款的，可以为该借款设定担保

D. 在重整期间，债务人的出资人可以请求投资收益分配

(4) 关于和解的申请，下列说法正确的是(　　)。

A. 债务人不能直接向法院申请和解

B. 债务人可以直接向法院申请和解

C. 债务人可以在人民法院受理破产申请后、宣告债务人破产前向法院申请和解

D. 债务人在人民法院受理破产申请后不能向法院申请和解

2. 案例分析题

西日贸易有限责任公司(以下简称贸易公司)系由甲公司和乙公司分别出资 300 万元和 200 万元设立，贸易公司实际到位的注册资本为 400 万元，甲公司尚有 100 万元出资因公司章程规定的出资期限未到期而没有完全履行出资义务。贸易公司在经营中因投资决策发生严重失误，造成重大损失，不能清偿到期债务，向其所在地的人民法院申请破产。人民法院于 2007 年 2 月 8 日受理了该破产申请后，指定了管理人全面接管贸易公司。经审理人民法院于 2008 年 1 月 8 日依法宣告贸易公司破产。管理人对贸易公司的相关事项清理如下：①2006 年 4 月 20 日向丙公司无偿赠与一批物资，价值 30 万元。②2006 年 1 月 24 日向丁银行借款 10 万元，借期 2 年。其借款利息截至 2007 年 2 月 8 日为 8 万元，其后截至 2008 年 1 月 8 日为 5 万元。③2006 年 12 月 16 日与甲公司签订一份买卖合同，约定甲公司为贸易公司定制一批特殊规格的服装，合同标的额为 68 万元，由甲公司于 2007 年 4 月上旬交货，货到付款。现双方均尚未履行该合同，管理人决定解除该合同，由此造成甲公司实际经济损失为 10 万元。④武汉一债权人因参加债权人会议发生差旅费 1 万元，南京一债权人为参加贸易公司的破产清算而聘请律师的费用 2 万元。⑤2007 年 6 月 19 日贸易公司的一幢危房突然倒塌，致路人戌不幸受到伤害，遭到损失 3 万元。⑥除上述事项外，贸易公司经评估确认尚有资产 1 200 万元(变现价值)；负债 2 800 万元(其中，应付工资 300 万元、基本养老保险费用 60 万元、补充养老保险费用 40 万元、基本医疗保险费用 30 万元、补充医疗保险费用 20 万元、应缴税金 400 万元、其他流动负债 650 万元、长期负债 1 300 万元)；破产费用 100 万元。

问题：

① 甲公司享有的破产债权是多少数额？其尚未缴纳的出资是否应补缴？

② 丁银行享有的破产债权是多少？

参 考 文 献

[1] 赵万一．商法[M]．北京：中国人民大学出版社，2003.

[2] 顾功耘．商法教程[M]．上海：上海人民出版社，2001.

[3] 范健．德国商法[M]．北京：中国大百科全书出版社，1993.

[4] 赵中孚．商法总论[M]．北京：中国人民大学出版社，1999.

[5] 王作全．商法学[M]．北京：北京大学出版社，2002.

[6] 李有星．商法[M]．北京：高等教育出版社，2006.

[7] 韩长印．商法教程[M]．北京：高等教育出版社，2007.

[8] 覃有土．商法学[M]．北京：高等教育出版社，2008.

[9] 范健．商法[M]．3 版．北京：高等教育出版社，北京大学出版社，2007.

[10] 周友苏．新公司法论[M]．北京：法律出版社，2006.

[11] 赵德枢．一人公司详论[M]．北京：中国人民大学出版社，2004.

[12] 冯果．公司法要论[M]．武汉：武汉大学出版社，2003.

[13] 薄燕娜．股东出资形式法律制度研究[M]．北京：法律出版社，2005.

[14] 赵旭东．公司法学[M]．2 版．北京：高等教育出版社，2006.

[15] 黄速建．公司论[M]．北京：中国人民大学出版社，1989.

[16] 石少侠．公司法教程[M]．北京：中国政法大学出版社，2002.

[17] 江平．新编公司法教程[M]．2 版．北京：法律出版社，2003.

[18] 江平．法人制度论[M]．北京：中国政法大学出版社，1994 年.

[19] 叶林．证券法[M]．3 版．北京：中国人民大学出版社，2008.

[20] 邢海宝．证券法学原理与案例教程[M]．北京：中国人民大学出版社，2007.

[21] 李飞．中华人民共和国证券法(修订)释义[M]．北京：法律出版社，2005.

[22] 郭俊秀，蒋进．证券法[M]．厦门：厦门大学出版社，2006.

[23] 陈洁．证券法[M]．北京：社会科学文献出版社，2006.

[24] 顾肖荣．证券法教程[M]．2 版．北京：法律出版社，2006.

[25] 马克思．资本论(第 3 卷)[M]．北京：人民出版社，1966.

[26] 赵新华．票据法论[M]．长春：吉林大学出版社，1998.

[27] 于莹．票据法[M]．北京：高等教育出版社，2008.

[28] 谢怀栻．票据法概论[M]．北京：法律出版社，1990.

[29] 范健．商法[M]．北京：高等教育出版社；北京大学出版社，2002.

[30] 刘心稳．票据法[M]．北京：中国政法大学出版社，1999.

[31] 刘甲一．票据法新论[M]．台北：五南图书出版公司，1978.

[32] 梁宇贤．票据法新论[M]．台北：瑞兴图书股份有限公司，1998.

[33] 王小能．中国票据法律制度研究[M]．北京：北京大学出版社，1998.

[34] 余振龙，姚念慈．国外票据法[M]．上海：上海社会科学院出版社，1991.

[35] 佟柔．中国民法[M]．北京：法律出版社，1990.

[36] 施文森．票据法新论[M]．台北：三民书局，1987.

[37] 刘清波．商事法[M]．台北：台湾商务印书馆股份有限公司，1986.
[38] [美]道弗曼．当代风险管理与保险教程[M]．奇瑞宗，等译．北京：清华大学出版社，2002.
[39] [挪威]卡尔·H·博尔奇．保险经济学[M]．北京：商务印书馆，1999.
[40] 李玉泉．保险法[M]．北京：法律出版社，2003.
[41] 覃有土，樊启荣．保险法学[M]．北京：高等教育出版社，2003.
[42] 李玉泉．保险法[M]．北京：法律出版社，2003.
[43] 陈欣．保险法[M]．北京：北京大学出版社，2000.
[44] 覃有土．保险法教程[M]．北京：法律出版社，2002.
[45] 卞耀武．中华人民共和国个人独资企业法释义[M]．北京：法律出版社，2000.
[46] 王欣新．破产法[M]．北京：中国人民大学出版社，2007.
[47] 王卫国．破产法精义[M]．北京：法律出版社，2007.
[48] [日]石川明．日本破产法[M]．何勤华，周桂秋，译，北京：中国法制出版社，2000.
[49] 叶林，黎建飞．商法学原理与案例教程[M]．北京：中国人民大学出版社，2006.
[50] 范健．商法[M]．4版．北京：高等教育出版社，北京大学出版社，2011.
[51] 柴发邦．破产法教程[M]．北京：法律出版社，1990.
[52] 陈荣宗．破产法[M]．台北：三民书局，1986.
[53] 陈计男．破产法论[M]．台北：三民书局，1992.

北京大学出版社本科财经管理类实用规划教材（已出版）

财务会计类

序号	书　名	标准书号	主　编	定价	序号	书　名	标准书号	主　编	定价
1	基础会计（第2版）	7-301-17478-4	李秀莲	38.00	19	税法与税务会计实用教程	7-81117-598-1	张巧良	38.00
2	基础会计学	7-301-19403-4	窦亚芹	33.00	20	初级财务管理	7-301-20019-3	胡淑姣	42.00
3	会计学	7-81117-533-2	马丽莹	44.00	21	财务管理学	7-5038-4897-1	盛均全	34.00
4	会计学原理（第2版）	7-301-18515-5	刘爱香	30.00	22	财务管理学实用教程（第2版）	7-301-21060-4	骆永菊	42.00
5	会计学原理习题与实验（第2版）	7-301-19449-2	王保忠	30.00	23	基础会计学学习指导与习题集	7-301-16309-2	裴　玉	28.00
6	会计学原理与实务（第2版）	7-301-18653-4	周慧滨	33.00	24	财务管理理论与实务	7-301-20042-1	成　兵	40.00
7	会计学原理与实务模拟实验教程	7-5038-5013-4	周慧滨	20.00	25	财务管理学原理与实务	7-81117-544-8	严复海	40.00
8	会计实务	7-81117-677-3	王远利	40.00	26	财务管理理论与实务（第2版）	7-301-20407-8	张思强	42.00
9	高级财务会计	7-81117-545-5	程明娥	46.00	27	公司理财原理与实务	7-81117-800-5	廖东声	36.00
10	高级财务会计	7-5655-0061-9	王奇杰	44.00	28	审计学	7-81117-828-9	王翠琳	46.00
11	成本会计学	7-301-19400-3	杨尚军	38.00	29	审计理论与实务	7-81117-955-2	宋传联	36.00
12	成本会计学	7-5655-0482-2	张红漫	30.00	30	会计综合实训模拟教程	7-301-20730-7	章洁倩	33.00
13	成本会计学	7-301-20473-3	刘建中	38.00	31	财务分析学	7-301-20275-3	张献英	30.00
14	管理会计	7-81117-943-9	齐殿伟	27.00	32	银行会计	7-301-21155-7	宗国恩	40.00
15	管理会计	7-301-21057-4	形芳珍	36.00	33	税收筹划	7-301-21238-7	都新英	38.00
16	会计规范专题	7-81117-887-6	谢万健	35.00	34	基础会计学	7-301-16308-5	晋晓琴	39.00
17	企业财务会计模拟实习教程	7-5655-0404-4	董晓平	25.00	35	公司财务管理	7-301-21423-7	胡振兴	48.00
18	税法与税务会计	7-81117-497-7	吕孝侠	45.00	36	税法与税务会计实用教程（第2版）	7-301-21422-0	张巧良 张　华	45.00

工商管理、市场营销、人力资源管理、服务营销类

序号	书　名	标准书号	主　编	定价	序号	书　名	标准书号	主　编	定价
1	管理学基础	7-5038-4872-8	于干千	35.00	19	市场营销学	7-81117-676-6	戴秀英	32.00
2	管理学基础学习指南与习题集	7-5038-4891-9	王　珍	26.00	20	市场营销学（第2版）	7-301-19855-1	陈　阳	45.00
3	管理学	7-81117-494-6	曾　旗	44.00	21	市场营销学新论	7-5038-4879-7	郑玉香	40.00
4	管理学原理	7-5655-0078-7	尹少华	42.00	22	国际市场营销学	7-5038-5021-9	范应仁	38.00
5	管理学原理与实务（第2版）	7-301-18536-0	陈嘉莉	42.00	23	市场营销理论与实务（第2版）	7-301-20628-7	那　薇	40.00
6	管理学实用教程	7-5655-0063-3	邵喜武	37.00	24	现代市场营销学	7-81117-599-8	邓德胜	40.00
7	管理学实用教程	7-301-21059-8	高爱霞	42.00	25	消费者行为学	7-81117-824-1	甘瑁琴	35.00
8	通用管理知识概论	7-5038-4997-8	王丽平	36.00	26	商务谈判（第2版）	7-301-20048-3	郭秀君	49.00
9	现代企业管理理论与应用	7-5038-5024-0	邸彦彪	40.00	27	商务谈判实用教程	7-81117-597-4	陈建明	24.00
10	管理运筹学（第2版）	7-301-19351-8	关文忠	39.00	28	消费者行为学	7-5655-0057-2	肖　立	37.00
11	统计学原理	7-301-21061-1	韩　宇	38.00	29	客户关系管理实务	7-301-09956-8	周贺来	44.00
12	统计学原理	7-5038-4888-9	刘晓利	28.00	30	公共关系学	7-5038-5022-6	于朝晖	40.00
13	统计学	7-5038-4898-8	曲　岩	42.00	31	公共关系理论与实务	7-5038-4889-6	王　玫	32.00
14	应用统计学（第2版）	7-301-19295-5	王淑芬	48.00	32	公共关系学实用教程	7-81117-660-5	周　华	35.00
15	管理定量分析方法	7-301-13552-5	赵光华	28.00	33	公共关系理论与实务	7-5655-0155-5	李泓欣	45.00
16	新编市场营销学	7-81117-972-9	刘丽霞	30.00	34	跨国公司管理	7-5038-4999-2	冯雷鸣	28.00
17	市场营销学	7-5655-0064-0	王槐林	33.00	35	质量管理	7-5655-0069-5	陈国华	36.00
18	市场营销学实用教程	7-5655-0081-7	李晨耘	40.00	36	跨文化管理	7-301-20027-8	晏　雄	35.00

序号	书　名	标 准 书 号	主　编	定价	序号	书　名	标 准 书 号	主　编	定价
37	企业战略管理	7-5655-0370-2	代海涛	36.00	52	人力资源管理实用教程（第 2 版）	7-301-20281-4	吴宝华	45.00
38	企业文化理论与实务	7-81117-663-6	王水嫩	30.00	53	人力资源管理：理论、实务与艺术	7-5655-0193-7	李长江	48.00
39	企业战略管理	7-81117-801-2	陈英梅	34.00	54	员工招聘	7-301-20089-6	王　挺	30.00
40	企业战略管理实用教程	7-81117-853-1	刘松先	35.00	55	服务营销理论与实务	7-81117-826-5	杨丽华	39.00
41	产品与品牌管理	7-81117-492-2	胡　梅	35.00	56	服务企业经营管理学	7-5038-4890-2	于干千	36.00
42	东方哲学与企业文化	7-5655-0433-4	刘峰涛	34.00	57	服务营销	7-301-15834-0	周　明	40.00
43	运营管理	7-5038-4878-0	冯根尧	35.00	58	会展服务管理	7-301-16661-1	许传宏	36.00
44	生产运作管理（第 2 版）	7-301-18934-4	李全喜	48.00	59	现代服务业管理原理、方法与案例	7-301-17817-1	马　勇	49.00
45	运作管理	7-5655-0472-3	周建亨	25.00	60	服务性企业战略管理	7-301-20043-8	黄其新	28.00
46	组织行为学	7-5038-5014-1	安世民	33.00	61	服务型政府管理概论	7-301-20099-5	于干千	32.00
47	组织行为学行为教程	7-301-20466-5	冀　鸿	32.00	62	新编现代企业管理	7-301-21121-2	姚丽娜	48.00
48	流程型组织的构建研究	7-81117-519-6	岳　澎	35.00	63	创业学	7-301-15915-6	刘沁玲	38.00
49	人力资源管理（第 2 版）	7-301-19098-2	颜爱民	60.00	64	管理学	7-301-17452-4	王慧娟	42.00
50	人力资源管理经济分析	7-301-16084-8	颜爱民	38.00	65	公共关系学实用教程	7-301-17472-2	任焕琴	42.00
51	人力资源管理原理与实务	7-81117-496-0	邹　华	32.00					

经济、国贸、金融类

序号	书　名	标 准 书 号	主　编	定价	序号	书　名	标 准 书 号	主　编	定价
1	政治经济学原理与实务	7-81117-498-4	沈爱华	28.00	21	国际商务	7-5655-0093-0	安占然	30.00
2	宏观经济学原理与实务（第 2 版）	7-301-18787-6	崔东红	57.00	22	金融市场学	7-81117-595-0	黄解宇	24.00
3	宏观经济学	7-5038-4882-7	蹇令香	32.00	23	金融工程学理论与实务	7-81117-546-2	谭春枝	35.00
4	微观经济学原理与实务	7-81117-818-0	崔东红	48.00	24	财政学	7-5038-4965-7	盖　锐	34.00
5	微观经济学	7-81117-568-4	梁瑞华	35.00	25	保险学原理与实务	7-5038-4871-1	曹时军	37.00
6	西方经济学实用教程	7-5038-4886-5	陈孝胜	40.00	26	东南亚南亚商务环境概论	7-81117-956-9	韩　越	38.00
7	西方经济学实用教程	7-5655-0302-3	杨仁发	49.00	27	证券投资学	7-301-19967-1	陈汉平	45.00
8	西方经济学	7-81117-851-7	于丽敏	40.00	28	金融学理论与实务	7-5655-0405-1	战玉峰	42.00
9	现代经济学基础	7-81117-549-3	张士军	25.00	29	货币银行学	7-301-15062-7	杜小伟	38.00
10	国际经济学	7-81117-594-3	吴红梅	39.00	30	国际结算（第 2 版）	7-301-17420-3	张晓芬	35.00
11	发展经济学	7-81117-674-2	赵邦宏	48.00	31	国际贸易规则与进出口业务操作实务（第 2 版）	7-301-19384-6	李　平	54.00
12	管理经济学	7-81117-536-3	姜保雨	34.00	32	金融风险管理	7-301-20090-2	朱淑珍	38.00
13	计量经济学	7-5038-3915-3	刘艳春	28.00	33	国际贸易实务	7-301-20919-6	张　肃	28.00
14	外贸函电	7-5038-4884-1	王　妍	20.00	34	国际贸易理论、政策与案例分析	7-301-20978-3	冯　跃	42.00
15	国际贸易理论与实务（第 2 版）	7-301-18798-2	缪东玲	54.00	35	国际结算	7-301-21092-5	张　慧	42.00
16	国际贸易（第 2 版）	7-301-19404-1	朱廷珺	45.00	36	金融工程学	7-301-18273-4	李淑锦	30.00
17	国际贸易实务（第 2 版）	7-301-20486-3	夏合群	45.00	37	证券投资学	7-301-21236-3	王　毅	45.00
18	国际贸易结算及其单证实务	7-5655-0268-2	卓乃坚	35.00	38	金融工程学理论与实务（第 2 版）	7-301-21280-6	谭春枝	42.00
19	国际金融	7-5038-4893-3	韩博印	30.00	39	跨国公司经营与管理	7-301-21333-9	冯雷鸣	35.00
20	国际金融实用教程	7-81117-593-6	周　影	32.00	40	货币银行学	7-301-21345-2	李　冰	42.00

法律类

序号	书　名	标 准 书 号	主　编	定价	序号	书　名	标 准 书 号	主　编	定价
1	经济法原理与实务	7-5038-4876-6	杨士富	32.00	5	劳动法学	7-81117-495-3	李　瑞	32.00
2	经济法实用教程	7-81117-547-9	陈亚平	44.00	6	金融法学理论与实务	7-81117-958-3	战玉锋	34.00
3	国际商法理论与实务	7-81117-852-4	杨士富	38.00	7	国际商法	7-301-20071-1	丁孟春	37.00
4	商法总论	7-5038-4887-2	任先行	40.00	8	商法学	7-301-21478-7	周龙杰	43.00

电子商务与信息管理类

序号	书　名	标 准 书 号	主　编	定价	序号	书　名	标 准 书 号	主　编	定价
1	网络营销	7-301-12349-2	谷宝华	30.00	3	电子商务概论（第 2 版）	7-301-17475-3	庞大莲	42.00
2	数据库技术及应用教程（SQL Server 版）	7-301-12351-5	郭建校	34.00	4	网络营销	7-301-16556-0	王宏伟	26.00

序号	书　名	标 准 书 号	主　编	定价	序号	书　名	标 准 书 号	主　编	定价
5	网络信息采集与编辑	7-301-16557-7	范生万	24.00	20	电子商务概论	7-301-16717-5	杨雪雁	32.00
6	电子商务案例分析	7-301-16596-6	曹彩杰	28.00	21	电子商务英语	7-301-05364-5	覃　正	30.00
7	管理信息系统	7-301-12348-5	张彩虹	36.00	22	网络支付与结算	7-301-16911-7	徐　勇	34.00
8	电子商务概论	7-301-13633-1	李洪心	30.00	23	网上支付与安全	7-301-17044-1	帅青红	32.00
9	管理信息系统实用教程	7-301-12323-2	李　松	35.00	24	企业信息化实务	7-301-16621-5	张志荣	42.00
10	电子商务法	7-301-14306-3	李　瑞	26.00	25	电子化国际贸易	7-301-17246-9	李辉作	28.00
11	数据仓库与数据挖掘	7-301-14313-1	廖开际	28.00	26	商务智能与数据挖掘	7-301-17671-9	张公让	38.00
12	电子商务模拟与实验	7-301-12350-8	喻光继	22.00	27	管理信息系统教程	7-301-19472-0	赵天唯	42.00
13	ERP 原理与应用教程	7-301-14455-8	温雅丽	34.00	28	电子政务	7-301-15163-1	原忠虎	38.00
14	电子商务原理及应用	7-301-14080-2	孙　睿	36.00	29	商务智能	7-301-19899-5	汪　楠	40.00
15	管理信息系统理论与应用	7-301-15212-6	吴　忠	30.00	30	电子商务与现代企业管理	7-301-19978-7	吴菊华	40.00
16	网络营销实务	7-301-15284-3	李蔚田	42.00	31	电子商务物流管理	7-301-20098-8	王小宁	42.00
17	电子商务实务	7-301-15474-8	仲　岩	28.00	32	管理信息系统实用教程	7-301-20485-6	周贺来	42.00
18	电子商务网站建设	7-301-15480-9	臧良运	32.00	33	电子商务概论	7-301-21044-4	苗　森	28.00
19	网络金融与电子支付	7-301-15694-0	李蔚田	30.00	34	管理信息系统实务教程	7-301-21245-5	魏厚清	34.00

物流管理与工程类

序号	书　名	标 准 书 号	主　编	定价	序号	书　名	标 准 书 号	主　编	定价
1	物流工程	7-301-15045-0	林丽华	30.00	25	营销物流管理	7-301-18658-9	李学工	45.00
2	现代物流决策技术	7-301-15868-5	王道平	30.00	26	物流信息技术概论	7-301-18670-1	张　磊	28.00
3	物流管理信息系统	7-301-16564-5	杜彦华	33.00	27	物流配送中心运作管理	7-301-18671-8	陈　虎	40.00
4	物流信息管理	7-301-16699-4	王汉新	38.00	28	物流项目管理	7-301-18801-9	周晓晔	35.00
5	现代物流学	7-301-16662-8	吴　健	42.00	29	物流工程与管理	7-301-18960-3	高举红	39.00
6	物流英语	7-301-16807-3	阚功俭	28.00	30	交通运输工程学	7-301-19405-8	于　英	43.00
7	第三方物流	7-301-16663-5	张旭辉	35.00	31	国际物流管理	7-301-19431-7	柴庆春	40.00
8	物流运作管理	7-301-16913-1	董千里	28.00	32	商品检验与质量认证	7-301-10563-4	陈红丽	32.00
9	采购管理与库存控制	7-301-16921-6	张　浩	30.00	33	供应链管理	7-301-19734-9	刘永胜	49.00
10	物流管理基础	7-301-16906-3	李蔚田	36.00	34	现代企业物流管理实用教程	7-301-17612-2	乔志强	40.00
11	供应链管理	7-301-16714-4	曹翠珍	40.00	35	供应链设计理论与方法	7-301-20018-6	王道平	32.00
12	物流技术装备	7-301-16808-0	于　英	38.00	36	物流管理概论	7-301-20095-7	李传荣	44.00
13	现代物流信息技术	7-301-16049-7	王道平	30.00	37	供应链管理	7-301-20094-0	高举红	38.00
14	现代物流仿真技术	7-301-17571-2	王道平	34.00	38	企业物流管理	7-301-20818-2	孔继利	45.00
15	物流信息系统应用实例教程	7-301-17581-1	徐　琪	32.00	39	物流项目管理	7-301-20851-9	王道平	30.00
16	物流项目招投标管理	7-301-17615-3	孟祥茹	30.00	40	供应链管理	7-301-20901-1	王道平	35.00
17	物流运筹学实用教程	7-301-17610-8	赵丽君	33.00	41	现代仓储管理与实务	7-301-21043-7	周兴建	45.00
18	现代物流基础	7-301-17611-5	王　侃	37.00	42	物流系统仿真案例	7-301-21072-7	赵　宁	25.00
19	逆向物流	7-301-19809-4	甘卫华	33.00	43	物流管理实验教程	7-301-21094-9	李晓龙	25.00
20	现代物流管理学	7-301-17672-6	丁小龙	42.00	44	物流学概论	7-301-21098-7	李　创	44.00
21	物流运筹学	7-301-17674-0	郝　海	36.00	45	物流信息系统	7-301-20989-9	王道平	28.00
22	供应链库存管理与控制	7-301-17929-1	王道平	28.00	46	物流与供应链金融	7-301-21135-9	李向文	30.00
23	物流信息系统	7-301-18500-1	修桂华	32.00	47	物流信息系统	7-301-20989-9	王道平	28.00
24	城市物流	7-301-18523-0	张　潜	24.00	48	物料学	7-301-17476-0	肖生苓	44.00